ARSENIJ GULYGA

IMMANUEL KANT

Mit einem Vorwort von Arsenij Gulyga
Aus dem Russischen übertragen
und mit einem Nachwort versehen
von Sigrun Bielfeldt
Insel Verlag

Titel der Originalausgabe: КАНТ
Moskva »Molodaja gvardija« 1977.

Erste Auflage 1981
© der deutschen Ausgabe Insel Verlag
Frankfurt am Main 1981
Alle Rechte vorbehalten
© Verlag ›Molodaja gvardija‹, Moskau 1977
Satz: LibroSatz, Kriftel
Druck: Graphische Betriebe R. Oldenbourg, München
Printed in Germany

Aleksej Fedorovič Losev
in Verehrung gewidmet

Leben und Werk eines Philosophen sind nicht zu trennen.
Wirkliche Ereignisse eines solchen Lebens sind nur die Gedan-
ken. Kant hat keine andere Biographie als die Geschichte seiner
Lehre. Die ganze Zeit fast verbrachte er in einer einzigen Stadt
– Königsberg: er ist niemals über die Grenzen Ostpreußens
hinausgekommen. Er suchte nicht Ruhm, erwarb sich nicht
Macht; er kannte keine Erschütterungen in der Liebe und im
Alltag. Er war nicht verheiratet.

Kants äußeres Leben verlief gleichmäßig und einförmig, einför-
miger vielleicht als bei anderen, die sich ähnlich betätigten. Das
läßt sich nicht über sein inneres, sein geistiges Leben sagen. Hier
geschah Erstaunliches. Kühne Ideen entstanden, festigten sich,
stritten mit anderen, verkamen oder reiften im Kampf. Sein
Denken schweifte über Kontinente, überschritt die Grenzen der
Erde, um ans äußerste Ende des Universums zu stoßen. Sein
Denken drang in die Tiefe der menschlichen Seele und suchte
sich selbst zu erkennen. Das Denken lebte angestrengt und
dramatisch.

Fast alle Weisen modernen Philosophierens gehen auf Kant
zurück. Seine Ideen haben sich verwandelt, doch leben sie
weiter. Kants Lehre kennenzulernen ist ein guter Anfang für das
Studium der Philosophie überhaupt: eine Erziehung zu selb-
ständigem Denken.

Kant wird mit Sokrates verglichen. Denn seine Philosophie ist
menschlich. Der Weise aus Athen holte die Philosophie von den
Himmeln und richtete ihr einen Ort auf Erden; er ließ den
Kosmos sein und beschäftigte sich mit dem Menschen. Auch für
Kant steht das Problem Mensch an erster Stelle. Zwar denkt er
auch an das Universum, doch wesentlich ist ihm der Mensch.
Kant sann über die Gesetze des Seins und Bewußtseins aus-
schließlich zu einem Zweck: daß der Mensch menschlicher

werde, er besser lebe. Daß nicht sein Blut vergossen werde, und er sich nicht verwirren lasse von Utopien und Illusionen. Kant nennt alles beim eigenen Namen.

Kant war ganz und gar nicht der zurückgezogene Einsiedler – ein Mensch nicht von dieser Welt. Er war von Natur aus gesellig, seiner Erziehung und Lebensart nach galant. Sehr früh entwickelte sich einfach ein Lebensinteresse, das alles andere auslöschte: die Philosophie. Diesem Interesse war sein ganzes Dasein unterworfen. Leben hieß für ihn arbeiten; Arbeit war seine Hauptfreude. Kants Leben ist ein Beispiel für die Übereinstimmung von Wort und Tat, von Predigt und entsprechendem Verhalten. Er starb ruhigen Gewissens, im Bewußtsein erfüllter Pflicht.

Der künftige Philosoph war von Kindheit an schwächlich; nur ein kurzes, unproduktives Leben schien bevorzustehen. Er jedoch durchlebte lange, schaffensreiche Jahre; er war niemals krank. Dies erreichte er durch seine Willenskraft. Er arbeitete ein strenges System hygienischer Regeln aus, die er strikt befolgte und die erstaunliche Resultate erzielten. Kant schuf sich selbst. Auch in dieser Hinsicht ist er einzigartig.

Solange das Bewußtsein ungetrübt war, suchte Kant nach Wahrheit. Aber die Wahrheit ist der Weg. Kant hat das nicht gesagt; doch lebte er entsprechend. Niemals hat ihn das Gefühl beherrscht, daß alles getan, das Absolute gefunden sei. Kant verbesserte, verfeinerte, feilte seine Lehre. Das Leben Kants ist unaufhörliche geistige Entwicklung, ewige Suche – bis in die letzten Jahre, als er keine Gewalt mehr hatte über sein Denken.

Kant zu lesen ist schwer. Ihn zu verstehen noch schwerer. Aber der begriffene Gedanke erfreut und erhebt. Es lohnt sich – die aufgewandte intellektuelle Anstrengung wird reichlich vergolten. Nehmen wir manch anderen schwierigen Autor, analysieren wir seine Sätze, befreien sie von verbalen Spitzfindigkeiten: was herauskommt, ist Banalität – weiter nichts. Bei Kant verweist die Schwierigkeit der Darstellung immer auch auf eine Schwierigkeit des Problems, denn er stellte häufig ganz neue Probleme. Über Einfaches spricht Kant einfach, zuweilen auch in glänzendem Stil.

Über Kant zu schreiben ist Ehre und Verantwortung für den

Philosophen. Für einen Russen um so mehr, als eine enge Verbindung zwischen der Lehre Kants und verborgenen Grundgedanken der russischen Klassiker besteht. Es genügen zwei Namen – Dostoevskij und Tolstoj. Sie, wie auch Kant, bewegte das Geschick des Menschen; sie, wie auch Kant, sahen die bodenlose Tiefe von möglichen Kollisionen, Kontroversen und Katastrophen. Tolstoj – gegenüber Hegel mehr als kalt – verlor sich in Kantlektüre. Er war überzeugt, daß ihrer beider Ansichten übereinstimmten. Er sammelte Aphorismen Kants und gab sie heraus. Er sagte, auf ihn habe »das Leben Kants immer einen starken Eindruck gemacht«. Man fragte Tolstoj einmal: »Ist die Philosophie Kants dem Durchschnittsmenschen zugänglich und kann man sie in populärer Weise darlegen?« Die Antwort lautete: »Ihre populäre Darlegung wäre eine großartige Sache. Es wäre interessant zu wissen, ob es solche Versuche im Westen gibt. Jedenfalls wäre das höchst wünschenswert.«[1]

Das vorliegende Buch beansprucht nicht, eine allseitige und erschöpfende Untersuchung der Kantischen Philosophie zu sein; es ist seinem Leben gewidmet. Aber Kant hat keine andere Biographie als die Geschichte seines Denkens. Es war deshalb unmöglich, von der Philosophie abzusehen. Der Verfasser mühte sich, nur über das Wesentliche zu sprechen und einfach darüber zu sprechen, soweit es das Material zuläßt. Ist das nicht überall gelungen, möge der Leser Nachsicht haben.

Erstes Kapitel

FRÜCHTE DER AUFKLÄRUNG

> Habe Mut, dich deines
> eigenen Verstandes zu bedienen.
>
> Kant

Traditionsgemäß beginnen wir die Lebensbeschreibung Kants mit der Geschichte seiner Geburtsstadt. Die strengen Konstruktionen des Philosophen sind gleichsam aus dem Granit dieser Stadt gehauen und doch auch voll ihres lebendigen Atems . . .

Zwischen Weichsel und Njemen lebten seit alters heidnische baltische Stämme, die sich Preußen nannten. Das Christentum kam zusammen mit den Eroberern. Nach dem Mißlingen der Kreuzzüge im Vorderen Orient zogen die Deutschen Ritter abermals gen Osten: das Baltikum lag ihnen am nächsten. Fast das ganze dreizehnte Jahrhundert währte die Eroberung der preußischen Länder durch den Deutschen Orden.

Im Jahre 1255 wurde an der Mündung des Pregel der Grundstein zu einem Schloß gelegt. Zu Ehren des Böhmenkönigs Ottokar II., seines Bundesgenossen am Kreuzzug, nannte der Orden die Burg Königs-Berg; entsprechend sagte das böhmische Heer Kralovec.

Allmählich siedelten Bürger im Umkreis des Schlosses. Es entstanden drei Städte: die älteste – Altstadt, ihr östlich Löbenicht, südlich auf einer Flußinsel Kneiphof. Zwischen den Städten gab es Handel, Rivalität, Fehde. Hin und wieder brachen sogar offene Feindseligkeiten aus. Erst im Jahre 1724 verbanden sie sich zu einer einzigen Stadt. Kant und Königsberg sind gleichaltrig.

Das Schloß ähnelte eher einer Festung als einem Palast. In verschiedenen Jahrhunderten und verschiedenen Baustilen errichtet, bildeten seine Gebäude ein Viereck um einen weiten Innenhof, mit vielen Empfangs-, Wohn- und Nebenräumen, dem riesigen Moskowitersaal, einem der größten Säle im damaligen Deutschland, einem hohen Wartturm, der zunächst kriegerischen Zwecken, dann aber als Brandwarte diente.

Die Bewohner der Stadt waren aus allen Ecken und Enden

Deutschlands zugewandert. Infolge der europäischen Religionskriege tauchten auch Fremde auf. Das Leben im eroberten Land war aufregend und ungemütlich; fast immer waren Wachsamkeit und Kampfbereitschaft nötig. Kraft und stete Anstrengung verlangte auch die Natur; die Sümpfe waren für Weideland ungeeignet, strenge Winter verdarben die Saat. Solch ein Leben erzog zu disziplinierter Arbeit.

Als die Reformation einsetzte, bekannte sich das Land schnell zum Luthertum. Zu diesem Zeitpunkt befand der Orden sich schon im Verfall; in seinem östlichen Bereich entstand das Herzogtum Preußen. Anfang des siebzehnten Jahrhunderts vereinigte sich Preußen mit dem Kurfürstentum Brandenburg zu einem einzigen Staat, der sich seit 1701 als Königreich bezeichnete. Hauptstadt war Berlin; Königsberg war die bedeutendste Stadt, Zentrum der östlichen Provinzen, die — abgetrennt — jenseits des Herrschaftsbereichs der polnischen Krone lagen.

Königsberg gewann schnell an Macht. Der lebhafte Hafen war Brücke zwischen West- und Osteuropa. Hier blühten Handwerk und Handel. Eine Universität entstand (›Albertina‹), wohin die Jugend aus dem Baltikum strömte, um zu lernen. Hier befand sich eine starke Garnison, die, wie damals üblich, nicht in Kasernen, sondern in Privatquartieren untergebracht war: die Straßen waren immer voller leuchtend bunter Uniformen.

Die vielen Uniformen waren bezeichnend für die preußischen Städte. Nach der Bevölkerungszahl nahm Preußen in Europa die dreizehnte Stelle ein, nach Anzahl der Truppen die vierte (nach Frankreich, Rußland und Österreich). Der militärische Aufwand brachte das junge Königreich an den Rand seiner Möglichkeiten. Damit der kleine Staat die große Armee unterhalten konnte, mußte er die Steuerpflichten erhöhen, im übrigen an allen Ecken sparen. Nach Tapferkeit vor dem Feind galt Sparsamkeit als zweite preußische Tugend. Prinzessin Wilhelmine hinterließ eine Beschreibung der frugalen Tafelrunde ihres gekrönten Vaters Friedrich Wilhelm 1., deren Teilnehmer sich hungrig vom Tisch erhoben, nachdem sich das Gespräch nur um Soldaten und Sparsamkeit gedreht hatte. Das erste Interesse des »Soldatenkönigs« überwog offensichtlich das zweite: der Geiz hinderte ihn nicht daran, Unsummen auf den Unterhalt des Garderegiments der ›langen Kerls‹ zu verwenden, Riesen, die aus allen Teilen der Erde herbeigeholt waren. Der größte unter ihnen, ein gebürtiger Ire, kostete den König 9000 Taler (eine Summe, die den Jahresetat der Königsberger Universität beträchtlich überstieg). Sonst aber sparte der König sehr – zum Beispiel an der Mode. Er ließ die teuren, ungefügen Perücken abschaffen und hieß die Männer ihr Haar zu einem einfachen Zöpfchen binden. Bald fand dies in ganz Europa Verbreitung. Der König selbst trug immer Uniform (das war ebenfalls eine Neuerung). Er sparte auch an der Wissenschaft: praktisch schloß er die Akademie, die Leibniz in Berlin unter seinem Vorgänger gegründet hatte.

In die Geschichte der deutschen Philosophie ging Friedrich Wilhelm I. insofern ein, als er Christian Wolff unter Androhung des Galgens befahl, innerhalb von achtundvierzig Stunden Preußen zu verlassen: man hatte dem Monarchen zugetragen, daß die freisinnige Lehre, indem sie die Willensfreiheit leugne, gleichsam die Fahnenflucht zu rechtfertigen scheine. Über Leibniz äußerte sich Friedrich Wilhelm I. geringschätzig; seiner Meinung nach war dieser Kerl nicht einmal dazu geeignet, Schildwache zu stehen. Als jedoch dem König – bei guter Stimmung – der Philosoph Edelmann unter die Augen kam, schenkte er ihm einen Gulden; der Denker wollte als Antwort schon zwei Gulden zurückgeben, begriff aber noch rechtzeitig, daß die Sache mit dem Stock enden konnte. Das einzige wissenschaftliche Experiment, das der Soldatenkönig unternahm, bestand im Versuch, hochgewachsene Nachkommenschaft von seiner Garde der langen Kerls zu bekommen. Er verheiratete sie an ausgewählte Mädchen großen Wuchses; das Experiment schlug natürlich fehl. Der einzige akademische Disput, der auf Befehl des Königs stattfand, war dem Thema gewidmet, ob nicht alle Gelehrten Salbader und Narren seien[2]; die königlichen Scherze machten auch vor den Finanzen für die Akademie der Wissenschaften nicht halt. Von Büchern ließ Friedrich Wilhelm nur die Bibel und die militärische Dienstordnung gelten.

Wie es nicht selten vorkommt, war der Sohn des Königs das ganze Gegenteil seines Vaters. Der Kronprinz begeisterte sich für Musik, machte Verse, liebte französische Literatur und Philosophie. Preußen wurde ihm unerträglich; er suchte ins Ausland zu entkommen, wurde jedoch gefangen und in Festungshaft genommen. Seinen Begleiter ließ man vor seinen Augen enthaupten. Dem Thronfolger selber drohte Kriegsgericht und Erschießung wegen Desertion. Alles renkte sich aber wieder ein, und 1740 bestieg er als Friedrich II. den väterlichen Thron: er sollte sechsundvierzig Jahre regieren.

Die ersten sieben Jahre brachte er mit Kriegen gegen Österreich zu. Am Ende erhielt Preußen Schlesien, und die Armee wuchs um etliche Bataillone und Schwadronen. Wesentliche Umwälzungen fanden im Lande nicht statt. Wie Franz Mehring schreibt, »erkannte Friedrich von Anfang an, daß gemäß der preußischen Verfassung jeder preußische König unweigerlich den alten Kurs zu segeln hat, und darin, daß er auch nicht einmal versuchte, wider den Stachel zu löcken, obgleich ihm nach Anlagen und Neigungen eine solche Versuchung unter allen preußischen Königen weitaus am nächsten lag, wurzelt sein Anspruch auf historische Bedeutung oder – wenn denn einmal das Wort gebraucht werden soll – auf historische Größe«.[3] Der Flötenspieler und Dichter, der seine Uniform einen Sterbekittel genannt hat, wurde Symbol des preußischen Militarismus. Der Autor des ›Antimachiavell‹, eines vor der Thronbesteigung verfaßten Traktats, das den Monarchen »Diener seiner Untertanen« nannte, verkörperte, als er einmal an der Macht war, das Prinzip des Absolutismus. Von Natur Epikuräer, spielte er doch nahezu die Rolle eines Stoikers. Der Gallomane, verliebt in alles Französische, mußte mit Frankreich Krieg führen.

Und doch gingen Veränderungen vor sich. Auf dem Thron saß ein König, der – bewandert in der Philosophie – selbst Lehrtraktate schrieb; ein Freidenker, der gewagte Redensarten von sich gab in der Art etwa: »Allmächtiger Gott, wenn es einen solchen gibt, erbarme Dich meiner sündigen Seele, wenn ich eine solche habe.« Am Hofe Friedrichs hielt sich Voltaire auf; Lamettrie, der aus Frankreich und Holland verjagt worden war, fand Zuflucht in Berlin, wo der König ihn hätschelte, nachdem er ihn in höfische Dienste genommen hatte. »Ganz besonders der Schutz, den Lamettrie als Leibarzt genoß« – so Franz Mehring – »und der schöne Nachruf, den der König dem verrufenen Materialisten im Jahre 1751 widmete, zeigen Friedrich auf einer Höhe philosophischen Verständnisses, die gleichzeitig vielleicht kein anderer Deutscher besaß, auch der junge Lessing nicht, der sich dazumal mit einem mehr frommen als weisen Ungestüm gegen Lamettrie erhitzte.«[4] Der preußische Despotismus wurde »aufgeklärt«. Das Zeitalter der Aufklärung trat auch hier allmählich in sein Recht.

Die Aufklärung ist eine notwendige Stufe in der kulturellen Entwicklung eines jeden Landes, das sich von der Feudalordnung verabschiedet. Die Aufklärung ist in den Grundlagen demokratisch: sie ist Kultur für das Volk. Sie sieht ihre Hauptaufgaben in Erziehung und Bildung, in der Vermittlung von Wissen an alle und jeden. Das Renaissance-Ideal der freien Persönlichkeit bekommt hier das Attribut der Allgemeingültigkeit. Damit wächst auch die Verantwortlichkeit eines jeden: der Mensch der Aufklärung denkt nicht nur über sich selbst nach, sondern auch über die anderen, über seinen Ort in der Gesellschaft. Soziale Ideen fassen Fuß; im Zentrum der Aufmerksamkeit steht das Problem der besten Gesellschaftsordnung. Die Gemüter entzünden sich an der Vorstellung von der Gleichheit: nicht nur vor Gott (das sagt schon die christliche Lehre), sondern auch vor dem Gesetz, zugleich mit allen anderen Menschen. Diese Gleichheit ist formal, aber einer anderen bedarf die bürgerliche Rechtsordnung nicht. Die Aufklärung hält sich hartnäckig an diese Vorstellung eines formalen Rechts, indem sie gerade darin die Humanität gewährleistet sieht.

Das Heilmittel gegen alle sozialen Mißstände sieht die Aufklärung in der Verbreitung von Wissen. Wissen ist Macht; es zu erwerben, zum Allgemeingut zu machen, bedeutet, den Schlüssel zum Geheimnis des menschlichen Seins in den Händen zu halten. Eine Drehung des Schlüssels, das Sesam öffnet sich; glückseliges Leben ist gefunden. Die Möglichkeit des Mißbrauchs von Wissen ist dabei ausgeschlossen. Die frühe Aufklärung ist rationalistisch, es ist das Zeitalter des Verstandesdenkens. Enttäuschung greift ziemlich schnell um sich. Darauf sucht man Heil im »unmittelbaren Wissen«, in den Gefühlen, in der Anschauung, und irgendwo wetterleuchtet schon die dialektische Vernunft. Aber so lange jegliche Vermehrung des Wissens als Heil angesehen wird, bleiben die Ideale der Aufklärung unangetastet.

Das dritte Charakteristikum der Aufklärung schließlich ist ihr historischer Optimismus. Die Idee des Fortschritts ist eine Errungenschaft dieser Epoche. Der voraufgehenden Zeit kam es nicht in den Sinn, sich selbst zu rechtfertigen. Die Antike wollte nichts von ihren Vorläufern wissen, das Christentum erklärte sein Entstehen aus der Vorbestimmung des Allerhöchsten. Und sogar die Renaissance, die als Arbiter im Dialog der beiden vorausgehenden Kulturen auftrat, sah ihre Aufgabe nicht in der Bewegung nach vorn, sondern in der Rückkehr zu den Urquellen. Die Epoche der Aufklärung entwickelte als erste ein Bewußtsein von sich als Neubeginn. Von da her war es nur noch ein Schritt zum historischen Denken. Und wenn auch nicht alle Aufklärer sich den historischen Blick auf die Dinge zu eigen machten, liegen die Wurzeln dieses Denkens in dieser Epoche.

Die Aufklärer führten einen unerbittlichen Kampf gegen Aberglauben, Fanatismus, Intoleranz, Täuschung und Volksverdummung. Sie hielten sich für Gesandte der Vernunft, dazu berufen, den Menschen die Augen zu öffnen über ihre Naturanlage, ihre Bestimmung: berufen, die Sache des Menschen zu bessern und ihn auf den Weg der Wahrheit zu leiten.

Die Aufklärung ist chronologisch nicht genau zu bestimmen. Der Zerfall der Feudalordnung ging in den verschiedenen Ländern zu verschiedener Zeit vor sich. Holland und England waren die ersten europäischen Länder. Dann kam die Reihe an Frankreich. Für Deutschland ist das Zeitalter der Aufklärung das achtzehnte Jahrhundert. Im Vergleich zu England und Frankreich konnte Deutschland als rückständiges Land gelten; indessen bildeten sich auch hier innerhalb der Feudalordnung neue kapitalistische Produktionsverhältnisse heraus. In Deutschland dominierte zwar die Landwirtschaft, aber auch hier drang der Markt vor. In den Städten entstanden kapitalistische Manufakturen, der Handel blühte. Überall reiften soziale Veränderungen.

Charakteristisch für die historische Entwicklung der deutschen Nation in dieser Zeit war die wirtschaftliche und politische Partikularisierung des Landes. Deutschland war in viele Zwergmonarchien zergliedert und bildete keinen einheitlichen Staat. Formal existierte zwar ein deutsches Reich, das fast alle deutschen Länder einbegriff (Ostpreußen selbst gehörte nominell nicht dazu), aber faktisch war jeder Monarch ganz und gar Herr in seinem Hause. Auf die Führung in deutschen Angelegenheiten erhob Österreich Anspruch. Der Aufstieg Preußens schuf einen gefährlichen Gegner. Fortschrittliche Geister in Deutschland, die über das Schicksal ihres Vaterlandes nachdachten, sahen, daß der Weg zum Wohlstand nur über die Beseitigung der Feudalordnung und die Vereinigung des Landes führte. Die Vorstellung von der nationalen Einheit dominierte im Schaffen der Aufklärer, doch im achtzehnten Jahrhundert verkehrte sie sich niemals in Nationalismus und Chauvinismus. Es galt die Gleichheit aller Völker wie die Gleichheit aller Menschen; »Weltbürger« zu sein, fremd jeglicher nationalen Beschränktheit und jeglichen Hochmuts, war Mode in den intellektuellen Kreisen.

Die deutsche Philosophie der Aufklärung bildete sich nicht nur im Zeichen nationaler Bewegungen, sondern auch unter dem Einfluß des wissenschaftlichen Fortschritts. Blieb Deutschland in Wirtschaft und Politik hinter England und Frankreich zurück, so ließ sich solches nicht von der Wissenschaft sagen. Die deutsche Naturwissenschaft des achtzehnten Jahrhunderts befand sich im Aufschwung: sie machte die gleichen Prozesse durch, die für die europäische Wissenschaft im ganzen charakteristisch waren. Durch die Anhäufung einer riesigen Menge von Fakten, die in der voraufgehenden Epoche gesammelt und klassifiziert worden waren, stellte sich nun das Problem ihrer Auslegung: die Betrachtung der Natur in ihrer lebendigen Verbindung, ihrer Entwicklung. Das bereitete der Entfaltung der Philosophie den Weg.

Vorherrschend war anfangs die Schule Christian Wolffs. Er hatte schon siebzehn Jahre den Katheder in Halle inne, hatte durch eine Reihe von Arbeiten europäische Geltung erlangt, als der Soldatenkönig ihn aufforderte, innerhalb von achtundvierzig Stunden sich von dannen zu heben. Da der Philosoph das rauhe Gemüt seines Monarchen kannte, erwartete er nicht den Ablauf der gestellten Frist, sondern verließ die Stadt schon zwölf Stunden nach Aushändigung des königlichen Befehls. Die Vertreibung Wolffs vermehrte nur seinen Ruhm: er erhielt einen Lehrstuhl in Marburg (hier studierte dann Lomonossov bei ihm); London und Paris wählten ihn zum Mitglied ihrer Akademien. Stockholm und Petersburg luden ihn zu Vorlesungen ein – Rußland bereitete die Eröffnung der Akademie der Wissenschaften vor, und Peter i. bot Wolff die Stelle eines Vizepräsidenten an; der Philosoph lehnte höflich ab. Er hatte auch keine Eile, wieder nach Hause zurückzukehren – auch nicht, als Friedrich Wilhelm i. ihn rehabilitiert hatte. Erst dem neuen König gelang es, Wolff wieder in Preußen willkommen zu heißen; Friedrich ii. verlieh ihm den Titel eines Geheimrats, der mit einer für damalige Zeiten unerhörten Summe von 2000 Talern dotiert war. Wolff wählte keinen Posten in der Hauptstadt, sondern erbat sich die Rückkehr nach Halle.

Seine Heimkehr wurde zu einem wahren Triumph. Man kam ihm schon weit vor den Toren der Stadt entgegen; sofort entstand ein improvisierter Geleitzug. An der Spitze ritten drei Bläser und stießen in die Hörner, dahinter folgten, ebenfalls hoch zu Roß, fünfzig Studenten, dann im Vierspänner der Herr Geheimrat Wolff mit Gemahlin, endlich eine ganze Reihe von Equipagen bekannter Bürger und Professoren. Als der Zug das Stadtzentrum erreichte, dröhnte ein Orchester auf; die Musik verstummte lange nicht an diesem Tag.

Wolff begann Vorlesungen zu halten. Aber seltsam: das zunächst brechendvolle Auditorium war von Semester zu Semester immer spärlicher gefüllt. Der gerühmte Lehrer stand einmal vor leeren Bänken. Die Anhänger Wolffs behaupteten, dies zeuge nicht von einer Niederlage, sondern einem Sieg: der Wolffianismus habe in der deutschen Bildung so tief Wurzeln geschlagen, daß es nicht mehr notwendig sei, das Haupt dieser Richtung zu hören. Die Gegner Wolffs verkündeten, daß er einfach seinen Ruhm überlebt habe. Ohnehin künstlich aufgebläht, habe er nicht sehr langlebig sein können.

Im Vergleich zu Leibniz sagte Wolff kaum Neues, seine Gedanken formulierte er immer einfacher. Das Epitheton »platt« wird gewöhnlich für die Teleologie Wolffs verwendet, nämlich der Lehre von den Endzwecken, die bei Wolff ganz primitive Züge annahmen. Das Verdienst Wolffs bestand in der Systematisierung der Philosophie Leibniz'; er schuf zum erstenmal in Deutschland ein System, das alle Grundbereiche philosophischen Wissens umfaßte. Er inaugurierte auch erstmals eine philosophische Schule. Die Wolffianer taten viel zur Ausbreitung der Wissenschaften. Ihre Lehre erhielt die Benennung

»Popularphilosophie«, insofern sie für ein breites Leserpublikum bestimmt war. Die Wolffianer waren überzeugt, daß die Verbreitung von Bildung unaufhaltsam zur Lösung der drängenden Gegenwartsfragen führen werde. Verstandeskult verband sich bei ihnen mit Pietät gegenüber dem christlichen Glauben, dem sie eine rationale Begründung zu geben suchten. Das Zentrum der Popularphilosophie war Berlin. Es entstand sogar der Begriff »Berliner Aufklärung«.

Neben dem Wolffianismus existierte in der deutschen Aufklärung eine weitere Richtung, die sich mit dem Protest des Volkes gegen die soziale Unterdrückung verband, der Kirchendogmatik feindselig gesonnen. Die Hauptquelle solcher freisinnigen Ideen war die Philosophie Spinozas, die schon Ende des siebzehnten Jahrhunderts intensiv nach Deutschland einzudringen begann, ungeachtet des Widerstandes sowohl offizieller Hüter der Reinheit der Lehre wie auch des gemäßigten Flügels der Aufklärung. Die Tore der Universität blieben dem Spinozismus dicht verschlossen. Spinozistische Bücher wurden verbrannt, die Autoren verfolgt. Oft waren das harmlose, manchmal ganz und gar unbekannte Literaten, die Verwirrung in den Geistern stifteten und dann spurlos verschwanden. Die freigeistigen Werke verbreitete man geheim, zuzeiten wurden sie weithin bekannt, zuzeiten waren sie nur einem engen Kreis Eingeweihter zugänglich. Man erfuhr erst nach Lessings Tod, daß er sich zum Spinozismus bekannte.

Die deutschen Freidenker verhielten sich zum Glauben an Gott – im Unterschied zu ihren französischen Mitstreitern – eher vorsichtig. Die Autorität der Religion war unbestritten. Im Mittelalter herrschte die Religion im geistigen Leben, unterwarf sich Kunst und Wissenschaften und mischte sich in die Politik. Dank der Reformation hatte sich Deutschland in beträchtlichem Maße von der Herrschaft der römischen Kurie befreit, Luther und seine Nachfolger waren jedoch keineswegs geneigt, zum Freidenkertum zu ermuntern. Die protestantische Orthodoxie arbeitete nun ihrerseits ein System von Dogmen aus und schlüpfte in dieselbe Rolle, die vor ihr der Katholizismus innehatte. Die Kirche wollte das geistige Leben des Landes nicht vom Zügel lassen. Darin fand sie volle Unterstützung von seiten der Herrschenden. Der Kampf für die Aufklärung, gegen das orthodoxe Christentum vollzog sich – mit seltenen Ausnahmen – unter der Losung der Toleranz zur Schaffung einer verbesserten Religion.

Eine spezifisch deutsche Variante des erneuerten Protestantismus war der Pietismus. Diese Bewegung entstand im Ausgang des siebzehnten Jahrhunderts als Protest gegen den geistigen Stillstand und die Auswüchse der lutheranischen Kirche. Die Anfänge des Pietismus gehen auf den großen Mystiker Jakob Böhme zurück. Einer seiner Nachfolger, Quirinus Kuhlmann, der viele Reisen unternahm, um das Wort seines Lehrers zu verkünden, endete als Häretiker auf dem Scheiterhaufen. Einem anderen – Jakob Spener – erging es besser: er wurde Begründer der Erneuerungsbewegung im Protestantismus. Die Pietisten lehnten Ritus und Zeremoniell ab, verlegten den Schwerpunkt der Religion auf die innere Überzeugung, auf die Textkenntnis der Heiligen Schrift und die Personalbeichte. In seiner weiteren Entwicklung wurde der Pietismus selber unduldsam: er ging in Fanatismus und übertriebenen Asketismus über. Zu seiner Zeit jedoch hatte er erneuernde Funktion; viele Vertreter der Aufklärung gingen aus dem geistigen Nährboden des Pietismus hervor und führten seine radikalen, antidogmatischen und antiklerikalen Tendenzen weiter. Preußen (Halle und Königsberg in erster Linie) war die Pflanzstätte des Pietismus.

Am 22. April 1724 um fünf Uhr morgens wurde in der Familie des Königsberger Riemermeisters Johann Georg Kant ein Sohn geboren. Nach dem alten preußischen Kalender war es der Tag des heiligen Emanuel; man taufte den Knaben auf diesen biblischen Namen, der in der Übersetzung »Gott mit uns« heißt. Kant behauptete, daß seine Vorfahren aus Schottland stammten. Aber der Philosoph irrte, wie erst kürzlich gründliche Forscher festgestellt haben: sein Urgroßvater Richard Kant hatte baltisches Blut, war gebürtig aus Prökuls – das liegt im heutigen Litauen.[5] Nach erhaltenen Urkunden zu urteilen, beherrschte der Urgroßvater nicht die deutsche Sprache. Der Sohn Richards hatte sich in Memel ansässig gemacht, wurde Riemermeister und lehrte das Gewerbe seinen Sohn Johann Georg, der nach Königsberg übersiedelte. Zwei Töchter Richard Kants waren mit Schotten verheiratet, von woher möglicherweise die Legende über die schottische Herkunft rührte. Die Mutter des künftigen Philosophen, Anna Regina, war gebürtige Nürnbergerin und Tochter eines Sattlers.

Der Knabe wuchs auf in der Vorstadt, im Handwerker- und Händlermilieu, das von Fleiß, Ehrbarkeit und puritanischer Strenge geprägt war. In der Familie war er das vierte Kind. Anna Regina gebar neun Kinder, nur fünf überlebten. Immanuel Kant hatte eine ältere und zwei jüngere Schwestern und einen jüngeren Bruder, Johann Heinrich.

Immanuel war von schwächlicher Gesundheit. Da Anna Regina bis zu dieser Zeit schon zwei Kinder verloren hatte, mühte sie sich mit aller Kraft um das physische und psychische Wohlergehen ihres Sohnes; sie förderte Unternehmungsgeist und Phantasie: »Ich werde meine Mutter nie vergessen; denn sie pflanzte und nährte den ersten Keim des Guten in mir, sie öffnete mein Herz den Eindrücken der Natur; sie weckte und erweiterte meine Begriffe, und ihre Lehren haben einen immerwährenden, heilsamen Einfluß auf mein Leben gehabt.«[6] Das sagte Kant in der Neige seines Lebens.

Im Hause Johann Georgs herrschte der Geist des Pietismus: »Man sage dem Pietismus nach, was man will. Genug! Die Leute, denen er ein Ernst war, zeichneten sich auf eine ehrwürdige Weise aus. Sie besaßen das Höchste, was der Mensch besitzen kann, jene Ruhe, jene Heiterkeit, jenen inneren Frieden, der durch keine Leidenschaft beunruhigt wurde. Keine Not, keine Verfolgung setzte sie in Mißmut, keine Streitigkeit war vermögend, sie zum Zorn und zur Feindschaft zu reizen.«[7] Kant erinnerte sich, wie einmal ein Rechtsstreit zwischen zwei Handwerkerinnungen stattfand: den Sattlern und den Riemermeistern. Kants Vater trug dabei schweren Schaden davon, aber er erlaubte sich nicht, auch nur ein böses Wort gegen die zu äußern, die ihm Verluste zugefügt hatten. Ob es so wirklich gewesen war, ist schwer zu sagen; wichtig ist, daß Kant so dachte, daß ihm dies Erlebnis in Erinnerung blieb und zu einer der ersten Lehrstunden der Ethik wurde, die der künftige große Moralist mit Bewußtsein aufnahm. Vom Vater ging auch die Liebe zum Fleiß auf den Sohn über.

Auf den Rat des Pastors Franz Albert Schultz, der zu seinen Gemeindemitgliedern auch die Familie des Meisters Kant zählte, gab man den achtjährigen Immanuel in das staatliche ›Friedrichskollegium‹, an dessen Spitze bald eben dieser Schultz berufen wurde. Hier verbrachte der künftige Philosoph acht Jahre. Er lernte in der ›Lateinschule‹. Die Hauptfächer waren Latein (bis zu zwanzig Stunden in der Woche!) und Theologie (Pauken des Katechismus). Von daher rührte Kants Liebe für die römische Dichtkunst und seine Antipathie gegenüber Äußerlichkeiten des religiösen Kults. Die Eltern wollten in ihrem Sproß einen späteren Pastor sehen, aber der Junge, begeistert von den Lateinstunden des begabten Lehrers Heydenreich, träumte davon, sich den antiken Klassikern zu widmen.

Den Wunsch, Prediger zu werden, konnten schon die klösterlichen Regeln des Collegium Fridericianum zunichte machen. Die Schule war pietistisch ausgerichtet, von strengen Sitten, Ferien waren unbekannt. Der Unterricht begann um sieben Uhr morgens, aber schon um sechs Uhr mußten die Schüler zur Stelle sein. Das Morgengebet dauerte eine halbe Stunde, mit einem Gebet wurde jede neue Schulstunde begonnen. Der Unterricht endete um vier Uhr nachmittags. Am Mittwoch und Samstag fanden fakultative Stunden in Mathematik, Musik, Französisch und Polnisch statt. Das Studium der griechischen und hebräischen Sprache war Pflicht (es gehörte zum Lehrstoff der Theologie). Naturwissenschaften und Geschichte wurden nicht unterrichtet. Die schwache Gesundheit hinderte Immanuel beim Lernen, aber rasche Auffassungsgabe, gutes Gedächtnis und Fleiß halfen ihm. Eine ganze Reihe von Jahren war er Klassenerster, die Schulzeit beendete er als zweiter.

Im Herbst 1740 begann Immanuel Kant, sechzehnjährig, an der Universität zu studieren. An welcher Fakultät? Diese einfache Frage zu beantworten ist schwierig, denn in den nachgelassenen Verzeichnissen befinden sich keine Hinweise auf die Zugehörigkeit der Studenten zu der einen oder anderen Fakultät. In Königsberg gab es vier Fakultäten; drei galten als die oberen: Theologie, Jurisprudenz, Medizin; die Philosophie war die niedere. Nach Anordnung Friedrich Wilhelms 1. konnten sich die Studenten nur auf einer der höheren Fakultäten einschreiben (der Soldatenkönig brauchte Leute für den Staatsdienst, und sein Verhältnis zur Philosophie kennen wir bereits). Die ersten Biographen Kants behaupten, daß er auf Wunsch der Eltern Theologie wählte. Dagegen spricht eine Reihe von Erwägungen. In erster Linie muß man jene Bereiche ins Auge fassen, denen Kant seine besondere Aufmerksamkeit widmete. Die Begeisterung des Gymnasiasten für Philologie wich einem lebhaften Interesse für Physik und Philosophie. Es ist nicht ausgeschlossen, daß sich Kant in die medizinische Fakultät einschrieb; späterhin zeigt er eine beneidenswerte Kompetenz auf diesem Gebiet und schreibt sogar eine Arbeit über die Krankheiten des Kopfes.

Sein neues Interesse verpflichtete ihn einem Mann, der eher als Franz Schultz und Heydenreich seine geistige Entwicklung beeinflußte. Professor Martin Knutzen starb im Alter von siebenunddreißig Jahren; ohne diesen frühen Tod würde die deutsche Philosophie vielleicht auch ihn zu ihren Größen zählen. Heute ist Martin Knutzen nur als Lehrer Kants bekannt. Mit einundzwanzig Jahren erhielt er einen Ruf. Als Pietist und Wolffianer zeigte er großes Interesse an den Erfolgen der englischen Naturwissenschaft. Von Knutzen hörte Kant zum ersten Mal den Namen Newtons. Nicht ohne den Einfluß Knutzens und dessen Schriften machte sich Kant im vierten Studienjahr daran, ein selbständiges Werk über Physik zu verfassen.

Die Arbeit ging langsam voran. Es zeigte sich nicht nur Mangel an Wissen und methodischer Fertigkeit; auch die Not, in der sich der Studiosus Kant befand, war hinderlich. Mit dem Eintritt in die Universität hatte er auch das Vaterhaus verlassen. Die Mutter lebte schon nicht mehr (sie starb verhältnismäßig früh, als Kant gerade dreizehn Jahre alt war), und der Vater kam nur mühsam mit seinem Gelde aus. Immanuel schlug sich mit Privatstunden durch. Es unterstützten ihn auch wohlhabende Schulkameraden, bei ihnen mußte er zur Not Kleidung und Schuhwerk ausleihen. Er soll sich mit Aphorismen darüber hinweggeholfen haben: »Ich versuche, die Dinge mir, nicht mich den Dingen unterzuordnen«, »Gib dem Unglück nicht nach, sondern trete ihm umso mutiger entgegen.«[8] Hin und wieder half ihm Pastor Schultz, des öfteren ein Verwandter mütterlicherseits, ein prosperierender Schuhmachermeister. Es gibt Zeugnisse, daß gerade Großvater Richter einen beträcht-

lichen Teil der Ausgaben für den Druck von Kants Erstlings-
schrift trug: ›Gedanken von der wahren Schätzung der lebendigen Kräfte‹.

Kant schrieb an dieser Arbeit drei Jahre und bereitete sie vier
Jahre für den Druck vor. Das Titelblatt ziert das Datum 1746,
jedoch ist dies das Jahr des Druckbeginns: die letzten Bogen
verließen erst 1749 die Druckanstalt. Der Autor schickt ein
Exemplar des Buchs an Albrecht Haller, den Schweizer Gelehrten und Dichter, ein zweites dem Mathematiker Leonhard Euler
nach Petersburg. Das sind die ersten uns bekannten Postsendun-
gen Kants. Antworten trafen nicht ein.

Vielleicht trug die Schuld daran der Inhalt des Buches, denn
Kant versuchte dort als Schiedsrichter zwischen Cartesianern
und Leibnizianern aufzutreten im Streit, wie die Größe der
bewegenden Kraft zu messen sei. Nach Descartes ist sie ein
Produkt der Masse mit der einfachen Geschwindigkeit, nach
Leibniz mit der Geschwindigkeit im Quadrat. Kant beschloß
die Streithähne zu trennen: in manchen Fällen sei die Formel
Descartes' anzuwenden, in anderen die von Leibniz. Inzwischen
hatte schon sechs Jahre zuvor, 1743, d'Alembert die Lösung des
Problems in der Formel $F = \frac{m\,v^2}{2}$ gegeben. Kant wußte davon
offensichtlich nichts.

Derartiges pflegt in der Geschichte der Wissenschaften vorzu-
kommen. Ein halbes Jahrhundert später behauptete Hegel in
seiner Dissertation, zwischen Jupiter und Mars könne sich
durchaus kein unbekannter Planet befinden, obwohl schon zu
dieser Zeit der Planet Ceres entdeckt war. Die Fehlleistung
Kants soll Lessing zu dem Epigramm angeregt haben:

> Kant unternimmt ein schwer Geschäfte,
> Der Welt zum Unterricht.
> Er schätzet die lebend'gen Kräfte,
> Nur seine schätzt er nicht.

Die Jugendarbeiten Kants sind nicht nur als Episoden aus
seinem Leben interessant. Sie sind auch in das wissenschaftliche
Leben eingegangen. Die Aufmerksamkeit der zeitgenössischen
Kosmologie zum Beispiel konnten die Überlegungen Kants auf
sich ziehen, zum Thema der Verbindung der Dreidimensionali-

tät des Raums mit dem Gesetz der universalen Schwerkraft. »Die dreifache Abmessung scheint daher zu rühren, weil die Substanzen in der existierenden Welt so in einander wirken, daß die Stärke der Wirkung sich wie das Quadrat der Weiten umgekehrt verhält.«[9] Die Begründung seiner These schenkt sich Kant – sollen das doch andere machen.

Der erste Versuch aus Kants Feder ist auch in stilistischer Hinsicht interessant. Le style – c'est l'homme. Das Buch Kants ist nicht in lateinischer, sondern in seiner Muttersprache geschrieben, dazu noch in guter Prosa, die bemerkenswert klar und einfach ist. Das Buch atmet jugendliches Feuer und Selbstgefühl. Das Motto aus Seneca fällt in die Augen: Nihil magis praestandum est, quam ne pecorum ritu sequamur antecedentium gregem, pergentes, non qua eundum est, sed qua itur (Seneca, de vita beata Cap. 1). Hat er sich den eigenen Weg gewählt? Gewiß: »Ich habe mir die Bahn schon vorgezeichnet, die ich halten will. Ich werde meinen Lauf antreten, und nichts soll mich hindern, ihn fortzusetzen«[10] (Vorrede). In einer Arbeit über Physik scheint eine solche Erklärung nicht am Platze. Aber sie ist bezeichnend: den jungen Gelehrten drängt es, alles auszusprechen, was ihn bewegt. Im weiteren Verlauf der Arbeit wird er strenger schreiben, aber vorerst überstürzen sich ein Überschuß an Kräften, Gedanken, Worten.

Das erste Werk Kants ist ein Dokument der Epoche, die entschlossen war, alle angehäuften Vorurteile dem Urteil der Ratio zu unterwerfen. Die Autoritäten gelten nicht mehr, eine neue Zeit bricht an. Nunmehr, sagt Kant, kann man es kühn wagen, die Autoritäten Newtons und Leibniz' für nichts zu achten, wenn sie sich der Entdeckung der Wahrheit in den Weg stellen sollten, und keinen anderen Überredungen als dem Geheiß des Verstandes zu gehorchen. Niemand ist gesichert vor Irrtümern, und das Recht, solche zu bemerken, steht jedermann zu.

Ein Zwerg-Gelehrter übertrifft nicht selten auf manchen Wissensgebieten einen anderen, der, gemessen am allgemeinen Umfang seiner Kenntnisse, weit höher steht als jener. Damit meint er sich selbst: »Die Wahrheit, um die sich die größten Meister der menschlichen Erkenntnis vergeblich beworben haben, hat sich meinem Verstand zuerst dargestellt.«[11] Bei diesen Worten besinnt sich der junge Gelehrte: ist dies nicht zu vermessen? Der

Satz sagt ihm zu, er läßt ihn stehen, versieht ihn jedoch mit einer Einschränkung: »Ich wage es nicht diesen Gedanken zu rechtfertigen, allein ich wollte ihm auch nicht gerne absagen.« Daraus erwächst eine Art Kompromiß.

Dieses Detail ist bezeichnend. Schon in seiner ersten Arbeit bewies Kant nicht nur ein kompromißloses Streben nach Wahrheit, sondern auch merkliche Neigung zu vernünftigen Kompromissen, wenn dies auch auf den ersten Blick zwei unvereinbare Gegensätze zu sein scheinen. In dieser Schrift versucht er Descartes und Leibniz zu »vereinen«, im reifen Alter tut er dies mit den philosophischen Hauptrichtungen. Widersprüche aufzuweisen, doch sie gleichzeitig zu dulden, Einseitigkeit zu überwinden und eine prinzipiell neue Lösung anzubieten, indem alle Lösungen in die jetzt erweiterte Erfahrung hineingenommen werden, nicht zu siegen, doch zu versöhnen – dies ist eine der zentralen Bestrebungen der künftigen kritischen Philosophie.

Kant war fast sieben Jahre auf der Universität. 1747 verläßt er die Vaterstadt, ohne das Examen abgelegt zu haben. Aber seine Wanderungen führten nicht weit. In drei abgelegenen Winkeln Ostpreußens betätigt er sich als Hauslehrer. Zuerst in dem Dorf Judtschen in der Nähe von Gumbinnen; hier unterrichtet Kant die drei Söhne des Pastors Andersch. Die Urbevölkerung – es sind Litauer – hatte sich nach der verheerenden Pest des Jahres 1709 stark gelichtet. Man besiedelte das Land mit Auswanderern aus der französischen Schweiz. Der Pastor, ein gebürtiger Schlesier, war gezwungen, sich seinen anderssprachigen Gemeindemitgliedern anzupassen. Kant sieht, wie »Kinder verschiedener Völker« friedlich unter einem Himmel leben können. Hier entstand sein Interesse an der litauischen Kultur, das er sein ganzes Leben lang nicht verlor.

Im Sommer 1750 begibt sich Kant an das entgegengesetzte Ende der Provinz, in die Nähe von Osterode. Er tritt jetzt eine Hauslehrerstelle in der Familie eines Rittergutsbesitzers an. In seine Obhut werden wiederum drei Jungen gegeben, Söhne des Majors von Hülsen. Der jüngste, Georg Friedrich, bewahrte lange Jahre eine Sympathie für seinen ersten Lehrer. War es vielleicht der Einfluß Kants, der im zukünftigen Gutsbesitzer den Gedanken weckte, seine Leibeigenen freizugeben, was er auch später in die Tat umsetzen sollte? So hat Kant den Samen eines sittlich begründeten, gesunden Menschenverstands in das Herz seines Zöglings gesenkt.

Die dritte Hauslehrerstelle bekleidet er in der Familie des Grafen Keyserling. Die Biographen gehen in den Meinungen auseinander, ob Kant nun auf dem Gut des Grafen in der Nähe von Tilsit lebte oder aus Königsberg immer in das Schloß fuhr, das unweit der Stadt gelegen war. Das erste uns überlieferte Bildnis Kants ist eine Zeichnung der Gräfin Keyserling. Die junge Schönheit begeisterte sich für Philosophie, und böse Zungen behaupteten, daß sich diese Begeisterung auch auf den Philosophen in ihrem Hause erstreckte. Und das mag nicht ohne Gegenseitigkeit gewesen sein.

In diesem preußischen Krähwinkel erwarb sich Kant nicht nur pädagogische Fertigkeiten. Hier ging er durch eine gute Schule verschiedener Alltagserfahrungen, gewöhnte sich an den Umgang mit Menschen, lernte die Gewohnheiten der einzelnen Gesellschaftsschichten kennen, Bücher und überreiche Freizeit legten den Grundstein für seine zukünftige wissenschaftliche Tätigkeit. Bei seiner Rückkehr nach Königsberg brachte Kant ein umfangreiches Manuskript mit über ein Thema der Astronomie, das ursprünglich den Titel trug ›Kosmogonie, oder Versuch, den Ursprung des Weltgebäudes, die Bildung der Himmelskörper und die Ursachen ihrer Bewegung aus den allgemeinen Bewegungsgesetzen der Materie und der Theorie Newtons gemäß herzuleiten‹.

Über das baldige Erscheinen der Abhandlung machte Kant Mitteilung in einem kleineren Aufsatz, der im Juni 1754 in zwei Nummern des Königsberger Wochenblattes gedruckt wurde. Der Aufsatz war verfaßt zur Preisaufgabe der Berliner Akademie der Wissenschaften, ›Ob die Erde in ihrer Umdrehung einige Veränderung erlitten habe . . .‹ Kant entschloß sich jedoch, nicht am Wettbewerb teilzunehmen, und der Preis wurde jemandem verliehen, der auf die gestellte Frage eine negative Antwort gab. Indessen kam Kant im Gegensatz zu dem unverdientermaßen Geehrten zum richtigen Ergebnis, daß die Erde bei ihrer Umdrehung eine Verlangsamung erfährt, hervorgerufen durch den Gezeitenwechsel der Weltmeere. Die Berechnungen Kants sind falsch, aber die Grundidee ist richtig.

Das Problem liegt darin, daß durch Einfluß der Anziehungskraft des Mondes die Meeresgezeiten von Osten nach Westen fortrücken, das heißt in einer Richtung, die der Umdrehung der Erde entgegengesetzt ist und diese somit schwächt und vermindert. Es ist wahr, sagt Kant, wenn man die Langsamkeit dieser Bewegung mit der Schnelligkeit der Erde, die geringe Quantität des Wassers mit den riesigen Ausmaßen der Erdkugel zusammenbringt, so könnte es scheinen, daß die Wirkung einer solchen Bewegung gleich Null gesetzt werden müsse. Wenn man aber dagegen erwägt, daß dieser Prozeß sich unablässig und ewig vollzieht, daß die Drehung der Erde eine freie Bewegung ist, deren geringste Einbuße unersetzlich verloren bleibt, so wäre es für einen Philosophen ein ungebührliches Vorurteil, diesen geringen Effekt für bedeutungslos zu erklären.

Ende Sommer 1754 veröffentlicht Kant noch einen Aufsatz – ›Die Frage, ob die Erde veralte, physikalisch erwogen‹. Kant zweifelt nicht daran, daß auch die Erde dem Prozeß des Alterns unterliegt. Alles Seiende entsteht, vollendet sich, verfällt dem Untergang. Die Erde macht da natürlich keine Ausnahme. Zu konkreten geologischen Prozessen äußert sich Kant vorsichtig: er kritisiert voreilige Schlüsse. Einige erinnern ihn an Klagen alter Leute, daß die Welt heute nicht mehr die gleiche sei wie früher; die alten Tugenden sind erloschen, an ihre Stelle sind neue Laster getreten, Falschheit und Betrug haben die alte Redlichkeit abgelöst; diese Greise sind so eitel sich zu überreden, der Himmel habe Vorsorge getragen, sie in Zeiten höchsten Wohlstandes hineinzugebären; und sie können sich nicht vorstellen, daß es nach ihrem Tode in der Welt noch ebenso gut zugehen solle, als es zuging, ehe sie geboren waren.

Diese beiden Aufsätze waren eigenartige Präludien zum Traktat über die Kosmogonie. Der endgültige Titel lautete: ›Allgemeine Naturgeschichte und Theorie des Himmels oder Versuch von der Verfassung und dem mechanischen Ursprunge des ganzen Weltgebäudes, nach Newtonischen Grundsätzen abgehandelt‹. Der Traktat erschien anonym im Frühling 1755 mit einer Widmung an König Friedrich II.

Mit dem Buch hatte es kein Glück: der Herausgeber machte Bankrott, sein Lager wurde versiegelt und die Auflage erschien nicht zur Frühjahrsmesse. Aber darin kann man nicht, wie es einige Autoren tun, den Grund dafür sehen, daß der Name

Kants als Schöpfer einer neuen kosmogonischen Hypothese keine allgemeineuropäische Verbreitung fand. Das Buch kam schließlich in den Handel, die anonyme Autorenschaft wurde aufgedeckt und in einem Hamburger Blatt erschien eine zustimmende Rezension.

Im Jahre 1761 wiederholte J. G. Lambert in seinen ›Kosmologischen Briefen‹ die Thesen Kants zur Struktur des Weltalls; im Jahre 1796 formulierte der französische Astronom Laplace eine Hypothese zur Kosmogonie, die der Kants analog war; beide, Lambert und Laplace, wußten nichts von ihrem Vorgänger. Das entsprach dem Geist der Zeit: Kant war die Arbeit d'Alemberts über die kinetische Energie unbekannt, im Westen hatte man nichts von seiner Schrift gehört.

Ein Umstand beunruhigt Kant bei der Erörterung seines kosmogonischen Systems: wie läßt es sich mit dem Glauben an Gott vereinen? Der Denker behauptet, daß zwischen den Forderungen der Religion und seiner Hypothese kein Widerspruch herrsche. Indessen kann er doch eine gewisse Übereinstimmung seiner Ansichten mit der Lehre der antiken Materialisten Demokrit und Epikur nicht leugnen. So wie diese Philosophen ist Kant der Meinung, daß der ursprüngliche Zustand der Natur in einer allgemeinen Zerstreuung des Urstoffs Materie, den Atomen, bestand. Epikur setzte eine Schwere an, die die Atome sinken ließ; dieser Gedanke ist der Newtonschen Theorie der Schwerkraft nahe, auf die sich Kant stützt. Der Pietistenzögling ist gezwungen, sich zu rechtfertigen: »Auch in den allerunsinnigsten Meinungen, welche sich bei den Menschen haben Beifall erwerben können, wird man jederzeit etwas Wahres bemerken.«[12]

Im siebzehnten Jahrhundert waren die Naturforscher – und unter ihnen Newton und Galilei – von der göttlichen Herkunft der Himmelskörper überzeugt. Obgleich sich Kant von den alten Materialisten distanziert, verbreitet er faktisch (nach Descartes) die Prinzipien des naturwissenschaftlichen Materialismus zur Weltentstehung: »Gebt mir Materie, ich will eine Welt daraus bauen! das ist, gebt mir Materie, ich will euch zeigen, wie eine Welt daraus entstehen soll.«[13] Die Formel Kants klingt wie ein Aphorismus. In ihm spricht sich der Grundgedanke des Buches aus; Kant zeigte tatsächlich, wie sich unter der Einwirkung rein mechanischer Ursachen aus dem ursprünglichen Chaos der Elementarteilchen unser Sonnensystem bilden konnte.

Ließ Kant auch Gott als Baumeister des Universums nicht gelten, so sah er doch in ihm den Schöpfer dieser chaotischen Materie, aus der nach den Gesetzen der Mechanik das bestehende Weltgebäude entstanden war. Das andere Problem, die Entstehung der organischen Natur, wollte Kant nicht auf naturwissenschaftlichem Wege lösen. Er stellt die Frage, ob wir sagen dürfen: Gebt mir Materie, ich will euch zeigen, wie eine Raupe erzeugt werden könne. Hier kann man schon beim ersten Schritt straucheln, insofern die mannigfaltige Beschaffenheit des Objekts zu umfangreich und verwickelt ist. Die Gesetze der Mechanik reichen nicht hin, das Wesen des Lebens zu verstehen. Ein wahrer Gedanke; der junge Kant äußert ihn, suchte jedoch nicht nach anderen natürlichen Wegen bei der Lösung der Frage nach dem organischen Leben. Erst als er im Alter über die Arbeit des Gehirns nachdachte, stößt er auf das Vorhandensein einer komplizierteren Struktur der Wechselwirkungen im Organismus.

Der Traktat über die Kosmogonie zeigt dieselbe, mit Emotionen angereicherte Manier, die Kant in der Arbeit über ›die lebendigen Kräfte‹ geübt hatte. Der Autor ist hingerissen von der gewaltigen Größe des Weltgebäudes und sucht den angemessenen Ausdruck für das sich ihm offenbarende poetische Bild; immer wieder zitiert er seine Lieblingsdichter – Pope, Haller, Addison. Selbst seine Prosa ist bereit, mit Versen zu wetteifern. Kant macht zum Beispiel den Vorschlag, sich die Sonne von nahem vorzustellen: »Man sieht in einem Anblicke weite Feuerseen, die ihre Flammen gen Himmel erheben, rasende Stürme, deren Wuth die Heftigkeit der ersten verdoppelt, welche, indem sie selbige über ihre Ufer aufschwellend machen, bald die erhabenen Gegenden dieses Weltkörpers bedecken, bald sie in ihre Grenzen zurücksinken lassen; ausgebrannte Felsen, die aus den flammenden Schlünden ihre fürchterliche Spitzen herausstecken, und deren Überschwemmung oder Entblößung von dem wallenden Feuerelemente das abwechselnde Erscheinen und Verschwinden der Sonnenflecken verursacht; dicke Dämpfe, die das Feuer ersticken, und die, durch die

Gewalt der Winde erhoben, finstre Wolken ausmachen, welche in feurigen Regengüssen wiederum herabstürzen und als brennende Ströme von den Höhen des festen Sonnenlandes sich in die flammenden Thäler ergießen, das Krachen der Elemente, den Schutt ausgebrannter Materien und die mit der Zerstörung ringende Natur, welche selbst mit dem abscheulichsten Zustande ihrer Zerrüttungen die Schönheit der Welt und den Nutzen der Creaturen bewirkt.«[14] Le style – c'est l'homme; und der junge Kant ist ein Kind der Aufklärung. Er ist erfüllt von aufklärerischem Pathos. Das verwunderte Staunen angesichts der harmonischen Natur und vor der eigenen Kraft der Einsicht ergießt sich in einen Strom begeisterter Worte.

Die Schönheit des Stils lenkt jedoch nicht von der Hauptsache ab – dem Problem der Weltentstehung. Der Traktat besteht aus drei Teilen. Der erste ist als Einführung gedacht. Hier bringt Kant seine Überlegungen zum systematischen Aufbau des Weltgebäudes. Die Milchstraße darf man nicht als ungeordnetes, zerstreutes Gewimmel von Sternen ansehen; sie ist nach Gesetzen aufgebaut, die mit denen des ganzen Sonnensystems übereinstimmen. Die Galaxis ist als Fläche zu denken, und die Sonne ist nahe der größten Dichte gelagert. Ähnliche Sternensysteme gibt es viele; und auch das unendliche Universum im ganzen hat diesen Systemcharakter, wobei die einzelnen Teilsysteme miteinander in wechselseitiger Verbindung stehen.

Zu Zeiten Kants waren sechs Planeten bekannt: Merkur, Venus, Erde, Mars, Jupiter, Saturn. Der junge Gelehrte gab zu bedenken, daß sich hinter dem Saturn noch weitere unbekannte Planeten befinden könnten. Noch zu Kants Lebzeiten wurde der Uranus entdeckt, im neunzehnten Jahrhundert der Neptun, zu unserer Zeit Pluto.

Der zweite Teil des Traktats ist dem Problem der Bildung der Himmelskörper und der Sternenwelten gewidmet. Für die Genesis des Kosmos sind nach Kant folgende Bedingungen notwendig: die unterschiedliche spezifische Dichtigkeit der Teilchen des Urstoffes und die Wirkung zweier Kräfte – der Anziehung und Abstoßung. Der Unterschied in der Dichte ruft eine Verklumpung der Materie hervor; somit entstehen attrahierende Zentralkörper, denen die leichteren Teilchen zustreben. Wenn die Teilchen in den Zentralkörper sinken, erwärmen sie ihn allmählich bis zum Endzustand flammender Glut. So ist die Sonne entstanden, die Kant so schön beschrieben hat.

Die Repulsionskraft, die der Attraktionskraft entgegenwirkt, verhindert die Ansammlung aller Partikel an einem einzigen Ort. Ein Teil von ihnen gerät – als Resultat des Widerstreits der zwei entgegengesetzten Kräfte – in eine Zirkelbewegung; auf diese Weise schaffen sie weitere Mittelpunkte der Attraktion – die die Samen der Planeten bilden. Analog entstanden auch ihre Trabanten. Und auch in anderen Sternenwelten wirken dieselben Kräfte, dieselben Gesetzmäßigkeiten: »Alle Fixsterne, die das Auge an der hohlen Tiefe des Himmels entdeckt, und die eine Art von Verschwendung anzuzeigen scheinen, sind Sonnen und Mittelpunkte von ähnlichen Systemen. Die Analogie erlaubt es also hier nicht, zu zweifeln, daß diese auf die gleiche Art, wie das, darin wir uns befinden, aus den kleinsten Theilen der elementarischen Materie, die den leeren Raum, diesen unendlichen Umfang der göttlichen Gegenwart erfüllte, gebildet und erzeugt worden.«[15]

Die Schöpfung ist nicht das Werk eines Augenblicks, sondern einer Ewigkeit. So hat sie zwar einmal angefangen, wird jedoch niemals aufhören. Es sind vielleicht Millionen Jahre und Jahrhunderte vergangen, ehe die Natur, in der wir uns befinden, ihre zugemessene Vollkommenheit erreicht hat. Es werden noch Millionen und »ganze Gebirge von Millionen Jahrhunderten« verfließen, in deren Verlauf sich immer neue Welten bilden und vervollkommnen werden. Und alte werden zugrunde gehen, wie täglich vor unseren Augen eine Unzahl lebender Organismen zugrunde geht. Die Natur ist reich und verschwenderisch: gleicherweise unerschöpflich die nichtigsten wie die kompliziertesten Gebilde zu zeugen als auch zu vernichten.

Das Universum Kants ist in ständiger Ausdehnung begriffen. Die Himmelskörper, die dem Zentrum des Universums am nächsten sind, bilden sich schneller heraus, gehen aber auch schneller zugrunde. Am Rande des Universums entstehen indessen neue Welten. Kant sagt den Untergang auch unseres Planetensystems voraus. Die Glut der Sonne nimmt immer mehr zu und versengt schließlich die Erde und die anderen Trabanten; sie löst den Stoff der Massen wieder in einfachere Elemente auf, die sich im Raum zerstreuen, um damit wieder Materialien zu neuen Weltbildungen herzugeben: »Wenn wir denn diesem Phönix der Natur, der sich nur darum verbrennt, um aus seiner Asche wiederum verjüngt aufzuleben, durch alle Unendlichkeit der Zeiten und Räume hindurch folgen.«[16]

Der dritte Teil des Buches enthält einen ›Versuch einer Vergleichung zwischen den Einwohnern verschiedener Planeten‹. Die Gebildeten des achtzehnten Jahrhunderts zweifelten nicht daran, daß die Himmelskörper bewohnt seien. (Newton hielt sogar die Sonne für bevölkert.) Kant ist von der Existenz vernünftigen Lebens im Kosmos überzeugt; er macht eine einzige Einschränkung – nicht überall: wie es auf der Erde für das Leben ungeeignete Wüsten gebe, so befinden sich im Universum auch unbewohnbare Planeten. Für diejenigen, die dafür halten, daß das Menschengeschlecht einmalig und einzigartig sei, führt der Philosoph eine satirische Erzählung an: diejenigen Kreaturen, die die Wälder auf dem Kopf eines Bettlers bewohnen, hatten schon lange ihren Aufenthaltsort als unermeßliche Kugel und sich selbst als das Meisterstück der Schöpfung angesehen, als einer unter ihnen unvermutet den Kopf eines Edelmanns gewahr wurde. Sofort rief er alle seine Nachbarn zusammen und sagte mit Entzücken: wir sind nicht die einzigen belebten Wesen der ganzen Natur; sehet hier ein neues Land, das ist noch dichter besiedelt.

Kant will ohne Voreingenommenheit urteilen. Die Unendlichkeit der Schöpfung begreift alle Naturerscheinungen ein, die durch ihren unerschöpflichen Reichtum zum Leben gerufen werden. Von der höchsten Klasse der denkenden Wesen bis zu dem verachtetsten Insekt kann kein Glied fehlen, ohne daß die Schönheit des Ganzen zerstört wäre. Und der Mensch, der ohnehin von der höchsten Stufe der Vollkommenheit noch so weit entfernt ist, darf in dieser Hinsicht keine Sonderstellung einnehmen. Hat wohl jemals einer aus den bewohnten Wäldern auf dem Kopfe des Bettlers so große Verheerungen unter seinen Mitbürgern angerichtet wie Alexander der Große?

Und so, meint Kant, ist die Mehrzahl der Planeten bewohnt, und die unbewohnten werden mit der Zeit besiedelt werden. »Sollte die unsterbliche Seele wohl in der ganzen Unendlichkeit ihrer künftigen Dauer, die das Grab selber nicht unterbricht, sondern nur verändert, an diesen Punkt des Weltraumes, an unsere Erde, jederzeit geheftet bleiben? Sollte sie niemals von den übrigen Wundern der Schöpfung eines näheren Anschauens theilhaftig werden? Wer weiß, ist es ihr nicht zugedacht, daß sie dereinst jene entfernte Kugeln des Weltgebäudes und die Trefflichkeit ihrer Anstalten, die schon von weitem ihre Neugierde so reizen, von nahem soll kennen lernen? Vielleicht bilden sich darum noch einige Kugeln des Planetensystems aus, um nach vollendetem Ablaufe der Zeit, die unserem Aufenthalte allhier vorgeschrieben ist, uns in anderen Himmeln neue Wohnplätze zu bereiten. Wer weiß, laufen nicht jene Trabanten um den Jupiter, um uns dereinst zu leuchten?«[17]

Was soll das heißen? Eine Vorausschau auf die Raumfahrt oder ein Versuch, den Forschertrieb des Naturalisten mit den gängigen Dogmen der Kirche in Übereinstimmung zu bringen? Eher trifft das letztere zu. Die naturwissenschaftlichen Studien Kants ruhten auf dem sicheren Fundament der pietistischen Erziehung. Und die Verbindung kühner wissenschaftlicher Mutmaßungen mit halbmystischen Visionen gehörte zu den Zeichen der Zeit. Ich bitte den Leser, das eben angeführte Zitat nicht zu vergessen: drei Jahrzehnte später wird Kant etwas Ähnliches bei Herder lesen, darüber in Unmut geraten und seinen Schüler mit Spott überschütten.

Zunächst beschäftigt ihn jedoch das Problem, in welchem Maße die Entfernung von der Sonne die Denkfähigkeit von Lebewesen beeinflußt. Die Bewohner der Erde und der Venus können ihre Wohnplätze nicht miteinander vertauschen, ohne zu verderben: der Erdbewohner ist aus einem Stoff gemacht, der an eine bestimmte Temperatur angepaßt ist; bei Hitze trocknet sein Organismus aus und verdampft. Der Einwohner der Venus würde in einer kühleren Himmelsgegend in Leblosigkeit erstarren. Der Körper des Jupiterbewohners muß aus leichteren und flüchtigeren Materien als die des Erdbewohners bestehen, damit die schwache Wirkkraft der Sonne bei diesem geringen Abstand die Körper ebenso kräftig bewegen könne, wie sie es mit den Organismen auf anderen Planeten tut. Und Kant formuliert ein allgemeines Gesetz: der Stoff, woraus die Einwohner verschiedener Planeten gebildet sind, muß um so leichter und feiner sein, je weiter die Planeten von der Sonne entfernt sind.

Und auch die Seelenkräfte hängen von der Beschaffenheit der

Materie ab. Wenn sich im Körper die Säfte nur zähflüssig bewegen, wenn das Gewebe grob geartet ist, dann sind auch die geistigen Fähigkeiten reduziert. Und schon haben wir ein neues Gesetz: die Lebewesen sind um so trefflicher und vollkommener, je weiter der Himmelskörper, den sie bewohnen, von der Sonne entfernt ist. Die menschliche Natur, die in der Stufenfolge der Lebewesen gleichsam die mittelste Sprosse innehat, sieht sich zwischen den zwei äußeren Grenzen der Vollkommenheit. Wenn die Vorstellung von Vernunftwesen auf Jupiter und Saturn unseren Neid hervorruft, dann kann der Anblick der niedrigeren Stufen, auf denen sich Venus- und Merkurbewohner befinden, die Seelenruhe wiederherstellen. Welch ein verwunderliches Schauspiel – ruft der Philosoph aus. Von der einen Seite sahen wir denkende Wesen, für die irgendein Grönländer oder Hottentotte ein Newton sein würde, und von der anderen Seite Geschöpfe, die selbst auf Newton mit einer Verwunderung blicken würden wie wir auf einen Affen.

Bei der Lektüre dieser Zeilen kommt einem unwillkürlich der ›Mikromegas‹ Voltaires in den Sinn. Der Held dieses philosophischen Pamphlets ist ein Bewohner des Planetensystems des Sirius, der an Wuchs das Menschengeschlecht vierundzwanzigtausendmal übertrifft; er reist quer durch den Kosmos in Begleitung eines Zwergs vom Saturn, der nur tausendmal größer ist als der Mensch. Schließlich geraten sie auf die Erde, die ihnen doch sehr kläglich erscheint. Unter größter Anstrengung entdecken die Ankömmlinge mit Hilfe eines Mikroskops auf unserem Planeten vernünftige Lebewesen, führen mit ihnen ein Gespräch (es waren die Mitglieder einer französischen wissenschaftlichen Expedition zur Vermessung des Erdmeridians unter Führung des Astronomen Maupertuis), und binnen kurzem haben sie sich von deren unberechenbarem Stumpfsinn überzeugt, der übrigens nicht daran hindert, über eine gewisse Anzahl exakter wissenschaftlicher Daten zu verfügen.

Wäre der ›Mikromegas‹ nicht drei Jahre früher erschienen als die ›Allgemeine Naturgeschichte und Theorie des Himmels‹, so hätte man denken können, daß Voltaire Kant parodiere. Im Pamphlet werden die »Kräfte der Attraktion und Repulsion« erwähnt und der Name des Engländers Derham, dessen Arbeit – nach dem Zeugnis Kants – ihn zuerst auf den Gedanken eines systematischen Weltaufbaus brachte. Alle diese Übereinstimmungen sind nicht zufällig. Voltaire, der von den Gunstbezeugungen Friedrichs II. überschüttet worden war, lebte Anfang der fünfziger Jahre in Preußen; der ›Mikromegas‹ verspottete nicht nur die scholastischen Zwistigkeiten verschiedener philosophischer Schulen, sondern auch spezifische Tendenzen der »Berliner Aufklärung«. Die Begeisterung für die Astronomie war allgemein. Der aus Paris berufene Maupertuis hatte den Vorsitz der Preußischen Akademie der Wissenschaften inne. Obgleich Kant sich nicht in Berlin aufhielt, lebte er doch in der geistigen Atmosphäre der Hauptstadt, und sein Traktat spiegelt die starken und schwachen Seiten wider. Deshalb klingt der ›Mikromegas‹ heute wie eine satirische Paraphrase mancher Seiten von Kants Schrift. Außerdem ist uns Voltaire besser bekannt als andere, die heute vergessen sind, aber in ihrer Zeit sehr beliebt waren; da gab es noch phantastischere Spekulationen als diejenigen Kants. Lambert behauptete in seinen ›Kosmologischen Briefen‹ zum Beispiel, daß die vernünftigsten Wesen auf den Kometen leben.

Heute erscheint vieles in der ›Allgemeinen Naturgeschichte‹ (auch solches, worüber man nicht lächeln muß) veraltet. Die moderne Wissenschaft vertritt nicht mehr Kants Grundhypothese, daß das Sonnensystem sich aus zerstreuten, kalten Partikeln der Materie gebildet habe, oder andere Thesen, die Kant zu begründen suchte. Aber der philosophische Hauptgedanke – die Vorstellung von einer allgemeinen Geschichtlichkeit, der Idee der Entwicklung – bleibt erhalten.

Der Schöpfer einer Hypothese der Weltentstehung, die den Weg zu einer dialektischen Weltsicht bahnte, der Autor zweier Bücher und zweier eigenständiger Aufsätze, die die Aufmerksamkeit erregt hatten, galt noch immer als Student; genauer als Kandidat für das Magisterexamen, das der heutigen Doktorpromotion entspricht. Dachte Kant über seine Zukunft nach, dann sah er sich als Hochschullehrer. In den Jahren seiner Hauslehrerschaft hatte er eine gewisse Geldsumme zurückgelegt, die für den Anfang einer akademischen Karriere unumgänglich war. Alles war vorbereitet, es fehlte nur noch der akademische Grad.

Kurz vor Vollendung des einunddreißigsten Lebensjahres, am 17. April 1755 reicht Kant an der philosophischen Fakultät seine Magisterdissertation ›Über das Feuer‹ ein. Es ist ein auf zwölf Bogen in kalligraphischer Handschrift geschriebenes, lateinisches Manuskript. Eine Magisterdissertation wurde nicht verteidigt, ihre Bedeutung bestand in der Zulassung zum Examen. Die Dissertation wurde angenommen, und nach vier Wochen legt Kant das Rigorosum ab. Am 12. Juni schließlich fand die feierliche Promotion statt zur öffentlichen Verleihung des akademischen Grades. Der Dekan hielt eine Rede über ein Problem der Hebräistik, darauf hielt der Magister einen Vortrag in lateinischer Sprache und wandte sich zum Schluß mit Dankesworten an die versammelten Gelehrten, die ihm die Tür der Wissenschaft geöffnet haben.

Aber damit zählte er noch nicht zu den Mitgliedern der Fakultät. Um als Magister oder als Doktor der Philosophie (diese Bezeichnungen besagen dasselbe) die venia docendi zu erhalten, mußte man sich noch der Habilitation unterziehen, d. h. eine weitere Dissertation einreichen. Für eine Habilitation war der Disput vorgesehen. Daher sah das Titelblatt der zweiten Dissertation Kants folgendermaßen aus:

Neue Erhellung
der ersten Grundsätze metaphysischer Erkenntnis,

die mit Zustimmung
der hochansehnlichen Philosophischen Fakultät
zur Aufnahme in dieselbe
in öffentlich stattfindender Erörterung
im Phil. Hörsaal, am 27. September von 8–12 Uhr,

verteidigen wird
Magister Immanuel Kant, aus Königsberg.

Respondent:
Christoph Abraham Borchard, aus Heiligenbeil
in Preußen, der Hl. Theologie Beflissener.

Opponenten:
Johann Gottfried Möller, aus Königsberg,

Student der Hl. Theologie,
Friedrich Heinrich Samuel Lysius, aus Königsberg,
Kandidat beider Rechte,
und
Johann Reinhold Grube, aus Königsberg,
Kandidat beider Rechte.
Im Jahre 1755.

Respondent hieß derjenige Teilnehmer am Disput, der die Aufgabe hatte, den Habilitanden argumentativ zu unterstützen. In der Prozedur der Disputation kam ihm eine wichtige Rolle zu; im Namen Borchards war die Dissertation dem Gouverneur Ostpreußens, Lehwaldt, gewidmet.

Der Disput fand um die angekündigte Zeit statt und brachte Kant den Titel eines Privatdozenten, das heißt, eines nicht vom Staat bezahlten Lehrers, dessen Salär die Studenten aufbringen mußten. Kurz nach der Habilitation debütierte Kant mit einer Vorlesung. Das Auditorium in der ›Albertina‹ war nicht groß genug, weshalb viele Professoren ihre Vorlesungen zu Hause abhielten. Kant lebte zu der Zeit bei Professor Kypke, in dessen Haus ein Raum zu Vorlesungszwecken eingerichtet war. Hier fand auch die erste Vorlesung des neuen Privatdozenten statt. Es versammelten sich weit mehr Zuhörer, als der Saal fassen konnte; die Studenten standen auf der Treppe und im Flur. Kant geriet in Verlegenheit; in der ersten Stunde sprach er ganz unvernehmlich und erst nach der Pause erlangte er seine Fassung wieder. So begann seine einundvierzigjährige Tätigkeit als akademischer Lehrer.

Schon nach einem halben Jahr bewirbt er sich um eine außerordentliche (unbezahlte) Professur. Daran war nichts Ungewöhnliches: sein Lehrer Knutzen hatte diese Stelle im Alter von einundzwanzig Jahren belegt, und nach seinem Tode war sie schon fünf Jahre verwaist. Im April 1756 wandte sich Kant an Friedrich II. mit der Bitte, ihm die freie Stelle zu übertragen. Zu diesem Zwecke schrieb er eine unumgängliche dritte lateinische Dissertation (›Monadologia physica‹). Er verteidigte diese Dissertation (einer der Opponenten war der sechzehnjährige Student Borowski, sein späterer Biograph), aber sein Bemühen war umsonst: der Staat strich die vakante Stelle. Bevor Kant Professor wird, sollen noch vierzehn Jahre vergehen.

In seinem ersten akademischen Winter las Kant Logik, Metaphysik, Naturwissenschaft und Mathematik. Hinzu kamen dann physische Geographie, Ethik und Mechanik. Während seiner Magisterjahre mußte er gleichzeitig über vier bis sechs verschiedene Fächer lesen. Seine wöchentliche Minimalbelastung waren sechzehn Stunden, das Maximum achtundzwanzig Stunden (einschließlich einer geringen Anzahl praktischer Übungen). So sah der Stundenplan eines besonders anstrengenden Tages aus: von acht bis neun Logik, von neun bis zehn Mechanik, von zehn bis elf theoretische Physik, von elf bis zwölf Metaphysik; und nach dem Mittagessen von zwei bis drei physische Geographie, von drei bis vier Mathematik.

»Ich meines Theils sitze täglich vor dem Ambos meines Lehrpults und führe den schweeren Hammer sich selbst ähnlicher Vorlesungen in eynerley tacte fort«[18], beklagt sich Kant. Es ist nicht verwunderlich, daß er in der zweiten Hälfte der fünfziger Jahre fast nichts schreibt: der Unterricht verschlingt Zeit und Kräfte. Doch für eine Existenz ohne äußere Not ist gesorgt. Der Privatdozent kann sich einen Diener leisten: er stellt den ehemaligen Soldaten Martin Lampe ein.

Ein besonderer Stolz Kants war der Kurs über physische Geographie. Die Geographie, sagt er, ist die Grundlage der Geschichte. Kant gehört zu denen, die damit begannen, Geographie als selbständige Disziplin zu lehren. Andere Fächer unterrichtete er nach vorliegenden Kompendien (obgleich er sie zunehmend in eigener Weise interpretierte). Für Geographie gab es weder Lehrbücher noch allgemeine Darstellungen. Und Kant verfügte auch nicht über eigene Reiseeindrücke. Diesen Mangel ersetzte er durch Lektüre.

Gutes Gedächtnis, lebendige Einbildungskraft, Sinn für Details und die Fähigkeit, aus ihnen ein ganzes Bild zu formen, halfen ihm, lebendig und exakt fremde Länder zu beschreiben. Verließ Kant auch niemals sein Arbeitskabinett, so unternahm er doch umfangreiche Weltreisen, überquerte Meere, durchstreifte Wüsten. Der Geographielehrer hatte noch niemals Gebirgsrücken gesehen, erzählte aber so mitreißend davon, als hätte er sich selbst auf unzugängliche Gipfel begeben.

»Ich habe aus allen Quellen geschöpft, allen Vorrath aufgesucht, . . . die gründlichsten Beschreibungen besonderer Länder von geschickten Reisenden . . . durchgegangen.«[19] Hinzu kam, daß diese Quellen ziemlich dürftig, die Angaben unzuverlässig, die Beschreibungen unvollständig waren.

Das ist zum Beispiel buchstäblich alles, was Kant (nach dem publizierten Text zu urteilen) seinen Hörern über Rußland mitzuteilen hatte: »Die asiatischen Länder sind von den europäischen dieses Reiches zwar geographisch unterschieden, die physische Grenze konnte der Fluß Jenissei, wie Gmelin meint, machen, denn ostwärts dieses Flusses ändert sich die ganze Gestalt des Erdreiches, da die ganze daselbst gelegene Gegend bergicht ist, so wie denn auch andere Pflanzen, fremde Thieren, als das Bisamthier u. a. m. dort anzutreffen sind. Der Fisch Beluga, der in der Wolga häufig angetroffen wird, schluckt bei jährlicher Aufschwellung des Stromes große Steine statt Ballast herunter, um auf dem Grunde erhalten zu werden. Der Sterlett und der Stör haben einen geringen Unterschied, außer daß jener delicater von Geschmack ist. Bei dem Kloster Troizkoi Sergiewsk und in der Gegend von Kiew sind einige aus natürlichen Ursachen unverweste Körper vorhanden, die man fälschlich für Märtyrer ausgiebt.«[20]

Über Sibirien hatte Kant ähnlich typische Informationen. Nirgends auf der Welt, behauptet er, sei die Trinklust in einem solchen Maße entwickelt wie gerade dort (eine Ausnahme machten die Muselmanen, deren Religion Alkoholgenuß verbiete). Im Winter liegt in Sibirien soviel Schnee, daß die Menschen sich nur auf langen, an den Füßen befestigten Brettern vorwärtsbewegen; Tabak rauchen sie nicht nur, sondern schlucken ihn auch herunter. Grusien nennt Kant eine »Pflanzschule schöner Weiber«. In Mingrelien herrscht nach seiner Vorstellung nur Regenwetter; der Boden ist da so weich, daß er vor der Aussaat nicht gepflügt werden muß.

Und das ist noch eine harmlose Blütenlese. Kant hat zwar die Mitteilung des Plinius von einäugigen und einbeinigen Völkern in Zweifel gezogen. Aber Angaben über Menschen »mit geringem Ansatz eines Affenschwanzes«, die die Urwälder Formosas, Borneos und die Orenburger Steppen bewohnen, hielt er durchaus für wahrscheinlich. Der Herausgeber der Vorlesungen über Geographie (die zu Lebensende ohne seine Korrektur erschienen) mußte eigens die Authentizität solcher und ähnlicher Stellen im Text mit der Einschränkung versehen, sie legten lediglich Zeugnis ab vom Wissensstand des achtzehnten Jahrhunderts.

Das aber war nicht so entscheidend. Kant fertigte immerhin eine für jene Zeit beeindruckende allgemeine Beschreibung der Erdoberfläche an: über Flora und Fauna, das Reich der Minerale und das Leben der Völker auf vier Kontinenten – Asien, Afrika, Europa und Amerika. Er entdeckte den Mechanismus der Bildung der Winde – der Passate und Monsune. Vorwegnehmend können wir hier schon sagen, daß gerade die geographischen Werke Kants den Ausschlag gaben für seine Wahl zum Mitglied der Petersburger Akademie der Wissenschaften.

Die Beschäftigung mit naturwissenschaftlicher Materie dominiert wie zuvor. Doch gleichzeitig erscheint etwas Neues – das Interesse an der Philosophie. Die erste rein philosophische Arbeit Kants war seine für die Habilitation verfaßte Dissertation ›Neue Erhellung der ersten Grundsätze metaphysischer Erkenntnis‹. Kant untersucht hier das von Leibniz aufgestellte ›Prinzip vom zureichenden Grunde‹ (principium rationis sufficientis). Er unterscheidet den Grund für die Existenz eines Objekts von dem Grund seiner Erkenntnis, also den realen vom logischen Grund. Realer Grund für eine bestimmte Geschwindigkeit des Lichts ist zum Beispiel die Beschaffenheit des Äthers. Die Erkenntnis dieser Erscheinung wurde aufgrund von Beobachtungen der Trabanten Jupiters gemacht. Es ließ sich feststellen, daß eine zuvor errechnete Finsternis dieser Himmelskörper dann später eintrat, wenn der Jupiter den größten Abstand zur Erde aufwies. Daraus wurde gefolgert, daß die Ausbreitung des Lichts in der Zeit verläuft, und die Lichtgeschwindigkeit wurde errechnet. In solchen Erwägungen war schon der Keim zum künftigen Dualismus angelegt: die Welt der Erscheinung und die Welt unserer Erkenntnis sind nicht identisch.

Das Prinzip des zureichenden Grundes bringt Kant mit dem menschlichen Handeln zusammen. Und so entsteht ein anderes Problem, das ihn zeit seines Lebens bewegen wird – das Problem der Freiheit. Auch jetzt schon läßt es den Autor nicht gleichgültig, was sich an der Art der Darstellung ablesen läßt: in der lateinisch verfaßten, nach strikten Regeln aufgebauten Dissertation. Plötzlich schleicht sich ein zwanglos geschriebener

Dialog ein. Der Wolffianer Titus streitet mit Gajus, einem Anhänger der Philosophie des Crusius.

Wir erinnern uns, wie man dem Soldatenkönig den Wolffianismus interpretierte: es gibt keine Freiheit des Willens, folglich kann man einen Deserteur nicht vor Gericht zitieren, denn er ist nicht verantwortlich für seine Tat. Die Argumentation des Crusius gegen Wolff, die dann auch Kant vorträgt, schließt so: wenn alles seinen bestimmenden Grund hat, können uns Verfehlungen nicht als Schuld angelastet werden, weil als einzige Ursache nur Gott namhaft gemacht werden kann. Denn wir erfüllen nur unablässig das vorbestimmte Los. Freiheit des Willens ist mit Determinismus unvereinbar.

Kant selbst ist der Meinung, daß die Vorstellung des bestimmenden Grundes keinen Widerspruch zur Vorstellung der Freiheit darstellt. Die Willensfreiheit Crusius' bezeichnet nur das zufällige Fassen eines Entschlusses ohne grundsätzlichere Motivierung. Das ist die Freiheit des Würfelspiels, ob der Würfel eine gerade oder ungerade Zahl zeigt; die Freiheit der Wahl, ob man zuerst mit dem rechten oder mit dem linken Bein auftreten will. Kant versteht Freiheit anders – als bewußte Determinierung der Handlung in dem Sinne, daß die Motive der Vernunft am Willensakt beteiligt sind. Das Problem der Verantwortlichkeit, der Schuldfähigkeit erscheint so als Frage nach der »Zurechnungsfähigkeit«, d. h. nach dem Grad der Klarheit des Bewußtseins. In der von Gott geschaffenen Welt existiert das Böse, aber Schuld liegt ausschließlich beim Menschen. Der Wolffianer Titus sagt im Dialog Kants: frei zu handeln bedeute, in Übereinstimmung mit seinem Triebe, also bewußt zu handeln. Im weiteren Verlauf kommt Kant zu dem Ergebnis, daß man sich auf Triebe nicht verlassen dürfe, sie vermögen in beliebige Richtung zu ziehen. Alle Triebe sind entschieden durch die Natur determiniert; sich mit ihnen ganz im Einklang zu befinden bedeutet, zur Tierheit zu gehören.

Im ganzen gesehen vertritt er noch den Standpunkt von Leibniz und Wolff; obwohl er auch schon in wesentlichen Einzelfragen von ihnen abzurücken beginnt. Kant sucht wiederum einen Kompromiß, diesmal zwischen der Leibniz-Wolffschen Metaphysik und der Physik Newtons. Ihn befriedigt nicht die Vorstellung Leibniz' von der prästabilierten Harmonie, dem Wirken zweier ursprünglich gegebener, gleichzeitig bestehender und doch voneinander unabhängiger Substanzen – dem Körper und der Seele. Ihm ist die Vorstellung Newtons von der Wechselwirkung näher. Was die Harmonie des Seins anbetrifft und ihr Zweckstreben zum allgemeinen Wohl, so zweifelt Kant vorerst nicht daran.

Zweifel keimen indessen bei anderen. Im Jahre 1753 schrieb die Berliner Akademie der Wissenschaften einen Wettbewerb aus für die beste Untersuchung über den Optimismus von Alexander Pope. Die Zeitgenossen betrachteten dies als Versuch, die Positionen von Leibniz und Wolff zu untergraben. Unter dem Schutzmantel des gallomanischen Königs war die Berliner Akademie von Franzosen durchsetzt; sie brachten zwar den Geist des Skeptizismus, doch gegen Leibniz als den Gründer der Akademie öffentlich aufzutreten wagte niemand. Deshalb wählte man als Gegenstand einer möglichen Kritik den englischen Dichter, der in seinem bekannten ›Essay on Man‹ die Leibnizsche Konzeption der besten aller Welten in Verse gesetzt hatte. Den Preis erhielt der Crusianer Reinhardt, der die Möglichkeit einer anderen, doch im Vergleich zur existierenden nicht minder vollkommenen Welt bewies.

Mit einer offiziell gestellten Preisaufgabe war es jedoch nicht getan. In der Presse begann eine Polemik. Zudem griff die Natur selbst in diesen Streit ein. Ende 1755 begab sich ein tragisches Ereignis, welches das geistige Leben Europas erschüttern sollte: schon allzu lange war man an friedliches und geruhsames Wohlgedeihen gewöhnt. Ein Erdbeben von ungewöhnlichen Ausmaßen brach über Lissabon herein. Erdbeben gab es auch früher, doch dieses Mal wurde durch die Katastrophe eine blühende Stadt, die Hauptstadt eines europäischen Staates, dem Erdboden gleichgemacht.

Augenzeugen entsannen sich mit Entsetzen der Einzelheiten. Es schien, als schäume aus heiterem Himmel das Meer auf; eine gigantische Woge schwappt über den Hafen, schleudert die vor Anker liegenden Schiffe an Land und zerschmettert sie. Der königliche Palast stürzt zusammen und steht im Handumdrehen unter Wasser. Die Kirchen fallen wie Kartenhäuser. Die Erde speit Feuer. Binnen weniger Minuten kommen Zehntausende um, Hunderttausende sind verwundet und obdachlos.

Viele Jahre später zeichnet Goethe in ›Dichtung und Wahrheit‹
ein Bild der seelischen und geistigen Erschütterung jener Tage,
die das Ereignis ausgelöst hatte: »Ja vielleicht hat der Dämon
des Schreckens zu keiner Zeit so schnell und so mächtig seine
Schauer über die Erde verbreitet. Der Knabe, der alles dieses
wiederholt vernehmen mußte, war nicht wenig betroffen. Gott,
der Schöpfer und Erhalter Himmels und der Erden, den ihm die
Erklärung des ersten Glaubensartikels so weise und gnädig
vorstellte, hatte sich, indem er die Gerechten mit den Ungerechten gleichem Verderben preisgab, keineswegs väterlich bewiesen. Vergebens suchte das junge Gemüt sich gegen diese Eindrücke herzustellen, welches überhaupt um so weniger möglich
war, als die Weisen und Schriftgelehrten selbst sich über die Art,
wie man ein solches Phänomen anzusehen habe, nicht vereinigen konnten.«[21]
Voltaire reagierte ebenfalls auf diese seit Herkulaneum und
Pompeji beispiellose Tragödie des Untergangs von Lissabon −
mit Versen, die sich gegen den Optimismus richten. Hat Gott
denn solche Unglücksfälle wirklich nötig? Sind sie Strafe für
begangene Sünden? Und ist denn Lissabon schlechter als London oder Paris? Welcher Verfehlungen haben sich die an der
Mutterbrust zerschmetterten Kinder schuldig gemacht? Voltaire kann keine Antwort finden und läßt nur seinem Sarkasmus
freien Lauf, wenn er auf die Konzeption des fatalen Optimismus
zu sprechen kommt. Endgültig setzt er sich damit in ›Candide‹
auseinander. Die Helden in der Erzählung müssen in einer
ununterbrochenen Kette von Unglücken auch die Katastrophe
von Lissabon durchmachen; auch wenn sich in den Ansichten
des Anhängers der prästabilierten Harmonie, Pangloß, kein
Wandel vollzieht, so kann sich der Leser doch zwei und zwei
zusammenreimen. Wie alle seiner Zeit liest und schätzt Kant
›Candide‹.
Aber bevor er sich der Voltaireschen Pangloß-Stimmung annä-
hert, fesselt das Lissaboner Erdbeben zwar seine Aufmerksamkeit, erschüttert jedoch nicht seine Überzeugung. Er veröffentlicht aus Anlaß der Naturkatastrophe zwei Aufsätze und eine
Broschüre, die in einzelnen Bogen − sofort nach deren Fertig-
stellung − zum Verkauf gelangte: so groß war das Interesse an
diesem Vorfall. Die menschliche Tragödie sieht Kant unter

realistischem Blickwinkel. Er beginnt die Behandlung der Geschichte des Erdbebens mit der Einschränkung: »Ich verstehe unter derselben keine Geschichte der Unglücksfälle, die die Menschen dadurch erlitten haben, kein Verzeichnis der verheerten Städte und unter ihrem Schutt begrabenen Einwohner. Alles, was die Einbildungskraft sich Schreckliches vorstellen kann, muß man zusammennehmen, um das Entsetzen sich einigermaßen vorzubilden, darin sich die Menschen befinden müssen, wenn die Erde unter ihren Füßen bewegt wird, wenn alles um sie her einstürzt, wenn ein in seinem Grunde bewegtes Wasser das Unglück durch Überströmungen vollkommen macht, wenn die Furcht des Todes, die Verzweiflung wegen des völligen Verlusts aller Güter, endlich der Anblick anderer Elenden den standhaftesten Mut niederschlagen. Eine solche Erzählung würde rührend sein, sie würde, weil sie eine Wirkung auf das Herz hat, vielleicht auch eine auf die Besserung desselben haben können. Allein ich überlasse diese Geschichte geschickteren Händen. Ich beschreibe hier nur die Arbeit der Natur.«[22]
Kant unterstreicht vor allem, daß Erdbeben natürliche Ursachen hätten. Er schlägt seinen Lesern vor, einen Versuch zu machen: Man nimmt fünfundzwanzig Pfund Eisenfeilig, ebensoviel Schwefel, und vermengt es mit Wasser und vergräbt diesen Teig eineinhalb Fuß tief in die Erde und stampft die Oberfläche fest. Nach Ablauf einiger Stunden sieht man einen dicken Dampf aufsteigen, die Erde wird erschüttert und aus der Tiefe brechen Flammen hervor. Auf diese Weise darf man für die Erklärung der Naturkatastrophe, von der Lissabon betroffen wurde, nur geologische Prozesse namhaft machen. Überdies wurden nicht nur Lissabon, sondern auch andere portugiesische Städte mehr oder weniger stark von Erdstößen und ungewöhnlich großen Flutwellen heimgesucht. All das sah nicht nach einem gezielten Strafgericht über eine bestimmte Stadt aus, sondern verwies auf einen langwierigen Naturprozeß. In Intervallen von einigen Tagen erfolgten Erdstöße während des ganzen Novembers und auch in den folgenden Monaten; die Wirkung war in verschiedenen Städten Europas und Afrikas zu spüren. Nicht überall richteten sie Zerstörung an, an einigen Orten waren sie sogar von Nutzen. So entstanden die bekannten Heilquellen von Teplitz: das springende Wasser hielt erst für

Augenblicke inne, um dann mit verdoppelter Kraft hervorzu-
schießen. Und Kant nimmt in seine Broschüre ein Kapitel mit
dem Titel ›Von dem Nutzen der Erdbeben‹ hinein. Sein aufklä-
rerischer Optimismus ist noch immer nicht erschüttert. Er bezieht den Standpunkt Wolffs, obwohl er die Dinge ziemlich
nüchtern betrachtet: »Der Mensch ist von sich selbst so eingenommen, daß er sich lediglich als das einzige Ziel der Anstalten
Gottes ansiehet, gleich als wenn diese kein ander Augenmerk
hätten als ihn allein, um die Maßregeln in der Regierung der
Welt darnach einzurichten. Wir wissen, daß der ganze Inbegriff
der Natur ein würdiger Gegenstand der göttlichen Weisheit und
seiner Anstalten sei. Wir sind ein Teil derselben und wollen das
Ganze sein.«[23]
Er beschließt seine Sonderschrift über das Erdbeben mit folgendem emotionalen Erguß: »Ein Fürst, der, durch ein edles Herz
getrieben, sich diese Drangsale des menschlichen Geschlechts
bewegen läßt, das Elend des Krieges von denen abzuwenden,
welchen von allen Seiten überdem schwere Unglücksfälle drohen, ist ein wohltätiges Werkzeug in der gütigen Hand Gottes
und ein Geschenk, das er den Völkern der Erde macht, dessen
Wert sie niemals nach seiner Größe schätzen können.« Ein
ziemlich ungewöhnliches Ende für einen naturwissenschaftlichen Traktat, nicht wahr?
Es wird uns verständlicher, wenn wir uns ins Gedächtnis rufen,
in welcher Zeit diese Zeilen geschrieben wurden – im Frühling
1756. In Europa droht Kriegsgefahr. Man muß kein Prophet
sein, um das nahe Hereinbrechen einer Katastrophe vorauszusehen, wo weit mehr Blut fließen sollte als beim Erdbeben in
Portugal. Und der Philosoph wendet sich an seinen König mit
der Mahnung zur Vernunft.
Doch Berlin fiebert in Kriegsvorbereitungen. In der internationalen Politik war eine Kräfteverlagerung vor sich gegangen,
eine »diplomatische Revolution« sondergleichen. Die traditionellen Rivalen Frankreich und Österreich finden zu einer gemeinsamen Linie. Sie sind beunruhigt vom Machtzuwachs
Preußens, das unterdessen ein Bündnis mit England geschlossen
hat. Russen, Sachsen und Schweden schließen sich den Gegnern
Preußens an. Das Kräfteverhältnis spricht nicht zugunsten
Friedrichs II., der dennoch, beflügelt von zwei vorangegange-

nen Zusammenstößen mit Österreich, die Kriegshandlungen eröffnet.

Daß der Krieg sieben Jahre dauern, das Land völlig verwüsten und an den Rand des Ruins bringen sollte, wußte Friedrich damals noch nicht. Im August 1756 eroberten seine Truppen ohne große Mühe Sachsen und drangen in österreichisches Gebiet ein. Siege wechselten mit Niederlagen. Glänzend war die Vernichtung der Franzosen bei Roßbach, die Friedrich den Ruhm eines Volkshelden einbrachte (die französische Armee galt als unbesiegbar, vor ihr zitterten alle deutschen Fürstentümer am Rhein). Rußland trat im Sommer 1757 in den Krieg ein. Ende August wurde das preußische Korps unter General Lehwaldt bei Großjägersdorf in Ostpreußen geschlagen. Feldmarschall Apraksin zögerte jedoch, weiter vorzurücken und befahl statt dessen den Rückzug nach Kurland in die Winterquartiere. Möglicherweise hatte er geheime Anweisungen aus Petersburg erhalten, wo nach der Erkrankung der Zarin Elisabeth eine Änderung des politischen Kurses erwartet wurde. Elisabeth erholte sich wieder, Apraksin wurde abgesetzt und dem neuen Befehlshaber General Fermor der Befehl erteilt, unverzüglich vorzurücken. Dies war um so eher angebracht, als die Truppen des Gegners aus Ostpreußen abzogen, um Pommern vor den Schweden zu verteidigen.

Da Fermor im Memelgebiet stand, setzte er die Armee gegen Königsberg in Marsch, und zwar auf dem kürzesten Wege über die Nehrung und das Eis des Kurischen Haffs. Am 22. Januar zogen die Russen in die Hauptstadt Ostpreußens ein. Ein Teilnehmer am Einmarsch – Andrej Bolotov – erzählt: »In den Straßen drängten sich die Menschen, sie hingen in den Fenstern und standen auf den Dächern. Der Auflauf war riesengroß, denn alle waren begierig darauf, unsere Truppen zu sehn und den Kommandeur selbst, und da dazu noch Glockengeläute in der ganzen Stadt sich beigesellte, Trompetenklang und Paukenschlag auf allen Wach- und Glockentürmen während des ganzen Einzugs, so war der Eindruck noch prächtiger und großartiger. Graf Fermor quartierte sich ins königliche Schloß ein in dieselben Zimmer, wo bis dahin Feldmarschall Lehwaldt gewohnt hatte; und dort machten ihm die Mitglieder der Königsberger Ratsverwaltung ihre Aufwartung, ebenso der Adel, die hohe

Geistlichkeit, die Kaufmannschaft und andere Honoratioren der Stadt. Alle entboten ihm ihren Gruß, und indem sie sich der Schutzherrschaft der Kaiserin unterwerfen, baten sie ihn um Wahrung guter Disziplin, was ihnen auch versprochen wurde.«[24]

Das russische Imperium hatte eine neue administrative Einheit. Am 24. Januar leistete Königsberg der Kaiserin den Treueeid. Der Pastor verlas den deutschen Text, die Anwesenden sprachen ihn nach; dann bestätigten sie den Eid durch eigenhändige Unterschrift. Zusammen mit dem akademischen Lehrkörper leistete auch der Privatdozent Kant den Eid. Wie alle, verpflichtete er sich, »der allerdurchlauchtigsten großmächtigsten Kaiserin und Souverenen Beherrscherin aller Reussen Elisabeth Petrowna, etc. etc., und Ihro Majestät hohem Thronfolger, Seiner Kaiserlichen Hoheit, dem Großfürsten Peter Feodorowitz treu und gehorsam zu sein, und alles was Ihro Kaiserliche Majestät hohes Interesse betrifft, mit innerstem Vergnügen zu befördern ... von der Vervortheilung aber und gegen dieselbige, sobald es mir bekannt, nicht allein zeitlich anzugeben, sondern auf alle Weise solches abzuwenden«.[25]

An den Stadttoren und in den Amtsstuben wich der einköpfige preußische dem russischen Doppeladler. In reichen Häusern tauchten Porträts der Zarin auf, und in den Kirchen wurden Dankgottesdienste abgehalten.

In den Kriegen des achtzehnten Jahrhunderts wurde die Bevölkerung fast nie in Mitleidenschaft gezogen; der religiöse Fanatismus, der in der voraufgehenden Epoche zu erbittertem Blutvergießen geführt hatte, war verflogen; totale Ausrottung als ein Mittel, Siege zu erringen, war noch nicht üblich. Im Verlauf der Kriegshandlungen kam es natürlich zu Mord, Vergewaltigung, Brandschatzung, Plünderung, doch nahm man das hin wie eine Naturkatastrophe. Den blutigen Prozeß führten die gekrönten Häupter, ihre Armeen fochten ihn aus. Nach Übergabe der Stadt blieb die Verwaltung an Ort und Stelle; der Eroberer begnügte sich mit Abgaben, und das Leben floß wie früher dahin. Wenn nach einer Wende des Kriegsglücks der vorige Oberherr zurückkehrte, wurde in der Regel niemand wegen Zusammenarbeit mit dem Feinde verfolgt. Friedrich zeigte seine Unzufriedenheit mit den Untertanen, die Elisabeth den Treueschwur geleistet hatten, nur insofern, als er nach dem Krieg niemals wieder in Königsberg erschien.

Im Februar kam aus Petersburg ein Erlaß der Kaiserin, der die Stadt Königsberg in alle vorher existierenden »Privilegien, Freiheiten, Vergünstigungen und Rechte« wieder einsetzte; gewährleistet wurden Religionsfreiheit, Bewegungsfreiheit, Handel, Eigentumsschutz usw. usw. Ein Artikel des Erlasses war der Königsberger Universität gewidmet, deren Budget unverändert blieb, ebenso die Einkünfte des Lehrkörpers; für die Durchführung der Unterrichtsveranstaltungen wurde volle Freiheit gewährt. »Den Studenten ist es gestattet, auf der Akademie ihre Studien fortzusetzen und abzuschließen, und auch alles Übrige verbleibt gemäß den früheren Anordnungen.«

General Fermor wurde zum Gouverneur von Ostpreußen ernannt. Über den Aufenthalt der Russen in Königsberg gibt es folgenden Bericht deutschen Ursprungs: Fermor verfolgte mit Strenge alle Ordnungsübertretungen, Plünderer ließ er erschießen. Er besuchte regelmäßig mit seinen Offizieren, unter denen es viele Balten gab, die Universität, ihre offiziellen Feierlichkeiten in der Aula und die Vorlesungen Kants, der damals Privatdozent war. Kant erteilte den russischen Offizieren Privatunterricht in Mathematik, Fortifikationslehre, Kriegskunst und Pyrotechnik. Die russische Zarin wollte sich von der besten Seite zeigen, daher wurden die Offiziere beauftragt, humane und gerechte Administration zu führen. Fermor führte für dortige Verhältnisse neue gesellschaftliche Gewohnheiten ein: es wurden Festbankette veranstaltet mit Delikatessen der russisch-französischen Küche, Bälle, Maskeraden, an denen auch der junge Kant lebhaften Anteil nahm. Königsberg erwachte aus dem Provinzialismus.

Leider schreibt hier kein Augenzeuge; der Bericht stützt sich nur auf eine mündliche Überlieferung innerhalb des Geschlechts der Fermor[26], die nicht in allem glaubwürdig ist. Tatsächlich hielt sich der Graf nicht lange in Königsberg auf. Er zog mit seinen Truppen nach Pommern und schuf dort einen neuen Kriegsschauplatz. Im Sommer 1758 fand die blutige Schlacht bei Zorndorf vor Küstrin statt. Die Russen hielten dem Druck Friedrichs II. stand, und ein Jahr darauf schlugen sie ihn bei Kunersdorf aufs Haupt. Im Herbst 1760 nahmen die Russen (wie man weiß, für nicht sehr lange) Berlin. Der König war eingekreist und kämpfte nach allen Seiten, jeden Augenblick mußte ihm die Luft ausgehen. Doch die Verbündeten tändelten, intrigierten gegeneinander, und die Katastrophe blieb aus.

Inzwischen führte Königsberg ein friedliches Leben. Das eroberte Land hatte im Vergleich zu den zentralen Gouvernements Rußlands einen privilegierten Status. Hier fanden keine Zwangsrekrutierungen statt und die Abgaben zum Unterhalt der Armee waren relativ gering. In der ersten Zeit gab es Unruhe: mitten im Winter kam eines Tages das Gerücht auf, daß die Armee Friedrichs heranziehe; es erging der Befehl, alle Häuser mit »Pechkränzen« zu versehen, einem brennbaren Material, das die Stadt im Falle eines Rückzuges in Brand setzen sollte; einige Tage ließen die Bürger den Kopf hängen, aber auch diese Besorgnis erwies sich als hinfällig. Als der Kriegsschauplatz an die Oder verlegt wurde und die russische Armee in die Winterquartiere hinter der Weichsel zog, war Ostpreußen so weit ab vom Schuß, daß die Kriegsnot in Vergessenheit geriet.

Aus Petersburg kam ein neuer Gouverneur – Baron Nikolaj Andreevič Korff, ein beschränkter und unausgeglichener Magnat, der Karriere nur dank seiner Verbindungen am Hofe gemacht hatte. Alle Verwaltungsgeschäfte vertraute er seinen Untergebenen an; er selbst verbrachte seine Zeit mit diversen Vergnügungen; er war märchenhaft reich und gewohnt, auf großem Fuße zu leben. Prächtige Gelage, Bälle, Kostümfeste wechselten einander ab. Und jedes Mal waren das halbe russische Offizierskorps, der städtische Adel und sogar hochgestellte Gefangene geladen, wobei die gezeigte wahnwitzige Verschwendungssucht die sparsamen Königsberger zutiefst entsetzte. Aus dem feindlichen Berlin lud man eine Schauspieltruppe ein. Maskenbälle veranstaltete man zunächst nur für die Gäste des Gouverneurs in seinen Gemächern, später in der Oper mit freiem Zutritt für alle. »Von überall her«, so erzählt A. Bolotov, »reisten die besten Musikanten heran; fast für jeden neuen Ball wurden neue Musikanten und Tänze vorgeführt. Kurz gesagt, alles Neue und Gute mußte man bei uns gesehen und gehört haben, und man kann mit Gewißheit sagen, daß die preußischen Einwohner seit den Anfängen ihres Königtums in ihrer Hauptstadt niemals Prunk, Spaß und Vergnügen in solchem Ausmaß gesehen haben und kaum jemals wieder sehen sollten. Denn selbst die preußischen Könige konnten kaum jemals so fröhlich, prächtig und großartig leben wie unser Korff damals gelebt hat.«[27] Auf den Bällen des Gouverneurs glänzte die Gräfin Charlotte Keyserling, in deren Gunst Kant gestanden hatte. Korff war in sie verliebt.

Zusammen mit dem Gouverneur kam aus Petersburg auch die Staatskanzlei – zwei Sekretäre, ein Protokollführer, Kanzleibeamte, Unter- und Oberschreiber. Die Leute waren sorgsam ausgesucht worden, und doch hatte man ein wichtiges Detail vergessen: es fehlte ein Dolmetscher; die ganze Beamtenschaft sprach kein einziges Wort Deutsch, und die Stadtbewohner verstanden – welch Ärgernis – kein Russisch. Der Gouverneur Korff – ein Baltendeutscher – beherrschte die offizielle Reichssprache ebenfalls schlecht. Man mußte den Dolmetscher unter den Militärs suchen. So wurde der Infanterieregimentsleutnant Andrej Bolotov (dessen Memoiren nicht nur eine historische Quelle, sondern ein literarisches Denkmal der Zeit sind) zur Gouvernementsverwaltung abkommandiert. Lange war er von denen, die sich tatsächlich mit den Verwaltungsangelegenheiten befaßten, der einzige, der beide Sprachen konnte. Durch seine Hände gingen alle Beschwerden, Bittgesuche und sonstigen Papiere. Wahrscheinlich hat er sich denn auch mit dem Bittgesuch des Magisters Immanuel Kant befaßt.

Die Universität hatte den Lehrbetrieb nicht unterbrochen. Kant las weiter, zum üblichen Pensum kamen noch Stunden für russische Offiziere. Kant las wirklich auch Fortifikationslehre und Pyrotechnik. Zu seinen Hörern zählte vielleicht Grigorij Orlov, der künftige Günstling Katharinas; nach seiner Verwundung bei Zorndorf hielt er sich in Königsberg zur Genesung auf; ferner Alexander Vasiljevič Suvorov, damals Oberleutnant, der in der preußischen Hauptstadt seinen Vater, General V. I. Suvorov besuchte. Dieser löste Korff auf dem Gouverneursposten ab; Kants Freund Scheffner schreibt in seinen Erinnerungen, daß er gerade in diesen Jahren mit dem späteren russischen Generalissimus bekannt war.

Im Dezember 1758 starb der Professor der Philosophie Kypke. Um die frei gewordene Stelle bemühten sich fünf Bewerber.

Auch Kant zählte zu ihnen; er kandidierte auf Drängen seines früheren Wohltäters – Pastor Schultz, jetzt Professor der Theologie und Rektor der Universität. Von den fünf Kandidaten zog der akademische Senat zwei in die engere Wahl – Buck und Kant. Am 14. Dezember 1758 sandte Kant von sich aus persönlich ein Bittgesuch an die Kaiserin Elisabeth, das wir hier vollständig abdrucken:

»Allerdurchlauchtigste Großmächtigste Kayserin
Selbstherrscherin aller Reussen,

Allergnädigste Kayserin und große Frau!

Durch den Tod des seel: Doctoris und Prof. Kypke, ist die Professio ordinaria der Logic und Metaphysic die er bekleidet hatte auf dieser Königsbergischen Academie erledigt worden. Diese Wissenschaften sind jederzeit das vornehmste Augenmerk meiner Studien gewesen.
In den Jahren, da ich als Docent bey der hiesigen Universität gestanden bin, habe ich jedes halbe Jahr beide Sciencen in privat Collegiis vorgetragen. Ich habe 2 öffentliche dissertationes in diesen Wissenschaften gehalten, außerdem durch 4 Abhandlungen im Königsbergischen Intelligentz Werk 3 Programmata und 3 andere philosophische tractata einige Proben meiner Bemühungen abzulegen gesucht.
Die Hoffnung womit ich mir schmeichle mich zum Dienst der Academie in diesen Wissenschaften habilitiret zu haben vornehmlich aber die allergnädigste Gesinnung Ew. Kayserlich. Majestät die Wißenschaften Dero allerhöchsten Protection und huldreichsten Versorgung zu würdigen ermuntern mich zu der allerunterthänigsten Bitte Ew: Kayserl: Majestät wollen allergnädigst geruhen diese erledigte professionem ordinariam mir huldreichst zu conferiren, wie ich denn vertraue Senatus academicus werde in Ansehung der dazu erforderlichen capacität mein unterthänigstes Ansuchen mit nicht ungünstigem Zeugniße begleitet haben. Ich ersterbe in tiefester devotion

Ew. Kayserl. Majestät

Koenigsberg   allerunterthänigster Knecht
d. 14. December 1758   Immanuel Kant«

Der Text des Bittgesuchs wurde zuerst 1893 von der Universität Dorpat (heute Tartu) nach einer Kopie veröffentlicht; es ist unbekannt, wer die Kopie, und nach welchem Original er sie angefertigt hat. Jurij Bartenev, der die russische Übersetzung publiziert hat (in der Zeitschrift ›Russkij Archiv‹, 1896, Nr. 7), stellte die Frage, wo sich wohl das Original des Bittgesuchs befinden und wer es wohl Elisabeth vorgetragen haben mochte. Der Verfasser dieses Buches machte sich in den Archiven auf die Suche. Leider ergaben die Nachforschungen nichts. Es gibt keine Spuren von dem Bittgesuch Kants: weder im ›Archiv für auswärtige Angelegenheiten Rußlands‹, wo sich die laufende Berichterstattung aus Königsberg und die für das preußische Königtum geltenden Zarenbefehle befinden, noch im ›Zentralarchiv alter Dokumente‹, wo alle erhaltenen Materialien der Königsberger Staatskanzlei gesammelt sind. (Vorhanden ist dort das Bittgesuch Professor I. G. Bocks um Befreiung von der Tributverpflichtung; Bock hatte an der Universität den Lehrstuhl für Literatur inne, das russische Heer grüßte er mit einer Ode zu Ehren Elisabeths; die Verse wurden ihr zugesandt und gefielen ihr so sehr, daß sie anordnete, den Autor aus der Staatskasse zu belohnen und ihn in die Petersburger Akademie der Wissenschaften als Mitglied aufzunehmen; als ein russisches Akademiemitglied brauchte er natürlich keine Abgaben zu zahlen.) Die Vergabe der Professur wurde offensichtlich nicht in Petersburg, sondern in Königsberg geregelt.

Die Entscheidung fiel zu Ungunsten Kants. Die bezahlte Professur erhielt Buck, der ihm nach Alter und Dienstjahren voraus war. Vielleicht spielte auch ein anderer Umstand eine Rolle. Der erwähnte Andrej Bolotov, der eine verantwortliche Stellung in der Gouvernementskanzlei innehatte, zeigte lebhaftes Interesse an der Philosophie. Der Wolffianismus flößte ihm Abneigung ein: als Pflanzstätte des Zynismus, der Freidenkerei und der Gottlosigkeit. (In Voltaire und Helvétius sah Bolotov »Verderber und Verführer des Menschengeschlechts«.) Nach der Lektüre der Werke Wolffs geriet er selbst in tiefen Zweifel über die Glaubwürdigkeit der Offenbarungsdogmen und durchlebte furchtbare Gewissensqualen. Eine zufällig für einen Groschen erstandene Predigt Crusius' rettete die Situation. »Sie war nicht nur theologisch, sondern auch philosophisch, und der erhabene

Mann konnte darin so gut darstellen, welch' große Bedeutung ein festes Vertrauen in die Wahrheit der Offenbarung habe und welche Gefahr für diejenigen eintrete, die an ihr zweifelten, daß es mich von Kopf bis Fuß durchfuhr bei der Lektüre dieser Sätze, und seine Worte und Überzeugungen hatten solche Wirkungen auf Verstand und Herz, daß ich damals empfand, gleich als ob sich ein großer Kummer entschieden von mir löste und daß mein ganzes heftig wallendes Blut am Ende zu angenehmster Ruhe kam. Ich war wie an mir selbst berauscht: wenn dieser erhabene und in jedweder Hinsicht der größten Hochachtung würdige Mann mit solcher Glut für die Wahrheit der Offenbarung eintritt und so überaus weise und überzeugend über den Nutzen spricht, in die Wahrheit jener zu vertrauen; wie kann ich dann weiterhin zweifeln, ich, der ich tausendmal weniger weiß als er! Nein, nein! sagte ich weiter bei mir, von dieser Zeit an wird solches nie mehr geschehen, und ich werde mich nicht entraten, allen seinen gewiesenen Vorschlägen zu folgen. Mit einem Wort – das ganz und gar Sonderliche dieses Zufalls hat mich so betroffen, daß ich auf die Knie fiel und unter Tränen Gott dem Allmächtigen für alle mir so offensichtlich erwiesene Güte dankte und ihn fürderhin um Erleuchtung bat; angesichts dessen, daß ich seine Hilfe erfleht hatte, entschloß ich mich, all das zu vollbringen, was Herr Crusius von seinen Hörern und Lesern forderte: all das zunächst zu lesen, was in der Welt zur Verteidigung der Wahrheit des Gesetzes der göttlichen Offenbarung geschrieben worden war.«[28]

Kant war ganz augenscheinlich Anticrusianer. Was nun die Religion betraf, zweifelte sogar die ihm wohlgesonnene Obrigkeit der Universität an der orthodoxen Reinheit seiner Überzeugungen. »Fürchten Sie auch Gott von Herzen?« fragte Rektor Schultz, und erst als Kant dem zugestimmt hatte, schlug er ihm vor, sich um die Professur zu bewerben.

In den Erinnerungen Bolotovs, die bis in alle Einzelheiten das Königsberger Leben jener Jahre durchleuchten, taucht der Name Kants nicht auf. Statt dessen geht die Rede wiederholte Male über seinen Gegner an der Universität, den Crusianer Weymann, dessen Vorlesungen Bolotov mit Begeisterung hörte, wodurch sich seine Antipathien gegen den Wolffianismus noch verstärkten. Bolotov lernte die Schriften Crusius' auswendig und übersetzte sie ins Russische. Der gerührte Weymann hielt Bolotov für seinen besten Schüler. Es ist möglich, daß der neu gewonnene Crusianer es vorzog, den Lehrstuhl für Philosophie dem Mathematiker Buck zu geben, der diffizilen weltanschaulichen Problemen gegenüber gleichgültig war, statt den Wolffianer Kant damit zu betrauen.

Weymann habilitierte sich im Oktober 1759. Für die Disputation legte er eine Dissertation vor mit dem Titel ›De mundo non optimo‹. Unsere Welt als die beste aller möglichen anzusehen begrenze die Freiheit des göttlichen Willens, versicherte er. Kant lehnte es ab, als Opponent aufzutreten; doch gleich am Tage nach dem Disput erschien seine Broschüre ›Versuch einiger Betrachtungen über den Optimismus‹ – eine Vorankündigung für das Programm des Wintersemesters. Die Broschüre enthielt eine Polemik gegen Crusius und seinen Anhänger Reinhardt, der den Preis beim Wettbewerb der Berliner Akademie der Wissenschaften gewonnen hatte. Der Name Weymanns wurde von Kant nicht erwähnt, doch fühlte sich jener betroffen und veröffentlichte seinerseits eine ›Antwort auf den Versuch einiger Betrachtungen über den Optimismus‹.

Kant setzte die Polemik nicht fort; er war der Meinung, daß in seiner Vorankündigung die Vorstellung von der Vollkommenheit unserer Welt zweifelsfrei begründet worden sei. Auf den ersten Blick enthalte die Idee zwar einen Widerspruch: so wie man zu einer beliebigen Vielzahl noch eine Einheit hinzufügen könne, so scheint man einer beliebigen Summe von Realitäten noch eine neue Realität, eine neue Vollkommenheit beifügen zu können. Kant hält dagegen: Realität sei kein Mengenbegriff; eine höchste Zahl sei in der Wirklichkeit nicht möglich, aber eine absolute Realität sei nicht nur möglich, sondern auch wirklich, sie sei in Gott vorhanden. »Darum weil Gott diese Welt unter allen möglichen, die er kannte, allein wählte, muß er sie für die beste gehalten haben, und weil sein Urtheil niemals fehlt, so ist sie es auch in der That.«[29]

Viele Jahre später nennt Kant seinen Zustand in den Magisterjahren einen »dogmatischen Schlummer«. Er untersagt, seine frühen Schriften zu benutzen, und hinsichtlich des Traktats über den Optimismus wünscht er sogar, daß alle vorhandenen Exemplare vernichtet werden. In der Tat, es ist schwer, sich in die folgende Tirade hineinzudenken: »Von dem besten unter allen Wesen zu dem vollkommensten unter allen möglichen Entwürfen als ein geringes Glied, an mir selbst unwürdig und um des Ganzen willen auserlesen, schätze ich mein Dasein desto hoher, weil ich erkoren ward, in dem besten Plane eine Stelle einzunehmen . . . daß das Ganze das Beste sei, und alles um des Ganzen willen gut sei.«[30] Schwer zu sagen, wovon hier mehr vorhanden ist – von einer primitiven Kirchendogmatik oder einem flachen aufklärerischen Dogmatismus: »Ich, an mir selbst unwürdig . . .« Welch ein Kontrast stellt diese entwürdigende Erklärung dar zur künftigen Devise Kants: »Der Mensch ist Zweck an sich selbst.«

Alles ist gut. Alles zum Besseren. Was ist aber nun, wenn ein junger Mann in der Blüte seiner Jahre dahingerafft wird? Soll dann die Mutter nicht hadern wider die Unbarmherzigkeit des Allmächtigen? Kant schreibt der Mutter einen Brief, der dann als Einzelbroschüre erscheint: ›Gedanken bei dem frühzeitigen Ableben des wohlgeborenen Herrn Johann Friedrich Funk‹ (1760).

Die Wege der Vorsehung, versichert Kant, sind immer und überall weise und verehrenswürdig. Der vorzeitige Tod jener, die unsere Hoffnung waren, versetzt uns in Schrecken – und doch: oft pflegt dies eine höhere Gnade des Himmels zu sein! Besteht nicht das Unglück vieler Menschen darin, daß der Tod viel zu spät zu ihnen kommt? Nach Kant läßt sich sagen, daß die Nächsten des Herrn Funk nicht trauern, sondern sich freuen müßten über sein Ende. »Verführungen, die sich schon von fern erhoben, um eine noch nicht sehr bewährte Tugend zu stürzen, Trübsale und Widerwärtigkeiten, womit die Zukunft drohte, allem diesen entfloh dieser Glückselige, den ein früher Tod in einer gesegneten Stunde hinweg führte.«[31]

Das sind die Früchte des aufklärerischen Wolffianismus. Bald sollten sie Kant bitter schmecken. Es beginnt das Erwachen aus dem »dogmatischen Schlummer«.

Zweites Kapitel

»ICH LERNE DIE MENSCHEN EHREN«

> Was für eine Philosophie man wähle, hängt
> sonach davon ab, was man für ein Mensch ist.
> Fichte

1762 neigte der Siebenjährige Krieg sich dem Ende zu. Preußen stand am Rande des Zusammenbruchs, Friedrich glaubte alles verloren, erwog seine Abdankung und führte Gift bei sich: da kam aus Petersburg die rettende Nachricht vom Tode Elisabeths. Russischer Imperator wurde ihr Neffe Peter III. − ein halber Deutscher, verheiratet mit einer deutschen Prinzessin, Parteigänger und Verehrer des preußischen Königs. Die Folgen zeigten sich augenblicklich: Rußland trat aus dem Kriege aus, schloß mit Preußen ein Bündnis und richtete die Waffen gegen seine bisherigen Bundesgenossen. Friedrich, der schon bereit war, beliebige territoriale Zugeständnisse zu machen, insbesondere sich von Ostpreußen zu trennen, erhielt völlig unerwartet alle verlorenen Gebiete zurück. In der russischen Garde trug man nun preußische Uniformen, und preußisch war ihr Drill. Die russische Armee wurde zum Krieg für preußische Interessen vorbereitet.

Weder der leichtsinnige Gouverneur Korff noch der gestrenge Suvorov hielten sich zu dieser Zeit in Königsberg auf. In die Heimat zurückgekehrt war auch der Oberleutnant Bolotov. Seinem Philosophielehrer, dem Magister Weymann, hatte er zum Abschied einen Schafpelz geschenkt. Am 8. Juli verlas der letzte russische Gouverneur Ostpreußens Voejkov eine Proklamation, die die Bevölkerung vom Eid an den Zaren entband. Von den Stadttoren und den Verwaltungsgebäuden wurden die russischen Wappen entfernt und die preußischen wieder aufgerichtet.

Abermals fanden Dankgottesdienste und Festakte statt, als plötzlich aus Petersburg die Nachricht kam vom Umsturz am Zarenhof: Katharina II. hatte den Thron bestiegen. Voejkov erhielt wiederum die Gouverneursvollmachten, wiederum tauchten in Königsberg russische Wappen und russische Schildwachen auf.

Katharina II. (geborene Sophie Auguste, Prinzessin von Anhalt-Zerbst) war Tochter eines preußischen Generals. Sympathien mit den Deutschen kämpften in ihr mit dem Wunsch, sich auf dem russischen Zarenthron zu behaupten. Daraus resultierte eine Kompromißlösung: den Bund mit Friedrich zu annullieren, doch das eroberte Land zurückzugeben. Im August wurde dann Ostpreußen endgültig den Preußen ausgehändigt: Feldmarschall Lehwaldt bezog wieder das Königsberger Schloß. (Friedrich bedankte sich bei Katharina, indem er sie in die Berliner Akademie der Wissenschaften als erstes weibliches Mitglied wählte, was sich auch bis zum Ende des nächsten Jahrhunderts nicht änderte.)

1762 war auch für Kant ein Jahr des Umbruchs. Man nimmt gemeinhin an, daß für Kants neue Forschungen, die schließlich zur Kritik der reinen Vernunft führen sollten, die Bekanntschaft mit dem Werk Jean-Jacques Rousseaus am wichtigsten war. Ende des Sommers fiel ihm ›Émile‹ in die Hände. Das im katholischen Frankreich wie in der kalvinistischen Schweiz gleicherweise geächtete Buch nahm ihn derart gefangen, daß er mehrere Tage auf seinen üblichen Spaziergang verzichtete, um ununterbrochen lesen zu können. Die einzige Zierde seines Arbeitskabinetts wurde das Porträt des Genfers.

Rousseau war für Kant, wie er es selbst eingestand, ein »zweiter Newton«. Hatte der Königsberger Philosoph durch das Prisma der Newtonschen Gleichungen die unendliche Sternenwelt betrachtet, so halfen ihm die Paradoxa Rousseaus, in die verborgenen Winkel der menschlichen Seele zu schauen. Nach Kants Worten sah Newton als erster Ordnung und Regelmäßigkeit dort, wo andere bisher nur regellose Vielfalt gefunden hatten: Rousseau aber entdeckte in der Vielfalt der Menschen die Eine menschliche Natur. Rousseaus Büchern war Kant vor allem deshalb verpflichtet, weil sie ihn von einer Reihe typischer Vorurteile des Stubengelehrten befreiten und zu einer eigentümlichen Demokratisierung des Denkens führten. »Ich fühle den gantzen Durst nach Erkentnis . . . Es war eine Zeit da ich glaubte dieses allein könnte die Ehre der Menschheit machen u. ich verachtete den Pöbel der von nichts weis. Rousseau hat mich zurecht gebracht. Dieser verblendende Vorzug verschwindet, ich lerne die Menschen ehren . . .«[32] Das war nicht nur Wandel in den Ansichten, sondern auch eine sittliche Erneuerung, eine Revolution aller Lebensziele.

Rousseau war bekannt geworden durch seinen Traktat ›Discours sur les arts et les sciences‹, wofür er den Preis der Akademie der Wissenschaften von Dijon bekommen hatte. Das Thema lautete wie folgt: ›Si le rétablissement des Sciences et des Arts a contribué à épurer les moeurs‹. Mit rétablissement war auch an die Epoche der Renaissance (Wiedergeburt) gedacht, doch stellte Rousseau die Frage nach dem Fortschritt überhaupt in all seiner Widersprüchlichkeit. Er zog den Schluß, daß der Progreß der Wissenschaften und Künste nicht zu wahrem Wohlergehen beigetragen, sondern nur die Sitten verdorben hätte.

Früher und klarer als andere formulierte Rousseau die kommende Geisteshaltung eines Zeitalters, das sich anschickte, die Postulate der frühen Aufklärung zu überdenken: den Glauben an die Allmacht rationalen Denkens und an die einsichtsvolle Vernunft der Monarchen.

Der Siebenjährige Krieg hatte eine Lehre erteilt. Doch sollte es in Deutschland noch zehn Jahre dauern, bis »Sturm und Drang« eine neue Seite im geistigen Leben des Landes aufschlug. Vorerst erfassen nur einzelne, besonders einfühlsame Denker die Krisensituation.

Vor den Augen Kants vollzog sich eine erstaunliche geistige Metamorphose. Im Jahre 1756 hatte er Johann Georg Hamann kennengelernt, einen gebürtigen Königsberger und Absolventen der dortigen Universität. Hamann fuhr damals – auf dem Wege nach London – durch die Heimatstadt: als Repräsentant des Rigaer Kaufmannshauses Berens. Hamann war vom Kommerz begeistert, er wollte Ökonomie studieren; in England, so meinte er, könne man in beidem Erfolg haben. In London aber meldeten sich andere Interessen; der wißbegierige, empfängliche, leicht beeinflußbare Hamann führte ein Leben in Zerstreuungen und stand schon bald mittellos da. Zu den Geldschwierigkeiten kam eine Krankheit. Auf der Suche nach einem Ausweg wendet sich Hamann der Bibel zu und findet in ihr die verlorene Lebensstütze. Verwandelt kehrt er nach Hause zurück. Berens ist zwar bereit, ihm die erlittenen Verluste zu verzeihen, doch versucht er zusammen mit Kant, den Freund in den Schoß der Aufklärung zurückzuführen. Erfolglos – Hamann beschäftigen ganz andere Dinge: mit dem Fanatismus des Proselyten hat er sich in die Heilige Schrift versenkt, liest sie im Original, lernt Griechisch und Arabisch. Im übrigen vernachlässigt er auch nicht die zeitgenössische Literatur – die englische, französische und die heimische deutsche. Und bald beginnt er selbst zu schreiben.

Magister Kant, der »kleine Magister« (so nennt ihn Hamann), ist ein Mensch mit anderen Interessen, von anderem Verstand und Charakter, doch weitsichtig genug, um in Hamann eine außergewöhnliche Persönlichkeit zu sehen. Die Bekanntschaft vertieft sich. 1759 geschieht es: Hamann, der doch in derselben Stadt wohnt, schickt seinen Freunden einen umfangreichen Brief – die Antwort auf ihre Bitten, sich zu bedenken. Offensichtlich ist es ein erster schriftstellerischer Versuch, der Ansatz zu einem literarischen Werk. In der Tat erscheint bald im Druck ein dünnes Büchlein ›Sokratische Denkwürdigkeiten‹[33], mit der Widmung »An Niemand und Zween«. »Niemand« ist das Leserpublikum, »Zween« sind Kant und Berens. Ohne Namen zu nennen liefert Hamann ausdrucksvolle Charakteristiken. Von einem sagt er, dieser habe Newton ähnlich und ein »guter Münzwaradein« der Philosophie werden wollen.

(Anm. d. Übers.: Newton war vom englischen König zum Münzwardin – warden of mint – ernannt worden. Der Münzwardin übte die Aufsicht über den Münzmeister aus; er mußte metallurgische Kenntnisse haben, um die Feingehaltsprüfungen selbständig durchführen zu können.)

Nun herrsche da aber weit mehr Ordnung im deutschen Münzwesen als in den Lehrbüchern der Metaphysik. Die Weisen hätten noch nicht den richtigen Prüfstein gefunden, mit dessen Hilfe man den Wahrheitsgehalt in ihren Ideen wie eben den Metallgehalt beim Münzprägen prüfen könne. Dies alles war unverkennbar gegen Kant gerichtet.

Hamann schreibt einen schwerfälligen Stil, voller Anspielungen und Auslassungen. Wenn er über den Weisen von Athen spricht, meint er sich selber und seine Suche nach Wahrheit. Im Brief an Kant hatte Hamann ihn Sokrates, Berens Alkibiades, sich selbst aber das Daimonion des Sokrates (d. h. die Macht der Intuition) genannt. In den ›Sokratischen Denkwürdigkeiten‹

sind Kant und Berens gleichsam Sophisten, Vertreter kasuistischer Gelehrsamkeit, – Hamann selbst hingegen der christliche Sokrates. Und Hamann entsagt den aufklärerischen Postulaten, ähnlich wie sein großer Vorgänger sich gegen die Aufklärer Athens gestellt hatte. Wir denken viel zu abstrakt, das ist die Crux. Unsere Logik verbietet den Widerspruch, während doch gerade in ihm die Wahrheit liegt. Das Verbot des Widerspruchs – das ist »Vatermord« am Denken. Das Delphische Orakel hat Sokrates deshalb den Weisesten genannt, weil er bekannte, nichts zu wissen. Wer von beiden hat gelogen – Sokrates oder das Orakel? Beide hatten recht.

Selbsterkenntnis ist für Hamann das Wichtigste; hier ist seiner Meinung nach die Vernunft machtlos, Wissen nur ein Hindernis; helfen kann nur der Glauben, der sich auf das innere Gefühl gründet. Unter seiner Feder verwandelt sich Sokrates in einen Irrationalisten, einen Künder des Christentums: der Athener Philosoph wollte seine Mitbürger aus dem Labyrinth gelehrter Sophistik zur Wahrheit führen, einer Wahrheit, die »im Verborgenen« liegt, zur Verehrung des »unbekannten Gottes«.[33] So sieht Hamann auch sein eigenes Geschick. Kant kann sich für solche Perspektiven – nämlich ein Labyrinth gegen ein anderes zu tauschen – nicht erwärmen. In diesem Sinne hat er sich Hamann gegenüber geäußert, daraufhin wurde ihr Verhältnis gespannt.

Nichtsdestoweniger regten alle Argumente des »Magus des Nordens« zum Nachdenken an. Kant hat sicherlich auch über die neue Schrift Hamanns ›Kreuzzüge eines Philologen‹ nachgedacht, wo an auffälligem Ort ein Essay mit dem etwas ungewöhnlichen Titel ›Aesthetica in nuce‹ steht. Ungewöhnlich war vor allem der Terminus »Ästhetik«. Alexander Baumgarten hatte ihn vor nicht allzu langer Zeit wieder eingeführt als Bezeichnung der Lehre von der Schönheit, die für ihn Theorie der sinnlichen Erkenntnis war. Baumgarten, Nachfolger von Leibniz und Wolff, nannte das Ästhetische, nämlich die Sphäre der Sinne, eine niedere Stufe der Erkenntnis. Hamann behauptet auf der ersten Seite seines Essays entschieden das Gegenteil: der ganze Reichtum menschlicher Erkenntnis bestehe in sinnlichen Bildern, etwas Höheres als das Bild gebe es nicht. Das Bild ist ganzheitlich, – »alles Vereinzelte ist verwerflich«.

Dieses Prinzip hat Goethe in ›Dichtung und Wahrheit‹ so kommentiert: »Eine herrliche Maxime! aber schwer zu befolgen. Von Leben und Kunst mag sie freilich gelten; bei jeder Überlieferung durchs Wort hingegen, die nicht gerade poetisch ist, findet sich eine große Schwierigkeit: denn das Wort muß sich ablösen, es muß sich vereinzeln, um etwas zu sagen, zu bedeuten. Der Mensch, indem er spricht, muß für den Augenblick einseitig werden; es gibt keine Mitteilung, keine Lehre ohne Sonderung.«[34] Kant hätte beispielsweise dasselbe sagen können. Und doch mußte die Kritik des abstrakten Denkens, des Wolffianischen Kults einseitiger Systematik, seine Aufmerksamkeit erregen.

Hamann beschuldigt die Wolffianer der Scholastik, der Abkehr vom Leben, von der Natur. Sie wollen über die Natur gebieten, doch fesseln sie sich dabei an Händen und Füßen. Wer sich als Herr dünkt, wird sich schließlich als Sklave erweisen. Eine ähnliche Invektive, die sich aber nicht nur gegen eine einzelne philosophische Schulrichtung, sondern gegen die moderne Zivilisation überhaupt richtet, sollte vom anderen Ende Europas kommen: auch sie ließ Kant nicht gleichgültig. Hamann hat die Rousseaurezeption Kants vorbereitet.

Kant wurde kein Rousseauist; aus seiner Beschäftigung mit der Geographie hatte er zuviel über rückständige Völker gelernt, um sie idealisieren zu können. »Rousseau. Verfährt synthetisch u. fängt vom natürlichen Menschen an ich verfahre analytisch u. fange vom gesitteten an ... Wir können natürlicher Weise nicht heilig seyn ... Das arcadische schäferleben u. unser galantes Hofleben ist beydes abgeschmakt und unnatürlich obzwar verlockend. Deñ niemals kan wares Vergnügen statt finden wo man es zur Beschäftigung macht.«[35]

Diese Zitate aus dem handschriftlichen Nachlaß der sechziger Jahre zeugen doch von einer ziemlich kritischen Einstellung Kants zu dem von ihm geschätzten Rousseau.

Neben Rousseau nannte Kant noch David Hume als den Denker, der ihm aus dem »dogmatischen Schlummer« zu erwachen half. Der enthusiastische Franzose und der skeptische Engländer sind wiederum zwei Gegensätze, die sich in der widersprüchlichen Natur Kants ineins zusammenschließen. Rousseau hat Kant als Menschen und Moralisten »zurecht gebracht«,

Hume übte Einfluß auf seine erkenntnistheoretischen Fragestellungen und drängte ihn somit zu einem Überdenken der metaphysischen Dogmata.

An der Schwelle des Wintersemesters 1762 brachte Kant, wie auch früher, seine Vorlesungsankündigung in einer Broschüre heraus. In den voraufgehenden waren naturwissenschaftliche Probleme behandelt. Diesmal gab es ein philosophisches Thema mit dem Titel: ›Die falsche Spitzfindigkeit der vier syllogistischen Figuren erwiesen‹; es war ein erster, noch zaghafter, doch vielversprechender Versuch einer Kritik der formalen Logik, die dem Wolffianismus als Stütze diente. Kant nennt die formale Logik einen »Koloß auf tönernen Füßen«; er wiegt sich nicht in der Hoffnung, diesen Koloß zu stürzen, wenn er auch zum Schlag gegen ihn ausholt.

Für Kant muß die Logik auch den Anspruch geltend machen, Entstehung und Bildung von Begriffen zu untersuchen. Begriffe gehen aus den Urteilen hervor. Aber worin besteht die geheimnisvolle Kraft, die Urteile ermöglicht? Die Antwort Kants lautet: Urteile sind möglich dank der Fähigkeit, sinnliche Vorstellungen zu einem Gegenstand des Denkens machen zu können. Die Antwort ist bezeichnend: sie zeugt von einem ersten, zunächst noch begrenzten Bemühen, eine neue Erkenntnistheorie zu schaffen. Bis zu diesem Zeitpunkt teilte er die Wolffsche Verehrung der Deduktion, war sodann überzeugt, daß es unbegrenzt möglich sei, die einen Begriffe aus den andern abzuleiten (obgleich seine eigenen naturwissenschaftlichen Untersuchungen sich auf experimentell gewonnene Daten stützten). Jetzt sinnt er, wie man Erfahrungswissen in die Philosophie einführen könne.

Dieses drängende Problem beherrscht auch eine andere Arbeit von ihm, die Ende des Jahres 1762 geschrieben ist (und zwei Jahre später veröffentlicht wird): ›Untersuchung über die Deutlichkeit der Grundsätze der natürlichen Theologie und Moral‹. Sie entstand im Zusammenhang eines Wettbewerbs der Berliner Akademie der Wissenschaften. Die Aufgabe des Wettbewerbs bestand in der Erhellung der Frage, ob philosophische Wahrheiten, besonders die Grundsätze von Theologie und Moral, ebensolche Möglichkeiten der Beweiskraft besäßen wie geometrische Wahrheiten; wenn solche Möglichkeiten aber nicht existierten, wie sollte dann die Beweisnatur derartiger Grundsätze aussehen, bis zu welchem Grad seien sie gewiß, oder seien sie etwa ganz und gar überzeugend?

Zur Teilnahme am Wettbewerb waren Gelehrte aller Länder eingeladen (außer den Mitgliedern der Berliner Akademie, welche die Jury bildeten). Der Preis war eine goldene Gedenkmünze im Werte von fünfzig Dukaten. Ein sauber und deutlich geschriebenes Manuskript sollte an den ständigen Sekretär der Akademie Formey bis zum 31. Dezember des Jahres eingesandt werden. Die Autoren waren gebeten, ihre Namen nur in einem versiegelten Umschlag mitzuteilen, der mit demselben Denkspruch versehen sein sollte wie das Manuskript.

Das Thema schien Kant, der gerade aus dem »dogmatischen Schlummer« in den Armen der Wolffianischen Metaphysik erwachte, wie auf den Leib geschrieben. Kant vergleicht die Philosophie mit der Mathematik und stellt die qualitative Vielfalt der Objekte der ersteren in Gegensatz zur Mathematik. Vergleicht doch den Begriff der Trillion mit dem Begriff der Freiheit! Das Verhältnis der Trillion zur Eins ist jedem deutlich; aber den Begriff der Freiheit verständlich zu machen, wie er sich aus seinen Einheiten, d. h. aus einfachen und bekannten Begriffen, zusammensetzt, das ist bisher noch keinem gelungen. Selbstverständlich halten viele Leute die Philosophie für eine leichtere Wissenschaft als die Mathematik; nur heißen diese Leute Philosophie all das, was in Büchern so bezeichnet wird. Indessen ist originale Philosophie noch nicht geschrieben. Die Philosophie muß sich die Methode aneignen, die Newton in die Naturwissenschaft einführte und die dort so viele fruchtbare Ergebnisse einbrachte. Man muß, auf sichere Erfahrungsdaten gestützt, allgemeine Gesetze ermitteln.

Wie verhält es sich aber mit der Theologie? Mit welcher Erfahrung kann man das Dasein Gottes beweisen? Die Erfahrung, auf die sich die Philosophie stützen muß, sind nicht nur Sinnesdaten, sondern auch die »innere Erfahrung«, das unmittelbar evidente Bewußtsein. Dank des letzteren wird die Erkenntnis Gottes zur Gewißheit.

Die Preisschrift forderte auch Antwort auf die Frage nach den Grundsätzen der Moral. Hier ist nach Meinung Kants noch keine Stufe notwendiger Gewißheit erreicht; die Dinge liegen schlechter als mit der Theologie. Gleichwohl ist auch hier eine verbindliche Begründung der Moral durchaus möglich. Und Kant spricht den für seine weitere philosophische Entwicklung wichtigen Gedanken aus: man darf Wahrheit und Glückseligkeit, Wissen und moralisches Gefühl nicht vermischen.

Beiläufig wird in der Preisschrift noch ein bemerkenswerter Gedanke ausgesprochen: – er betrifft die Rolle der unbewußten Vorstellungen. Das Problem des Unterbewußten fand Eingang in die Wissenschaft im siebzehnten Jahrhundert. Locke verwarf die Möglichkeit der Existenz einer unkontrollierbaren psychischen Tätigkeit. Zu glauben, daß die Seele denke und der Mensch dessen nicht gewahr werde, bedeutet, aus einem einzigen Menschen zwei Personen machen. Wenn der Mensch im Traum denkt und weiß das nicht, so sind der schlafende und der wachende Mensch zwei verschiedene Personen. Der schlafende Sokrates und der wache Sokrates, meint Locke beharrlich, sind natürlich nicht ein und dieselbe Person. Kant, immer mehr von dialektischen Vorstellungen durchdrungen, können solche Erklärungen nicht verwirren. Im weiteren wird er auch das Vermögen des Bewußtseins in zwei Sphären unterteilen: denn zum Bewußtsein einen gewissen Gegensatz zu finden, der zwar etwas anderes als es selbst, indes doch nicht sein absolutes Gegenteil sei, machte Kant keine Schwierigkeit. Um so weniger, als schon Leibniz seinerzeit sich entschieden gegen Locke wandte, insofern er eine solche Meinung Quelle größter Irrtümer nannte, die etwa besage, daß unsere Seele nur über Wahrnehmungen verfüge, die ihr bewußt seien. Das Unbewußte nannte Leibniz »petites perceptions«; sind die Wahrnehmungen auch klein, so ist ihre Bedeutung doch groß, weil sie Sitten und Geschmack bilden. Der Terminus Kants lautet: »dunkle Vorstellungen«. Diejenigen, die ihre Bedeutung negieren, »haben in diesem Falle ein vermutlich großes Geheimnis der Natur mit Achtlosigkeit übergangen, nämlich daß vielleicht im tiefsten Schlafe die größte Fertigkeit der Seele im vernünftigen Denken möge ausgeübt werden«.[36] Das muß man sich merken: hierin liegt der Schlüssel zu einem der wichtigsten Teilabschnitte der ›Kritik der reinen Vernunft‹.

Kant stellte seine Arbeit in aller Eile fertig, da er Gefahr lief, die Frist zu versäumen. Deshalb fehlt zuweilen die zwingende Argumentation: eines geht nicht immer so recht aus dem anderen hervor. Kant war sich der Schwächen seines Werks bewußt; er verspricht in einem besonderen Zusatz, bei günstiger Aufnahme des Traktats am Text dann die entsprechenden Verbesserungen vornehmen zu wollen.

Die Ergebnisse des Wettbewerbs ließen ein halbes Jahr auf sich warten. In der jüngsten Ausgabe einer Berliner Zeitschrift las er dann, daß in der Sitzung der Akademie der Wissenschaften am 31. Mai 1763 die prämierte Arbeit bestimmt wurde. Nach dem Öffnen des versiegelten Umschlags stellte es sich heraus, wie die offizielle Mitteilung lautete, daß »der hiesige Jude Moses Mendelssohn« Verfasser der preisgekrönten Arbeit war. Gleichzeitig prämierte die Akademie die deutsche Arbeit unter dem Motto ›Verum animo satis haec vestigia parva sagaci sunt, per quae possis cognoscere caetera tuto‹, die der »Schrift des gelehrten Juden . . . beinahe gleich wäre«. Mit diesem Distichon aus dem Lehrgedicht ›De rerum natura‹ von Lukrez hatte Kant seinen Traktat chiffriert.

Den Preis erhielt er also nicht, was mochte dann aber die Charakteristik der Schrift des Siegers »beinahe gleich« bedeuten? Kant wandte sich unverzüglich an Professor Formey mit der Bitte um Aufklärung. Sollte das bedeuten, daß seine Arbeit mit der preisgekrönten Schrift zusammen gedruckt würde? Wenn es sich so verhielte, könnte er dann wohl einige Verbesserungen und Ergänzungen anbringen? Aus Berlin kam eine positive Antwort: beide Arbeiten würden zusammen veröffentlicht; die Verfasser möchten doch unumgänglich notwendige Überarbeitungen vornehmen. Kant fand jedoch keine Zeit, sich mit der Redigierung des Textes zu befassen, der also in der ursprünglichen Form an die Öffentlichkeit gelangte.

Aus Berlin erhielt Kant noch eine weitere angenehme Nachricht: dort war eine wohlmeinende Rezension auf seine Vorlesungsankündigung ›Die falsche Spitzfindigkeit der vier syllogistischen Figuren erwiesen‹ erschienen. Der anonyme Rezensent (es war eben dieser Mendelssohn) nannte den Autor einen kühnen Menschen, der die deutschen Akademien mit einer gewaltigen Revolution bedrohe.

Eine künftige philosophische Revolution künden auch die Ideen an, die Kant im ›Versuch, den Begriff der negativen

Größen in die Weltweisheit einzuführen‹ ausspricht. Kant klagt, daß die Durchsicht des Problems ihm noch nicht hinreichend deutlich sei; er veröffentliche aber dennoch seine Arbeit in der festen Überzeugung, daß jene Größen bedeutsam seien und daß auch unvollkommene philosophische Versuche ihren Nutzen haben, denn häufiger findet ein anderer die Lösung einer Frage als der, der sie gestellt hat.

Kants Aufmerksamkeit ist vom Problem der Einheit von Gegensätzen gefesselt. Ausgangspunkt der Abhandlung ist der schon in der Habilitationsschrift aufgestellte Unterschied zwischen dem logischen und dem realen Grund. Was in der Logik für wahr gelte, kann nicht den selben Wahrheitswert in der Realität beanspruchen. Der logische Gegensatz besteht darin, daß von ebendemselben Ding etwas zugleich bejaht oder verneint wird. Die Logik verbietet, beide Prädikationen zugleich als wahr anzunehmen. Bezüglich seines Körpers kann man nicht gleichzeitig behaupten, daß er sich bewege und sich in Ruhe befinde. Eines hebt das andere auf und man erhält schließlich nichts.

Ein anderes ist der reale Gegensatz, der in der Gegenstrebigkeit der Kräfte besteht. Hier hebt ebenfalls eines das andere auf, allein die Folge ist nicht Nichts, sondern Etwas. Zwei gleichwertige Kräfte können auf einen Körper wirken in entgegengesetzten Richtungen: die Folge davon ist die Ruhe des Körpers, die auch etwas wirklich Existierendes ist.

Von solchen realen Gegensätzen ist die uns umgebende Welt voll. Die mathematische Lehre über die negativen Größen operiert schon lange mit dem Begriff der realen Entgegensetzung. Die Philosophie muß von der Mathematik einige Prinzipien übernehmen, deren Wahrheit von der Natur selbst belegt werde. Insbesondere bezieht sich dies auf den Begriff der realen Entgegensetzung, den man nicht nur in der Natur, sondern auch im menschlichen Verhalten aufdecken kann. Lust und Unlust beziehen sich aufeinander wie eine positive und negative Größe. Kant illustriert seinen Gedanken mit einem Beispiel. Man bringt einer spartanischen Mutter die Nachricht vom heldenhaften Betragen ihres Sohnes: das angenehme Gefühl der Lust bemächtigt sich ihrer Seele. Nun erfährt sie aber, daß ihr Sohn auf dem Schlachtfeld gefallen ist, ihre Lust verringert sich. Kant schlägt vor, die Stufe der Lust nach der ersten Nachricht mit dem Zahlensymbol 4a zu bezeichnen; wenn wir nun voraussetzen, daß die Unlust nach der zweiten Nachricht bloße Verneinung = o ist, dann erhalten wir, wenn wir beides zusammenzählen, 4a + o = 4a; das heißt die Lust wurde nicht durch die Todesnachricht verringert, was unwahrscheinlich ist. Drückt man aber die Unlust mit irgendeiner negativen Größe aus, zum Beispiel −a, dann erhält man das richtige Ergebnis: 4a − a = 3a.

Daß Kant Gefühle mit Zahlen umschreibt − und das gewonnene Resultat überhaupt − spricht nicht gerade zu seinen Gunsten. Und dennoch werden wir den Philosophen nicht zu streng verurteilen, wissen wir doch, daß er schon lernt, »die Menschen zu ehren«. Lernzeiten währen lange, und es fällt schwer, sich von alten Vorurteilen zu trennen.

Im Wintersemester des Jahres 1762 hat Kant einen neuen Studenten, dem er sofort Aufmerksamkeit schenkt. Der junge Mann hatte sich an der theologischen Fakultät eingeschrieben, besaß außergewöhnliche Fähigkeiten und Ausdauer, schrieb recht gute Verse, wobei er Kants Lieblingsdichter Haller und Pope nachahmte. Der Jüngling setzte eine Vorlesung seines Lehrers in Verse und überreichte sie dem Magister bei der nächsten Begegnung; Kant gefielen sie so gut, daß er sie laut vom Katheder vortrug. Jener hatte auch bereits eine Ode geschrieben anläßlich der Thronbesteigung des russischen Zaren Peter III. Der Student war arm, und Kant entpflichtete ihn von den Studiengeldern.

Johann Gottfried Herder, Sohn eines Glöckners und Schulmeisters der Pfarrgemeinde Mohrungen, hatte gar nicht an ein Studium gedacht. Der Zufall half. In dem Städtchen bezog ein russisches Regiment Winterquartier. Der Regimentsarzt Schwartz-Erla nahm Anteil am Schicksal des belesenen Knaben, der ihm bei Lateinübersetzungen geholfen hatte. Er nahm Johann Gottfried nach Königsberg mit, entschlossen, aus ihm einen Arzt zu machen. Der empfindsame junge Mann fiel bei der ersten Sektion in Ohnmacht; Herder mußte zur theologischen Fakultät überwechseln.

Bei Kant hörte Herder alle Kurse – Metaphysik, Moral, Logik, Mathematik, physische Geographie. Sorgfältig schrieb er mit und ordnete daheim seine Exzerpte. Alle Aufzeichnungen sind erhalten: akkurat, klar, weitschweifig die Kernprobleme darlegend, die Kant gerade bewegten.[37] Der Lehrer stellt zum Beispiel die These auf, daß die Seele eine einfache Substanz sei. Nun gut, aber soll das heißen, daß ihr ein Ort im Raum zukommt? Wenn es sich so verhält, dann ist die Seele etwas Materielles, folglich liegt ihre Meßbarkeit im Bereich des Möglichen. Kann man sich denn einen Kubikzoll Geister vorstellen? Und wer sagt mir, an welcher Stelle des menschlichen Körpers sich die Seele befindet? Bedeutet es, daß Geister körperlos sind? Haben sie vielleicht ganz besondere organische Körper? Wie anders können sie im Universum zugegen sein und wirken? Es existiert doch auch die magnetische Kraft, die materiell und unsichtbar zugleich ist. Nun drängt sich ein einziger Schluß auf: die Seele hat eine innere Natur, die uns aus dem Faktum des Bewußtseins bekannt ist; was aber ihre äußere Natur betrifft – darüber wissen wir nichts.

Oder ein anderes Problem: Bleibt die Seele nach dem Tode des Körpers am Leben? Sehr wahrscheinlich. (Man beachte, daß der Dozent der Königsberger Universität sich gestattet, eine strikt bejahende Antwort auf eine der Grundfragen der christlichen Glaubenslehre zu vermeiden. Nicht von ungefähr hat Oberleutnant Bolotov den Wolffianismus mit scheelen Augen betrachtet, fand er doch darin den Zweifel zum Prinzip gemacht.) Was spricht für die Unsterblichkeit? Wenn ich meine völlige Vernichtung zu erwarten habe, dann ist mein Dasein nur ein Spielzeug in den Händen des Schöpfers gewesen. Dagegen wehrt sich meine Vernunft, lieber will ich dann überhaupt nicht leben. Ich sage: die Welt ist kein Trümmerhaufen, sie ist eine gewisse Einheit, ein Ganzes; wenn es sich so verhält, dann muß eine durchgängige Verknüpfung von Vergangenheit und Zukunft bestehen. Das führt zu der Frage, ob denn der Mensch Träger solch einer Verknüpfung ist. Der Mensch tritt in das Leben ein – kraft eines zufälligen Zusammentreffens von Umständen. Zufällig ist das Faktum der Empfängnis, zufällig das Überleben des Embryos und des Neugeborenen. Andere leben so kurz, daß ihnen jener gesuchte Zusammenhang zwischen Vergangenheit und Zukunft gar nicht wirklich wird. Aber was ist, wenn man lange lebt? Ein jegliches Menschenleben ist kurz im Vergleich zur unendlichen Aufgabe der Wissenschaft. Der Gelehrte kann im Alter wieder zum Kind werden. Newton kannte keine Vergnügen, weder Erholung noch Ruhe, er lebte nur der Wissenschaft, wurde kindisch, ausgelacht und starb. Ist da nicht gedankenloses Leben im Freundeskreis besser? O gehe, suche Vergnügen! Der Tod erwartet dich ohnehin. (Kant sinniert gleichsam laut, er befindet sich offensichtlich an einem Scheideweg. Von der Selbstgewißheit des Jünglings, der kühn davon überzeugt war, daß er sich »den Weg ausgewählt habe«, ist keine Spur geblieben.)

Kant spricht über Gott. Weder eigene, noch fremde Erfahrung kann uns von seinem Dasein überzeugen. Wir müssen uns auf die Vernunft verlegen: nur ein System von Vernunftregeln kann den Schluß herbeiführen, daß es in der Welt ein höchstes, absolutes und unbedingt notwendiges Wesen gibt. (Seine Erwägungen zu diesem Thema legt Kant in dem Traktat ›Der einzig mögliche Beweisgrund zu einer Demonstration des Daseins Gottes‹ dar. Die Arbeit erschien Ende 1762 und brachte dem Autor ersten literarischen Ruhm, die Theologen jedoch merkten auf. Magister Weymann ging sofort mit einer Widerlegung an die Öffentlichkeit; im katholischen Wien gelangte der ›Beweisgrund‹ auf den Index.)

Da ergibt sich jedoch eine Frage: untergräbt nicht eine solche Beziehung zur Religion die Grundlagen der Ethik? Im Gefolge von Bayle und Hutcheson stellt Kant die Behauptung auf: Moral und Religion sind verschiedene Dinge. Die Moral ist eher dem menschlichen als dem göttlichen Richterspruch unterworfen. Natürlich ist ein Gott ohne Moral schrecklich, aber so etwas gibt es tatsächlich (für die Hottentotten sieht der christliche Gott wie ein holländischer Kapitän aus). So kann auch die Moral ohne Religion auskommen. Es gibt sittliche Völker, die Gott nicht kennen. Die Gesellschaft soll sich den Atheisten gegenüber duldsam verhalten, wenn diese sich sittlich betragen. Spinoza war ein ehrenhafter Mensch. Bei der Erziehung muß man zunächst das moralische Gefühl wecken und dann erst den Begriff einer Gottheit einpflanzen, sonst verkehrt sich die Religion in das Vorurteil und gebiert List und Heuchelei. Zuerst hat man das innere Pflichtgefühl und erst danach die Pflicht nach außen zu entwickeln. Die Erziehung zum moralischen Gefühl muß der Erziehung zum Gehorsam vorangehen. Handle entsprechend deiner moralischen Natur – das muß zum Grundgesetz des Verhaltens werden.

Die Schwierigkeit besteht nun darin, die moralische Natur des Menschen näher zu bestimmen. Zog man eine Spartanerin entblößt auf die Straße, so war das schlimmer für sie als der Tod. Aber auf Jamaika gehen die Frauen nackt. Seine Schwester zu heiraten ist ein Verbrechen; im alten Ägypten sah man in solchen Ehen einen sakramentalen Sinn. Die Eskimos, die ihre Eltern im Greisenalter töten, erweisen ihnen in Wirklichkeit einen Gefallen, indem sie sie vor langem Dahinsiechen oder einem schmerzhaften Tod auf der Jagd bewahren. Rousseau hatte Grund darüber nachzudenken, was natürlich und was künstlich sei am Menschen; in einem hatte er unbedingt recht: einseitige Entwicklung der Wissenschaft ist schädlich.

Herder hinterließ nicht nur ein ausdrucksvolles Bild der Untersuchungen Kants, sondern auch ein prägnantes literarisches Porträt seines Lehrers. Er verfaßte es in vorgerücktem Alter, als er sich schon feindselig mit Kant auseinandersetzte; daher kann man ihn nicht verdächtigen, daß er schmeicheln wollte: »Mit dankbarer Freude erinnere ich mich aus meinen Jugendjahren der Bekanntschaft und des Unterrichts eines Philosophen, der mir ein wahrer Lehrer der Humanität war. Damals in seinen blühendsten Jahren hatte er die fröhliche Munterkeit eines Jünglings, die, wie ich glaube, ihn in sein greisestes Alter begleiten wird. Seine offne, zum Denken gebaute Stirn war der Sitz der Heiterkeit, und die gedankenreichste, angenehmste Rede floß von seinem gesprächigen Munde. Scherz, Witz und Laune standen ihm zu Gebot, immer aber zu rechter Zeit und also, daß, wenn jedermann lachte, er dabei ernst blieb. Sein öffentlicher Vortrag war wie ein unterhaltender Umgang; er sprach über seinen Autor, dachte aus sich selbst, oft über ihn hinaus, nie aber habe ich in den drei Jahren, da ich ihn täglich und über alle philosophische Wissenschaften gehört, den kleinsten Zug der Arroganz an ihm bemerket. Er hatte einen Gegner, der ihn widerlegt haben wollte und an den er nie dachte ... Ich habe seine Urteile über Leibniz, Newton, Wolff, Crusius, Baumgarten, Helvétius, Hume, Rousseau, deren einige damals neuere Schriftsteller waren, von ihm gehört, den Gebrauch, den er von ihnen machte, bemerkt, und nichts anderes als einen edlen Eifer für die Wahrheit, den schönsten Enthusiasmus für wichtige Entdeckungen zum Besten der Menschheit, die neidloseste, nur aus sich wirkende Nacheiferung alles Großen und Guten in ihm gefunden. Er wußte von keiner Kabale, der Partei- und Sektengeist war ihm ganz fremde, sich Jünger zu erwerben oder gar seinen Namen einer Jüngerschaft zu geben, war nicht der Kranz, wornach er strebte. Seine Philosophie weckte das eigne Denken auf, und ich kann mir beinah nichts Erleseners und Wirksameres hiezu vorstellen, als sein Vortrag war; seine Gedanken schienen eben jetzt in ihm zu entsprießen, man mußte mit ihm fortdenken, vom Diktieren, Dozieren und Dogmatisieren wußte er nichts. Naturgeschichte und Naturlehre, Menschen- und Völkergeschichte, Mathematik und Erfahrung waren seine Lieblingsquellen des menschlichen Wissens, aus denen er schöpfte, aus denen er alles belebte. Auf sie wies er zurück; seine Seele lebte in der Gesellschaft . . .«[38]

Alle, die Kant persönlich gekannt haben, sagen, daß er gesellig und aufgeschlossen war. Er hatte viel zu tun und liebte seine Arbeit, wußte aber auch von anderem. Er konnte sich entspannen und zerstreuen, verband tiefe Gelehrsamkeit mit weltmännischem Charme.

»Glückselig, wer in jungen Jahren jung war . . .« (A. Puškin) Der Magister Kant verbrachte seine Zeit nach den Vorlesungen gern bei einer Tasse Kaffee oder einem Glas Wein, er spielte Billard und abends Karten. Zuweilen machte er sich erst gegen Mitternacht auf den Heimweg, einst – wie er selbst gesteht – derart berauscht, daß er nicht aus eigner Kraft den Zugang zur Magistergasse finden konnte, wo er in den sechziger Jahren wohnte. Jedenfalls mußte er anderntags früh aufstehen: die Vorlesungen warteten. Zudem zwang ihn seine schwache Gesundheit zu mäßiger Lebensweise.

Zur physischen Schwäche, die ihn seit der Kindheit verfolgte, kam mit den Jahren auch eine Art seelisches Leiden hinzu, das Kant Hypochondrie nannte. Die Symptome dieser Erkrankung beschrieb der Philosoph in einer seiner Arbeiten: »Der Hypochondrist hat ein Übel, das, an welchem Orte es auch seinen

Hauptsitz haben mag, dennoch wahrscheinlicherweise das Nervengewebe in allerlei Theilen des Körpers unstätig durchwandert. Es zieht aber vornehmlich einen melancholischen Dunst um den Sitz der Seele, dermaßen, daß der Patient das Blendwerk fast aller Krankheiten, von denen er nur hört, an sich selbst fühlt. Er redet daher von nichts lieber als von seiner Unpäßlichkeit, lieset gerne medizinische Bücher, findet allenthalben seine eigenen Zufälle.«[39] Wohltuend wirkt Gesellschaft auf den Hypochonder, da bekommt er gute Laune und guten Appetit. Vielleicht hat Kant deshalb niemals allein gespeist und sich überhaupt gern unter Menschen aufgehalten.

Man lud ihn gerne zu Gast, und Einladungen lehnte er niemals ab. Als geistreicher und lebendiger Gesprächspartner war er die Seele der Gesellschaft. Stets gab er sich leicht, ungezwungen, schlagfertig. Bei einem Abendessen vergoß einmal ein junger Leutnant in Anwesenheit eines älteren Offiziers Rotwein auf dem Tisch und wollte vor Verlegenheit in den Boden versinken. Magister Kant, der sich mit diesem Offizier gerade über irgendeine Schlacht unterhielt, goß in aller Ruhe aus seinem Glas etwas Wein dazu und begann auf dem Tischtuch mit roten Linien die Truppenbewegungen darzustellen. Wie unlängst noch russischen, so gab Kant nun preußischen Offizieren Privatstunden; man holte ihn ab mit einer Generalsequipage, und zwei Generale zählten zu seinen guten Bekannten.

Über die Freundschaft hatte Kant den Lieblingsspruch: »Liebe Freunde, es gibt keinen Freund!« Dieser von Aristoteles stammende Spruch war als Scherz gemeint, doch in jedem Scherz ist bekanntlich ein Gran Wahrheit enthalten. Die Wahrheit bestand darin, daß Kant die Freundschaft schätzte (er stellte sie über die Liebe – in der Überzeugung, daß Freundschaft die Liebe einbeziehe und dazu noch Achtung abfordere); Kant war zu wahrhafter Freundschaft innerlich bereit, suchte sie, glaubte sie eine Zeitlang gefunden zu haben, aber in Wirklichkeit hatte er niemals einen Menschen um sich, der seine geistigen Interessen gänzlich geteilt hätte.

Kant stellte Überlegungen an, wie die Menschen wohl einander näherkommen: cholerisches Temperament verhindert Freundschaft; für den Sanguiniker sind alle Freunde (er selbst erweist sich faktisch als niemandes Freund); der Melancholiker hat wenige, dafür aber gute Freunde. – Kant hielt sich für einen Melancholiker.

Daher muß man Kants Charakteristik des Melancholikers aufmerksam lesen. Bis zu einem gewissen Grade ist sie ein Selbstporträt. Man darf nicht glauben, bemerkt Kant, daß der Melancholiker der Freuden des Lebens beraubt sei und sich ewig in finsterer Schwermut winde. Durchaus nicht, nur verfällt er unter dem Einfluß äußerer oder innerer Einwirkungen einfach leichter als andere in diesen Zustand. Ein solcher Mensch wird besonders vom Gefühl des Erhabenen bestimmt. Der Genuß der Vergnügen ist bei ihm ernsthaft, doch darum nicht geringer. Er ist wohlwollend, beständig, reagiert scharf auf Ungerechtigkeit. Deshalb bekümmern ihn fremde Meinungen wenig, er verläßt sich nur auf die eigene Einsicht. Der Melancholiker wahrt gut seine und anderer Geheimnisse, haßt Lüge und Heuchelei: »Er hat ein hohes Gefühl von der Würde der menschlichen Natur. Er schätzt sich selbst und hält einen Menschen für ein Geschöpf, das da Achtung verdient. Er erduldet keine verworfene Unterthänigkeit und athmet Freiheit in einem edlen Busen. Alle Ketten von den vergoldeten an, die man am Hofe trägt, bis zu den schweren Eisen des Galeerensklaven sind ihm abscheulich. Er ist ein strenger Richter seiner selbst und anderer und nicht selten seiner sowohl als der Welt überdrüssig.«[40]

Wenn der Charakter des Melancholikers ausartet – Kant sieht auch dies im Bereich des Möglichen –, dann wendet sich die Ernsthaftigkeit in Schwermut, die Andacht in Schwärmerei, die Freiheitsliebe in Enthusiasmus. Beleidigung und Ungerechtigkeit entzünden in ihm Rachgier. In solchem Fall ist er zu fürchten. Er trotzt der Gefahr und verachtet den Tod. Wenn seine Gefühle verkehrt sind, so verfällt er der Exaltation, hat Eingebungen und Erscheinungen. Und er läuft Gefahr, Wunderling, Phantast oder Fanatiker zu werden. Die eigenen Schwächen muß man kennen, um sie nicht aufkommen zu lassen!

Wahre Freundschaft entspricht der charakterlichen Verfassung des Melancholikers, denn sowohl Freundschaft wie das melancholische Gefühl sind erhaben. Selbst der Melancholiker kann einen unbeständigen Freund verlieren, allein dieser verliert ihn nicht ebenso bald. Sogar das Andenken einer erloschenen Freundschaft ist ihm noch heilig.

Wer hätte die Ehre verdient, Kants Freund zu heißen? Unter seinen akademischen Kollegen fand der Philosoph keinen Eben-bürtigen. Freund nannte Kant den englischen Kaufmann Jo-seph Green, der sich ständig in Königsberg aufhielt. Kant mochte keine gelehrten Gespräche in seinen Mußestunden, des-halb fühlte er sich wohl in Gesellschaft dieses zwar belesenen, der Philosophie aber fernstehenden Menschen. Green und ein anderer naher Bekannter, der Engländer Motherby, erinnerten Kant an Großbritannien, woher seiner Meinung nach ein Vor-fahre stammte.

Der praktische Green lehrte seinen gelehrten Freund, der in der Jugend noch nicht ganz so pedantisch war wie im späteren Alter, die Pünktlichkeit. Man erzählt, daß sie sich einmal zu einer Spazierfahrt vor die Tore der Stadt auf acht Uhr morgens verabredet hatten. Viertel vor acht war Green fertig. Fünf vor acht setzte er sich den Hut auf, nahm seinen Stock und begab sich hinunter. Mit dem Glockenschlag bestieg er die Kutsche und brach auf. Er traf den schwer atmenden Kant auf der Pregelbrücke, achtete jedoch nicht auf dessen Zurufe und fuhr vorbei. Bald wurde auch Magister Kant ein Muster an Pünkt-lichkeit. Jeden Abend verbrachte er bei Green und verließ ihn genau um sieben Uhr. Wenn Kant von Green fortging, konnte man die Uhr auf sieben stellen.

Kant hielt sich auch gern beim Förster Wobser auf, in dessen Häuschen in Moditten jenseits der Stadtgrenze er seine Ferien verbrachte. Hier ließ sich nicht nur gut ausruhen, sondern auch arbeiten.

Frauen spielten im Leben Kants nicht jene Rolle, die ihnen etwa im Leben und Schaffen seines jüngeren Zeitgenossen Goethe zufiel. Kant blieb Junggeselle. Übrigens ist dies bei Philosophen keine Seltenheit: Platon, Descartes, Hobbes, Locke, Leibniz, Hume kannten keine Ehebande. Die Psychoanalyse erklärt die Ehelosigkeit Kants mit einem Mutterkult, der andere Bindun-gen an Frauen verhindert habe. Der Philosoph sah die Sache anders: »Da ich eine Frau brauchen konnte, konnt' ich keine ernähren; und da ich eine ernähren konnte, konnt' ich keine mehr brauchen.«[41] Wenn wir diesem Bekenntnis ein weiteres hinzufügen – »Der Mann kann kein Vergnügen des Lebens genießen ohne die Frau u. diese keine Bedürfnisse ohne den

Mañ«[42], dann wird deutlich, daß die Ehelosigkeit aufgezwungen war und in reifem Alter keine Freude brachte.

»Der Purism des Cynikers und die Fleischestödtung des Anachoreten ohne gesellschaftliches Wohlleben sind verzerrte Gestalten der Tugend und für diese nicht einladend; sondern, von den Grazien verlassen, können sie auf Humanität nicht Anspruch machen.«[43] So Kant im späten Alter; in den besten Jahren hätte mönchischer Asketismus ihn um so weniger begeistern können. Der Geschlechtstrieb ist nach Kants Worten »ein großer sinnlicher Genuß«, »ein Genuß besonderer Art«, der dabei »eigentlich mit moralischer Liebe nichts gemein hat«. Mit der Denkkraft allein kommt man zu solchen Schlüssen nicht.

Eine gewisse Luise Rebekka Fritz behauptete gegen Ende ihres Lebens kategorisch, daß der Philosoph Kant irgendwann in sie verliebt gewesen sei. Nach den Berechnungen der Biographen müßte das in die sechziger Jahre fallen. Borowski, vor dessen Augen sich das Leben Kants größtenteils abspielte, versichert, ohne Namen zu nennen, daß sein Lehrer zweimal geliebt und zweimal die Absicht gehegt habe zu heiraten.

Es läßt sich auch nicht sagen, daß das schöne Geschlecht Kant keine Aufmerksamkeit geschenkt habe. Eher im Gegenteil. Da ist zum Beispiel ein interessantes Zeugnis, ein Brief, den er am 12. Juni 1762 erhalten hat: »Wehrter Freund Wundern Sie sich nicht daß ich mich unterfange an Ihnen als einen großen Philosophen zu schreiben? Ich glaubte sie gestern in meinen garten zu finden, da aber meine Freundin mit mir alle alleen durchgeschlichen, und wir unseren Freund unter diesem Zirckel des Himmels nicht fanden, so beschäfftigte ich mich mit Verfertigung eines Degen Bandes, dieses ist ihnen gewidmet. Ich Mache ansprüche auf Ihre gesällschaft Morgen Nachmittag. Ja, Ja ich werde kommen, höre ich sie sagen, nun Gutt, wir erwarten sie, dann wird auch meine Uhr aufgezogen werden, verzeihen Sie mir diese erinnerung Meine Freundin und Ich überschicken Ihnen einnen Kuß per Simpatie die Lufft wird doch woll im Kneiphoff dieselbe seyn, damit unser Kuß nicht die Simpatetische Krafft verlieret, Leben Sie Vergnügt und Wohl.«

Die Schreiberin des Briefs war die stadtbekannte Schönheit Maria Charlotta Jacobi. Sie war dreiundzwanzig Jahre alt, zehn davon hatte sie schon in der Ehe zugebracht. Eine so frühe

Heirat war verfehlt, die Ehe ist später dann endgültig zerbrochen. Was aber bedeutet jener rätselhafte Satz »dann wird auch meine Uhr aufgezogen werden«? Durchaus möglich, daß dies ein frivoler Scherz ist, eine Anspielung auf intime Beziehungen. Man erinnere sich doch, welchem Umstand der Gentleman Tristram Shandy, Held des gleichnamigen Romans von Laurence Sterne, es verdankt, das Licht der Welt erblickt zu haben: Sein Vater hatte die Gewohnheit, an Sonntagabenden eine große Standuhr aufzuziehen und danach seine ehelichen Pflichten zu erfüllen; dadurch entstand bei Missis Shandy – entsprechend der Lehre des Philosophen Locke – eine beharrliche Assoziation von Ideen, »die in der Wirklichkeit durch nichts miteinander verbunden sind« – das Uhraufziehen und die eheliche Nähe.

›Tristram Shandy‹ erschien im Jahre 1760 und hatte nicht nur in England großen Erfolg. Kant liebte Sterne. Madame Jacobi galt als eine belesene Frau.

Kant war von kleinem Wuchs (157 cm) und gebrechlicher Gestalt. Die Kunst des Schneiders und Friseurs half ihm die Unzulänglichkeiten seines Äußeren verbergen; hellblondes Haar, lebhafte kluge blaue Augen, eine hohe Stirn, gute Körperhaltung machten ihn ganz anziehend. Er kleidete sich mit Geschmack, nach der damaligen Mode. (Kant verhielt sich der Mode gegenüber herablassend, nannte sie eine Sache der Eitelkeit, meinte aber doch: »Man muß lieber ein Narr in der Mode, als außer der Mode sein.«)

Seine Kleidung sah so aus: dreieckiger Hut und gepuderte Perücke, ein zimtfarbener Rock mit schwarzem Besatz, goldenen Borten und seidenbezogenen Knöpfen, dazu gleichfarbige Weste und Beinkleider, ein weißes Spitzenoberhemd, grauseidene Strümpfe, Schuhe mit silbernen Schnallen, und zur Seite ein kurzer Degen. Die Zeitgenossen behielten Kant nicht nur als »kleinen Magister«, sondern auch als »galanten Magister« in Erinnerung. Nichts Menschliches war ihm fremd: wenn er über den Menschen schrieb, so richtete er sich nach Daten, die er nicht nur aus Büchern hatte.

Dessen sollte man sich erinnern beim Lesen seines Traktats ›Beobachtungen über das Gefühl des Schönen und Erhabenen‹, das sich mit acht Auflagen zu Lebzeiten Kants einer großen Popularität erfreute. Wir haben einen neuen literarischen Versuch vor uns. Der Philosoph bewegt sich in einem für ihn ungewöhnlichen Genre – dem Essay. Das begeisterte Pathos der ersten Arbeiten ist verschwunden, Humor und Ironie sind an seine Stelle getreten, der Stil ist elegant und aphoristisch. Kant schreibt über das Reich der menschlichen Gefühle und sondert sie nach zwei Kategorien – dem Schönen und dem Erhabenen. Dabei ist in dem Traktat von Ästhetik eigentlich nicht die Rede. Es finden sich auch keine strengen Definitionen. Alles ist nur eben angedeutet, bilderreich, und amüsant dargelegt.

Die Nacht ist erhaben, der Tag ist schön, räsoniert Kant. Das Erhabene rührt, das Schöne reizt. Das Erhabene muß jederzeit groß, das Schöne kann auch klein sein. Zur Schönheit der Handlung gehört vor allen Dingen, daß sie leicht und gleichsam ohne Anstrengung vollzogen wird; überwundene Schwierigkeiten rufen Bewunderung hervor und rechnen zum Erhabenen. Der Verstand der Frau ist schön, der des Mannes tief, wobei Tiefe nur eine andere Bezeichnung für das Erhabene meint. Die Frauen meiden das Böse, nicht weil es unrecht, sondern weil es häßlich ist. Nichts von Sollen, nichts von Zwang und Schuldigkeit mögen sie ertragen, sie tun etwas nur deshalb, weil es ihnen gefällt. Das schöne Geschlecht läßt sich nicht von Grundsätzen leiten. Dafür hat aber die Vorsehung gütige und wohlwollende Empfindungen ins Herz der Frauen gepflanzt; auch gab sie ihnen ein feines Gefühl für Anstand und Gunstbezeigung; man darf nicht Aufopferung und Selbstbeherrschung von ihnen fordern. In einer englischen Zeitung hat Kant gelesen, daß für einen Mann nichts kränkender sei, als wenn er für einen Lügner, und für eine Frau nichts bitterer, als wenn sie für unkeusch gehalten werde; doch er selbst sieht die Sache anders: für einen Mann ist nichts beleidigender denn als Narr zu gelten, während man einer Frau nicht sagen dürfe, daß sie ekelhaft sei.

Mann und Frau ergänzen einander. In der Ehe sollen sie gleichsam eine einzige moralische Person ergeben, die vom Verstand des Mannes und dem Geschmack der Frau regiert wird. Es ist nicht gut, wenn eine Einheit ohne Einigkeit, ohne gegenseitige Gleichwertigkeit entsteht. Die Feinheiten und Zärtlichkeiten der Empfindung entwickeln ihre ganze Stärke nur im Anfang, danach werden sie durch den Umfang und häusliche Angelegenheiten allmählich immer stumpfer und gehen schließlich über in eine freundschaftliche Liebe, wobei die große Kunst darin besteht, Reste des ursprünglichen Gefühls zu bewahren, damit Gleichgültigkeit und Überdruß nicht den ganzen Wert jener Freuden aufheben, um derentwillen allein es sich gelohnt hatte, eine solche Verbindung einzugehen.

Kant stellt in diesem Traktat auch einige Überlegungen zu den unterschiedlichen menschlichen Temperamenten an. Er hält sich wiederum nicht ganz an das Thema; das Schöne und Erhabene dient ihm nur als Ausgangspunkt, woran er seine unterhaltsamen Betrachtungen knüpfen kann. In der Sphäre des Erhabenen herrscht das melancholische Temperament, dem Kant offensichtlich den Vorzug gibt, wenn er auch einige schwache Seiten desselben nicht übersieht.

In der Seele des Sanguinikers überwiegt das Gefühl des Schönen. Er liebt die Fröhlichkeit, den Lärm des Lebens, liebt Veränderungen. Die Freude anderer bereitet ihm aufrichtiges Vergnügen, doch ist sein sittliches Gefühl bar jeder Grundsätze und deshalb unzuverlässig. Wenn jemandem ein Unglück widerfährt, wird er aufrichtig mitfühlen, dann aber sachte davonschleichen, bis sich die Umstände geändert haben. Er ist großzügig und neigt zu Wohltätigkeit, nur vergißt er seine Schulden. Wenn sich sein Charakter verkehrt, wird er läppisch, kleinlich, kindisch.

Der Choleriker lebt scheinbar im Gefühl des Erhabenen, doch in Wirklichkeit attrahiert ihn bloß der trügerische äußere Glanz, der in die Irre führt. Was in der Tiefe verborgen ist, ist ihm gleichgültig; wahre Güte erwärmt ihn nicht, ist er gleich froh, wenn man ihn für gut hält. Sein Betragen ist unnatürlich; für wichtig hält er nicht das, was er ist, sondern das, was er scheint. Immer ist er voll von sich selbst, wenn er sich auch für einen Liebhaber oder Freund ausgibt. In der Religion ist er heuchlerisch, im Umgang schmeichlerisch, in der Politik unzuverlässig. Gern dient er als Sklave den Großen, um dadurch ein Tyrann über Geringe zu werden.

Den letzten Abschnitt seiner ›Beobachtungen‹ hat Kant den Besonderheiten der Nationalcharaktere gewidmet. Das ist ein erster Schritt zu einer Sozialpsychologie – einer Wissenschaft, die erst in unseren Tagen eine strengere empirische Basis gefunden hat. Kant gibt sich mit eigenen Beobachtungen zufrieden; in der Folge kommt er wiederholt darauf zurück: jedes Mal, wenn er über Anthropologie liest. Seine Gedanken sind nicht immer exakt, zeitweilig strittig, großenteils doch sehr originell.

Der Spanier ist ernsthaft, verschwiegen und wahrhaft. Er hat eine stolze Seele (der einfachste Bauer ist vom Bewußtsein der eigenen Würde durchdrungen, wenn er der Obrigkeit begegnet); er ist geneigt, eher große denn schöne Taten zu vollbringen. Sogar im persönlichen Leben zeigt er Hochmut und entflammten Stolz. Zieht ein Fremder vorüber, läßt er den Pflug stehen und spaziert im Mantel und mit langem Degen solange auf dem Acker herum, bis jener außer Sicht ist. Er ist stolz darauf, nicht arbeiten zu können. Wenn der Spanier verliebt ist, dann benimmt er sich eigenartig: bei einem Stierkampf grüßt er mit einer besonderen Verbeugung seine Gebieterin und stürzt sich ihr zu Ehren in den Kampf mit dem gefährlichen Tier. Und er ist grausam: davon legen die Scheiterhaufen der Inquisition ein Zeugnis ab.

Beim Franzosen dominiert das Gefühl des moralisch Schönen. Er ist artig, höflich und gefällig, wird aber schnell vertraulich. Der Witz hat für ihn vorrangige Bedeutung. Er ist ein friedlicher Bürger und rächt sich wegen sozialer Bedrückungen nur mit einer Satire. (Das wurde ein Vierteljahrhundert vor der Französischen Revolution gesagt; nach diesem Ereignis entdeckte Kant im Nationalcharakter der Franzosen einen »ansteckenden Freiheitsgeist, der auch wohl die Vernunft selbst in sein Spiel zieht und in Beziehung des Volks auf den Staat einen alles erschütternden Enthusiasm bewirkt, der noch über das Äußerste hinausgeht«.)[44]

Der Engländer bringt jedem Fremden Verachtung entgegen. Für seine Landsleute schafft er gewaltige Einrichtungen der Wohltätigkeit, die es bei anderen Völkern nicht gibt; dem Ausländer aber, der auf britischem Boden in Not gerät, droht immer ein schmachvoller Tod. Der Engländer schert sich wenig darum, geistreich zu erscheinen oder mit guten Manieren zu glänzen, er hält sich abgesondert und zieht es sogar vor, ganz allein zu speisen, weil eine gemeinsame Mahlzeit doch ein Minimum an Höflichkeit erfordert. Er ist besonnen und würdevoll. Standhaft ist er zuweilen bis zur Hartnäckigkeit, kühn und entschlossen bis zum Eigensinn. Leicht wird er zum Sonderling nicht aus Eitelkeit, sondern weil er sich wenig um andere bekümmert. (Das ist offensichtlich ein Porträt des Kaufmanns Green.)

Der Deutsche verbindet in glücklicher Mischung die Gefühle des Erhabenen und des Schönen. Er ist methodisch in allem, sogar in der Liebe. Ehrsamkeit, Fleiß, Ordnungsliebe sind deutsche Tugenden. Kant fühlte sich als Deutscher. Er war stolz darauf, doch ohne einen Schatten von Selbstzufriedenheit und Dünkel. (In der ›Anthropologie‹ hatte er von den »zwei zivilisiertesten Völkern« geschrieben, versah aber seine Worte mit der Anmerkung: »Es versteht sich, daß bei dieser Classification vom deutschen Volk abgesehen werde: weil das Lob des Verfassers, der ein Deutscher ist, sonst Selbstlob sein würde« – gemeint waren die Franzosen und Engländer.)[45]

Wenn Kant in eigene verborgene Tiefen blickte, fand er vielleicht bei den Deutschen die Bereitschaft, unter beliebiger despotischer Herrschaft zu leben. Der Deutsche unterwirft sich leichter und entschiedener als andere der jeweils herrschenden Regierung; es kommt ihm weder in den Sinn, sich der bestehenden Ordnung zu widersetzen, noch sich eine neue Ordnung auszudenken. Bei den Deutschen findet sich geradezu eine Leidenschaft zur Klassifikation und Subordination; sie sind unermüdlich im Aufstellen von Ranglisten, sind servil aus reiner Pedanterie, indem sie eine ganze Stufenleiter von Rängen und Titeln errichten: jeder einzelnen Stufe entspricht genau ein bestimmtes Maß gesellschaftlicher Autorität.

Die Araber sind gleichsam die Spanier des Ostens, so wie Perser die Franzosen und Japaner die Engländer Asiens sind. Für Inder und Chinesen findet Kant kein europäisches Äquivalent. Über die Neger urteilt er mit Geringschätzung und verurteilt sie besonders, weil sie ihre Frauen mißhandeln. »Ein Verzagter ist allemal ein strenger Herr über den Schwächeren, so wie auch bei uns derjenige Mann jederzeit ein Tyrann in der Küche ist, welcher außer seinem Hause sich kaum erkühnt jemanden unter die Augen zu treten.«[46] Mit Bewunderung schreibt Kant über die Indianer. Unter allen Wilden ist keine Völkerschaft, die einen so erhabenen Gemütscharakter zeigt wie die Ureinwohner Amerikas. Ihr Ehrgefühl ist stark entwickelt. Ihre Achtung vor der Frau übertrifft sogar unsern gebildeten Erdteil. Die Frauen befehlen dort wirklich, erkaufen sich aber diesen Vorzug teuer, indem sie die ganze Last der Haushaltung tragen und zudem an den Arbeiten der Männer beteiligt sind.

Hinter all diesen luziden, manchmal wohl willkürlichen Passagen verbirgt sich ein tiefer Sinn: sie kündigen eine Veränderung im geistigen Leben des Landes an – die bevorstehende Wende vom Verstand zum Gefühl, das lebhafte Interesse an einzigartigen Gemütszuständen der Einzelpersönlichkeit. Hier wie auch in den Werken Hamanns spürt man das Nahen des »Sturm und Drang«. Kant ist seiner Zeit voraus. In den Kreis seiner philosophischen Interessen tritt der Mensch.

Indessen gingen die markantesten Passagen des Traktats in den Originaltext nicht ein; sie blieben Bruchstücke und wurden erst viele Jahre nach des Philosophen Tod gedruckt. Es sei hier angemerkt, daß Kant seit früher Jugend die Gewohnheit hatte, eine jede Eingebung sofort zu Papier zu bringen. Manchmal benutzte er eigens bereitgelegtes Konzeptpapier, in der Regel griff er jedoch zu Zetteln, die ihm zufällig gerade in die Hände fielen: ein soeben eingetroffener Brief, eine Kaufmannsrechnung und anderes mehr. Oft sind es nur Gedächtnisstützen ohne wissenschaftliche oder literarische Bedeutung. Dann wieder zeigen die Notizen verblüffende Tiefe der Einsicht, wobei sie sozusagen dem gleichmäßig und systematisch arbeitenden Verstand schon um vieles voraus sind. Es lassen sich Satzfragmente finden, auch geschliffene Aphorismen, Entwürfe künftiger Arbeiten. Diese Reflexionen sind eine äußerst wichtige Ergänzung zu den abgeschlossenen Werken.

Kant hatte noch eine andere Angewohnheit. Einige seiner Vorlesungen hielt er nach vorliegenden Kompendien – Logik nach Meier, Metaphysik nach Baumgarten usw. Bei der Vorbereitung der Lektionen schrieb er gewöhnlich auf die unbedruckten Flächen der Lehrbücher, wo eben gerade Platz war, alles auf, was ihm in den Sinn kam. Diese Bücher, die er in den vielen Jahren seiner Lehrtätigkeit benutzt hatte, waren also mit tausenden handschriftlichen Anmerkungen übersät. Allein die Notizen zu Meiers ›Vernunftlehre‹ machen den Inhalt fast des ganzen sechzehnten Bandes der Akademieausgabe aus. Alle handschriftlichen Reflexionen füllen zehn Bände – das sind mehr als die veröffentlichten Arbeiten. Datiert sind die Notizen nicht; aufgrund einer ganzen Reihe von Merkmalen ist es aber dem Herausgeber des handschriftlichen Nachlasses E. Adickes gelungen, nicht nur das Material nach einzelnen Themen zu sortieren, sondern es auch annähernd chronologisch anzuordnen. So verfügt der moderne Leser über eine Art wissenschaftlichen Tagebuchs von Kant.

Wir haben hier auch Fragmente, die Kant offensichtlich für eine neue Ausgabe der ›Beobachtungen‹ verwenden wollte. Kant stellt Überlegungen an zum Problem Freiheit. Ganz abstrakt hatte er es bereits in der Habilitationsschrift behandelt. Jetzt erhält das Problem unter dem Einfluß Rousseaus sozialen Anstrich. Freiheit – sie ist der Antipode zur Sklaverei, zur Abhängigkeit. Der Mensch hängt von vielen äußeren Dingen ab, doch weit grausamer und unnatürlicher als die Last der äußeren Notwendigkeit ist die Unterwerfung unter den Willen eines anderen. War ich zuvor frei, so kann mich nichts in stärkeren Gram versetzen als die Vorstellung, daß künftig meine Lage nicht von meinem Willen, sondern von fremder Willkür abhängen wird. Heute ist strenger Frost; ich kann ausgehen oder zu Hause bleiben, wie es mir beliebt; der Wille eines anderen bestimmt aber nicht das, was mir im gegebenen Fall angenehm, sondern das, was ihm notwendig erscheint. Ich will schlafen, und er weckt mich. Ich will ausruhen oder spielen, doch zwingt er mich zu arbeiten. Und wenn er sich mir gegenüber heute wohlwollend verhält, wer mag sich dafür verbürgen, daß er morgen nicht ganz anders ist. Ein Mensch, der von einem anderen abhängt, ist schon nicht mehr Mensch, verdient diesen Namen nicht mehr, ist nichts weiter als der Besitz eines anderen. Die Sklaverei ist das größte Übel in der menschlichen Natur.

»L'homme est né libre, et par-tout il est dans les fers. Tel se croit le maître des autres, qui ne laisse pas d'être plus esclave qu'eux« – so beginnt der ›Contrat social‹. Kant variiert und vertieft die Aufgabe, die Rousseau gestellt hat. Es scheint, als müsse die Freiheit den Menschen über das Tier heben, tatsächlich verhält es sich umgekehrt: der Mensch läßt sich leichter unterwerfen. Außer der Versklavung durch Gewalt gibt es noch eine schlimmere Form der Versklavung – die durch Verblendung. Letztere gründet sich auf Abhängigkeit von Sachen (zum Beispiel Bequemlichkeit oder Genuß) oder auf Abhängigkeit von Ideen. Sachen kann der Mensch eher in den Griff bekommen als Meinungen, deshalb ist die zweite Art der Versklavung durch Verblendung auch häßlicher und verachtenswerter.

Kant behandelt nun auf den Spuren Rousseaus das Problem der Entfremdung. Der Terminus ist ihm unbekannt, der Sachverhalt aber ist richtig erfaßt. Es geht darum, daß antagonistische Gesellschaftsverhältnisse die Ergebnisse der menschlichen Tätigkeit in etwas dem Menschen Fremdes, ja Feindseliges verkehren. Wie Gutes sich in Böses verwandeln kann, zeigt Kant am Beispiel der Wissenschaft.

»Das übel passende der Wissenschaft vor die Menschen ist vornehmlich dieses daß der allergrößeste Theil derer die sich damit zieren wollen gar keine Verbesserung des Verstandes sondern nur eine Verkehrtheit desselben erwirbt nicht zu erwehnen daß sie den mehresten nur zu Werkzeugen der Eitelkeit dienet. . . . Gelehrte glauben es sey alles um ihretwillen. Adliche auch . . .«[47]

Nach Kants Überzeugung ist die Wissenschaft seiner Zeit von zwei Übeln befallen. Der Name des einen – geistige Beschränktheit, Einseitigkeit des Denkens, der Name des zweiten – der Mangel eines würdigen Ziels. Darauf kommt Kant immer wieder zurück. Da gibt es noch weitere bezeichnende Bruchstücke aus anderen Heften: »barbarische Gelehrsamkeit kan viel Fleiß enthalten, aber ohne Zwek, ohne idee vornemlich zum Besten des Menschlichen Geschlechts«. Die Wissenschaft bedürfe der »Oberaufsicht der philosophie«. Der Gelehrte wird eine Art einäugiges Ungeheuer, wenn ihm »ein Auge fehlt, vornemlich philosophie«.[48] Das ist eine gefährliche Mißgestalt, wenn der Mensch sich in die Vorurteile irgendeines Wissensgebietes einschließt. »Ich nenne einen solchen Gelehrten einen Cyclopen. Er ist ein egoist der Wissenschaft, und es ist ihm noch ein Auge nöthig, welches macht, daß er seinen Gegenstand noch aus dem Gesichtspunkte anderer Menschen ansieht. Hierauf gründet sich die humanitaet der Wissenschaften, d. i. die Leutseeligkeit des Urtheils . . . Das zweyte Auge ist also das der Selbsterkentnis der Menschlichen Vernunft, ohne welches wir kein Augenmaas der Größe unserer Erkentnis haben.«[49] Kant macht sich zur Aufgabe, die Mängel der Wissenschaft seiner Zeit zu überwinden. »Weñ es irgend eine Wissenschaft giebt deren der Mensch bedarf so ist es die so ihn lehret die Stelle geziemend zu erfüllen welche ihm in der Schöpfung angewiesen ist und aus der er lernen kan was man seyn muß um ein Mensch zu seyn.«[50] Dieses Eingeständnis ist für Kant von großer Bedeutung. Er trennt sich ein für allemal von dem überlegenen Hochmut des Aufklärers, der sein enzyklopädisches Wissen genießt, nachdem er die Wissenschaft mit gottähnlicher Allmacht versehen hat. Der Wert der Wissenschaft bestimmt sich jetzt nach der ethischen Ausrichtung; Kant wünscht sich, in Zukunft einer Wissenschaft für den Menschen zu widmen. Von nun an ist der Mensch Mittelpunkt seiner philosophischen Interessen. Alles kulminiert in einer Frage: wessen bedarf der Mensch wirklich, wie kann man ihm helfen?

Vielleicht sollte man am besten der Zivilisation den Rücken kehren? Alle sprechen es Rousseau nach. Modisch gekleidete, parfümierte, gepuderte Damen und Kavaliere schmachten nach den Vorzügen eines Lebens in freier Natur ohne den ihnen lästigen Komfort. Vielleicht liegt aber die Rettung auch darin, alle gelehrten Weisheiten zu vergessen und die Wahrheit in der Heiligen Schrift zu suchen?

Ganz von ungefähr entstand ein Experiment. Im Januar des Jahres 1764 geraten die gebildeten Kreise der Stadt über eine Neuigkeit in Aufregung: im Wald bei Königsberg war ein »Naturmensch« aufgetaucht, der die Fesseln der Zivilisation gesprengt hatte und zu den Ursprüngen des Glaubens zurückgekehrt war. Das war ein gewisser Jan Pawlikowicz Zdomozyrskich Komarnicki, fünfzig Jahre alt; bei ihm befand sich ein achtjähriger Junge. Beide sind in Felle gekleidet, barfüßig bei jedem Wetter, zu jeder Jahreszeit; sie ziehen von Ort zu Ort und leben von dem, was ihre Herde ihnen gibt: vierzehn Kühe, zwanzig Schafe, sechsundvierzig Ziegen. In den Händen hält der »Ziegenprophet« immer die Bibel, die er unaufhörlich, zu passender und unpassender Gelegenheit, zitiert.

In Scharen wallfahren die Leute in den Wald. Auch Kant begab sich dorthin. An Ort und Stelle ließen sich folgende Einzelheiten ermitteln: schuld an allem war ein schweres Magenleiden, das sich Komarnicki sieben Jahre zuvor zugezogen hatte, – zwanzig Tage hatte er nichts gegessen, dann war ihm Christus

erschienen und hat ihn auf den Weg der Wahrheit geleitet. Jetzt
nährte er sich von Kuh- und Ziegenmilch, hin und wieder, an
größeren Feiertagen, gestattete er sich etwas Fleisch. Die Polizei
hatte den »Ziegenpropheten« nach Polen ausgewiesen, woher er
nun auch gekommen war. Der Vorfall wurde in den ›Königs-
bergschen Gelehrte und Politische Zeitungen‹ beschrieben.
Daraufhin erschien dort Kants ›Versuch über die Krankheiten
des Kopfes‹.
Dieser Artikel ist mit eben der leichten essayistischen Feder
geschrieben wie die ›Beobachtungen‹. Kants Fazit: der Hauptsitz der Krankheiten des Kopfes liegt in den Verdauungsorga-
nen. Der Mensch im Naturzustand sei zu solchen Erkrankungen
der Seele nicht ebenso disponiert wie der moderne zivilisierte
Mensch. In der bürgerlichen Gesellschaftsordnung sieht Kant
wenn nicht die Ursache, so doch in jedem Falle den Nährboden
für psychische Erkrankungen, für ihr Ausmaß, ihren Fortbe-
stand. Der Gedanke Kants, in moderner Terminologie formuliert, lautet folgendermaßen: die Psychose ist eine Art perver-
tierter Protest gegen die pervertierten Formen sozialer Verhältnisse.

1764 wird Kant vierzig Jahre alt. Er ist bekannt, geschätzt und
geachtet. Seine Vorlesungen haben Erfolg, das Auditorium ist
immer voll; einige Kurse hat er an seine Schüler abgegeben.
Seine Bücher verkaufen sich gut. Und die ›Beobachtungen über
das Gefühl des Schönen und Erhabenen‹ brachten ihn in den
Ruf eines Modeautors.
Aber noch immer war er nur Privatdozent, der von der Universität keinen Pfennig Bezahlung erhielt. In Berlin sieht man das
Unrecht einer solchen Situation ein. Im August 1764 kommt aus
dem Justizministerium, das auch mit den »Unterrichtsangele-
genheiten« betraut ist, die Anfrage, ob der Magister Kant nicht
die Professur für Dichtkunst und Rhetorik übernehmen wolle,
die nach dem Tode Bocks (desselben, der von der Zarin Elisabeth eine Belohnung und die Berufung in die russische Akademie der Wissenschaften bekommen hatte) schon zwei Jahre
vakant sei. In jener Zeit wurde eben mit Spezialisierung um

jeden Preis noch kein Kult getrieben. Theologen durften Medizin lehren, Juristen bewarben sich um naturwissenschaftliche Dozenturen. Professor Buck, der Kant seinerzeit vorgezogen worden war, war Mathematiker. Warum sollte also der Philosoph Kant nicht sein Glück mit der Dichtkunst versuchen: er war vielseitig, und die Schrift über das Schöne und Erhabene hatte bewiesen, daß er feinen Geschmack besaß. Man sollte doch meinen, daß das Redigieren von fremden Gedichten und das Abfassen von eigenen zu offiziellen Anlässen, was alles zu den Verpflichtungen eines Professors für Dichtkunst gehörte, ihm keine Schwierigkeiten bereiten dürfte.

Kant lehnte dennoch ab. Er hatte ein Ziel und wollte es geraden Weges erreichen: mochte der Weg auch lang, doch gerade mußte er sein. Umwege zu machen gehörte nicht zu seinen Grundsätzen. Acht Jahre hatte er schon gewartet, er konnte noch länger warten.

Die Ablehnung erwarb ihm Achtung. In einem besonderen »Reskript« wurde ihm im Namen des Königs zugesagt, daß »der sehr geschickte und mit allgemeinem Beifall auf der hiesigen Academie docierende Mag. Kant bei erster Gelegenheit befördert werden sollte«.[51]

Kant erinnerte sich dieses Versprechens ein Jahr später. Seine finanzielle Situation ließ zu wünschen übrig. Er lieh niemals Geld und war stolz darauf: er sagte, daß er bei jedem Klopfen an der Tür ruhigen Gewissens »herein« sagen könne in der Gewißheit, keinen Gläubiger empfangen zu müssen; doch hieß es in der Stadt, der Magister Kant sei zuweilen genötigt, seine Bücher zu verkaufen. Im Oktober 1765 erfuhr Kant, daß eine Unterbibliothekarsstelle an der Königlichen Schloßbibliothek frei werde. Um dieses Amt gab es mehrere Bewerber, doch Kant erinnerte an das Versprechen, ihm den Vorzug zu geben. Im Februar 1766 trat er die neue Stelle an, gab aber den Unterricht an der Universität nicht auf.

Die Bibliothek befand sich im Schloß und war im Untergeschoß des Hauptturms eingerichtet (oben lag die Feuerwarte). Der Bücherbestand galt als einer der besten der ganzen Stadt, er zählte sechzehntausend Bände. Unser alter Bekannter Bolotov besuchte während seines Königsberger Aufenthalts häufig die Königliche Schloßbibliothek und beschrieb sie so: »Die Bücher dort sind zum großen Teil alt, teilweise sind es Handschriften; mir begegneten äußerst seltene, von alten Mönchen geschriebene Bücher in sehr sauberer, ordentlicher Schrift, verziert mit verschiedenen Schnörkeln in leuchtendsten Farben; und was ganz erstaunlich ist, daß viele mit langen Eisenkettchen an die Regale befestigt sind: zu diesem Zwecke nämlich, daß es jedem zwar möglich ist, die Bücher vom Brett zu nehmen und nach Wunsch durchzublättern und zu lesen, nicht aber sie zu entwenden und nach Hause mitzunehmen. Die Bibliothek ist in der Sommerzeit während der ganzen Woche geöffnet, und jedem steht es frei zu kommen und den ganzen Tag dort zu sitzen und jegliches Buch zu lesen; man achtet nur darauf, daß niemand Bücher mit sich forttrage. Und damit das Lesen angenehmer zu bewerkstelligen sei, sind mitten im Raum lange Tische aufgestellt mit Bänken rundherum, und viele, besonders Gelehrte und Studenten, machen von dieser Erlaubnis wirklich Gebrauch und mir begegnete es, daß dort zehn bis zwanzig saßen, sich in der Lektüre übend.«[52]

Zeit beanspruchte der Dienst in der Bibliothek kaum; jetzt war sie nur mittwochs und samstags von dreizehn bis sechzehn Uhr geöffnet. Doch war auch die Besoldung bescheiden – zweiundsechzig Taler im Jahr. Kant mußte wie früher an zusätzliche Arbeit denken. Eine Zeitlang übernahm er die Aufsicht über ein mineralogisches Naturalienkabinett.

Inzwischen wächst sein Ruhm. Lambert und Mendelssohn wenden sich an ihn mit dem Vorschlag, in wissenschaftlichen Briefwechsel zu treten. Johann Heinrich Lambert ist Mathematiker, Astronom, Philosoph, vier Jahre jünger als Kant, doch bereits Professor und Mitglied der Berliner Akademie der Wissenschaften. Den Brief überbrachte ein in Königsberg verweilender Theologe. (Das Porto war zur damaligen Zeit beträchtlich hoch, deshalb gab man Briefe gern Bekannten mit.) Sie seien beide »fast auf einerlei Untersuchungen«[53] verfallen, ohne voneinander zu wissen, schrieb Lambert. Er hatte vor allem die gemeinsame Ansicht über den Aufbau der Milchstraße vor Augen. Lambert wiederholte 1761 das, was Kant fünf Jahre zuvor gesagt hatte. Lambert versicherte jedoch, der Gedanke, die Milchstraße als Anhäufung vieler Sterne anzusehen, sei ihm schon 1749 gekommen: einmal »nach einem späten Mahle« bei der Betrachtung des nächtlichen Himmels; auf einen Zettel habe er dann eine entsprechende Notiz geschrieben. (Auf Kant machte diese Mitteilung wenig Eindruck; er ließ nicht davon ab, dies als seine Entdeckung zu bezeichnen, und verwies auch bei Gelegenheit auf die ihm zukommende Priorität.) Außerdem seien sie ohnehin quitt, bedeutete Lambert, denn die letzten Gedanken Kants zur philosophischen Methode gäben nur das wieder, was er, Lambert, schon vor Kant veröffentlicht habe. Um in Zukunft ähnliche gegenseitige Wiederholungen zu vermeiden, sei es angebracht, die eigenen Überlegungen im voraus einander mitzuteilen. Der Herausgeber Kanter habe das bevorstehende Erscheinen eines Werkes von Kant zum Problem der Methode einer Metaphysik bereits angekündigt; er, Lambert, erwarte es ungeduldig.

Kant war geschmeichelt. In seiner Antwort nannte er Lambert »das erste Genie Deutschlands«. Die Übereinstimmung in der Methode sei wirklich unverkennbar. (Dieses Zugeständnis ist wichtig: Lambert hielt sich für einen Empiriker, nach Bacon hatte er sein philosophisches Hauptwerk ›Neues Organon‹ genannt.) Nach vielen »Umkippungen« habe er sich nun endlich der eigenen Methode versichert, bei der die Beobachtung vorrangig sei. Was Kant dann weiter schreibt, bedeutet eine neue, noch entscheidendere »Umkippung«. Die Crux der Philosophie sei ihr Mangel an einer allgemeinverbindlichen Richtschnur, die befähigt wäre, die Stimmigkeit der Grundsätze überzeugend zu machen. Hinsichtlich seines Werks zur philosophischen Methode bestehe da offenbar ein Mißverständnis: der Verleger habe voreilig Reklame gemacht. Ein solches Werk, das tatsächlich Hauptziel seines künftigen anstrengenden Schaffens werden könne, sei noch weit vom Zustand der Vollendung entfernt. Er beabsichtige aber, ihm, Lambert, einige kleinere Arbeiten zur theoretischen und praktischen Metaphysik vorauszuschicken. Hier spricht Kant also zum ersten Mal von seinem »Hauptwerk«. Es ist ein Hinweis auf die ›Kritik der reinen Vernunft‹.

Der darauffolgende Brief Lamberts war schon eine ganze Abhandlung; in dreizehn Punkten legte er sein Verständnis der philosophischen Methode dar, dann verdeutlichte er in fünf Punkten die Wechselseitigkeit von Form und Materie und ergänzte diese Punkte noch durch neun Thesen. Ungeduldig erwartete Lambert die Meinung seines Königsberger Kollegen.

Im siebzehnten Jahrhundert gab es noch keine wissenschaftliche Publizistik; zum Gedankenaustausch bedienten sich die Gelehrten dann der Briefkorrespondenz. Der Briefwechsel Spinozas ist ein philosophisches Journal eigener Art. Anders verhält es sich mit den Briefen Kants: mit wenigen Ausnahmen sind sie nicht für den Druck bestimmt – lapidar, weit ausholend, trocken spiegeln sie seine wissenschaftlichen wie auch häuslich-privaten Interessen wider. Im achtzehnten Jahrhundert wurde das Briefgenre zu einer der beliebtesten Formen literarischer Tätigkeit. Kant focht diese Begeisterung wenig an; beim Briefeschreiben bemühte er nicht gerade sein Talent und zeichnete sich auch nicht durch besonderen Schreibfleiß aus. An Lambert schrieb er erst wieder nach viereinhalb Jahren.

Allerdings scheint das gute Einvernehmen dadurch nicht getrübt worden zu sein. Als sein Schüler Jensch nach Berlin fuhr, trug ihm Kant einen freundschaftlichen Gruß für Lambert auf.

Noch eine Antwort bekam Lambert von Kant. Durch Mendelssohn schickte er ihm seine neue Arbeit ›Träume eines Geistersehers, erläutert durch Träume der Metaphysik‹. Das ist wiederum kein Traktat, eher ein Essay, der Tätigkeit eines ungewöhnlichen Mannes, Emanuel Swedenborg, gewidmet. Der schwedische Philosoph und Mathematiker war früh durch seine Arbeiten zu Mechanik, Mineralogie, Bergbau berühmt und in die Petersburger Akademie der Wissenschaften gewählt worden. Der alternde Swedenborg entpuppte sich plötzlich als Hellseher, dem Gott selbst aufgetragen hatte, eine neue Kirche zu gründen. Er versicherte, daß er in engem Austausch mit den Seelen Verstorbener stehe, d. h. durch sie Nachrichten aus der anderen Welt erhalte und ihnen seinerseits vom Diesseits berichte.

Über Swedenborg hatte Kant erstmals von einem ehemaligen Studenten, einem dänischen Offizier, gehört. Der Philosoph begann Einzelheiten zu sammeln und legte eine Liste von Zeugnissen an. Er schrieb an Swedenborg, erhielt jedoch keine Antwort: Antwort war allen in Form eines Buches zugesagt worden. Ein Bekannter Kants besuchte auf dessen Bitte hin Swe-

denborg in Stockholm und hört aus dem Munde des Geistersehers folgende Geschichte: Gott habe Swedenborg die besondere Fähigkeit verliehen, mit den Seelen Verstorbener nach
Wunsch zu kommunizieren. Beweise? Die seien doch allgemein
bekannt.

Ein Juwelier verlangte von der Witwe des holländischen Ge-
sandten in Stockholm die Quittung für ein silbernes Service, das
noch im Auftrag des Ehemannes angefertigt worden war. Da
die Witwe die Ordnungsliebe des Verstorbenen kannte, war sie
ganz sicher, daß die Rechnung bezahlt sei; doch konnte sie die
Quittung nicht finden. In Unruhe darüber, da es sich um eine
beträchtliche Summe handelte, lud sie Swedenborg zu sich ein.
Wenn er, wie man allgemein höre, tatsächlich die ungewöhnliche Fähigkeit besitze, mit den Seelen der Toten Umgang zu
haben, könne er dann nicht so freundlich sein, sich bei ihrem
Manne nach dem Verbleib der Quittung zu erkundigen? Ihre
Bitte zu erfüllen machte Swedenborg keine große Mühe. Drei
Tage später versammelte sich eine kleinere Gesellschaft bei
dieser Dame zu einer Tasse Kaffee. Auch Swedenborg erschien
und teilte kalten Blutes mit, daß er mit dem Verstorbenen
gesprochen habe. Die Schuld sei sieben Monate vor dem Tode
bezahlt worden, und die Quittung befinde sich im Schrank eines
Zimmers im Obergeschoß. Die Dame wandte ein, der Schrank
sei völlig leer. Swedenborg antwortete darauf, daß man – nach
den Worten des Gatten – die linke Schublade herausziehen und
den Boden entfernen müsse, dort befinde sich ein Geheimfach
mit einer geheimen holländischen Korrespondenz und – der
Quittung. Alle begaben sich nach oben, öffneten den Schrank,
verfuhren wie aufgetragen und entdeckten das der Hausherrin
unbekannte Geheimfach und die genannten Papiere.

Ein anderer Vorfall schien Kant noch überzeugender, zweifels-
freier. Er ereignete sich Ende September des Jahres 1756. Swedenborg war gerade fünfzig Meilen von Stockholm entfernt bei
einem Kaufmann zu Gast, als er plötzlich erbleichte und verkündete, in Stockholm sei eine Feuersbrunst ausgebrochen. Nach
einiger Zeit sagte er, daß das Feuer das Haus seines Freundes
zerstört habe und sich seinem eigenen nähere. Um acht Uhr rief
er freudig aus: »Gott sei Dank, der Brand ist eingedämmt in
unmittelbarer Nähe meines Hauses!« Nach zwei Tagen kam aus

Stockholm ein Kurier, der den Verlauf der Feuersbrunst in völliger Übereinstimmung mit den Aussagen Swedenborgs schilderte.

Es gab eine Zeit, da zweifelte Kant weder an der Glaubwürdigkeit der einen noch der anderen Erzählung. In einem Brief an Fräulein Knobloch[54], die sich an ihn mit der Bitte um Aufklärung gewandt hatte, gab er diese Geschichten als völlig glaubwürdig wieder, wenngleich sie ihn auch vor ein Rätsel stellten. Das Datum des Briefs ist unleserlich; in der Akademie-Ausgabe wird er mit 1763 datiert. Damit kann man nicht einverstanden sein: schon ein Jahr zuvor zweifelte Kant entschieden an der Existenz von Geistern (wir erinnern uns an die Herdersche Nachschrift der Vorlesungen). Der Brief an die Knobloch spiegelt eine frühere Ansicht Kants wider. Offensichtlich hat Borowski recht, der den Brief zuerst veröffentlichte und ihn mit 1758 datiert hat.[55]

Es ist nichts Verwunderliches daran, daß Kant zunächst an Geister glaubte. Im achtzehnten Jahrhundert wimmelte es nur so von Hellsehern, »Magnetiseuren«, Alchimisten. Manche beherrschten die Kunst der Hypnose wirklich, andere waren einfach Scharlatane. Von Cagliostro wird später noch die Rede sein. In den Jahren des Siebenjährigen Krieges tauchte sein Vorgänger auf, der Graf Saint-Germain, welcher versicherte, daß er schon unendlich lange lebe: er sei beim Einzug Alexanders des Großen in Babylon zugegen und gar mit Jesus Christus persönlich bekannt gewesen. Außer den Umgang mit Geistern pflegte der Graf auch die politische Intrige, was seinen Ruf schließlich untergraben sollte. Seinen Einfluß am französischen Hof suchte er zugunsten Preußens zu nutzen. Man verdächtigte ihn geheimer Verbindungen zu Friedrich II.; als die Arrestierung drohte, entkam der Abenteurer nach Deutschland.

Kant überzeugte sich sehr schnell, daß Swedenborg dunstige Phantasien verbreitete: dessen Buch ›Arcana coelestia‹ (Himmlische Geheimnisse) hatte er für teures Geld aus London bezogen. Sein Interesse war so groß, daß er den hohen Betrag nur mit Mühe seinen bescheidenen Einkünften entnehmen konnte. Kant erhielt schließlich acht Bände, »voll Unsinn«; ähnlich drückt er sich in den ›Träumen eines Geistersehers‹ aus, die er einer ätzenden Analyse unterzog.

Kant erzählt dort die uns schon bekannten zwei Historien, aber erst jetzt in ironischem Ton. »Man wird vermuthlich fragen, was mich doch immer habe bewegen können, ein so verachtetes Geschäfte zu übernehmen, als dieses ist, Märchen weiter zu bringen, die ein Vernünftiger Bedenken trägt mit Geduld anzu-hören, ja solche gar zum Text philosophischer Untersuchungen zu machen«[56], – gibt Kant zu bedenken. Und er setzt eine melancholische Antwort: »Torheit und Verstand haben so un-kenntlich bezeichnete Grenzen, daß man schwerlich in dem einen Gebiete lange fortgeht, ohne bisweilen einen kleinen Streif in das andre zu tun.« Eine Grenze besteht aber immerhin, und man darf den Leser nicht tadeln, wenn er den Geisterseher, statt ihn halb der anderen Welt zuzuordnen, lieber beim Arzt anmeldet.

Es geht aber nicht nur um Swedenborg und seine Nachfolger. Auf eine Ebene mit den Geistersehern stellt Kant die Adepten der spekulativen Metaphysik. Sind die ersten Geisterseher des Gefühls, so die anderen Geisterseher der Vernunft. Auch die Metaphysiker träumen: ihre Ideen nehmen sie als die ursprüng-liche Ordnung der Dinge. Der Philosoph mißgönnt ihnen keine ihrer »Entdeckungen«, nur fürchtet er, daß irgendein Mann von gesundem Menschenverstand und wenig Höflichkeit ihnen das zu verstehen geben könnte, was der Kutscher dem Tycho Brahe antwortete, als dieser meinte, bei Nacht und Sternenlicht fahren zu müssen: »Guter Herr, auf den Himmel mögt Ihr Euch wohl verstehen, hier aber auf der Erde seid Ihr ein Narr!«

Das ist sozusagen Kants letztes Wort zur Wolffianischen Meta-physik. Er macht sich nicht nur über das Visionärstum, sondern auch über das spekulative Denken lustig; er ruft dazu auf, die Wissenschaft auf die Erfahrung zu gründen und ausschließlich auf die Erfahrung, die das Alpha und Omega der Erkenntnis ausmache.

Kant sagt der Metaphysik Lebewohl, doch kann er sich nicht von ihr trennen. Sein Bekenntnis: er habe nun einmal das Schicksal, in die Metaphysik verliebt zu sein, »ob ich mich gleich von ihr nur selten einiger Gunstbezeugungen rühmen kann«.[57] Diese unglückliche Liebesgeschichte dauert lange Jahre. Wäh-rend seiner ganzen akademischen Tätigkeit las Kant Metaphysik (»nach Baumgarten«), ihn quälten die »verfluchten« metaphysischen Fragen – nach dem Wesen der Welt, Gottes, der Seele. Aber je länger er sich quälte, um so deutlicher wurde es, daß die Fragen nicht auf spekulativem Wege zu lösen seien. Daher sinnt Kant auf die Umerziehung seiner Geliebten: er will in ihr nur eine Gefährtin der Weisheit sehen, nachdem die durch die Natur gesetzten Grenzen der menschlichen Vernunft eingesehen sind. Im Vorwort zu den ›Träumen eines Geistersehers‹ ist ein dritter Gegenstand der philosophischen Ironie: die Kirche. »Das Schattenreich – schreibt Kant – ist das Paradies der Phantasten ... Nur das heilige Rom hat daselbst einträgliche Provinzen; die zwei Kronen des unsichtbaren Reichs stützen die dritte, als das hinfällige Diadem seiner irdischen Hoheit, und die Schlüssel, welche die beiden Pforten der andern Welt aufthun, öffnen zugleich sympathetisch die Kasten der gegenwärtigen.«[58] Da ist die katholische Kirche gemeint. Doch sollte das nicht bedeuten, daß Kant jetzt im Namen der protestantischen Orthodoxie spreche. Gerade mit ihr soll Kant im weiteren noch etliche Male aneinandergeraten.

1766 wechselte Magister Kant das Quartier. Die alte Wohnung im Kneiphof, nahe der Universität in der »Magistergasse«, ging auf den Pregel hinaus: der Lärm der vorbeiziehenden Lastkähne störte die Konzentration. Nun mietete er in Löbenicht, im Hause des Buchhändlers Kanter die linke Seite des zweiten Stockwerks. Der gebildete und rührige Kaufmann beschränkte sich nicht auf den Handel, sondern richtete auch einen Verlag und eine Privatbibliothek ein, organisierte eine Lotterie, kaufte eine Zeitung und gründete eine Papierfabrik. Die Hälfte seiner Zeit verbrachte er auf Reisen und erweiterte so den Kreis seiner Tätigkeiten. Aus seinen Händen erhielt Kant Rousseaus ›Contrat social‹ und anscheinend auch ›Émile‹.
Der Buchladen Kanters war eine Sehenswürdigkeit der Stadt: ein Mittelding zwischen einem Geschäft und einem literarischen Klub. Hier trafen sich die bekannten Persönlichkeiten, lasen Zeitung, betrachteten die neuerschienenen Bücher, führten Gespräche und halfen auch zuzeiten beim Verkauf. Zweimal in der Woche konnten Studenten hier umsonst lesen. Auch Hamann

erschien regelmäßig. Magister Kant, versehen mit den Rechten eines persönlichen Freundes und Untermieters, durfte sich ohnehin jedes Buch mitnehmen. Seit Herbst 1768 zierte sein Bildnis (eine Arbeit J. G. Beckers) neben anderen berühmten preußischen Männern das Kontor Kanters.

Kant ist übrigens nicht nur in Preußen wohlbekannt. 1769 wollte ein Professor K. R. Hausen aus Halle eine ›Biographie berühmter Philosophen und Geschichtsschreiber des achtzehnten Jahrhunderts in und außer Deutschland‹ herausgeben. Auch Kant ist in diesen Sammelband aufgenommen, und der Autor wendet sich an ihn mit der Bitte um die nötigen Materialangaben.

Fast gleichzeitig kommt ein Ruf aus Erlangen (Markgrafschaft Ansbach). Der Kurator der dortigen Universität ist begeistert von den ›Beobachtungen über das Gefühl des Schönen und Erhabenen‹ und bietet Kant den eben erst eingerichteten Lehrstuhl für theoretische Philosophie an. Gerade ein solcher Lehrstuhl gehörte zu Kants Lieblingsvorstellungen. Die Besoldung machte fünfhundert Gulden, dazu unentgeltlich Brennholz für den Winter. Die Versuchung war zu groß und Kant gibt so etwas wie eine vorläufige Zustimmung. Die Ernennung wird sofort ausgefertigt, eine Wohnung wartet schon (zum ersten Mal vier Zimmer); die Erlanger Studentenschaft jubelt und bereitet einen feierlichen Empfang vor. Da besinnt sich Kant plötzlich eines andern und erteilt eine Absage.

Der zweite Ruf (im Januar 1770) kommt aus Jena. Die hiesige Vakanz ist schlechter – der zweite Lehrstuhl für Philosophie mit einer Bezahlung von zweihundert Talern; man garantiert jedoch einhundertfünfzig Taler zusätzlich aus Privatunterricht und versichert obendrein, daß die Preise im Herzogtum Weimar niedriger seien als anderswo. Ein gewichtigeres Argument hätte die Gewähr dafür sein können, daß Weimar binnen kurzem Zentrum des literarischen Deutschland werden, daß hier der große Freundschaftsbund Goethe – Schiller entstehen würde. Zu der Zeit wußte das natürlich noch niemand; Goethe begann gerade zu schreiben und der elfjährige Schiller ging noch zur Schule.

In der Absage an die Erlanger Universität verwies Kant auf seine Verbundenheit mit der Heimatstadt, seine schwache Gesundheit und auch auf eine mögliche Vakanz an der Universität Königsberg. Das letztere war nicht nur Wunschdenken, sondern sollte bald Wirklichkeit werden: der Professor der Mathematik Langhansen, ein neunundsiebzigjähriger Greis, erhob sich schon lange nicht mehr vom Krankenlager. Er starb Mitte März. Kant ehrte sein Andenken mit einem Vierzeiler, schickte aber am nächsten Tag einen Brief nach Berlin, worin er die Regierung abermals auf seine Person hinwies. Er vollende bald das siebenundvierzigste Lebensjahr und sei noch immer nicht ordentliches Mitglied des Lehrkörpers. Die Vakanz entspreche zwar nicht seiner wissenschaftlichen Richtung, doch ließe sich das Problem mit einem einfachen Stellentausch lösen. Christiani, der beste Kenner der Mathematik an der Universität, bekleide das Amt eines Professors der Moralphilosophie; Logik und Methaphysik lehre der Mathematiker Buck. Beide würden mit Freuden die freiwerdende Stelle besetzen, und er, Kant, erhalte dann die, die ihm angemessen.

Nach zwei Wochen trifft die Antwort ein: eine königliche Kabinettsorder vom 31. März 1770, die Kant zum ordentlichen Professor für Logik und Metaphysik ernennt. (Die Besoldung ist geringer als das Jenaer Angebot – 166 Taler und 60 Groschen, weshalb der Professor Kant noch weitere zwei Jahre seine Nebenbeschäftigung an der Bibliothek beibehält.) Doch das Ziel ist erreicht. Am 2. Mai führt ihn der Senat der Universität in sein Amt ein. Außerdem steht noch eine Formalität bevor, die für die Ernennung unbedingt erforderlich ist: die Verteidigung einer Dissertation. Vierzehn Jahre zuvor hatte Kant schon einmal eine Habilitationsschrift verteidigt (›Monadologia physica‹), aber die verflossene Frist ist zu groß, die Vorschriften fordern eine neue Dissertation.

Kant bringt den ganzen Sommer damit zu. Am 21. August findet der Disput statt: es ist die vierte Dissertation, die er verteidigt. Opponenten sind zwei Kandidaten und ein Student; der Respondent ist Marcus Herz, sein Schüler und Freund. Der junge Lenz, der künftige Dichter des »Sturm und Drang«, nimmt als Zuhörer am Disput teil und hält das denkwürdige Ereignis im Leben seines Lehrers in Versen fest.

. . .

Mit ächterm Ruhme wird der Mann belohnet
In welchem Tugend bey der Weißheit wohnet,
Der Menschheit Lehrer, der, was er sie lehret,
      Selbst übt und ehret:

Des richtig Auge nie ein Schimmer blendte,
Der nie die Thorheit kriechend Weißheit nennte,
Der oft die Maske die wir scheuen müssen
      Ihr abgerissen.

. . .

Stets wollen wir durch Weißheit Ihn erheben,
Ihn unsern Lehrer, wie er lehrte, leben
Und andre lehren: unsre Kinder sollen
      Auch also wollen.

Ihr Söhne Frankreichs! schmäht denn unser Norden,
Fragt ob Genies je hier erzeuget worden:
Wenn *Kant* noch lebet, werdt ihr diese Fragen
      Nicht wieder wagen.

. . .

Die Dissertation lautet: ›De mundi sensibilis atque intelligibilis forma et principiis‹ (Über die Form und die Prinzipien der Sinnen- und Verstandeswelt). In ihr ist eine neue »Umkippung« der Ansichten festgehalten, die sich, so Kant, ein Jahr zuvor vollzogen hatte. An die Stelle der empirischen, fast in den Skeptizismus führenden Position ist ein eigentümlicher Dualismus getreten. Kant ist nicht mehr von der Frage bewegt, wie die Daten der Sinnesorgane mit dem Intellekt verknüpft sind – diese zwei Arten der geistigen Tätigkeit hat er schon nach verschiedenen Seiten hin entwickelt. »Die Quellen aller Unserer Vorstellungen« – so in einem handschriftlichen Entwurf, der auf das Jahr des Umbruchs 1769 verweist – »sind Sinnlichkeit oder Verstand und Vernunft. Die erstere sind die Ursachen der Erkenntnisse, die das Verhältnis des Gegenstandes zu der besonderen Beschaffenheit des denkenden Subiekts ausdrüken . . . Die zweyte beziehen sich auf den Gegenstand selbst.«[60] Die Sinnlichkeit bezieht sich auf Erscheinungen, Phainomena; den intelligiblen, nur durch die Vernunft erfaßbaren Gegenstand nennt Kant Noumenon.

Die Welt, als Phänomen betrachtet, existiert in Raum und Zeit. Aber das eine wie das andere (Raum und Zeit) sind nicht etwas an sich Bestehendes, sondern nur die subjektiven Bedingungen, die dem Verstand ursprünglich zukommen, damit er die sinnlich wahrgenommenen Objekte miteinander verbinden könne. In der Welt der Noumena, also in der Sphäre der Dinge an sich, sind weder Raum noch Zeit; daher ist es unzulässig zu fragen, wo sich Gott befinde und warum er die Welt nicht einige Zeitläufte früher geschaffen habe.

1769, für Kant ein Jahr des Umbruchs, erschien das Buch L. Eulers ›Briefe an eine deutsche Prinzessin‹; der Verfasser beantwortete die Frage nach der Beziehung von Leib und Seele in dem Sinne, daß man diese Beziehung zwar denken, jedoch nicht sehen könne. Kant eignete sich den Gedanken des großen Mathematikers an; es schien ihm, als sei darin die Lösung eines Problems enthalten, das ihn schon lange bewegt hatte. Kant vollzog eine Umkehrung: für ihn gibt es statt dessen Gegenstände, die man anschauen, aber nicht denken könne. Dergestalt sind die räumlichen Beziehungen.

Noch vor kurzem hat Kant die Metaphysik aufgerufen, sich lediglich auf Erfahrungen zu stützen, jetzt liegt ihm daran, sie vor der Überschätzung der Erfahrung zu warnen: die Prinzipien der sinnlichen Erkenntnis dürfen die eigenen Schranken nicht überschreiten und die Sphäre des Verstandes berühren. Im Brief an Lambert, der endlich doch geschrieben und – zusammen mit einem Geschenkexemplar der Dissertation – nach Berlin gelangt war, schlägt Kant vor, eine besondere Disziplin zu gründen – eine »Phänomenologia generalis« mit der Aufgabe, die Grenzen der sinnlichen Erkenntnis zu bestimmen, damit diese nicht auf Gegenstände der »reinen Vernunft« angewandt werde. (Man beachte, daß hier zum ersten Mal der Terminus »reine Vernunft« auftaucht!)

Geschenkexemplare der Dissertation erhielten auch Mendelssohn und der durch seine ästhetischen Arbeiten bekannt gewordene I. G. Sulzer. So kamen denn aus Berlin der Reihe nach drei Briefe an. Lambert antwortete als erster. Sein langes Schreiben begann mit der Klage darüber, daß die Wissenschaft überall vernachlässigt werde, alle von der Kunst und Ästhetik hingerissen seien, die Studenten nur Verse und Romane läsen. Verließen sie die Universität, um ins Geschäftsleben einzutreten, dann seien sie gezwungen, umzulernen oder ganz von neuem zu lernen. Er, Lambert, befasse sich gerade mit der Gründung eines Presseorgans, wo der Geist strenger Wissenschaftlichkeit herrschen werde, wohin kein einziges mit häretischen und dazu höchst eigensinnigen Gedanken erfülltes Werk eindringen dürfte. Die Dissertation Kants sei ganz vortrefflich. Da seien nur einige Fragen und Einwände. Kant stelle sinnliches und Verstandeswissen gegenüber; treffen denn die beiden niemals zusammen? Ferner das Problem der Zeit. Sie, die Zeit, unterliegt ebensolchen Veränderungen wie die Objekte. Sind die Veränderungen real, so ist auch die Zeit real. Ebenso verhält es sich mit dem Raum. Im übrigen sei das eine dunkle Angelegenheit, man dürfe aber ohnehin nicht zu absoluter Klarheit streben, immer müsse ein gewisses Maß an Unbestimmtheit zurückbleiben. Und der Schein, ist er beständig, muß man ihn wohl für Wahrheit nehmen. Die »Sprache des Scheins« kann uns genau so dienen wie die »Sprache der Wahrheit«.

Dann kam der Brief von Sulzer. Der Maître der Ästhetik teilte mit, daß er mit der Herausgabe eines neuen Traktats über die schönen Künste beschäftigt sei; das hindere ihn nicht, alle »neuen Begriffe«, die die Arbeit Kants enthalte, gründlich zu analysieren. Diese Begriffe erschienen ihm grundlegend und wichtig. Nur mit einer Kleinigkeit stimme er nicht überein – dem Problem Raum und Zeit. (Hier teilt Sulzer die Positionen von Leibniz und Wolff, die eine ursprüngliche Realität der Dauer und der Ausdehnung ansetzten.) Mit Ungeduld erwarte er die Arbeit Kants über die Metaphysik der Moral. Ihn bewege die Frage, worin sich die tugendhafte Seele von der lasterhaften physisch und psychisch unterscheide. Er habe selbst über dieses Problem nachgedacht, das so wichtig für die Erziehung sei, doch jetzt fehle es ihm an Muße. Kant wünsche er aufrichtig die Fortsetzung des so ruhmvoll begonnenen Weges, Gesundheit und Kraft für die erfolgreiche Vollendung.

Ende des Jahres 1770 meldete sich Mendelssohn. Er habe die Dissertation mit großem Vergnügen gelesen, obgleich seit dem letzten Jahr sein Nervensystem erheblich nachlasse und es ihm schwerfalle, in schuldigem Maße seine Geisteskräfte anzuspannen. Zum Besten der Metaphysik, die jetzt in Verfall gerate, wäre es äußerst wünschenswert, daß Kant der Öffentlichkeit vom Vorrat seiner Meditationen mitteile: Das Leben ist kurz und wie leicht überrascht uns das Ende, ohne daß es uns gelungen wäre, alles bestmöglich zu machen. Fürchten Sie nicht, früher Gesagtes zu wiederholen; in Verbindung mit Ihren eigenen Gedanken erhält das Alte neue Geltung, eröffnet neue Perspektiven, »da Sie übrigens vorzüglich das Talent besitzen, für viele Leser zu schreiben«.[61] Mendelssohn machte noch einige Anmerkungen zum Text der Arbeit, wobei er, wie die anderen, nicht mit Kants Konzeption von Raum und Zeit übereinstimmte.

Kant beantwortete keinen dieser Briefe. Jeder Brief stellte ihn vor Probleme, wies ihn auf bislang ergebnisloses Nachdenken. Ein halbes Jahr später schrieb er darüber seinem Berliner Freund Marcus Herz, bat seine Entschuldigungen zu übermitteln mit dem Verweis auf seine schwache Gesundheit, teilte mit, daß er an einem Buch ›Die Grenzen der Sinnlichkeit und der Vernunft‹ arbeite.

Acht Monate später schreibt Kant wiederum an Herz und bittet erneut, ihn bei Lambert, Mendelssohn und Sulzer zu entschuldigen. In diesem Brief ist schon etwas mehr gesagt als die bloße Feststellung des Faktums, daß man noch über die angeführten Einwände und eigenen Ideen nachdenken müsse. Das Datum dieses Briefes (21. Februar 1772) gilt als Geburtstag (vielleicht genauer: als Tag der Empfängnis?) von Kants philosophischem Hauptwerk. Bis das Kind zur Welt kommen sollte, brauchte es noch lange Zeit, aber der Embryo hatte sich gebildet und entwickelte sich. Obwohl Kant sein künftiges Buch wie früher ›Die Grenzen der Sinnlichkeit und der Vernunft‹ nennt, taucht irgendwo im Brieftext der Ausdruck »Kritik der reinen Vernunft« auf. Das künftige Buch soll den »Schlüssel zu dem ganzen Geheimnis der Metaphysik« geben. Bisher hat noch niemand die Frage beantwortet, wie unsere Begriffe entstehen. Wie es sich mit den sinnlichen Vorstellungen verhält, ist leicht einzusehen: sie sind passive Abdrücke der Objekte. Über Begriffe kann man das nicht sagen. Hier haben wir es mit Erzeugungen des Intellekts zu tun, die zugleich der inneren Ordnung der Dinge entsprechen. Wie ist das möglich?

Antwort gibt der Inhalt des Werkes, das Kant nun vorbereitet.

In drei Monaten, so versichert er, wird er den ersten Teil geschrieben haben.

Es vergingen fast zwei Jahre. Und Kant hat geschrieben ... einen weiteren Brief an Marcus Herz: »Sie suchen im Meßkatalog fleißig aber vergeblich nach einem gewissen Nahmen unter dem Buchstaben K. Es würde mir nach der vielen Bemühung die ich mir gegeben habe nichts leichter gewesen seyn als ihn darinn mit nicht unbeträchtlichen Arbeiten die ich beynahe fertig liegen habe paradiren zu lassen. Allein da ich einmal in meiner Absicht eine so lange von der Hälfte der philosophischen Welt umsonst bearbeitete Wissenschaft umzuschaffen so weit gekommen bin daß ich mich in dem Besitz eines Lehrbegrifs sehe der das bisherige Rätzel völlig aufschließt und das Verfahren der sich selbst isolierenden Vernunft unter sichere und in der Anwendung leichte Regeln bringt so bleibe ich nunmehro halsstarrig bei meinem Vorsatz mich keinen Autorkützel verleiten zu lassen in einem leichteren und beliebteren Felde Ruhm zu suchen ehe ich meinen dornigten und harten Boden eben und zur Allgemeinen Bearbeitung frey gemacht habe. ... Ich habe noch bisweilen die Hoffnung auf Ostern das Werk fertig zu liefern.«[62]

So Kant Ende des Jahres 1773. Drei Jahre später schrieb er an Herz: »Mit dieser Arbeit denke ich vor Ostern nicht fertig zu werden, sondern dazu einen Teil des nächsten Sommers zu verwenden.«[63] Nach weiteren zwei Jahren sprach Kant die Hoffnung aus, »zum Sommer« die Arbeit abzuschließen.[64]

Mit dem Buch ging es nicht voran. Noch niemals hatte Kant so langsam gearbeitet. Irgendetwas Wichtiges entglitt ihm immer. Die aufgefundene Wahrheit schien gleichsam ein ums andere Mal in unlösbare Rätsel umzuschlagen. Außerdem arbeitete er nicht nur an der ›Kritik der reinen Vernunft‹. Keineswegs hat Kant seit 1770 ausschließlich über gnoseologische Fragen nachgedacht und seine ganze Kraft auf den erfolglosen Versuch, sie zu lösen, verwandt. Wie bisher verbraucht er Zeit und Energie für seine Lehrtätigkeit. Zwar hat sich die Belastung jetzt verringert: vierzehn Stunden durchschnittlich in der Woche. Dafür hat er neue Kurse eingeführt: Mineralogie, Anthropologie (die eines seiner Lieblingsfächer wurde) und Pädagogik.

Kants pädagogische Anschauungen bildeten sich unter Einfluß Rousseaus und jener Versuche, die auf deutschem Boden die rousseauistischen Vorstellungen in die Tat umsetzen wollten. 1774 hatte der bekannte Pädagoge Johann Bernhard Basedow in Dessau mit Unterstützung des dortigen Fürsten eine Lehranstalt gegründet – das ›Philanthropin‹, das die gesamte Pädagogik reformieren sollte. Hier zeichnete sich die Erziehung durch ausgesprochen kosmopolitischen Charakter aus: Leitbild war nicht mehr die christliche Lehre, sondern eine allgemeine, »natürliche« Religion, die sich auf die Tugend stützt. Große Aufmerksamkeit wurde Naturkunde und exakten Wissenschaften geschenkt. Es galt Lernen im Spiel, ohne Drill und Strafen. In der Freizeit durfte völlige Unordnung herrschen; für vorbildliches Betragen gab es einen Orden. Viel Zeit widmete man auch der körperlichen Ertüchtigung. Die Zulassung war beschränkt, und die Ausbildung kostete sehr viel Geld. Kinder armer Leute wurden nur als Dienstboten aufgenommen.

Kant war von den neuen Strömungen in der Pädagogik sehr angetan. Obwohl er seine literarische Tätigkeit faktisch eingestellt hatte, veröffentlichte er zugunsten des Philanthropins doch zwei Notizen in der Königsberger Zeitung. Kant rief nicht zur Reform, sondern zur Revolution des ganzen Schulwesens. Auf Betreiben des Philosophen schickte Freund Motherby seinen sechsjährigen Sohn zur Erziehung nach Dessau. Das war der Anlaß zu einem Briefwechsel mit den Leitern der Anstalt, Basedow und Campe. Einige Jahre zuvor hatte Wieland Kant gebeten, zu guten Bedingungen an der Verbreitung seiner neugegründeten Zeitschrift ›Teutscher Merkur‹ in Ostpreußen mitzuwirken. Der Philosoph gab damals eine Absage und empfahl Wieland statt seiner den Buchverleger Kanter. Als es nun aber um die vom Philanthropin herausgegebene Zeitschrift ging, nahm Kant sich der Sache persönlich an. Das Ergebnis war freilich bescheiden: insgesamt zehn Königsberger und fünfzehn Abonnenten aus Litauen. Nicht anders war es im übrigen Deutschland: die neuen pädagogischen Ideen hatten keinen besonderen Erfolg.

1774, als das Philanthropin gegründet wurde, begannen an der Königsberger Universität auch Vorlesungen über Pädagogik. Das neue Fach lasen einander abwechselnd sieben Professoren der Philosophischen Fakultät. Kant kam im Winter 1776 an die Reihe (dann erst wieder nach sechs Semestern). Als Lehrbuch verwendete er ein Buch Basedows; wie gewöhnlich schrieb er Verbesserungen und Ergänzungen hinein. Daraus entstand schließlich eine selbständige Arbeit ›Über die Pädagogik‹, die von seinem Schüler Rink kurz vor dem Tode Kants veröffentlicht wurde.

Kant schreibt dort, daß zwei menschliche Erfindungen wohl am schwierigsten seien, nämlich die Kunst zu herrschen und die Kunst zu erziehen. Aber gerade auf sie gründet sich die Gesellschaft. »Der Mensch kann nur Mensch werden durch Erziehung. Er ist nichts, als was die Erziehung aus ihm macht.«[65] Ein Philosoph, der sich das Schicksal des Menschen angelegen sein läßt, muß daher zu pädagogischen Fragen Stellung nehmen.

Eltern und Fürsten verderben die Kinder. Die Eltern sorgen gemeinhin nur dafür, daß ihre Sprößlinge im Leben gut fortkommen, die Fürsten betrachten ihre Untertanen lediglich als Instrumente ihrer Herrschaft. Beide gehen bei der Erziehung von der bestehenden Weltordnung aus. Aber wahrhafte Erziehung muß den Menschen auf die Zukunft richten, auf das Streben nach einem besseren Zustand der ganzen Menschheit. Dann erst erwecken sie einen solchen Zustand zum Leben. Auf welche Weise soll er nun aber entstehen? Der Fürst ist immer allein, und ein Baum, der auf dem Feld allein steht, wächst krumm. Die Hoffnungen Basedows auf den Monarchen sind hinfällig. Überhaupt darf sich das Schulwesen nicht in den Händen des Staates befinden. Jegliche Kultur beginnt, nach Meinung Kants, mit der Initiative des Einzelnen.

Den Menschen kann man entweder dressieren oder kultivieren. Hauptziel muß Erziehung zum Denken sein. Der Mensch muß mit Bewußtsein vier Stufen der Erziehung durchlaufen: Disziplin lernen, Geschicklichkeit sich aneignen, den gesellschaftlichen Umgang beherrschen und auf seine Moralisierung sehen. Die letzte Stufe ist die schwerste. Wir leben in einer Epoche der Disziplin, der Kultur und Zivilisation – zur Moral haben wir's noch weit!

Eine der wichtigsten Aufgaben der Erziehung besteht darin, Unterwerfung unter den Zwang des Gesetzes mit der Fähigkeit des Gebrauchs von Freiheit zu verbinden. Dem Kind muß man von früh an seine Freiheit lassen (ausgenommen jene Fälle, in denen es sich selbst oder seiner Umgebung schaden kann). Man muß ihm zeigen, daß es seine Zwecke nur dann erreicht, wenn es auch den anderen die Möglichkeit gibt, ihre Zwecke zu erreichen. (Vergnügen nur als Belohnung für Gehorsam!) Öffentliche Erziehung hat ihre unbestreitbaren Vorzüge dann, wenn die Kinder lernen, ihre Rechte den Rechten anderer anzupassen. Somit gewinnen sie eine Vorstellung von Pflichten. Die Persönlichkeit, das ist das frei handelnde Individuum, muß man erziehen im Geist der eigenen Menschenwürde und im Bewußtsein der daraus erwachsenden Pflichten eines Glieds der Gesellschaft.

Obgleich Kant keine Kinder hatte, vertrat er doch eine eigene Meinung über ihre Aufzucht, beginnend mit dem Säuglingsalter. Der Philosoph rät den Müttern, keine Amme zu nehmen, sondern die Neugeborenen selbst zu nähren. Auch soll man die Kleinen nicht wickeln; das erzeugt nur Angst und Verzweiflung. Man wickle doch nur einmal einen Erwachsenen ein, auch er wird wie ein Kleinkind schreien. Es ist zudem nicht zweckmäßig, die Kinder zu wiegen. Man versuche es doch an sich selbst: das Hin- und Herschaukeln ruft nur Schwindel hervor. Man schaukelt die Kinder, damit sie nicht schreien, aber schreien ist für sie heilsam: die Lungen entwickeln sich dabei. Das erste Verderben des Charakters fängt damit an, daß man bei jedem Weinen des Kindes gleich Hals über Kopf herbeistürzt, um es zu trösten. Wenn man dem Weinen keine Beachtung schenkt, hört es von selber auf: denn niemand hat Lust, sich ganz umsonst anzustrengen. Wenn die Eltern die Kinder gehen lehren, dürfen sie nicht zu Gängelbändern greifen, die den Brustkorb plattdrücken und verunstalten. Überhaupt müsse man das Kind nach Möglichkeit sich selbst überlassen.

Das soll aber auf eine Weise geschehen, die nicht die Disziplin beeinträchtigt. Den Willen der Kinder darf man nicht brechen; er ist so zu lenken, daß er vor natürlichen Hindernissen zurückweicht. Von klein auf müssen die Kinder arbeiten lernen, nichts ist schädlicher als Müßiggang. Ein unverwöhntes Kind greift gerne zu Beschäftigungen, die Kräfte und Willen beanspruchen. Was das Essen anbelangt, soll man Kinder nicht naschhaft machen, indem sie die Speisen selbst auswählen dürfen. Wenn es keinen triftigen Grund gibt, dem Kind eine Bitte abzuschlagen, dann soll man sie ihm erfüllen; gibt es einen Grund, die Bitte nicht zu erfüllen, dann darf man sich auch nicht durch Bitten bewegen lassen. Eine abschlägige Antwort hat unwiderruflich zu sein.

Nach dem Muster des Philanthropins empfiehlt Kant energisch körperliche Übungen, was zur damaligen Zeit eine pädagogische Novität darstellte. Laufen, Springen, Gewichtheben, Schwimmen, Werfen nach Zielen – dies alles ist Kindern von Nutzen. Nützlich sind auch Spiele an der frischen Luft. Das Kind muß spielen können, doch darf man Spiel nicht mit Arbeit verwechseln. Kant hält nichts von den Versuchen Basedows, die Kinder in Spiel und Scherz lernen zu lassen. Pflichtgemäße Beschäftigung in der Schule ist die Arbeit, man leistet sie wegen eines bestimmten Ziels. Das Spiel hat sein Ziel in sich selbst, hier ist die Hauptsache der Vorgang an sich und nicht ein äußeres Resultat. Die Fähigkeit, Arbeit von Spiel zu trennen, ist auch für die Erwachsenen wichtig; sie reiten zwar nicht mehr auf Stöcken, doch hat ein jeder sein Steckenpferd. Äußerst schädlich ist es, die Kinder alles als Spiel betrachten zu lassen. Die Schule ist eine zwangmäßige Kultur, obwohl ihr Ziel sein müsse, den Menschen zur Freiheit zu erziehen.

Nach einem lateinischen Sprichwort lernen wir nur soviel, wie wir im Gedächtnis behalten können. Es ist also unbedingt nötig, das Gedächtnis zu üben. Systematisches Lesen und Nacherzählen, das Erlernen fremder Sprachen stärken das Gedächtnis; geschwächt wird es nach Meinung Kants durch das Verschlingen von Romanen – deshalb soll man sie Kindern aus den Händen reißen. Denn bei der Lektüre eines Romans entsteht in ihnen ein neuer Roman, weil sie ihn falsch verstehen; dann träumen sie und sitzen gedankenverloren. Zerstreutheit aber ist der Feind jeglicher Erziehung.

Der Erzieher soll keinen Mißbrauch mit den Strafen treiben. Sie müssen äußerste Maßnahmen bleiben, zu denen man nur mit größter Vorsicht greift, so daß die Kinder einsehen, daß sie letztlich immer nur zu ihrem Nutzen sind. Häufige Strafen verfehlen ihr Ziel, ebenso Strafen, die im Zorn ausgesprochen wurden.

Am schwierigsten ist immer, im Menschen die moralische Kultur auszubilden, die sich auf Prinzipien gründet. Disziplin allein reicht da nicht aus. Diese Prinzipien sind Gesetze, subjektive zwar, doch entspringen sie dem Charakter, der Überzeugung und der Vernunft des Menschen. Um den Charakter zu bilden, muß man drei Wesenszüge entwickeln: Gehorsam, Wahrhaftigkeit und Geselligkeit.

Zum Schluß spricht Kant über die Sexualerziehung. Das dreizehnte oder vierzehnte Lebensjahr bedeutet für den Jungen einen Umbruch: es entsteht die Neigung zum Geschlecht. Sie entwickelt sich zwangsläufig, sogar ohne ein Objekt vor sich zu haben. Folglich kann man den Jüngling nicht in Unwissenheit und Unschuld bewahren. Schweigen verschlimmert noch das Übel; das kann man an der Erziehung vergangener Generationen ablesen. Jetzt ist man richtigerweise der Meinung, daß man mit dem Jungen über alles sprechen muß, klar und bestimmt. Natürlich ist das Thema delikat und kann nicht Gegenstand einer öffentlichen Unterhaltung sein, aber eine angemessene Form des Gesprächs läßt sich immer finden. In Übereinstimmung mit den Ansichten seiner Zeit empfiehlt Kant dem Pädagogen, dem jungen Mann Abscheu und Furcht vor der Masturbation einzuflößen. »Der physische Effect ist überaus schädlich, aber die Folgen in Absicht der Moralität sind noch weit übler. Man überschreitet hier die Grenzen der Natur, und die Neigung wüthet ohne Aufhalt fort, weil keine wirkliche Befriedigung Statt findet. Lehrer bei erwachsenen Jünglingen haben die Frage aufgeworfen: ob es erlaubt sei, daß ein Jüngling sich mit dem andern Geschlechte einlasse. Wenn eines von beiden gewählt werden muß: so ist dies allerdings besser. Bei jenem handelt er wider die Natur, hier aber nicht.«[66] Leider ist es aber wesentlich leichter, seine Art fortzupflanzen, als die Kinder dann auch zu unterhalten und zu erziehen. Deshalb soll es erste Pflicht des Jünglings sein zu warten, bis er in der Lage ist zu heiraten. Eine glückliche Ehe ist die Belohnung für ein lasterfreies Verhalten.

In welchem Maße nun gingen Kants Vorstellungen über Erziehung in seine eigene pädagogische Praxis ein? Kant hatte mit Studenten, jungen Leuten zu tun, die die ersten Hürden der Erziehung nehmen mußten. Die Aufgabe des akademischen Lehrers bestand darin, Wissen zu vermitteln und selbständig denken zu lehren. Das zweite ist selbstredend wichtiger als das erste: Wissen läßt sich erwerben, doch der freie Gebrauch der Denktätigkeit ist schwer zu erlangen. Mechanisches Auswendiglernen und Paukerei sind schädlich. Kant war unzufrieden, wenn seine Schüler bei den Kollegien unentwegt alles nachschrieben, das störte ihn einfach. Wenn er die Vorlesung begann, war er zunächst darum bemüht, sich verständlich zu machen. Wenn der Verständnisfaden riß, hielt er inne und setzte von neuem an. Er ging dabei von durchschnittlichen Fähigkeiten aus. »Ich lese nicht für die Genies, denn sie brechen sich nach ihrer Natur selbst die Bahn; nicht für die Dummen, denn sie sind nicht der Mühe wert; aber für die, welche in der Mitte stehen und für ihren künftigen Beruf gebildet sein wollen.«[67] Gewöhnlich wählte er sich einen der ihm nächst sitzenden Hörer aus und las von dessen Miene ab, inwieweit das verständlich war, was er gerade sagte. War er dabei, seine Gedanken folgerichtig zu entfalten, dann konnte ihn jede beliebige Unordnung im Auditorium aus dem Zusammenhang reißen. Einmal war er zerstreut und las schlechter als gewöhnlich, worauf er bekannte, daß ein unmittelbar vor ihm sitzender Student ihn störe, weil an seiner Jacke ein Knopf fehle.

Während der Vorlesung saß er hinter einem niedrigen Pult, auf dem ein Blatt mit Notizen oder ein Lehrbuch mit einer Fülle von Anmerkungen lag. Lehrbücher dienten ihm nicht nur zur Wiedergabe und Systematisierung des Lehrstoffs, sondern sie gaben auch Anlaß zur Polemik. Die Vorlesung wurde dann dialogisch. Schwierige Passagen erläuterte er mit Illustrationen, scharfsinnigen und scherzhaften Bemerkungen. Jachmann, der Kant in den siebziger Jahren hörte, erzählt: »Sein Witz war leicht, launigt und sinnreich. Es waren Blitze, die am heitern Himmel spielten, und er würzte durch ihn nicht allein seine gesellschaftlichen Gespräche, sondern auch seine Vorlesungen. Sein Witz gab dem ernsten tiefdenkenden Geiste ein gefälliges Gewand, und zog ihn oft aus den hohen Sphären der Spekulation zur Aufheiterung seiner angestrengten Zuhörer in die Regionen des irdischen Lebens herab.«[68]

Bei Examina tauschten Lehrer und Schüler die Plätze. Jetzt mußte der Schüler das Problem erörtern. Glatte Rede oder angelernte Formen der Beweisführung spielten dabei eine Nebenrolle. Wenn es jemandem schwerfiel, seine Gedanken in Worte zu kleiden, so besagte das noch nichts über seine geistigen Fähigkeiten. Den bekannten Gelehrten Clavius schloß man in seiner Kindheit von der Schule aus wegen Unfähigkeit, weil er keine Verse nach vorgegebenem Muster schreiben konnte. Später begann er sich rein zufällig mit Mathematik zu befassen und entdeckte dort seine ungewöhnliche Begabung.

In der Philosophie ist die Möglichkeit zu fehlen noch eher gegeben: Dummheit gilt hier leicht für Weisheit, und ein neuer Gedanke kann schwer sein Recht geltend machen. Deshalb wiederholte Kant gern und oft, daß er nicht Philosophie, sondern das Philosophieren lehre. Die Philosophie lernen bedeutet, nur die subjektive Seite der Vernunft zu beherrschen: sich zu merken, was irgendwer irgendwann einmal gedacht hat; das Philosophieren lernen bedeutet, seinem Wissen einen objektiven Charakter geben, fremde Meinungen beurteilen zu können. Auch sein eigenes geplantes Hauptwerk entwarf Kant nicht als Auflistung von Lehrmeinungen und auch nicht als ein Gesetzbuch der Wissenschaft; es sollte vielmehr eine kritische Betrachtung dessen sein, was bisher getan worden ist und was demnach noch getan werden müsse.

Drittes Kapitel

DIE SELBSTKRITIK DER VERNUNFT

> Die Vernunft hat immer existiert,
> nur nicht immer in der vernünftigen Form.
> Marx

Jahre vergingen. Kant hatte lange nichts mehr veröffentlicht: nach der Dissertation ›De mundi sensibilis atque intelligibilis forma et principiis‹ und zwei ›Aufsätzen, das Philanthropin betreffend‹ nur noch eine ›Rezension von Moscatis Schrift: Von dem körperlichen wesentlichen Unterschiede zwischen der Struktur der Tiere und Menschen‹ und eine Vorlesungsankündigung auf das Jahr 1775 (›Von den verschiedenen Rassen der Menschen‹). Das Schweigen dauerte elf Jahre.

Lavater schrieb ihm drängend: »Sagen Sie mir doch auch nur mit ein paar Zeilen: Sind Sie dann der Welt gestorben? warum schreiben so viele, die nicht schreiben können – und Sie nicht, die 's so vortrefflich können? warum schweigen Sie – bey dieser, dieser neuen Zeit – geben keinen Ton von sich? Schlafen? Kant – nein, ich will Sie nicht loben – aber sagen Sie mir doch, warum Sie schweigen? oder vielmehr: Sagen Sie mir, daß Sie reden wollen.«[69] Wenn Lavater von der »neuen Zeit« spricht, hat er dabei den »Sturm und Drang« vor Augen – eine Bewegung, die gerade damals im geistigen Leben Deutschlands sich durchzusetzen begann.

Die deutsche Literatur erwachte zu neuem Leben. Schon Mitte des Jahrhunderts war der vielversprechende Gotthold Ephraim Lessing in Erscheinung getreten, der Geschmack und kommende Denkart ausbilden sollte. Er schuf eine neue Dramaturgie und meldete sich selbstbewußt auch in der Literaturkritik zu Wort. Es erschienen seine ›Briefe, die neueste Literatur betreffend‹. Berühmt ist der siebzehnte, Shakespeare gewidmete ›Brief‹. Der große Dramendichter war zwar in seiner Heimat nicht ganz vergessen, doch letztlich wenig geschätzt; auf dem Kontinent hingegen kannte man ihn gar nicht. Lessing stellte ihn über Racine und Corneille; gerade Shakespeare war für ihn gültige Fortsetzung der antiken Tragödie. Lessing rief die heimische Literatur auf, bei Shakespeare in die Lehre zu gehen. Der »Sturm und Drang« konnte einsetzen.

Die Bewegung war uneinheitlich und widersprüchlich: Aufrührertum neben politischem Indifferentismus und Konservativismus; Liebe fürs Volk und extremer Individualismus, religiöser Skeptizismus und exaltierte Frömmigkeit. Aber alle einte das Interesse am Menschen, an der Einmaligkeit seiner seelischen Welt. Unvermittelt offenbarten sich die geheimnisvollen Tiefen des Individuums. Diese Entdeckung galt als bedeutsamer denn die Entdeckung Amerikas. Alle dachten und sprachen nur einen Gedanken: Befreiung der Persönlichkeit.

Nun, es stimmt zwar: der »Sturm« tobte nur im literarischen Bereich, der »Drang« hielt sich in den Grenzen von Büchern und Zeitschriften. Unter den Führern der Bewegung finden wir den Kant-Schüler Herder, jetzt schon ein anerkannter Literat. Er war von Königsberg nach Riga umgezogen, wo er nun die Stelle eines Pastors und Gymnasiallehrers bekleidete. Auf die ersten literarkritischen Arbeiten hin, die Herder berühmt machen sollten, sandte Kant seinem Schüler einen Gruß. Antwort bekam er erst ein halbes Jahr später: höflich, auch warm, ausführlich. Der Schüler schrieb, daß er sich einen anderen Weg gewählt habe als der Lehrer; der akademischen Tätigkeit habe er den Beruf des Geistlichen vorgezogen, weil er seiner Meinung nach zu unmittelbarem Kontakt mit den einfachen Menschen des Volkes führe; und eigentlich ihretwegen habe die Philosophie Daseinsberechtigung. In Riga hielt sich Herder nicht lange auf, er unternahm eine Reise nach Paris und trat nach seiner Rückkehr das Amt eines Konsistorialrats in Bückeburg an. Die Jahre 1771-1776 verbrachte er in angestrengter schöpferischer Suche. Neben seinem Dienst befaßt sich Herder mit der Philosophie der Geschichte, begeistert sich für Shakespeare, erschließt der gebildeten Welt die Volksdichtung und studiert eifrig die Bibel. Er veröffentlicht die ›Älteste Urkunde des Menschengeschlechts‹, wo die Heilige Schrift als göttlich inspiriertes Werk betrachtet wird. Hamann, mit Herder im religiösen Enthusiasmus einig, zeigte das Buch Kant. Der Philosoph äußerte sich mißbilligend über Herders Neigung, den biblischen Text für die höchste Wahrheit auszugeben. Dieses Urteil blieb glücklicherweise innerhalb des privaten Briefwechsels und kam dem Autor nicht zu Ohren. Außer Herder und Hamann gehörten Lavater und der junge Philosoph Friedrich Jacobi zum religiös orientierten Flügel des »Sturm und Drang«.

Der andere geniale Kopf dieser Bewegung teilte nicht die frommen Neigungen seines Freundes und Lehrers Herder. Er ist gotteslästerlich und schreibt rebellische Verse: »Ich kenne nichts Ärmeres unter der Sonn als Euch, Götter! Ich Euch ehren? Wofür?« Diese Worte sind Goethes ›Prometheus‹ entnommen, einem Gedicht, das eine Art poetisches Manifest des »linken« Flügels des »Sturm und Drang« darstellt. Unter den radikalen Stürmern finden wir den ehemaligen Kant-Schüler Lenz, die künftigen Kantianer Klinger und Bürger. Kant, eigentlich ein Vorläufer der Bewegung, schenkt ihr jetzt, wo die »literarische Revolution« um sich greift, keine besondere Aufmerksamkeit mehr. Wiederum ist er einen Schritt voraus und bereitet die philosophische Revolution vor.

In Übersee aber bricht eine politische Revolution aus: auf englischem Hoheitsgebiet in Amerika stürmt und drängt es mit solcher Gewalt, daß zum ersten Mal in der neueren Geschichte Kolonialbesitz verlorengeht. Im Juli 1776 erklärten die amerikanischen Kolonien Großbritanniens ihre Unabhängigkeit. Der Kampf bediente sich Parolen, die vom Geist deutscher »Stürmer« geprägt sind: Freiheit für das Volk, Freiheit für den Menschen. Kant liest Zeitungen, seine Sympathien sind auf seiten des Generals Washington und seiner Mitstreiter.

Einmal äußert Kant in einem offenen Gespräch auf der Straße (anscheinend vor dem Unabhängigkeitskrieg geführt) seine Haltung zum heranreifenden Konflikt in Nordamerika. Einer der Anwesenden erklärt, er fühle sich als Engländer beleidigt, und fordert Kant zum Duell. Nun trug der Philosoph zwar einen Degen, doch wußte er ihn nicht zu gebrauchen; seine Waffen sind Gedanke und Wort: er spricht weiter, erläutert seine Position mit solcher Überzeugungskraft, daß sein Widersacher schließlich sein Unrecht einsieht und ihm die Hand zur Versöhnung reicht. Auf diese Weise wurde Kant mit Green bekannt.

Hier ist eine handschriftliche Reflexion Kants aus jener Zeit: »In der Geschichte Englands ietziger Zeit bringt ihre Unterwerfung von america das cosmopolitische Andenken derselben weit zurük. Sie wollen: iene sollen Unterthanen von Unterthanen werden und auf sich die Last der andern abwaltzen lassen. Es kommt nicht auf gute Regirung, sondern Regirungsart an.«[70] Den letzten Satz wollen wir uns merken: künftig wird dieser Gedanke in Kants Werken immer wiederkehren und am Ende eine ganze Staatstheorie entfalten. Das war aber nur erst beiläufig gedacht, denn der Philosoph befaßt sich intensiv mit der Erkenntnistheorie, ja er ringt um sie mit äußerster Anstrengung.

Als einer von Kants Schülern in Göttingen den dortigen Professoren eröffnete, im Pulte seines Lehrers befinde sich ein Werk, welches die Herren Philosophen gewiß einst viel Angstschweiß kosten werde, da erscholl Gelächter: von diesem Dilettanten in der Philosophie sei so etwas kaum zu erwarten. (Unter den Anwesenden war Professor Feder, mit dem wir es noch zu tun haben werden.)

Im Schreibtisch Kants häuften sich die Entwürfe. Das Buch erschien noch immer nicht. Auch erwähnte er es nicht mehr in den Briefen an Herz.

Kant geriet in Unruhe. 1775 wechselte er erneut das Quartier. Diesmal setzte ihm der Hahn des Nachbarn zu, der unter seinen Fenstern täglich krähte. Der Philosoph bot Geld, damit man dem Hahn den Garaus mache, doch wollte sein Herr sich nicht von ihm trennen. Wie kann denn so ein Geflügel überhaupt einen Menschen stören, noch dazu einen berühmten Weisen? Der Nachbar war nicht geneigt, der professoralen Laune nachzugeben. Also mußte sich Kant vom Hause Kanters trennen.

Der Umzug bedurfte keiner großen Mühen, denn Kants Besitz war gering: »Schlüssel. Schaff. Tintenfaß. Feder und Messer. Papier, Schriften. Bücher. Pantoffeln. Stiefel. Pelz. Mütze. Nachthosen. Servietten. Tischtuch, Handtuch. Teller. Schüssel. Messer und Gabel. Salzfaß, Bouteille. Wein- und Biergläser. Bouteille Wein. Tobak, Pfeifen. Theezeug, Thee. Zucker. Bürste.«[71] Das ist eine Aufstellung des bescheidenen Hausrats, eigenhändig vom Philosophen gemacht vor dem Einzug in die neue Wohnung. Hier, am Ochsenmarkt, lebte er nun ruhiger. – Doch weiterhin nichts von dem Buch.

Das preußische Unterrichtsministerium leitete in diesen Jahren Baron von Zedlitz – eine zweite Ausgabe seines Monarchen: ein kleiner aufgeklärter Despot. Seinen Untergebenen nötigte er Achtung vor der Philosophie auf; der Student sollte sich vor Augen halten, verkündete der Minister, daß er nach Beendigung seines Studiums nur wenige Stunden täglich Arzt, Richter, Advokat etc., Mensch hingegen den ganzen Tag sei.

Deshalb müsse die Universität neben dem Spezialwissen eine gründliche philosophische Ausbildung vermitteln; diese hat echte Weisheit und nicht leere Wortfechterei und Sophisterei zu sein. Der Minister war ein Anhänger der Kantischen Philosophie.

Was bedeutete eine solche Neigung zu einem bestimmten Gedankensystem für einen Menschen, der über Macht verfügt? Im Dezember 1775 folgte ein »königliches Rescript« zur inneren Organisation des Unterrichts an der Königsberger Universität: »So wenig Wir gewohnt sind, über individuelle Meinungen herrschen zu wollen, so halten Wir doch für nötig, der Ausbreitung gewisser allgemein nutzenlos befundener Meinungen vorzubeugen.«[72] Im Namen des Königs verbot Zedlitz die Verbreitung der Crusianischen Philosophie, weil sie veraltet und unnütz sei; Dozent Weymann (der Lieblingsprofessor Bolotovs und Feind Kants) mußte die Universität verlassen. Kant wurde in dem königlichen Rescript ausdrücklich Vertrauen und Hochachtung ausgesprochen. Der Minister hatte seine eigenen Pläne mit dem Königsberger Philosophen.

Wir schreiben das Jahr 1777. Eines schönen Sommermorgens, Kants Vorlesung wird gleich beginnen, erscheint im Hörsaal ein Unbekannter. Für einen Studenten ist er zu alt, auch ähnelt er keiner Amtsperson; klein von Wuchs, mit dichtem Bart. Zunächst erregt er Heiterkeit, dann Spott; ringsum viel Lärm und Geschrei. Der Fremde läßt sich nicht aus der Ruhe bringen und setzt sich schweigend auf einen freien Platz. Kant betritt den Saal und beginnt zu lesen. In der Pause begibt sich der Unbekannte zum Katheder, – wieder Unruhe, die aber sofort verstummt: der Professor schließt den Ankömmling in die Arme. Es ist Moses Mendelssohn.

Kant freute sich aufrichtig über die Begegnung mit einem Menschen, mit dem er von gleich zu gleich über Philosophie reden konnte. Er lud Mendelssohn zu sich nach Hause, entschuldigte verlegen die bescheidene Bewirtung, doch galt des

Gastes wie auch des Hausherrn Interesse vor allem dem Gespräch. Mendelssohn war in privaten Angelegenheiten nach Ostpreußen gekommen. Zum Professor Kant führte ihn übrigens ein Auftrag von Minister Zedlitz. Es handelte sich um die Besetzung des Lehrstuhls in Halle. Nach dem Tode Wolffs hatte ihn sein hervorragender Nachfolger Meier inne; dieser war verstorben, und Zedlitz forschte nach einem möglichen Nachfolger. Kant nannte einen seiner Schüler. Der Minister hatte jedoch eigene Pläne.

Im Februar 1778 erhielt Professor Kant von ihm eine persönliche Botschaft. Zedlitz teilte mit, daß er etliche 80 Meilen von ihm entfernt sein Collegium über die physische Geographie höre: vor ihm liege die Nachschrift eines Studenten, die er aufmerksam studiere. Nach einer Woche beklagte sich Zedlitz über den Zustand des Manuskripts, der Student sei nachlässig: denn nach Kamtschatka rede er sogleich von den Vorstädten Astrachans, auch bei der Beschreibung der Fauna Javas scheine ein Fehler vorzuliegen. Kant schenkte den Anmerkungen des Ministers keine Beachtung (in beiden Fällen war nicht der nachschreibende Student, sondern der Lehrer schuld; die Fehler wurden nicht korrigiert und gingen so in die Textausgaben ein); etwas anderes erregte Kants Aufmerksamkeit – der zweite Brief begann und endete mit dem Angebot der Vakanz in Halle bei einem Anfangsgehalt von sechshundert Talern.

Kant lehnte ab. (Vor zwei Jahren hatte er einen Ruf an die neu gegründete Universität Mitau abgelehnt, wo ihm achthundert Taler geboten waren.) Nach einem Monat wiederholte Zedlitz seinen Vorschlag: dieses Mal stellte er achthundert Taler in Aussicht (Kants Gehalt belief sich derzeit auf zweihundertsechsunddreißig Taler, die Erhöhung hätte also mehr als das Dreifache ausgemacht!). Sodann versprach ihm der Minister auch den Titel eines Hofrats. Und schließlich, für Kant vielleicht am wichtigsten, beschrieb er mit feurigen Worten die geistige Atmosphäre Halles, wo die besten akademischen Kräfte versammelt seien – Mathematiker, Physiker, Chemiker, Mediziner und Theologen. »Sehn Sie ein mal wie viel gute Leute, und dann das Centrum vom gelehrten Deutschland, das beßere Clima als dort an der Ostsee. Ein Mann der so denkt wie Sie, darfs sich auch wohl vorsagen laßen, daß es Pflicht für ihn ist, in einem weitern

Zirkel gemeinnützige Kentniße u. Licht auszubreiten, darf sich erinnern laßen, daß er einen solchen Ort wählen muß, wo er seine Gaben mehrern mitteilen, wo er mehr Nutzen stiften kann. ich wollte wünschen daß Leute von Ihren Kentnißen u. Gaben in Ihrem Fach nicht so selten wären, ich wollte Sie nicht so quälen. ich wollte aber daß Sie auch die Pflicht nicht verkennten, so viel Nutzen zu stiften als Sie bey den Ihnen angebotenen Gelegenheiten stiften können, u. daß Sie erwägen, daß die in Halle studirende 1000 bis 1200 Studenten ein Recht haben von Ihnen Unterweisung zu fordern, deren Unterlaßung ich nicht verantworten möchte.«[73]

Kant gab nicht nach. Geld, Ansehen und Titel habe er nicht nötig. Natürlich sei Königsberg im Vergleich zu Halle Hinterland, Ostpreußen der Hinterhof Europas. Aber hier sei er zu Hause, hier sei er aufgewachsen, hier sei ihm alles vertraut: und die Gewohnheit, sie ist eine zweite Natur. Jede Änderung der Lebensweise ängstige ihn. Was den allgemeinen Nutzen betrifft, so kämpfe er für ihn in seinem geplanten Werk. Ein Umzug in eine fremde Stadt könne da nur schaden. Vor dreißig Jahren, da hatte er über sich gesagt, er habe seinen Weg gewählt. Damals waren es tönende Worte. Diesmal äußerte er sie nicht, entscheidet sich aber ihnen entsprechend. Er zögerte nicht länger am Scheideweg, er hatte gewählt und ein Rückzug war unmöglich. Die ›Kritik der reinen Vernunft‹ mußte geschrieben werden!

Und Kant hat sie schließlich geschrieben. Im Frühling und Sommer des Jahres 1780. Große Teile waren schon lange fertig; so gelang es, alles im Laufe von fünf Monaten zu vollenden. Ein Werk von 55 Bogen lag vor ihm (neu war das erste Viertel geschrieben). Er kannte die Schwächen des Buchs – stilistische hauptsächlich; es umzuschreiben fehlte ihm die Kraft, zudem drängte es ihn, sein Produkt dem Urteil der Öffentlichkeit zu übergeben.

Es fand sich auch gleich ein Verleger bereit. Johann Friedrich Hartknoch, ehemaliger Student Kants, dann Angestellter bei Kanter, hatte sich in Riga selbständig gemacht und einen Verlag gegründet. Im September 1780 hörte er von Hamann, daß Kant die ›Kritik‹ beendet habe. Hartknoch versicherte dem Philosophen, er könne keinen besseren Verleger finden, alles werde bei ihm schneller und geschmackvoller als bei anderen ausgeführt;

die besten Bedingungen seien vorhanden, das Buch überall in Deutschland bekannt zu machen. Kant übergab ihm das Manuskript. Über eine eigene Typographie verfügte Hartknoch nicht; drucken ließ er die ›Kritik der reinen Vernunft‹ in Halle. Kant wollte sie zunächst Lambert widmen, der eine solch lebhafte Anteilnahme an seinen theoretischen Forschungen gezeigt hatte. Der aber lebte schon seit zwei Jahren nicht mehr. Im März 1781 verfaßte Kant eine Widmung an Minister Zedlitz. Im Mai erschien das Buch.

Der Leser findet auf der ersten Seite der ›Kritik der reinen Vernunft‹ ein Motto aus Francis Bacon – ein umfangreiches Zitat aus dem Vorwort der ›Instauratio magna scientiarum‹: »Von unserer Person schweigen wir. Was aber die Sache angeht, um die es sich hier handelt, so wünschen wir, daß sie nicht als eine bloße Meinungsäußerung, sondern als ein rechtschaffenes Werk angesehen werde, bei dem man überzeugt sein kann davon, daß es sich nicht etwa bloß um die Gründung einer Sekte oder um die Rechtfertigung eines gelegentlichen Einfalles handelt, sondern um die Grundlegung der menschlichen Wohlfahrt und Würde überhaupt. . . . Schließlich möge jeder unserer Instauratio den guten Glauben entgegenbringen, daß sie nichts Endloses und Übermenschliches darstelle, denn in Wahrheit bedeutet sie das Ende und die gehörige Grenze endlosen Irrtums.«
Noch hat die Lektüre nicht begonnen, da wird man bereits von dem großen Umgestalter der Philosophie auf eine ganz bestimmte Tonart eingestellt. Bacon übte seinerzeit Kritik an der scholastischen Vernunft, dem Alltagsverstand: mit der Forderung, tote Dogmen und versteinerte Vorurteile abzustreifen, alle Behauptungen, die Wahrheit beanspruchen, durch die Erfahrung zu verifizieren (»Veritas filia temporis, non auctoritatis«). Kant sah sich als Fortsetzer dieses Beginnens. Weder Platon oder Aristoteles noch der hochgeschätzte Rousseau oder Hume, sondern der Materialist und Empiriker Bacon war Kants Leitstern: ausersehen, den ersten Schritten, jenseits der Schwelle dieses Labyrinths des Geistes, die Richtung zu weisen.

Bacon war tief davon überzeugt, daß er dem unendlichen Herumirren gesetzmäßigen Einhalt gebietet und durch sein Werk
ein System der Wissenschaft aufstellt, worin deren erkenntnistheoretische Grundprobleme ihre Lösung finden. Er starb,
ohne die begonnene Arbeit vollendet zu haben. Aber der Verlauf von anderthalb Jahrhunderten zeigte, wie kühn das Wagnis
war anzunehmen, dem Herumirren der Vernunft sei ein Ende
gesetzt. Das erhoffte Ende sollte sich erst als Anfang erweisen.
Glaubte Kant wirklich, daß ihm die schwere Aufgabe zukomme, das von Bacon gestellte Problem zu lösen? Zwölf Jahre
später schreibt er den Aufsatz ›Das Ende aller Dinge‹ (1794) und
ironisiert dort den Anspruch des Menschen, irgendeinem unendlichen Fortgang ein Ende setzen zu wollen. Nach einer
Antwort muß man übrigens nicht lange suchen. Der Leser
schlägt die nächste Seite der ›Kritik‹ auf und beginnt zu begreifen, daß die Antwort auf diesen komplizierten Sachverhalt nicht
einfach ja oder nein ist. Der menschlichen Vernunft, schreibt
Kant, ist ein besonderes Schicksal zugefallen: sie wird durch
Fragen belastigt, die sie nicht abweisen kann, weil sie mit ihrer
eigenen Naturanlage zusammenhängen; aber gleichzeitig kann
sie auf diese Fragen nicht antworten, weil sie ihr Vermögen
übersteigen. In solche Verlegenheit gerät die Vernunft ganz
ohne eigene Schuld. Sie fängt von Grundsätzen an, die sie aus
der Erfahrung abgeleitet hat, insofern sie jedoch zu immer
größeren Höhen der Erkenntnis steigt, gewahrt sie bald, daß
vor ihr sich immer neue Fragen auftun, für die sie keine Antwort
hat. Die Vernunft ist genötigt, ihre Zuflucht zu neuen Grundsätzen zu nehmen, die zwar evident erscheinen, aber doch alle
mögliche Erfahrung überschreiten. Und hier stürzt sie in Widersprüche, die davon zeugen, daß irgendwo im Fundament
schon Irrtümer verborgen sind, die auf dem Erfahrungswege
aufzudecken unmöglich ist.
So beginnt die Vorrede. Kant sieht seine Aufgabe darin, zwei
weltanschauliche, extreme Positionen, d. h. zwei einseitige und
folglich falsche Ansätze zum Problem der Erkenntnis zu überwinden, den Dogmatismus und den Skeptizismus. Das ist zugleich eine Überwindung Wolffs, denn von ihm stammt die
Einteilung aller philosophischen Richtungen in Skeptiker und
Dogmatiker. Erstere hegen Zweifel hinsichtlich einer beständi-

gen Natur der Dinge, letztere nehmen eine solch beständige Natur entschieden (»dogmatisch«) an. (Den Dogmatismus unterteilt Wolff in Dualismus und Monismus je nachdem, ob eine oder zwei Seinsformen vorausgesetzt würden. Die Monisten teilen sich in Materialisten und Idealisten, diese wieder in Pluralisten, wenn sie viele ideale Wesenheiten zulassen, und Egoisten, wenn sie nur von der eigenen Person ausgehen.)

Kant postuliert einen dritten Weg – den nach seiner Meinung einzig gangbaren – den Weg der Kritik. Dabei geht es nicht um die Kritik irgendwelcher Bücher oder philosophischer Systeme: sondern um die Kritik der Vernunft selbst, betrachtet man sie ganz rein, d. h. unabhängig von aller Erfahrung. Kant will das Instrument der Erkenntnis studieren, bevor er es in Gebrauch nimmt. (Er will schwimmen lernen, ohne ins Wasser zu steigen, spöttelte Hegel – und er hatte recht: vom Prozeß der Erkenntnis ganz abzusehen gelang Kant natürlich nicht.)

Ist die Vernunft zur Selbstkritik reif? Kant zweifelt nicht an der Aktualität seines Beginnens. Philosophie, sagt er, ist nicht Philodoxie; Liebe zur Weisheit meint nicht Liebe zu Meinungen. Es ist Zeit, allen Irrlehren, allen Arten des Dogmatismus und Skeptizismus den Kampf anzusagen. Für dieses Unternehmen ist die mühselige Arbeit der Kritik unumgänglich: »Wenn Regierungen sich ja mit Angelegenheiten der Gelehrten zu befassen gut finden, so würde es ihrer weisen Vorsorge für Wissenschaften sowohl als Menschen weit gemäßer sein, die Freiheit einer solchen Kritik zu begünstigen, wodurch die Vernunftbearbeitungen allein auf einen festen Fuß gebracht werden können, als den lächerlichen Despotism der Schulen zu unterstützen, welche über öffentliche Gefahr ein lautes Geschrei erheben, wenn man ihre Spinneweben zerreißt, von denen doch das Publikum niemals Notiz genommen hat, und deren Verlust es also auch nie fühlen kann.«[74]

Das Werk Kants ist der Anfang einer bedeutsamen Tradition des europäischen Geistes. Im Ausgang von Kant begreift sich jedes Fortschreiten in der Erkenntnis gleichzeitig als Neuüberdenken der bisher angehäuften theoretischen Schätze, die zwar liebevoll aufbewahrt, dennoch aber kein Fetisch sind. Erinnern wir uns, daß das Hauptwerk von Karl Marx den Untertitel ›Kritik der politischen Ökonomie‹ trägt.

Wir wollen uns jetzt mit einigen Grundgedanken der ›Kritik der reinen Vernunft‹ vertraut machen. Alle unsere Erkenntnis fängt mit der Erfahrung an, doch beschränkt sich nicht auf sie – so Kant. Ein ganzer Teil unserer Erkenntnisse wird allein durch die Verstandestätigkeit hervorgebracht und hat deshalb »apriorischen«, d. h. aller Erfahrung vorausliegenden Charakter. Empirische Erkenntnis ist willkürlich und daher zufällig: apriorische allgemein und notwendig.

(Der Apriorismus Kants unterscheidet sich von der idealistischen Lehre von den angeborenen Ideen. Erstens dadurch, daß nach Kant nur die Formen der Erkenntnis vor aller Erfahrung sind, der Inhalt dagegen wird gänzlich von der Erfahrung bereitgestellt. Zweitens sind aber selbst die apriorischen Formen nicht angeboren, sondern bringen ihre Geschichte mit. Der wirkliche Sinn des Kantischen Apriorismus besteht darin, daß das Individuum – setzt es zum Gebrauch seines Erkenntnisvermögens an – schon über bestimmte, in ihm vorgebildete Formen der Erkenntnis verfügt. Die Wissenschaft besitzt noch weit mehr solcher Formen. Von ihrer ursprünglichen Entstehung her gesehen resultiert die Erkenntnis in ihrem Gesamtumfang letzten Endes aus der sich immerfort erweiternden Erfahrung der Menschheit. Weiter ist festzuhalten, daß neben der unmittelbaren Erfahrung eine vermittelte, erlernte besteht. So betrachten wir Kants Problem heute.)

Im folgenden unterscheidet Kant zwischen analytischen und synthetischen Urteilen. Die ersteren haben erläuternden Charakter, und die anderen erweitern unsere Erkenntnisse. Das Urteil »alle Körper sind ausgedehnt« ist analytisch, weil der Begriff des Körpers schon das Prädikat der Ausgedehntheit einschließt. Das Urteil »gestern hat es geregnet« ist synthetisch, weil mit der Vorstellung des gestrigen Tages nicht die Vorstellung »regnerisches Wetter« verknüpft ist.

Alle empirischen Urteile (Erfahrungsurteile) sind synthetisch. Das ist evident. Doch entsteht nun die Frage: Wie sind synthetische Urteile a priori möglich? Das ist die Hauptfrage der Kritik der reinen Vernunft. Kant zweifelt nicht daran, daß synthetische Urteile a priori existieren: sonst könnte es keine reine, für alle verbindliche Wissenschaft geben. Nach seiner tiefen Überzeugung sind alle mathematischen Urteile apriorisch und synthetisch. Das Problem besteht darin, wie ihre Herkunft zu erklären ist. Dasselbe gilt für die Naturwissenschaften; sie sind vorhanden, entwickeln sich und vermitteln neue, für alle verbindliche Erkenntnisse. Aber wie?

Hinsichtlich der Philosophie oder der Metaphysik, wie Kant seine eigene Erkenntnissphäre nennt, urteilt der Denker zurückhaltend: man muß sich erst davon überzeugen, ob sie überhaupt als Wissenschaft möglich ist, ob sie neue Erkenntnis gibt, die sich auf allgemeine, für alle verbindliche Prinzipien stützt.

Die Hauptfrage der ›Kritik‹ – wie reine Erkenntnis a priori möglich sei – zerfällt schließlich in drei Teilfragen. Wie ist reine Mathematik möglich? Wie ist reine Naturwissenschaft möglich? Wie ist Metaphysik als Wissenschaft möglich? Sie bestimmen auch die drei Abteilungen des ersten Hauptteils der ›Kritik der reinen Vernunft‹: transzendentale Ästhetik, Analytik, Dialektik. (Die zweite und dritte Abteilung bilden zusammen die transzendentale Logik.)

Transzendental nennt Kant seine Philosophie deshalb, weil sie den ›Übergang‹ (transcendo – ich steige hinüber, ich überschreite) zum System der Erkenntnis untersucht, genauer: den durch unser Erkenntnisvermögen bewerkstelligten Aufbau der Voraussetzungen aller Erfahrung. Dem Transzendentalen stellt Kant das Transzendente gegenüber, das hinter den Grenzen der möglichen Erfahrung und damit jenseits der Erkenntnis liegt.

Somit nähern wir uns einem wichtigen Problem der Kantischen Lehre, das sich schon auf den ersten Seiten der ›Kritik der reinen Vernunft‹ stellt: die empirischen Sinnesdaten, die von außen gegeben werden, liefern uns durchaus keine angemessenen Kenntnisse über die uns umgebende Welt. Nur die Formen a priori gewährleisten die Allgemeingültigkeit der Erkenntnis, doch ist diese dadurch keineswegs eine Kopie des Dings. Das Ding, wie es uns erscheint (phainomenon), und das Ding, was es an sich ist (noumenon), sind prinzipiell voneinander unterschieden. In seiner Dissertation von 1770 behauptet Kant noch, daß die Noumena unmittelbar durch den Verstand erfaßt werden; jetzt hält er sie jeder Erkenntnis für unzugänglich, also transzendent. Wie sehr wir auch in die Tiefe der Erscheinungen dringen mögen, so wird sich unsere Erkenntnis doch stets unterscheiden von den Dingen, wie sie an sich sind.[75] Die

Einteilung der Welt in der Erkenntnis zugängliche Phainomena – »Erscheinungen« – und unerkennbare »Dinge an sich« zeigt eine gefährliche Tendenz zum Agnostizismus.

Kant selbst hätte sich niemals als Agnostiker bezeichnet. Er war Gelehrter, liebte die Wissenschaft, glaubte an den Fortschritt in der Erkenntnis: »Ins Innere der Natur dringt Beobachtung und Zergliederung der Erscheinungen, und man kann nicht wissen, wie weit dieses mit der Zeit gehen werde.«[76] Die Grenzen für die Erfahrung erweitern sich ununterbrochen. Aber wie sehr auch der Umfang unseres Wissens zunimmt, so ist doch immer eine Grenze zu überwinden: auch der Horizont bleibt immer vor uns, wie weit wir ihm auch entgegengehen mögen.

Erkenntnis kennt keine Schranke. Nun ist der Glaube an die Wissenschaft zwar notwendig, dennoch darf man ihre Möglichkeiten nicht überschätzen. Gerade gegen die unbegründete Anmaßung der Wissenschaft, etwa das dogmatische Vorurteil ihrer Allmacht (was sich heutzutage »Szientismus« nennt) ist die Lehre Kants über die Dinge an sich gerichtet. Verwirrung kann sie stiften, wenn sie falsch interpretiert wird; recht begriffen eröffnet sie den Weg zur Wahrheit.

Was aber ist Wahrheit? Eine schwerwiegende, für den Philosophen doch unausweichliche Frage. Kant stellt sich ihr, wenn er auch mit der Antwort zögert. Die Fähigkeit, vernünftige Fragen zu stellen, urteilt er etwas gereizt, ist ein unentbehrliches Kennzeichen des vernünftigen Geistes. Wenn die Frage an sich jedes Sinnes entbehrt, so hat sie außer der Beschämung dessen, der sie aufwirft, auch noch den Mangel, daß sie zur ungereimten Antwort verleitet und ein lächerliches Schauspiel bietet: einer melkt den Bock, der andere hält ein Sieb darunter.

Die Gereiztheit rührt daher, daß die Wahrheitsfrage Kant quält, und die Unmöglichkeit einer eindeutigen Antwort auf der Hand liegt. Man kann natürlich sagen, daß Wahrheit Übereinstimmung einer Erkenntnis mit ihrem Gegenstand ist, und er wiederholt dies auch mehr als einmal; dennoch weiß er, daß diese Definition tautologisch ist. Eine richtig formulierte Frage nach dem Wahrheitsproblem würde folgendermaßen lauten: Wie lassen sich allgemein gültige Wahrheitskriterien für jede Erkenntnis finden? Die Antwort Kants ist: Ein allgemein gültiges Kriterium der Wahrheit kann nicht gegeben werden.[77]

Wie ist das nun wieder zu verstehen? Unser Philosoph schickte sich an, den Skeptizismus zu vernichten, und nun wiederholt er skeptische Banalitäten. Doch wollen wir nicht voreilig werten.

Kant errichtete das Fundament (und manchmal ebnete er auch nur den Platz) für jenes stolze Gebäude der Philosophie, das sich heute Dialektik nennt. Dialektische Antinomien (auch da, wo von ihnen nicht explizit die Rede ist) durchziehen den Text der Kantischen Werke. Stellt Kant eine Behauptung auf, so sieht er sogleich die Grenzen ihrer Gültigkeit und wodurch diese bedingt sind; er fühlt das Bedürfnis, über sie hinauszugehen, um »Etwas mit seinem Anderen« zu verbinden, wie Hegel sagen würde. Zusammen mit dem Satz tritt der Gegensatz hervor, die eigentümliche Antithese, ohne die die These unvollständig, unverständlich, fehlerhaft wäre. Kant selbst schreitet nicht immer zur Synthese fort; zuweilen mangelt es ihm einfach am begrifflichen Instrumentarium (und das ist nicht seine Schuld, sondern ein Unglück; schuld ist die Zeit, die hinter dem Denker zurückblieb); das Problem ist jedoch aufgeworfen: und der moderne Leser, der in die Entwicklung des nachfolgenden dialektischen Denkens bereits eingeweiht ist, kann nach Wunsch selbst die Gegensätze verknüpfen.

Die Widersprüchlichkeit der Kantischen Definitionen ist folglich durch die Widersprüchlichkeit des untersuchten Gegenstands hervorgerufen. Herder konnte Kant noch der Inkonsequenz zeihen, aber schon Goethe entdeckte in den Werken etwas Entscheidenderes – eine schalkhafte Ironie: einmal sucht Kant den Leser mit aller Entschiedenheit zu etwas zu überzeugen, dann wieder bezweifelt er einfach seine Behauptungen.

So verhält es sich auch mit dem Wahrheitsproblem. Kant verwarf den Gedanken eines allgemein gültigen Kriteriums nur hinsichtlich des Inhalts der Erkenntnis. Was nun deren Form angeht, so kennt er sehr wohl ein solches Kriterium: die Widerspruchslosigkeit von Aussagen. Das ist eine bedeutsame Korrektur der ablehnenden Antwort auf die Frage nach der Wahrheit. Die Ablehnung hatte die Konstruktionen der Dogmatiker zerstört; jetzt gilt es, auch die Konstruktionen der Skeptiker anzugreifen. Kant begreift, daß das Verbot des Widerspruchs ein »bloß negatives Kriterium aller Wahrheit«[78] ist; doch wenn man sich seiner bedient, kann man ein solides Gebäude der Wissenschaft errichten.

Heute wissen wir, daß die Wissenschaft noch ein »positives« Wahrheitskriterium aufweist – es ist die Praxis. Der dialektische Materialismus führte die Praxis in die Erkenntnistheorie ein. Der Kritizismus Kants bereitete diesen Schritt vor, insofern er gezeigt hat, daß für die »reine« Theorie nur ein negatives Wahrheitskriterium formuliert werden kann. Die Praxis ist ein Kompaß in den Händen des Gelehrten. Wir wissen jedoch, daß auch das Kriterium der Praxis nicht absolut ist, denn es kann im Grunde genommen nie vollständig irgendwelche menschliche Vorstellung bestätigen oder widerlegen.

Die Praxis erwies den Wahrheitswert der nichteuklidischen Geometrie, eine andere Praxis stellte wiederum die Gültigkeit der euklidischen Axiomata fest. Wahrheit ist ein Prozeß der immer gründlicheren Inbesitznahme der Welt, eine Bewegung vom Nichtwissen zum Wissen, vom unvollständigen zum vollständigen Wissen, eine Bewegung, die nicht aufhören kann, denn die Welt ist unerschöpflich. Hegel hat diese dialektische Vorstellung zum ersten Mal formuliert, geriet jedoch mit sich selbst in Widerspruch, als er völlige Übereinstimmung von Gegenstand und Gedanken – also ein absolutes Wissen – für möglich hielt. (Hypergnostizismus ist ebenso schädlich wie Agnostizismus). Kant ging behutsamer vor: sein transzendentes »Ding an sich« erinnert daran, daß innerhalb der Erkenntnis bewegliche Grenzmarken bestehen, ihr selbst aber keine endgültige Schranke gesetzt ist oder überhaupt gesetzt werden kann.

Das »Ding an sich« weist noch auf einen anderen Umstand: Es gibt Sphären, wo die Wissenschaft machtlos ist. Da ist zum Beispiel die Sphäre des menschlichen Verhaltens: das Reich der Freiheit, genauer gesagt, der Willkür. Kunst und Literatur – vor und nach Kant – haben gezeigt, daß der Mensch nicht nur nicht »nach der Wissenschaft«, sondern der elementaren Logik sogar zuwider handelt. In der ›Kritik der reinen Vernunft‹ lesen wir: »So kann sich niemand bloß mit der Logik wagen, über Gegenstände zu urteilen.«[79]

Alle Einschränkungen und Verdeutlichungen dienen Kant einem edlen Zweck: die Wahrheit von Phantomen zu befreien, damit diejenigen, die sich um sie bemühen, von Enttäuschungen verschont bleiben. »Das Land des reinen Verstandes«, sagt der Philosoph, »ist eine Insel und durch die Natur selbst in unveränderliche Grenzen eingeschlossen. Es ist das Land der Wahrheit, (ein reizender Name), umgeben von einem weiten und stürmischen Ozeane, dem eigentlichen Sitze des Scheins, wo manche Nebelbank und manches bald wegschmelzende Eis neue Länder lügt, und indem es den auf Entdeckungen herumschwärmenden Seefahrer unaufhörlich mit leeren Hoffnungen täuscht, ihn in Abenteuer verflechtet, von denen er niemals ablassen und sie doch auch niemals zu Ende bringen kann. Ehe wir uns aber auf dieses Meer wagen, um es nach allen Breiten zu durchsuchen und gewiß zu werden, ob etwas in ihnen zu hoffen sei, so wird es nützlich sein, zuvor noch einen Blick auf die Karte des Landes zu werfen, das wir eben verlassen wollen, und erstlich zu fragen, ob wir mit dem, was es in sich enthält, nicht allenfalls zufrieden sein könnten oder auch aus Not zufrieden sein müssen, wenn es sonst überall keinen Boden gibt, auf dem wir uns anbauen könnten; zweitens, unter welchem Titel wir denn selbst dieses Land besitzen und uns wider alle feindseligen Ansprüche gesichert halten können.«[80]

So entfaltet der Philosoph vor uns eine Karte des Landes der Erkenntnis (des Reichs der Wahrheit) und empfiehlt, sie aufmerksam zu studieren. Wichtigste Straße ins Landesinnere ist die sinnliche Erkenntnis. Der entsprechende Teil in der Kritik nennt sich »transzendentale Ästhetik«. Kant zufolge existieren zwei apriorische, aller Erfahrung vorausliegende Formen der Sinnlichkeit – Raum und Zeit. Der Raum systematisiert die äußeren Empfindungen, die Zeit die inneren. Bertrand Russell erläutert Kants Gedanken folgendermaßen: trägt man eine blau getönte Brille, dann erscheint alles in blauem Licht: in ähnlicher Weise beschaut der Mensch die Welt durch besondere, räumliche Gläser und sieht so alles in räumlichen Relationen.

Kant bestritt nicht die empirische Realität von Raum und Zeit. Er meinte, daß die Lehre von der Idealität des Raumes und der Zeit zugleich die Lehre von der durchgängigen Realität beider hinsichtlich der Sinnesorgane sei. Kant sagte sich niemals von seiner Weltentstehungshypothese los, wo im realen Raum sich reale Prozesse von Weltenbildung und Weltenzerfall vollziehen.

Er lehnte auch die Vorstellung vom Ende der Welt ab, wenn es keine Zeit mehr geben würde. In der Kritik der reinen Vernunft beschäftigt ihn das erkenntnistheoretische Problem: woher rühren unsere Vorstellungen von Dauer und Ausdehnung? Er ist überzeugt, daß sie nicht aus der Erfahrung zu nehmen sind; sie sind apriorisch und folglich allgemein und notwendig. Denn nur deshalb kann es eine Wissenschaft von den Größen geben – die Mathematik. Apriorisch soll aber nicht angeboren heißen. Wie sind dann aber die Vorstellungen von Raum und Zeit entstanden? Darauf erklärt Kant: sie sind durch die Einbildungskraft geschaffen.

Die Ansicht Kants über Raum und Zeit war bis zu einem gewissen Grad eine Reaktion auf die mechanistischen Vorstellungen über die absolute Dauer und Ausdehnung als zweier für sich bestehender leerer Behälter für die Dinge. Kant betrachtet Raum und Zeit in ihrer Wechselbeziehung, doch wird diese Beziehung nur im erkennenden Subjekt hergestellt. Außerhalb des Menschen, in der Welt der Dinge an sich, sind andere Arten der Gleichzeitigkeit und Aufeinanderfolge möglich. Heute wissen wir von der Existenz der nichteuklidischen Geometrie. Wir wissen auch, daß sich unsere optische Wahrnehmung von dem uns real umgebenden Raum unterscheidet.

Die Zeit spielt in den philosophischen Konstruktionen Kants eine wichtige Rolle. Zwar läßt sich die Kantische Interpretation der Zeit nicht anders als poetisch nennen. Nicht zufällig begeisterten sich zwei russische Dichter für die transzendentale Ästhetik.

Andrej Belyj:

> Im Frühling schweift der Blick in die Ferne:
> Die lasurblauen Höhen droben. . .
> Hier vor mir aber die ›Kritiken‹ –
> Ihre ledernen Einbände . . .
> In der Ferne – eines anderen Seins
> Sternenäugige Gewandung . . .
> Und, aufschauernd, besinne ich mich
> Der illusorischen Natur des Raums.[81]

Alexander Blok:

Ich sitze hinter dem Wandschirm. Ich habe
So winzige Beinchen . . .
So kleine Hände habe ich
Und so ein dunkles Fenster.
Warm ist es hier und dunkel. Ich lösche
Das Licht, das man mir bringt,
Doch zeige ich Dank . . .
Längst werd ich gebeten, mich zu zerstreuen,
Doch diese Händchen . . .Ich bin verliebt
In meine runzlige Haut . . .
Ich kann einen lieblichen Traum erleben,
Beunruhigen aber werd ich mich nicht:
Werde nicht beunruhigen mein regloses Dämmern,
Nur dort, die Lichtgewebe am Fenster . . .
Die kleinen Hände kreuze ich,
Auch kreuze ich die kleinen Beine.
Ich sitze hinter dem Wandschirm, im Warmen.
Hier ist doch jemand. Ich brauche kein Licht.
Unergründlich die Augen, wie Fensterglas.
Am runzligen Händchen – kleine Ringe.[82]

Das Gedicht heißt ›Immanuel Kant‹. Der Dichter hat sich nach
seinen eigenen Worten an der transzendentalen Ästhetik inspi-
riert. Da sitzt ein kleiner gebrechlicher Mensch, weltabgeschie-
den, im Dunkeln dahindämmernd, in völliger Selbstversunken-
heit. So sieht der Dichter den Philosophen. Das ist fast eine
groteske Darstellung. Nur wo sind hier Raum und Zeit? Vielleicht hatte Blok zufällig gerade diesen Teil der ›Kritik der
reinen Vernunft‹ durchgelesen (wie er jeden anderen Teil hätte
durchlesen können) und dann seine Beziehung zu Kant als
Persönlichkeit in Verse gesetzt? Ist die transzendentale Ästhetik
nur ein Vorwand? Diese Möglichkeit ist nicht ausgeschlossen.
Aber wahrscheinlich handelt es sich hierbei um etwas anderes,
wovon wenig später die Rede sein wird.
Unbezweifelte Errungenschaft der Erkenntnistheorie Kants ist
die neue Sicht auf die Wechselbeziehung von Anschauung und
Intellekt. Im 17. Jahrhundert stritten zwei gegensätzliche Richtungen in der Erkenntnistheorie – Sensualismus und Rationalismus. Die Sensualisten meinten, daß der sinnlichen Erkenntnis

die Hauptrolle zukomme, die Rationalisten dagegen gaben dem Intellekt den Vorzug. Doch weder die eine noch die andere Schule sahen den prinzipiellen Unterschied zwischen den beiden Erkenntnisarten. Für die Sensualisten war logische Erkenntnis nur vervollkommnete Sinnlichkeit (Locke meinte, daß es im Verstand auch nichts anderes gebe, als was in den Sinnen ist). Den Rationalisten war Sinnlichkeit so etwas wie Intellekt in Potenz. Kant unterstrich die Unreduzierbarkeit des einen »Erkenntnisstammes« auf den anderen: »Keine dieser Eigenschaften ist der anderen vorzuziehen. Ohne Sinnlichkeit würde uns kein Gegenstand gegeben, und ohne Verstand keiner gedacht werden. Gedanken ohne Inhalt sind leer, Anschauungen ohne Begriffe sind blind.«[83] Wissenschaftliche Erkenntnis ist Synthesis von Sinnlichkeit und Verstand.

Wie kommt diese Synthese zustande? Der Antwort auf diese Frage ist ein ansehnlicher Teil der transzendentalen Logik gewidmet. Die traditionelle formale Logik sah ihre Aufgabe in der Erforschung der Struktur des abstrakten Denkens, eines Denkens, das abgezogen ist von seinem Inhalt. Kant will eine Reform der Logik: »In diesem Falle würde es eine Logik geben, in der man nicht von allem Inhalt der Erkenntnis abstrahierte; ... sie würde auch auf den Ursprung unserer Erkenntnisse von Gegenständen gehen, so fern er nicht den Gegenständen zugeschrieben werden kann.«[84] Die letzte Einschränkung ist sehr wesentlich. Doch hier interessiert uns nicht die Einschränkung, sondern der Sachverhalt: Die transzendentale Logik Kants ist auf Inhalte bezogen, sie verfolgt Herkunft, Umfang und Bedeutung der Erkenntnis. Und noch eines muß man sich ganz deutlich machen: Kant spricht viel von der Form, aber er hat dabei eine inhaltsbezogene Form vor Augen, eine leere, inhaltslose Form existiert für ihn nicht. Kant ist kein Formalist (letzteres ist besonders wichtig für ein rechtes Verständnis seiner Kunstphilosophie).

Jetzt weiter über die Synthesis der Erkenntnis. Die logischen Formen, die dieser Fundamentalsynthese dienen, nennt Kant, Aristoteles folgend, Kategorien. Für Kant sind die Kategorien apriorisch. (Gleichwohl sind sie durchaus nicht angeboren, sondern von uns selbst erzeugt im Verlauf der »Epigenesis der reinen Vernunft«.) Entsprechend den vier verschiedenen Urteilsarten entsteht bei Kant die folgende Kategorientafel: 1. Kategorie der Quantität: Einheit. Vielheit. Allheit. 2. Kategorie der Qualität: Realität. Negation. Limitation. 3. Kategorie der Relation: der Inhärenz und Subsistenz (substantia et accidens), der Kausalität und Dependenz (Ursache und Wirkung), der Gemeinschaft (Wechselwirkung zwischen dem Handelnden und Leidenden). 4. Kategorie der Modalität: Möglichkeit – Unmöglichkeit. Dasein – Nichtsein. Notwendigkeit – Zufälligkeit.

Auffällig ist die dreigliedrige Einteilung jeder Kategoriengruppe. Hier läßt sich schon klar die künftige Hegelsche Triade erkennen: Thesis, Antithesis, Synthesis. Später (in der ›Kritik der Urteilskraft‹) erläutert Kant seinen Gedanken in folgendem Bild: »Man hat es bedenklich gefunden, daß meine Eintheilungen in der reinen Philosophie fast immer dreitheilig ausfallen. Das liegt aber in der Natur der Sache. Soll eine Eintheilung a priori geschehen... so muß nach demjenigen, was zu der synthetischen Einheit überhaupt erforderlich ist, nämlich erstens Bedingung, zweitens ein Bedingtes, drittens der Begriff, der aus der Vereinigung des Bedingten mit seiner Bedingung entspringt, die Eintheilung notwendig Trichotomie sein.«[85]

Die Kategorien sind höchst allgemeine Begriffe, gleichsam das Skelett der Erkenntnis. Nur weil sie existieren, ist nach Kant »reine« Naturwissenschaft möglich. Aber so wie man keinen Organismus erhält, indem man dem Skelett eine Haut überzieht, so ist auch das Corpus der Wissenschaft etwas Komplizierteres als das Auffüllen der zwölf kategorialen Formen mit empirischen Inhalten. Von jeder Kategorie sind Kategorien minderer Allgemeinheit abgeleitet. Die Kategorie der Kausalität zum Beispiel wird ergänzt durch die Begriffe der Kraft, der Handlung, des Leidens; die Kategorie der Gemeinschaft durch die der Gegenwart, des Widerstandes. Kant sagt, daß er nach Belieben »den Stammbaum des reinen Verstandes völlig ausmalen«[86] könne; er tut das aber nicht, um nicht abzulenken; seine Aufgabe ist die Darstellung der Vollständigkeit nicht des Systems, sondern nur der Prinzipien, die es begründen.

Für mich als einen dialektischen Materialisten stellen alle philosophischen Kategorien eine Abstraktion von den realen Zusammenhängen der objektiven Wirklichkeit dar. Für Kant liegt die

Sache anders: »Wir können uns nichts im Objekt verbunden vorstellen, was wir nicht vorher selbst verbunden haben.« Es gibt noch eine entschiedenere Erklärung: »Der Verstand schöpft seine Gesetze (a priori) nicht aus der Natur, sondern schreibt sie dieser vor.«[87]

Kants Gedanke verlangt Kommentar. Legen wir ihn falsch aus, so können wir nicht das Hauptmoment seiner Erkenntnistheorie verstehen – die Vorstellung von der Aktivität unseres Bewußtseins: gerade in ihr sah der Philosoph sein Grundverdienst. Er verglich sich sogar mit Kopernikus, in der Meinung, daß er die Sache der Philosophie in nicht minder kardinaler Weise wandte: früher war man der Ansicht, daß unsere Erkenntnis sich nach den Objekten richten müsse. Kant geht davon aus, daß die Objekte sich nach unserer Erkenntnis richten müssen.

Das klingt paradox, aber Paradoxa darf man nicht scheuen: sie wecken das Nachdenken und lenken es auf neue Wege. Das Neue, worauf Kant fest bestand, war die Einsicht in die aktive Rolle unseres Bewußtseins. Die gesamte vorkantische Philosophie betrachtete den menschlichen Intellekt als passiven Behälter von Ideen, die dorthin entweder auf natürlichem oder übernatürlichem Wege gelangt sind. In diesem Punkte sündigten gleicherweise Idealisten wie Materialisten. Kant überspannte mit seinen kategorischen Formulierungen den Bogen, tat dies aber in guter Absicht: denn um etwas Verbogenes geradezurichten, muß man es in entgegengesetzter Richtung biegen. Und in der Erkenntnistheorie bis zu Kant war vieles verbogen, und alles nach einer Seite.

Darüber hinaus wissen wir, daß Kant, wenn er sagt »Gegenstand der Erkenntnis« (und sogar »Natur«), nicht die Dinge an sich im Sinn hat, sondern die Erscheinungen, d. h. jenen Teil der Wirklichkeit, der in ein Wechselverhältnis mit unserer Erkenntnis tritt. Und dieser Teil der Wirklichkeit – darüber darf man sich nicht hinwegsetzen – richtet sich nach den Handlungen, die wir im Verlauf unserer Verstandestätigkeit vornehmen; der Wirklichkeitsbereich der Erscheinungen ist eingeschlossen in das System unserer vernünftig organisierten Erfahrung. Marx schätzte die klassische deutsche Philosophie (deren Ahnvater Kant war) deshalb, weil sie die aktive Seite der Erkenntnis hervorhob. Das Bewußtsein spiegelt die Welt nicht wider, sondern erschafft sie auch – für den dialektischen Materialisten ist dies ein Axiom. Seine Ursprünge liegen bei Kant.

Indes handelt es sich hier nicht so sehr um das individuelle Bewußtsein des Einzelwesens, als um das »Bewußtsein überhaupt«, um unser geistiges Gemeingut, wie es in der Sprache oder in anderen Formen der Kultur fixiert ist. Das transzendentale Bewußtsein, das nach Kant »die Natur« bestimmt, ist demnach das ganze, ein strukturiertes, Weltbild. Das transzendentale Subjekt ist sowohl der Einzelmensch als auch die gesamte Menschheit.

Aber das ist noch nicht alles. Die Lehre Kants von der Aktivität des Bewußtseins verschaffte Klarheit über einen der rätselhaftesten Prozesse: den der Begriffsbildung. Große Geister, Vorgänger Kants, gerieten in eine Sackgasse bei dem Versuch, dieses Problem zu lösen. Die Sensualisten beharrten auf der Induktion, dem Ableiten gewisser allgemeiner Merkmale und Prinzipien aus Erfahrungstatsachen. Die Alltagserfahrung lehrt uns, daß Schwäne weiß und Raben schwarz sind. Doch schon der gesunde Menschenverstand verhält sich solcher Art der Verallgemeinerung gegenüber sehr skeptisch: der Ausdruck »weißer Rabe« bezeichnet einen äußerst seltenen, aber immerhin doch möglichen Verstoß gegen die gewöhnliche Ordnung der Dinge; und einen schwarzen Schwan gibt es wirklich. Und wie soll man mit Hilfe der Induktion, also dem Abstrahieren allgemeiner Merkmale, die Möglichkeit der Erfindung erklären, der geistigen Schöpfung und Konstruktion von etwas Neuem, das es bislang nicht gab – einer Maschine oder wissenschaftlichen Theorie?

Die Rationalisten beschritten andere Wege. Sie sahen eine strikte – vom Menschen unabhängige – Entsprechung zwischen der Ordnung der Ideen und der Ordnung der Dinge. Das Denken hielten sie für ein gewisses »automaton spirituale« (Ausdruck Spinozas), das Wahrheit prägt, insofern es nach einem zuvor geschaffenen »prästabilierten« (Ausdruck Leibniz') Programm arbeitet. Die Erklärung war solide, doch hatte sie einen wesentlichen Fehler: sie konnte die Frage nicht beantworten, woher die Irrtümer stammen. Charakteristisch ist der Versuch Descartes', aus diesem Widerspruch herauszufinden. Die Wurzel des Irrtums sieht er im freien Willen; je weniger der Mensch das Licht der göttlichen Wahrheit verdunkelt, desto mehr ist er gegen Fehler gefeit; Passivität ist also Garantie für die Wahrhaftigkeit der Erkenntnis.

Kant bricht, ähnlich Kopernikus, entschieden mit der vorangehenden Tradition. Er sieht im menschlichen Intellekt eine im voraus errichtete Konstruktion – die Kategorien, doch ist das noch nicht wissenschaftliche Erkenntnis selbst, ist lediglich ihre Möglichkeit; und eine ebensolche Möglichkeit stellen die empirischen Daten dar – eine Art Baumaterial, womit die ausgesparten Stellen im Gerüst der Kategorien aufzufüllen sind. Um das Gebäude aber im Zusammenhang entstehen zu lassen, bedarf es eines aktiven Baumeisters; Kant nennt den Namen: es ist die produktive Einbildungskraft.

Vor Kant hielt man die Einbildungskraft für ein Prärogativ der Dichter. Der trockene Pedant aus Königsberg erblickte auch in der Wissenschaft ein poetisches Prinzip: im Akt der Begriffsbildung. Ein Mensch, der wie ein Automat gelebt hat, verwarf die Bezeichnung Automat für den Intellekt des Menschen. Der Geist ist nach Kant ein freier Künstler.

Vielleicht hat die Liebe zur Geographie Kant geholfen, die Rolle der Einbildungskraft im Erkenntnisprozeß zu verstehen: er erzählte Studenten von Ländern, die er nie gesehen hat, sich aber lebhaft nach Berichten anderer vorstellte. Einiges Wesentliche konnte Kant bei Voltaire lesen, der für die bekannte ›Encyclopédie‹ den Artikel über die Imagination geschrieben hatte. Nach Voltaires Ansicht tritt Phantasie in der angewandten Mathematik zutage: bei Archimedes war die Einbildungskraft nicht weniger entwickelt als bei Homer!

Was sagen nun die modernen Wissenschaftler dazu? Vor mir liegt das Werk des bekannten französischen Mathematikers Jacques Salomon Hadamard ›The psychology of invention in the mathematical field‹.[88]

Das Buch enthält den Aufsatz eines noch bekannteren Mathematikers, H. Poincarés. Hadamard hat nicht verhehlt, woher er seine Gedanken bezog. Es handelt sich darum, daß der Prozeß wissenschaftlicher Kreativität bedingt in vier Etappen eingeteilt werden kann – Vorbereitung, Inkubation, Erleuchtung und Abschluß. Die erste und vierte Etappe beruhen auf der Tätigkeit des Bewußtseins, die zweite und dritte Etappe auf den unbewußten Komponenten der Psyche. Die wissenschaftliche Entdeckung erweist sich also in ihrem Mittelglied verbunden mit unkontrollierter Arbeit der Intelligenz. Die Erleuchtung tritt mitunter in jenem Moment auf, wenn die bewußten Komponenten des Denkens abgeschwächt oder völlig ausgeschlossen sind. Das bedeutet keineswegs, daß Entdeckungen ihrer Natur nach zufällig sind. Nur das hochentwickelte Bewußtsein des Gelehrten kann eine »heuristische Situation« schaffen, die Aufmerksamkeit auf neue Daten richten und ihren Widerspruch mit der existierenden Theorie sehen. Nur das Bewußtsein kann das Problem stellen und formulieren, vermag der Suche eine gemeinsame Richtung zu geben. Was aber geht weiter vor sich? In die Arbeit schaltet sich ein ganz anderer Typ des Denkens ein, nicht jener übliche, der mit einem deutlich fixierten Zeichensystem verbunden und für die Bedürfnisse der Kommunikation eingerichtet ist. Das schöpferische Denken fordert flexiblere Formen. »Wörter fehlen völlig in meinem Verstand, wenn ich denke«, behauptet Hadamard, anstelle der Wörter verwendet er »Flecken unbestimmter Form«. H. Poincaré entschuldigt den groben Vergleich und schlägt vor, die Komponenten des Unbewußten sich in Art gewisser »Atome« vorzustellen, die bis zum Beginn der intellektuellen Tätigkeit sich in unbeweglichem Zustand befinden, als ob sie »an die Wand geklebt« seien. Die anhebende bewußte Tätigkeit, womit die Aufmerksamkeit auf das Problem gelenkt wird, setzt diese Atome in Bewegung. Hernach wird sich nur das Bewußtsein ausruhen, für den unbewußten Denkprozeß erweist sich Ruhe als scheinbar; die Arbeit der »Atome« des Unterbewußten hört erst dann auf, sobald sich die Lösung anbietet. »Nach diesem Impuls, der den Atomen durch unseren Willen mitgeteilt wurde, kehren sie nicht mehr in ihren ursprünglichen unbeweglichen Zustand zurück. Sie setzen frei ihren Tanz fort.« Schöpferisch tätig sein bedeutet, eine Auswahl zu treffen, indem man unpassende Varianten beiseite läßt; und zwar wird die unbewußte Auswahl gesteuert vom Gefühl für wissenschaftliche Schönheit.[88]

Nun wieder zu Kant. Den Ausdruck »das Unbewußte« gebraucht er nicht. Im Kapitel zuvor baten wir den Leser, einen anderen Terminus im Gedächtnis zu behalten: »dunkle Vorstellungen«, den er in der Preisschrift von 1764 verwendete. Hier ist eine vielsagende Reflexion aus dem handschriftlichen Nachlaß: »Das Meiste geschieht vom Verstande in der Dunkelheit ... Dunkle Vorstellungen sind praegnant von klaren. Moral. Nur Klarheit in dieselbe zu bringen. Die Hebamme der Gedanken. Alle actus des Verstandes und Vernunft könen in der Dunkelheit geschehen ... Daß die Schonheit müsse unaussprechlich seyn. Was wir denken, könen wir nicht immer sagen.«[89] Fügt man dem noch eine Reihe analoger, ebenso entschiedener Formulierungen Kants aus anderen handschriftlichen Aufzeichnungen hinzu, dann wird der Einklang zwischen ihm und Hadamard–Poincaré noch erstaunlicher. Die moderne Heuristik beschäftigt sich mit Problemen, die schon Kant bewegten.

Vielleicht läßt sich uns entgegenhalten, daß der Terminus »dunkle Vorstellungen« auch in der ›Kritik der reinen Vernunft‹ nicht vorkommt (Kant gebraucht ihn nur in frühen und späten Arbeiten). Nichtsdestoweniger ist die Vorstellung des unbewußten, gleichwohl aktiven, schöpferischen Prinzips als Sachverhalt unzweideutig vorhanden. Kant spricht von der Spontaneität des Denkens. Der Verstand ist dank der produktiven Einbildungskraft selbst spontan, d. h. er schafft sich elementar, außerhalb der Kontrolle durch das Bewußtsein, seine Begriffe. »Sofern die Einbildungskraft nun Spontaneität ist, nenne ich sie auch bisweilen die Produktive Einbildungskraft.«[90] Das ist einer der Grundgedanken der Kritik der reinen Vernunft.

Aber wo liegt die Garantie, mag der Leser fragen, daß unsere Einbildungskraft einen brauchbaren Begriff hervorbringt und nicht weiß Gott was produziert? Das ist eben das Wahrheitsproblem der Erkenntnis, von dem wir zuvor gehandelt haben. Zudem haben wir schon erläutert, daß auch die produktive Einbildungskraft bedingt ist: erstens durch fertige Konstrukte (die Kategorien), und zweitens durch gegebenes Baumaterial – die empirischen Daten. Eben deswegen fabriziert die Einbildungskraft keine Luftschlösser, sondern ein solides wissenschaftliches Gebäude. Die produktive Einbildungskraft ist nicht leere Phantasie. Mit diesem Werkzeug wird die Synthese von Sinnlichkeit und Verstand hergestellt.

Kant bringt außer dieser allgemeinen Feststellung wenig zusätzliche Erläuterungen. Er versucht den Verlauf dieser Synthese zu bestimmen und entdeckt darin eine gewisse Zwischenphase, ein Mittelglied zwischen der Sinnlichkeit und dem abstrakten Denken. In der ›Kritik der reinen Vernunft‹ taucht ein neuer Terminus auf: »das Schema«. Da hat gleichsam die produktive Einbildungskraft ein Mittelding fabriziert, etwas ganz Merkwürdiges – einerseits sinnlich, andererseits intellektuell: eine »vermittelnde Vorstellung«, »sinnliche Begriffe«. Hegel wird dann (in anderem Zusammenhang) »abstrakte Vorstellung« sagen; den großen Dialektiker interessiert das Problem einer solchen Synthese natürlich nicht: von der Sinnlichkeit mag er nur Unannehmlichkeiten erwarten; er meint, der Geist gehe auch ohne Sinnlichkeit seinen Gang zur Wahrheit, die eine Wahrheit der Identität von Sein und Denken ist. Kant ist zwar kein so bedeutender Dialektiker, aber gerade er versucht die dialektische Aufgabe zu lösen: den Gegensatz von Sinnlichem und Logischem zu vereinen.

Kant betont, daß das Schema vom Bild zu unterscheiden sei. Letzteres ist immer anschaulich. Setzt man fünf Punkte hintereinander, so ist es das Bild einer bestimmten Vielzahl; das reine Schema der Vielzahl ist jedoch nur die Zahl allein. Begriffen liegen also nicht Bilder zum Grunde, sondern Schemata. Wie sie entstehen, ist schwer zu sagen: es ist »eine verborgene Kunst in den Tiefen der menschlichen Seele, deren wahre Handgriffe wir der Natur schwerlich jemals abraten und sie unverdeckt vor Augen legen werden«. Immerhin zeigt Kant den vermittelnden Mechanismus der Synthese von Sinnlichkeit und Verstand auf: die Zeit. Die Zeitreihe ist gleicherweise Anschauungen wie Begriffen zugehörig. Die Zeit liegt dem Schema zum Grunde. Werfen wir jetzt noch einmal einen Blick auf die Kategorien, so wird klar, wie Kant sich das aller Erfahrung vorausliegende Entstehen der Kategorien vorstellt: wir haben es schon als »Epigenese der reinen Vernunft«[91] erwähnt. Jede Kategorie hat ihr Schema. Was ist zum Beispiel das Schema der Substanz? Es ist die Beharrlichkeit des Realen in der Zeit. Oder das Schema der Ursache? Eine Realität, worauf ein anderes Reales folgt. Mit Hilfe der Zeit konstruiert unsere Einbildungskraft die Kategorien; und zwar eben die Kategorien, die »der Natur die Gesetze vorschreiben«. Will man sich jenseits der Gesetzmäßigkeit der Natur begeben, muß man die Zeit überwinden. Diese These müssen wir uns merken; wir brauchen sie, wenn wir uns wieder Blok zuwenden.

Nun, die besondere Natur der Intuition klärt sie natürlich nicht. An diesem Ort muß der Begriff Intuition gebraucht und erörtert werden. Es gilt die Ansicht, daß Kant die Intuition aus der Sphäre des Intellekts verwiesen habe, insofern er sie ganz in die Sphäre der Sinnlichkeit setzte. In Wirklichkeit verwies Kant nur das Wort, die Sache selbst hat er erweitert und bereichert. Mit dem Terminus »Intuition« bezeichneten Descartes und Spinoza, wie auch deren Vorgänger, ein passives unmittelbares Erschauen der Wahrheit. Kant übernahm diese Interpretation; nach seiner Meinung sind die Gefühle passiv. Insoweit der Intellekt nun tätig ist, gibt es in ihm keinen Ort für die Intuition. Die Intuition (Anschauung) kann also nach Kant nur sinnlich sein.

Heute ist Intuition für uns etwas anderes. Wir sehen in ihr das unmittelbare Vermögen zum Schöpfertum, das Auffinden dessen, was man braucht. Passive Erkenntnis gibt es überhaupt nicht. Wie neueste psychologische Forschungen zeigen, ist die menschliche Psyche sogar auf der Ebene der Sinnesorgane tätig; auch hier findet kein automatisches Abphotographieren, sondern ein ganz eigentümlicher schöpferischer Prozeß statt. Das tätige Prinzip im Intellekt, das Kant produktive Einbildungskraft nannte, ist nichts anderes als eine Spielart der Intuition.

Nicht nur bei der Begriffsbildung, sondern auch im Begriffsgebrauch ist Intuition nötig. Der Gelehrte (oder auch jeder andere) soll nicht nur über ein Instrumentarium allgemeiner Regeln, Gesetze, Prinzipien verfügen: er muß sie auch in konkreten Einzelfällen anwenden können. Kant nennt diese intuitive Fähigkeit »Urteilsvermögen«. Die Urteilskraft ist »auch das Spezifische des sogenannten Mutterwitzes, dessen Mangel keine Schule ersetzen kann; denn ob diese gleich einem eingeschränkten Verstande Regeln vollauf, von fremder Einsicht entlehnt, darreichen und gleichsam einpfropfen kann, so muß doch das Vermögen, sich ihrer richtig zu bedienen, dem Lehrlinge selbst angehören, und keine Regel, die man ihm in dieser Absicht vorschreiben möchte, ist in Ermangelung einer solchen Naturgabe vor Mißbrauch sicher. . . . Der Mangel an Urteilskraft ist eigentlich das, was man Dummheit nennt, und einem solchen Gebrechen ist gar nicht abzuhelfen.«[92]

Kant hat die Intuition unter anderen Titeln, doch unserem modernen Verständnis entsprechend beschrieben (später wird von der Intuition in der Kunst und der Intuition in der Ethik die Rede sein). Die Intuition begleitet die Erkenntnisbewegung sozusagen in jeder Richtung: »nach oben«, wenn die Abstraktionen entstehen, und »nach unten«, wenn sich diese Abstraktionen mit der Sache verbinden. Im ersten Fall arbeitet die produktive Einbildungskraft, im zweiten das Urteilsvermögen. Ohne diese beiden ist die Funktionsfähigkeit des Verstandes unmöglich.

Somit haben wir also den Verstand, verbunden mit dem intuitiven Urteilsvermögen. Daneben nennt Kant noch eine Sphäre der intellektuellen Tätigkeit, und zwar ihre höchste Ebene – die Vernunft. Im weiten Sinn des Wortes ist Vernunft gleichbedeutend allem logischen Denken. Zuweilen freilich ist Kant nicht konsequent und gebraucht auch »Verstand« in dieser Bedeutung. In engerem Sinne ist der Verstand die Sphäre der Wissenschaft: hier eben realisiert sich die Synthesis der Erkenntnis; die Vernunft dagegen ist die höchste kontrollierende und regulierende Instanz: ihre Sphäre ist die Philosophie. Die Analytik ist die Lehre vom Verstand, die Dialektik die Lehre von der Vernunft.

Gerade mit der Analytik hat Kant sich jahrelang herumgequält. Dreiviertel des Buchs war schon geschrieben. Es fehlten der Anfang und das Kernstück. Kant konnte die Hauptaufgabe nicht lösen: den Aufweis, wie wissenschaftliche Erkenntnis überhaupt entsteht. Er verharrte gleichsam vor diesem Problem wie vor einer blinden Mauer, aus der er mit den Händen einzelne Ziegel herauszuklauben versucht. Mit eiserner Entschlossenheit gab er sich dieser Tätigkeit hin, Tag für Tag, Monat für Monat. Und die Mauer brach ein. Es kam wie eine Erleuchtung – die ewig währen sollte.

Fortschritt der Wissenschaft ist Befreiung von Vorurteilen. Von diesem beispielsweise, daß wissenschaftliche Erkenntnis allmächtig sei. Das war eine der Illusionen der frühen Aufklärung: Die Wissenschaft vermag alles; sie kann das Dasein Gottes beweisen, die Unsterblichkeit der Seele begründen, alle Geheimnisse des menschlichen Seins enthüllen. Es war eine der Aufgaben von Kants Selbstkritik der Vernunft, die Unbegründetheit ähnlicher Ansprüche der Vernunft aufzuzeigen.

Die Dialektik ist – nach Kant – eine Logik des Scheins. Denn die Vernunft hat die Fähigkeit, Illusionen hervorzubringen, Scheinbares für Wirkliches zu nehmen. Die Aufgabe der Kritik ist es, hierüber Klarheit zu verschaffen. Deshalb beginnt Kant die ›Dialektik‹ mit einer Definition des Begriffs »Schein«. Er ist keine Halluzination, kein Phantom, was eine Ausgeburt der individuellen Erkenntnis wäre. Der Schein ist eine Illusion, die »gar nicht zu vermeiden ist«.[93] Uns scheint es zwar, daß die Sonne sich über den Himmel bewegt, das sehen alle. Wollen wir das jedoch als Naturerscheinung des Wechsels von Tag und Nacht bestimmen, dann greifen wir zur Erklärung, daß die Erde sich um die eigene Achse dreht; Erscheinung und Schein sind verschiedene Begriffe. Außer dem empirischen Schein kann es aber auch logischen Schein geben, wenn man die logischen Regeln nicht beachtet. Der Irrtum ist jeweils leicht zu beseitigen. Schwieriger verhält es sich mit dem philosophischen transzendentalen Schein, insofern da Urteile gefällt werden über Dinge, die jenseits der Grenzen einer möglichen Erfahrung liegen. Zum Beispiel ist dies so in dem Urteil: Die Welt muß einen Anfang in der Zeit haben.

Die Schwierigkeit für die Vernunft besteht darin, daß sie es hier nicht mit naturwissenschaftlichen Begriffen (der Sphäre des Verstandes), sondern mit Ideen zu tun hat. Idee ist auch solch ein Begriff, für den in der Anschauung kein adäquates Objekt gegeben werden kann. Die Vernunft ist in ihrer unmittelbaren Wirkung nicht auf die Erfahrung gerichtet, sondern auf den Verstand; Vernunft muß dem Verstand das Feld seiner Tätigkeit allererst eröffnen. Sie arbeitet Grundsätze aus, allgemeine Prinzipien, die der Verstand und das Urteilsvermögen auf besondere Fälle anwenden. Die Vernunft erfüllt eine regulative Funktion im Erkenntnisprozeß, sie richtet den Verstand auf ein bestimmtes Ziel aus, stellt ihm die Aufgaben. (Die Funktion des Verstands ist konstitutiv, das heißt konstruktiv: er schafft die Begriffe.) Die Vernunft reinigt und systematisiert die Erkenntnis.

Daher ist es falsch zu meinen, Kant habe der Vernunft nicht ihr

Recht widerfahren lassen. Durch richtigen disziplinierten Gebrauch kann dieses Denkorgan sich großes Verdienst erwerben. Denn nur dank der Vernunft geht Theorie in Praxis über, dank ihrer regulieren Ideen nicht nur unsere Erkenntnis, sondern auch unser Verhalten. Man darf nicht schließen, daß die Idee einer reinen Tugend schon an sich eine Chimäre ist, weil niemand einer solchen Idee gerecht werden kann. Jedes moralische Werturteil ist nur möglich mittels einer solchen Idee.

Kant erinnert an Platons Idee des vollkommenen Staates. Ihres Anspruchs darf man sich nicht unter dem Vorwand erwehren, sie sei nicht realisierbar. Eine Staatsordnung, die auf ein Höchstmaß an menschlicher Freiheit gegründet ist, wo die Freiheit des einzelnen mit der Freiheit aller anderen vereinbar ist: solch eine Staatsordnung ist eine notwendige Idee, die Grundlage jeder neuen Gesetzgebung sein muß. Nichts ist schädlicher und eines Philosophen unwürdiger als ignorante Hinweise auf eine angeblich widersprechende Erfahrung. Und mag es auch nach Auffassung Kants eine vollkommene Ordnung niemals geben, so bleibt sie doch eine wahre Idee, die dieses Prinzip sozusagen als Prototyp vorstellt, damit es eine Richtschnur abgebe, die allgemeine Rechtsordnung zu immer größerer Vollkommenheit zu führen.

Die Ideen spielen eine große Rolle auch in der theoretischen Sphäre. Die Vernunft zeigt die Beschränktheit der kategorialen Synthesis des Verstandes, indem sie – als Vernunft – zu höchsten Verallgemeinerungen fortschreiten kann, die jenseits der Grenzen der Erfahrung liegen. Die theoretischen Ideen bilden ein System, das sich aus den drei möglichen Beziehungen der Begriffe auf die Realität ableiten läßt: erstens die Beziehung auf das Subjekt, zweitens auf das Objekt, drittens auf das eine wie das andere, d. h. zu allen Dingen überhaupt. Auf diese Weise gibt es drei Klassen von Ideen – über die Seele, Welt und Gott.

Die philosophischen Vorgänger Kants urteilten über alle drei Klassen höchst leichtfertig. Kant ist der Meinung, daß die Vernunft gerade auf diesem Gebiet der gründlichsten Selbstkontrolle und Selbstkritik bedürfe. Was taugen die verwirrenden Urteile über die Seele oder die Substanz und die von ihnen abgeleiteten Sätze über die Unsterblichkeit? Kant nennt solche

Urteile Paralogismen – das sind falsche formelle Vernunft-schlüsse. Mühelos deckt er die Fehler auf.

In der zweiten Auflage der ›Kritik der reinen Vernunft‹ (1787) hatte Kants scharfe Kritik einen ganz bestimmten Adressaten. Im Text taucht ein neuer Abschnitt auf: »Widerlegung des Mendelssohnschen Beweises der Beharrlichkeit der Seele«. Moses Mendelssohn hatte in seinem Traktat ›Phaidon‹ die Unsterb-lichkeit der Seele mit dem Verweis auf ihre Einfachheit und Unteilbarkeit begründet. Das Unteilbare kann nicht weniger werden und folglich auch nicht verschwinden. Kant bemerkt zu diesem Beweis, daß die Verminderung nicht nur als Veränderung der Größe vor sich gehen könne, das ist extensiv, sondern auch als Veränderung der Grade der Realität, also intensiv. Das Bewußtsein läßt sich nicht in Atome zerteilen, sondern hat unterschiedliche Grade der Realität.

Zwei Jahre vor der zweiten Auflage der ›Kritik der reinen Vernunft‹ erschien auf dem deutschen Buchmarkt das anonyme Werk ›Anti-Phaidon‹. Der Verfasser Karl Spazier, Lehrer am Philanthropin in Dessau, Schriftsteller und Philosoph, nahm Kants kritische Argumentationen gegen Mendelssohn vorweg. Spazier merkte an, daß die Intensität des Bewußtseins sich ändere in Relation zur Altersstufe: in der Jugend nimmt sie zu, im Alter ab. Schwer zu sagen, ob Kant den Text des Anti-Phaidon kannte.

Spazier aber war mit Kants Werken vertraut. In seinem Buch nennt er Kant einen der »größten Denker«, verweist auf die ›Träume eines Geistersehers‹ und die ›Kritik der reinen Ver-nunft‹. Dieser Umstand ist sehr wichtig: indem der Kritizismus Kants die idealistischen Dogmen zerstörte, spielte er auch eine gewichtige Rolle bei der Erstellung eines materialistischen Weltverständnisses. Nun ist zwar Spazier ein Materialist ganz eigener Art: er meint, die Seele sei materiell und eben deshalb unsterblich. Eine solche Divergenz in der materialistischen Lehre war in Deutschland ziemlich weit verbreitet: wohl wollte man auf der Höhe des wissenschaftlichen Fortschritts stehen, nicht aber mit Gott streiten. Diese beiden Richtlinien leiteten auch Kant. Nur hütete er sich vor vorschnellen Schlüssen.

Kommen wir nun zur nächsten Gruppe der Begriffe der reinen Vernunft – zu den kosmologischen Ideen. Wir möchten den

Leser mit der ganzen Tragweite des Problems vertraut machen. So wie die Lehre von der produktiven Einbildungskraft einen Höhepunkt der Analytik darstellt, so sind die Antinomien ein Höhepunkt der Kantischen Dialektik. Es ist der zweite bedeutsame Problemkomplex der ›Kritik der reinen Vernunft‹. Über die Antinomien ist deswegen auch viel geschrieben worden – tiefsinnig und sogar schön. Beispiele sind leicht zu finden. Folgenden Auszug aus dem Buch des sowjetischen Literaturwissenschaftlers Ja. E. Golosovker ›Dostoevskij und Kant‹ wollen wir der gründlichen Auseinandersetzung mit dem Problem voranstellen.

»Welchen philosophischen Weg ein Denker auch betreten haben mag: er muß eine Brücke überwinden – Kant. Obgleich nun diese Brücke – im übrigen eines der sieben Weltwunder des spekulativen Konstruktivismus – von den hohen Dämmen der menschlichen Erfahrung gesichert ist, dringt eisiger Wind der Hoffnungslosigkeit dem Wanderer durch Mark und Bein, und vergebens wird er im Dämmerlicht rundum nach der Sonne des Lebens forschen. Mag der fröstelnde Denker auch noch so vorsichtig und langsam voranschreiten und dabei oft Rast machen – bevor er die Brückenmitte erreicht hat, spürt er, daß sein Schritt unsicher wird, daß die Brücke unter ihm schwankt und bebt, daß er auf verdächtig skeptischem Wege wandelt ...

Und plötzlich beginnt die Brücke, ihn den Denker wie ein Kasperle von einer Seite auf die andere zu werfen; einmal fällt er kräftig nach unten, dann wieder fliegt er in die Höhe, als ob die Brücke keine Brücke sei, sondern irgendein ausgeklügeltes System tanzender Tragejoche, die ihn hin und her, von einem Jocharm zum anderen schleudern. Zu alledem bemerkt er zwischen den zusammengeketteten Tragejochen einen gähnenden Abgrund, dessen tiefste Tiefe sein forschender Blick niemals erreicht. Und wenn nun das Bedürfnis nach Solidität, diesem wesentlichen Element aller Kultur, ihn, als hartnäckigen Dogmatiker, dazu veranlaßt, nach einem festen Halt zu suchen, einem ja oder nein, gerade hier inmitten dieser tanzenden vier Tragejoche (ja, vier sind's!); wenn dieses dogmatische Bedürfnis also den Instinkt, sich möglichst schnell aus der Welt der vielgliedrigen sophistischen Sektionen davonzumachen, unterdrückt: – ja, so ist der Wanderer verloren. Dann findet er niemals da heraus, er ist dazu verdammt, bis ans Ende seiner Tage auf diesen Jochbalken herumzutaumeln, von einem Arm zum anderen zu gleiten, und selber solch ein schwankendes Gebilde zu werden, bis ihn Wahnsinn oder Tod von dieser geistigen Folter befreien. Hat der Wanderer aber diesen Übergang über die Teufelsbrücke geschafft, dann lohnt sich der Blick zurück: wie er sich jetzt nicht genug tun mag in Selbstvorwürfen, daß er jemals diesen grandiosen Scherz des Bauherrn habe ernst nehmen können: denn hinter ihm liegt eine illusorische Wirklichkeit, das Produkt der eigenen dogmatischen Verbohrtheit, die seinen unüberwindlichen Skeptizismus zu übertönen vermocht hatte.«[94]

Jetzt zur Sache. Antinomien sind sich wechselseitig ausschliessende Urteile, von denen ein jedes gleiche Beweiskraft hat; die Vernunft gerät beim Versuch, die Welt als Ganzes zu verstehen, unweigerlich in diesen Zwiespalt. In Übereinstimmung mit den vier Titeln der Kategorientafel eröffnen sich der Vernunft vier kosmologische Ideen, wo Thesis und Antithesis gleich wohl begründet sind. (Wenn Kants dreigliedrige Kategorieneinteilung der triadischen Struktur von Hegels Sein entspricht, dann sind die gleichwertigen Antinomien eine Vorwegnahme der sich wechselweise beziehenden paarigen Kategorien in Hegels Lehre vom Wesen.)

Erste Thesis: Die Welt hat einen Anfang (eine Grenze) in Raum und Zeit. Antithesis: Die Welt ist hinsichtlich Raum und Zeit unendlich. Zweite Thesis: Alles in der Welt besteht aus Einfachem. Antithesis: Es gibt nichts Einfaches, alles ist zusammengesetzt. Dritte Thesis: In der Welt existiert Kausalität durch Freiheit. Antithesis: Es ist keine Freiheit, alles geschieht nach der Natur. Vierte Thesis: In der Reihe der Weltursachen existiert ein schlechthin notwendiges Wesen. Antithesis: In dieser Reihe gibt es kein schlechthin Notwendiges, alles darin ist zufällig.

Betrachten wir die erste Antinomie näher: die Beweise werden so geführt, daß jeweils die Unmöglichkeit der entgegengesetzten Behauptung dargelegt wird. Wenn Kant die These der ersten Antinomie beweist, geht er von der Annahme aus, daß die Welt in der Zeit unbegrenzt ist. Die unendliche Zeit erweist sich aber als begrenzt durch jeden gegebenen Zeitpunkt (der

Gegenwart), und das widerspricht der Vorstellung von der Unendlichkeit; eine unendlich vergangene, und zugleich »sukzessive« Weltreihe ist unmöglich. Wenn Kant die Antithese untersucht, beginnt er wieder mit der entgegengesetzten Annahme: die Welt hat eine Grenze in der Zeit, doch dann muß man zugeben, daß es eine »leere« Zeit gegeben habe, wo die Welt nicht existiert hat. Wieder kommt Unsinn heraus.

Will die Vernunft mit dem Kopf durch die Wand? Lieber nicht. Eine Beule wird's zwar nicht geben, doch ist eine leichte Geistesverwirrung keineswegs ausgeschlossen. Denn die Wand ist scheinbar.

Wenn jemand sagt, daß ein Gegenstand entweder gut oder schlecht riecht, dann kann man auch ein drittes sagen: daß der gegebene Gegenstand überhaupt nicht riecht; dann sind die sich widersprechenden Sätze beide falsch. So verhält es sich auch im vorliegenden Fall: trotz scheinbarer Wohlbegründetheit sind beide konträren Sätze über die Endlichkeit und die Unendlichkeit der Welt falsch. Sie gelten nur in der Welt der Erscheinungen; in der Welt der Dinge an sich ist auch etwas Drittes möglich. Kant formuliert das dialektische Problem. »Hier ist nun das seltsamste Phänomen der menschlichen Vernunft, wovon sonst kein Beispiel in irgendeinem anderen Gebrauch derselben gezeigt werden kann.«[95] Will die Vernunft die Welt als Ganzes begreifen, deren Wesen enthüllen, dann muß sie mit Notwendigkeit auf den Widerspruch treffen. Der Widerspruch ist ein unumgängliches Moment des Denkens.

Ganz ähnlich geht Kant in der zweiten Antinomie vor. Da hält er ebenfalls Thesis wie Antithesis gleicherweise für falsch. Anders ist es mit der dritten und vierten Antinomie: in diesen beiden letzten Fällen sind sowohl These wie Antithese wahr.

Die dritte Antinomie ist für Kant die wichtigste. Es gibt keine Freiheit, alles in der Welt ist durchgängig determiniert. Ja, das trifft wirklich auf die Welt der Erscheinungen zu. Der Mensch aber ist mit der Freiheit des Willens ausgestattet; und die Determination durch Naturgesetze hat keine Gewalt über ihn. Das ist ebenso wahr, so Kant in Übereinstimmung mit sich selbst; und er erklärt weiter: das aber hat nur Gültigkeit in der Welt der Dinge an sich.

Der Mensch lebt in zwei Welten. Einerseits ist er ein Phainomenon, eine Zelle der sinnlichen Welt, die nach deren Gesetzen existiert, oft fernab vom Geiste der Humanität. Anderseits ist er ein Noumenon, ein übersinnliches Wesen, dem Ideal unterworfen. Der Mensch hat zwei Charaktere: einen empirischen, der durch die Umwelt bedingt ist, und einen noumenalen, intelligiblen, der ihm seiner eigenen Naturanlage nach zukommt. Sind beide miteinander verbunden? Oder ist der intelligible Charakter etwas Jenseitiges, der in der uns umgebenden Welt nicht zur Erscheinung kommen kann? Nein: im sittlichen Verhalten des Menschen realisiert sich die Verbindung seiner beiden Naturanlagen. Damit läßt sich dann die Zurechnungsfähigkeit des Menschen begründen.

Kant erläutert seinen Gedanken mit einem einfachen Beispiel. Wenn ein Mensch boshaft lügt und seine Lüge bringt Verwirrung in die Gesellschaft, wer ist schuldig? Gehen wir vom empirischen Charakter des Menschen aus, so können wir Gründe für solch ein bösartiges Verhalten in schlechter Erziehung und übler Gesellschaft finden. Doch selbst wenn wir zugestehen, daß die Verfehlung aus solchen Ursachen herrührt, machen wir dem Schuldigen nichtsdestoweniger Vorwürfe, und zwar nicht wegen der auf ihn einfließenden Umstände: wir betrachten die Tat ganz für sich und verweisen auf die Vernunft, die Ursache hätte sein können und müssen, sein Verhalten ganz anders zu bestimmen. »Die Handlung wird seinem intelligiblen Charakter beigemessen, er hat jetzt, in dem Augenblicke, da er lügt, gänzlich Schuld; mithin war die Vernunft, unerachtet aller empirischen Bedingungen der Tat, völlig frei, und ihrer Unterlassung ist diese gänzlich beizumessen.«[96]

Hierin gipfelt eines der Hauptanliegen der kritischen Philosophie: zugleich Ursache ihres Entstehens. Der späte Kant hat sich in einem seiner Briefe an die Entstehungsgeschichte der ›Kritik der reinen Vernunft‹ erinnert und betont, daß gerade das Problem der Freiheit: »Der Mensch ist frei und dagegen: es gibt keine Freiheit, alles ist naturgesetzliche Notwendigkeit« ihn aus dem dogmatischen Schlummer geweckt und zur Kritik der Vernunft veranlaßt habe, um das Skandalon des Widerspruchs der Vernunft mit sich selbst[97] zu beseitigen. So erhebt sich zusammen mit der Grundfrage der ›Kritik‹ – wie sind synthetische Urteile a priori möglich – die andere, für Kant noch bedeutsamere: wie ist menschliche Freiheit möglich? Freiheit gibt es – doch wo ist sie? In der Welt der »Erscheinungen« können wir sie nicht entdecken, der Mensch ist frei nur in der Welt der »Dinge an sich«. Der Dualismus Kants ist ein ganz eigenartiger Versuch, das notwendig zweideutige Verhalten des Menschen in einer antagonistischen Gesellschaft zu rechtfertigen, wo Anpassung an die Umstände Gebot ist und sittliches Verhalten des Heroismus bedarf.

Kant hat sich auch bei der Einführung der Idealität der Zeit, die das materialistische Denken so schockiert, eben von der Überlegung leiten lassen, wie man Freiheit retten könne. Die Zeit ordnet die Erscheinungen in der Natur, also die genetische Folge der Zustände, über die niemand Macht hat. Freiheit verlangt aber, daß der Mensch Macht über sich selbst habe. Wenn deshalb den Dingen an sich Zeit zugehörte, ist Freiheit unmöglich. Und nur weil in der intelligiblen Welt keine durchgängige Verknüpfung von Ursachen und Folgen, das heißt keine Zeit besteht, ist eine Kausalität besonderer Art möglich: »durch Freiheit« – und nur diese macht den Menschen zum Moralwesen. In der Natur bringt ein und dieselbe Ursache immer ein und dieselbe Folge hervor – mit eiserner Notwendigkeit. Der Mensch aber kann die Konsequenzen absehen – und doch bei unveränderten Bedingungen anders vorgehen. Er kann die Zeit beseitigen, in ihren Gang eingreifen. Wird Zeit so verstanden, dann wandelt sich ihre physikalische Realität in eine poetische Metapher.

Nun wird uns deutlicher, warum Blok in seinem Kant gewidmeten Gedicht gerade auf die transzendentale Ästhetik Bezug nimmt, also den Teil der ›Kritik‹, der Raum und Zeit behandelt. Dieses Kapitel hielt Blok für das wichtigste der ganzen Lehre Kants: »Als ob es gleichsam zwei Zeiten, zwei Räume gäbe: die einen historisch, kalendarisch, die anderen nicht-zählbar, musikalisch.«[98] Für ihn bedeutet »Musikalität« das Vermögen, an der Weltharmonie teilzuhaben, die Grenzen historischer Determination und Zivilisation zu überschreiten, sich von ihnen loszusagen. Kant ist in Bloks Darstellung dazu fähig.

»Was ist Zeit? Zeit gibt es nicht; Zeit sind Zahlen.« Das steht in den Handschriften von ›Schuld und Sühne‹.[99] Dostoevskij kannte die ›Kritik der reinen Vernunft‹. (Er bat, ihm eine

französische Ausgabe dieses Werks nach Sibirien zu schicken.)
War das Buch bei ihm, als er den Roman von Rodion Raskolnikov entwarf, jenes Raskolnikov, der moralische und rechtli-
che Normen übertreten wird? Oder als er Fürst Myškins Le-
bensgeschichte schrieb? Oder die des Aleksej Fedorovič Karamazov? Nun, das ist schwer zu beantworten. Das Thema ›Kant
und Dostoevskij‹ hat jedenfalls Existenzberechtigung.

Das oben zitierte Buch Golosovkers trägt den Untertitel »Gedanken eines Lesers zum Roman ›Die Brüder Karamazov‹ und
zum Traktat Kants ›Die Kritik der reinen Vernunft‹«. Im Roman selbst wird der Name des Philosophen oder seines Werks
kein einziges Mal erwähnt. Dennoch findet sich reiches Material
für eine Gegenüberstellung. Golosovker meint: »Dostoevskij
kannte nicht nur die Antithetik der ›Kritik der reinen Vernunft‹,
sondern bedachte sie auch. Mehr noch: bei der Motivierung
dramatischer Situationen des Romans hat er sie zum Teil be-
rücksichtigt. Darüber hinaus hat er Kant, vielmehr die Antithese seiner Antinomien, zum Symbol all dessen gemacht, wogegen er kämpfte (mit sich selbst oder öffentlich mit seinen
Widersachern) – als Schriftsteller, Publizist, Denker.« Es geht
dabei um die vierte Kantische Antinomie: Es gibt ein »schlechthin notwendiges Wesen« (das ist Kants Bezeichnung für Gott);
es gibt nichts schlechthin Notwendiges, Gott in der Welt der
Natur aufzufinden ist unmöglich. Nur im Bereich der Freiheit,
in der Welt der Dinge an sich, läßt sich sein Dasein denken.
Zwischen Kant und Dostoevskij entstand ein »tödlicher Zweikampf« – so Golosovker –, »einer der genialsten in der Geschichte des menschlichen Denkens«.[100] Das ist schön gesagt,
doch bedarf es einer wesentlichen Einschränkung: der Zweikampf ist nur scheinbar. Kant und Dostoevskij sind keine
Antipoden, sie streiten unter einem Zeichen – Freiheit der
Persönlichkeit.

Dostoevskij muß der Antithese der vierten Antinomie, die die
Existenz Gottes faktisch negiert, tödlich feind sein; denn »wenn
es keinen Gott gibt, ist alles erlaubt«, sozusagen ein »Mord in
Stellvertretung«, ausgeführt von der Hand Smerdjakovs. Auch
Kant liebt diese Antithese nicht. Das unschlüssige Schwanken
zwischen der These und der Antithese bringt Ivan Karamazov
um den Verstand, These und Antithese martern den Dostoev-

skij der ›Brüder Karamazov‹; beunruhigt von ihnen ist aber auch der Verfasser der ›Kritik der reinen Vernunft‹ – die handschriftlichen Aufzeichnungen Kants zeugen davon. Wessen sich Kant sicher weiß: Glauben und Wissen dürfen nicht vermengt werden. Die Welt der Natur ist der Erkenntnis zugänglich, die Welt der Freiheit – nun, das ist ein Kapitel für sich.

Gegen Kant wetterten jene, denen es ohnehin wenig um den Glauben zu tun war: wer da unbedingt einmal irgend etwas über Gott wissen wollte wie etwa über seinen Monarchen. Heine verglich Kant mit Robespierre: der französische Revolutionär trachtete nach dem Leben des Königs, der Königsberger Philosoph wagte weit mehr – er erhob den Arm gegen Gott. »Man erzeigt wirklich dem Maximilian Robespierre zu viel Ehre, wenn man ihn mit dem Immanuel Kant vergleicht. Maximilian Robespierre, der große Spießbürger von der Rue Saint-Honoré, bekam freilich seine Anfälle von Zerstörungswut, wenn es das Königtum galt, und er zuckte dann furchtbar genug in seiner regiziden Epilepsie; aber sobald vom höchsten Wesen die Rede war, wusch er sich den weißen Schaum wieder vom Munde und das Blut von den Händen, und zog seinen blauen Sonntagsrock an, mit den Spiegelknöpfen, und steckte noch obendrein einen Blumenstrauß vor seinen breiten Brustlatz. . . .

Wenn aber Immanuel Kant, dieser große Zerstörer im Reiche der Gedanken, an Terrorismus den Maximilian Robespierre weit übertraf, so hat er doch mit diesem manche Ähnlichkeiten, die zu einer Vergleichung beider Männer auffordern. Zunächst finden wir in beiden dieselbe unerbittliche, schneidende, poesielose, nüchterne Ehrlichkeit. Dann finden wir in beiden dasselbe Talent des Mißtrauens, nur daß es der eine gegen Gedanken ausübt und Kritik nennt, während der andere es gegen Menschen anwendet und republikanische Tugend betitelt. Im höchsten Grade jedoch zeigt sich in beiden der Typus des Spießbürgertums – die Natur hatte sie bestimmt, Kaffee und Zucker zu wiegen, aber das Schicksal wollte, daß sie andere Dinge abwögen, und legte dem Einen einen König und dem Anderen einen Gott auf die Waagschale. . . Und sie gaben das richtige Gewicht!«[101]

Es läßt sich leicht vorstellen, welche geistige Erschütterung die ›Kritik der reinen Vernunft‹ bei den Zeitgenossen des Philosophen bewirkt hat, wenn noch dreißig Jahre nach seinem Tode ein solch radikaler Mann wie Heinrich Heine seinen ganzen Sarkasmus über Kant ausschütten muß. Kant des Spießbürgertums zu bezichtigen ist ungerecht; das enthüllt nur die innere Spießbürgernatur Heines selbst, die ihn daran hinderte, die von Kant errichtete große Schöpfung im »Reiche der Gedanken« anzuerkennen. Der Dichter gesteht: Schon daß er jemanden das Dasein Gottes diskutieren sehe, errege in ihm eine so sonderbare Angst, eine so unheimliche Beklemmung, wie er sie einst in einem Irrenhaus empfand, als er, umgeben von lauter Wahnsinnigen, seinen Führer aus den Augen verlor. Die Aussicht allein zu bleiben, ohne Begleiter in dieser verrückten Welt, schreckt Heine sehr. Aber auch mit Kant sich zu messen im Kampf um die Verteidigung des Allerhöchsten, ging über seine Kräfte. Er kann lediglich Unmut äußern und seine Schadenfreude, wenn der große Zertrümmerer der Dogmen plötzlich, wie ihm scheint, Inkonsequenz erkennen läßt.

Nur Hegel konnte es wagen, in eine offene Auseinandersetzung mit Kant zu treten: in seinen ›Vorlesungen über die Beweise vom Dasein Gottes‹ hat Hegel sich bemüht, die Zerstörungen in der lutheranischen Theologie wiedergutzumachen, die die kritische Vernunft dort angerichtet hatte. Denn Kants ›Vernunft‹ hatte alle Gottesbeweise durchleuchtet und gezeigt, daß ihnen logische Fehler zugrunde liegen.

Wir erinnern uns, daß Kant ersten literarischen Ruhm erlangte mit seinem Traktat ›Der einzig mögliche Beweisgrund zu einer Demonstration des Daseins Gottes‹. Damals war er der Meinung, daß für einen solchen Beweis eine Begründung, wie sie der ontologische Beweis biete, hinreiche. Die Argumentation ist so: wir stellen uns Gott als das vollkommenste Wesen vor; wenn diesem Wesen das Prädikat »Sein« nicht zugesprochen werden kann, dann ist es nicht schlechthin vollkommen, und wir geraten somit in Widerspruch. Jetzt verlacht Kant derartige Beweisgänge. Er sagt den Theologen: Ihr habt Euch dann schon widersprochen, wenn Ihr die Vorstellung »Realität« der Vorstellung von einem Gegenstand hinzugefügt habt, den Ihr eben doch nur als möglich denken wolltet. Ein wirklicher Gegenstand hat nicht mehr Prädikate als ein möglicher. Hundert wirkliche Taler sind nicht mehr wert als hundert mögliche. Der

Unterschied besteht nur darin, daß erstere in meiner Tasche stecken. Der Begriff ist nicht schon Sein.

Im zweiten – dem kosmologischen – Gottesbeweis entdeckt Kant einen ähnlichen Fehler. Die Existenz der Welt erfordert, für sie eine erste Ursache zuzulassen, die Gott sein müsse. Eine solche Annahme sei zwar zulässig, meint Kant, nur dürfe man nicht darauf beharren, daß dieser Gedanke selbst auch schon den realen Sachverhältnissen entspreche. Denn wiederum ist der Begriff nicht schon Sein.

Der dritte – physikotheologische – Gottesbeweis schließlich geht von der allgemeinen Zweckmäßigkeit aus, die die Natur aufweist. Legt sie nicht Zeugnis ab von der Weisheit des Schöpfers? Das ist schon möglich, antwortet Kant: aber Gott ist in diesem Falle nicht der Weltschöpfer, sondern nur Baumeister, der schon fertiges Material zum Bau verwendet. Wichtiger ist aber noch etwas anderes: es wiederholt sich derselbe Fehler, nämlich der willkürliche Gedanke von einer ursächlichen Abhängigkeit der Welt wird als wirklich gesetzt.

Kant resümiert, daß dementsprechend dem physikotheologischen Gottesbeweis der kosmologische und dem kosmologischen schließlich der ontologische zugrunde liege; und weil es nur diese drei gebe, sei der ontologische Gottesbeweis der einzig mögliche. Hat hier Professor Kant eben den Schluß seiner Magisterjahre wiederholt? – Mit einer wesentlichen Einschränkung, »wenn überall nur ein Beweis von einem so weit über allen empirischen Verstandesgebrauch erhabenen Satze möglich ist«.[102]

Hegel haben weder die Ironie noch die Logik Kants verwirren können. Gottesbeweise sind nach Hegel dann fehlerfrei, wenn sie mit Hilfe der dialektischen Logik geführt werden. Kant (er war damals schon lange tot) hätte einwenden können: die Dialektik ist eine Logik des Scheins. »Ich behaupte nun, daß alle Versuche eines bloß spekulativen Gebrauchs der Vernunft in Ansehung der Theologie gänzlich fruchtlos und ihrer inneren Beschaffenheit nach null und nichtig sind; daß aber die Prinzipien ihres Naturgebrauchs ganz und gar auf keine Theologie führen, folglich, wenn man nicht moralische Gesetze zum Grunde legt oder zum Leitfaden braucht, es überall keine Theologie der Vernunft geben könne.«[103]

Fassen wir also zusammen: Kant entthronte den lieben Gott in der Sphäre der Natur und der Logik, hat ihm aber einen unumschränkten Herrschaftsbereich doch belassen: die Moral. Zur Erklärung der Naturphänomene braucht Kant Gott nicht; geht es jedoch um das moralische Verhalten des Menschen, dann sagt er zwar nicht rigoros, daß es da ohne Gott keinen Weg gibt; immerhin könnte doch die Vorstellung von einem höchsten Wesen nicht ganz unnütz sein.

Gerade das hat Heines boshaften Spott hervorgerufen: »Ihr meint, wir könnten jetzt nach Hause gehn? Bei Leibe! es wird noch ein Stück aufgeführt. Nach der Tragödie kommt die Farce. Immanuel Kant hat bis hier den unerbittlichen Philosophen traciert, er hat den Himmel gestürmt, er hat die ganze Besatzung über die Klinge springen lassen, der Oberherr der Welt schwimmt unbewiesen in seinem Blute, es gibt jetzt keine Allbarmherzigkeit mehr, keine Vatergüte, keine jenseitige Belohnung für diesseitige Enthaltsamkeit, die Unsterblichkeit der Seele liegt in den letzten Zügen – das röchelt, das stöhnt – und der alte Lampe steht dabei mit seinem Regenschirm unterm Arm, als betrübter Zuschauer, und Angstschweiß und Tränen rinnen ihm vom Gesichte. Da erbarmt sich Immanuel Kant und zeigt, daß er nicht bloß ein großer Philosoph, sondern auch ein guter Mensch ist, und er überlegt, und halb gutmütig und halb ironisch spricht er: ›der alte Lampe muß einen Gott haben, sonst kann der arme Mensch nicht glücklich sein – der Mensch soll aber auf der Welt glücklich sein – das sagt die praktische Vernunft – meinetwegen – so mag auch die praktische Vernunft die Existenz Gottes verbürgen‹. In Folge dieses Arguments unterscheidet Kant zwischen der theoretischen Vernunft und der praktischen Vernunft, und mit dieser, wie mit einem Zauberstäbchen, belebt er wieder den Leichnam des Deismus, den die theoretische Vernunft getötet.«[104]

Dieser Passus ist geistreich und trifft Kant eher als die Anschuldigung des Spießbürgertums. Wir können – so Kant – von Gott kein Wissen haben, es bleibt uns nur der Glaube. Was ist das aber – der Glaube? Einer der letzten Abschnitte der ›Kritik der reinen Vernunft‹ heißt »Vom Meinen, Wissen und Glauben«. Der Glaube kann hier geringeren Wahrheitsanspruch erheben als das Wissen (gleichwohl steht er doch höher als das bloße

Meinen). Wenn die Wahrhaftigkeit des Urteils nur subjektiv gültig, objektiv aber unzulänglich begründet ist, dann ist dies Glauben. Das Wissen ist sowohl subjektiv wie objektiv zureichendes Fürwahrhalten eines Urteils.

»Ich mußte also das Wissen aufheben, um zum Glauben Platz zu bekommen«[105], verkündet Kant kühn im Vorwort der zweiten Auflage zur ›Kritik der reinen Vernunft‹ – einem Buch, das ja an das Wissen höchste Ansprüche gestellt hat. Die Kühnheit muß man aus dem Doppelsinn des Satzes heraushören. Und darin zeigt sich der ganze Kant. Er gebraucht das Verb »aufheben«, das wörtlich hochheben (sublevare), dann »beseitigen« (tollere) und schließlich »verwahren«, »bewahren« (conservare) meint (vormals hieß es auch »verhaften«). Kant entfernte das Wissen aus ihm nicht genuin zugehörigen Bereichen, er erhob es auf einen höheren Standpunkt, er verwahrte es hinter Schloß und Riegel der Kritik der reinen Vernunft, und eben damit bewahrte er es in seiner Reinheit und Kraft.[106]

Das ist das Schicksal des Wissens. Über den Glauben läßt sich noch mehr sagen. Es gibt drei Arten des Glaubens. Pragmatisch nennt Kant den Glauben eines Menschen, der nur in dem einen oder anderen Fall zutrifft. Solch ein Glauben ist nicht mehr wert als ein Dukaten. »Öfters spricht jemand seine Sätze mit so zuversichtlichem und unlenkbarem Trotze aus, daß er alle Besorgnis des Irrtums gänzlich abgelegt zu haben scheint. Eine Wette macht ihn stutzig. Bisweilen zeigt sich, daß er zwar Überredung genug, die auf einen Dukaten an Wert geschätzt werden kann, aber nicht auf zehn besitze. Denn den ersten wagt er noch wohl, aber bei zehnen wird er allererst inne, was er vorher nicht bemerkte, daß es nämlich doch wohl möglich sei, er habe sich geirrt.«[107]

Den Glauben in theoretischer Hinsicht nennt Kant den doktrinalen. Dieser Glaube ist bereit, seinen Besitz darauf zu verwetten, daß es wenigstens auf irgendeinem unserer Planeten Einwohner gebe. Das ist ein Beispiel des doktrinalen Glaubens. Hierzu zählt Kant auch die Lehre vom Dasein Gottes. Der doktrinale Glaube hat etwas Wankendes an sich: oft lenken uns die Schwierigkeiten, die bei der Spekulation eintreten, von derselben ab, obzwar wir unaufhörlich wieder zu ihr zurückkehren.

Ganz anders verhält es sich mit dem moralischen Glauben, wo das Problem, ob ein Urteil wahr sei oder nicht, gar nicht aufkommt: »Da aber also die sittliche Vorschrift zugleich meine Maxime ist (wie denn die Vernunft gebietet, daß sie es sein soll), so werde ich unausbleiblich ein Dasein Gottes und ein künftiges Leben glauben und bin sicher, daß diesen Glauben nichts wankend machen könne, weil dadurch meine sittlichen Grundsätze selbst umgestürzt werden würden, denen ich nicht entsagen kann, ohne in meinen eigenen Augen verabscheuungswürdig zu sein.«[108] Hier meint Glaube an Gott nicht, daß man über sein Dasein reflektieren, sondern einfach moralisch gut sein solle.

Somit versieht Kant seine eigene These, das Wissen stehe höher als der Glaube, mit einer einschränkenden Antithese: er läßt sich gar nicht zum Wissen in Beziehung bringen, weil er sich ausschließlich durch das praktische Verhalten realisiert.

Die Kritik der reinen Vernunft endet mit einem Programm für die Zukunft. An irgendwelche neue ›Kritiken‹ denkt Kant noch nicht. Die kritische Arbeit ist zunächst geleistet. Das Feld ist vom Unkraut befreit, ist gepflügt und gedüngt: jetzt muß gepflanzt werden. Kant weiß, welche Schößlinge heranzuziehen sind: die positiven Prinzipien der Metaphysik.

Hegel wird den Begriff Metaphysik in Mißkredit bringen; er meint versteinertes Denken, das fehlerhafte weltanschauliche Schlüsse aus den Prämissen der formalen Logik zieht; lebendiges Philosophieren nennt Hegel Dialektik. Für Kant verhält sich die Sache umgekehrt: die Dialektik ist eine illusorische Logik, die Metaphysik ist die Weltweisheit. Kant äußert sich über die Metaphysik mit höchster Ehrerbietung. Sie ist für ihn »Vollendung aller Kultur der menschlichen Vernunft«; ist man auch von der Metaphysik enttäuscht, kehrt man doch früher oder später zu ihr zurück »wie zu einer mit uns entzweiten Geliebten«.[109] Daß der menschliche Geist einmal metaphysischen Spekulationen ganz entsage, ist ebenso unwahrscheinlich, wie irgendwann überhaupt aufhören zu atmen aus Furcht, wir möchten unsaubere Luft einatmen.

Die ganze Crux liegt darin, daß man in der Metaphysik »auf mancherlei Weise herumpfuschen (kann), ohne eben zu besorgen, daß man auf Unwahrheit werde betreten werden«.[110] Hier fehlen Kriterien der Vergewisserung, über die zum Beispiel die

Naturwissenschaften verfügen. Deshalb war die Metaphysik bisher keine Wissenschaft. Aber sie hat alle Möglichkeiten, eine zu werden. Im Vergleich zu anderen Wissenschaften verfügt sie über einen unschätzbaren Vorteil: sie kann in einen letztgültigen Zustand übergeführt werden, weil innerhalb ihrer keine neuen Entdeckungen möglich sind, die in anderen Wissenschaften unvermeidlich sind; denn der Erkenntnisbereich sind hier nicht die Gegenstände der äußeren Welt, sondern es ist die Vernunft selbst; und nachdem die Vernunft vollständig und klar die Grundgesetze ihrer eigenen Vermögen dargelegt hat, verbleibt nichts mehr, was ihr darüber hinaus noch zu wissen nötig wäre.

Kant sagt eine neue Geburt der Metaphysik voraus nach einem bisher unbekannten Plan. Auf den letzten Seiten der ›Kritik der reinen Vernunft‹ findet der Leser einen Plan für eine Erneuerung der Philosophie, der allerdings nicht gerade originell ist. Kant teilt das ganze System der Metaphysik in vier Teile ein – die Ontologie, Physiologie, Kosmologie und Theologie. Die Ontologie ist die Lehre von den allgemeinen Prinzipien des Seins; die Physiologie – in Kantischem Verständnis – die Lehre von der Natur, die wiederum in Physik und Psychologie unterteilt ist; die Kosmologie ist die Wissenschaft von der Welt im ganzen; die Theologie handelt von Gott. Die Wolffische Metaphysik war ebenso aufgebaut. Kant hat auf die Frage zu Anfang der Kritik »wie ist Metaphysik als Wissenschaft möglich?« faktisch keine Antwort gegeben. Durch seine transzendentale Dialektik hat er alle dogmatischen Gebäude in dieser Sphäre zerstört, doch ist er über die bloße Deklaration der Notwendigkeit einer neuen wissenschaftlichen Philosophie nicht hinausgekommen.

Das Erscheinen der ›Kritik der reinen Vernunft‹ rief keine Sensationen hervor. Kant rechnete auch nicht mit solchen, aber was da vor sich ging, übertraf seine schlimmsten Befürchtungen: das Buch wurde gar nicht wahrgenommen. Es verkaufte sich so schlecht, daß sich Hartknoch mit dem Gedanken trug, die Restauflage wieder einstampfen zu lassen. (Exemplare der ersten Auflage kosten um die 7000 DM in deutschen Antiquariaten.)

Das Buch las sich schwer, es war irgendwie uninteressant. In der Öffentlichkeit trat niemand für Kant ein, niemand griff ihn an; hin und wieder hörte er Klagen wegen der Unverständlichkeit des Buchs. Moses Mendelssohn blätterte einige Seiten durch und legte es dann beiseite. Hamann las zusammen mit dem Verfasser Korrektur, doch große Freude scheint er dabei nicht empfunden zu haben. Ein derart umfangreiches Buch, so schrieb er im Mai 1781 an Herder, sei weder der Größe des Autors noch dem Begriff der reinen Vernunft angemessen, der sich seiner eigenen trägen widersetze. Kant bezeichnet er als »preußischen Hume«. Und Herder meinte: »Kants Kritik ist für mich ein harter Bißen, es wird beinah ungelesen bleiben... Ich weiß nicht, wozu alles das schwere Luftgewebe sein soll...«[111] Kant verschickte gleich nach dem Erscheinen Geschenkexemplare an seine Freunde und bekannte Gelehrte. In erster Linie dem Minister Zedlitz, Marcus Herz, Mendelssohn. Im August 1781 erinnerte sich Kant des Hofpredigers Johann Schultz, der eine Rezension über die letzte Dissertation Kants geschrieben und ihn darin als den besten aller derzeitigen philosophischen Köpfe gepriesen hatte. Auch er bekam ein Exemplar; die Antwort ließ zwei Jahre auf sich warten.

Briefe an Kant berichteten von allem möglichen, von der ›Kritik‹ aber kein Wort. Herausgeber Hartknoch erinnerte daran, daß er von ihm neue Arbeiten erwarte; er machte das Angebot, jene Bücher zu benutzen, über die er gerade verfüge, und teilte mit, daß er als Zeichen seiner Freundschaft ein Pfund Tee übersende. Kaufmann Berens bat Kant, seinen auf Abwege geratenen Sohn zur Wahrheit zurückzuführen. Der Mathematiker Bernoulli interessierte sich für Kants Briefwechsel mit dem verstorbenen Lambert; der Philosoph hatte Bernoulli vom Erscheinen seines Buchs und dessen Hauptgedanken berichtet, doch interessierte sich Bernoulli nur für Lambert.

Aus Petersburg kam Nachricht von einer rätselhaften Epidemie, die aus Sibirien ins europäische Rußland eingedrungen sei. Es war Antwort auf einen Brief Kants, der sich bemüht hatte, etwas über die Herkunft dieser Krankheit zu erfahren, nachdem sie im Frühjahr 1782 auf Ostpreußen übergegriffen hatte. Die Krankheit verlief selten tödlich, doch fühlten sich die Erkrankten für einige Tage sehr unwohl. Fieber trat ein, Schwindel, quälender Husten und Schnupfen. Es erkrankten hauptsächlich jene, die oft auf die Straße gingen und sich viel unter anderen Menschen aufhielten. Man kurierte mit Schwitzmitteln, hin und wieder ließ man zur Ader; gegen den Husten nahm man spanische Fliegen. Die eigenartige Krankheit nannte sich Influenza. Kant erinnerte sich, daß vor sieben Jahren die Influenza in London ausgebrochen war. Aus diesem Anlaß hatte er in der Lokalzeitung eine Notiz veröffentlicht ›Nachricht an Ärzte‹, der er die Übersetzung des Aufsatzes eines englischen Arztes über die Londoner Epidemie von 1775 beifügte. Kant selbst war nicht erkrankt: ihm half sein sorgfältig ausgearbeitetes System hygienischer Grundregeln. Sein Interesse galt den Ausmaßen der Epidemie. Er stellte Betrachtungen darüber an, daß die Kontakte zwischen den Völkern dank des Handels ständig zunehmen, und prophezeite das Auftreten neuer epidemischer Erkrankungen in Europa.

Die erste persönliche Stellungnahme zur ›Kritik‹ (nach der Korrespondenz zu urteilen) erhielt Kant von seinem Bruder. Sie tauschten selten Briefe. Nach dem Universitätsstudium ließ sich Johann Heinrich in Kurland nieder. Er schloß eine Liebesehe. »Ich bin glücklicher als Du, nimm Dir ein Beispiel an mir –, schrieb er 1775 dem Bruder. Jetzt, im September 1782, teilte Johann Heinrich mit, daß er seit einiger Zeit Prediger sei irgendwo zwischen Mitau und Riga, dankte Immanuel für die Übersendung eines wertvollen Buchs zur praktischen Besorgung von Haus und Hof. Das Buch komme ihm gerade recht in der neuen Umgebung: hier ist die Erde fruchtbar, der Garten großartig, die Kinder wachsen und zu klagen gibt's wenig. Nur der Umgang fehlt, die Gemeinde hat keinen einzigen Adligen. Johann Heinrich interessiert sich für das Leben der Verwandten – der Schwestern, des Onkels, der Tante, er fragt nach den Geschäften des Bruders. Der Brief schließt mit folgendem Passus: »Die Kritik der gereinigten Vernunft hat hier die Stimmen aller Denker. Rude donatus wirst Du als Autor doch wohl nicht sein. Könnte denn wohl Dein Bruder nicht auf den kleinen Vorzug Anspruch machen, zum voraus, ehe das Publikum Dich liest, unterrichtet zu sein, womit Du es beschenken willst?«[112] Es

folgt ein Zusatz von der Schwägerin, die über das Haushalts-
buch begeistert ist und dem »Herrn Bruder« aus vollem Herzen
dankt.

Unterdessen waren nun doch schon zwei anonyme Rezensionen
erschienen. Die erste im Januar in den ›Göttinger Gelehrten
Anzeigen‹. Der Rezensent schrieb Kant Gedanken zu, die die
Kritik gar nicht enthielt, und schwieg von dem, was in erster
Linie hätte bemerkt werden müssen. Kant konnte sich selbst
nicht wiedererkennen. Das Hauptprinzip der Kritik lief ungefähr auf folgendes hinaus: All unsere Erkenntnis geht aus bestimmten Modifikationen unserer selbst hervor, die wir Empfindungen nennen. Wo diese sich befinden, woher sie stammen,
ist uns völlig unbekannt. Die Rezension warf Kant Berkeley-
nachfolge vor.

Der Verfasser der Rezension war Christian Garve, ein Vertreter
der »Popularphilosophie« und bekannter Übersetzer aus dem
Englischen und Griechischen, der wegen seiner schwachen Gesundheit früh eine Universitätskarriere aufgegeben hatte. Als
die ›Kritik‹ gerade auf den Markt kam, befand er sich in Göttingen auf der Durchreise und versprach eine Analyse des Buchs,
bevor er es überhaupt zu Gesicht bekommen hatte. Er las es,
begriff sehr schnell, daß er mit dem Buch nicht viel zu schaffen
hatte. Aber es war zu spät zurückzutreten. Unter wahren Qualen
entstand nun eine Rezension, die schließlich auch noch dem
redaktionellen Mitarbeiter Professor Feder in die Hände fiel, der
ohne Wissen Garves Kürzungen vornahm und eigenes hinzu-
fügte – so zum Beispiel den Vergleich zwischen Kant und
Berkeley. Garve distanzierte sich von dem veröffentlichten
Text. Als Antwort auf einen öffentlichen Appell Kants an den
Göttinger Rezensenten, sein Inkognito zu enthüllen, hatte
Garve einen erregten Brief an Kant geschrieben, worin er über
die näheren Umstände der ganzen Angelegenheit berichtete,
sich Vorwürfe machte, daß er eine solche Aufgabe, der er nicht
gewachsen war, überhaupt auf sich genommen hatte; doch die
Hauptschuld gab er dem Mitarbeiter der Zeitung, der gerade ein
Zehntel des Rezensionsmanuskripts publiziert habe. (Das entsprach nicht den Tatsachen: später wurde die Rezension Garves
in der Erstfassung in der ›Allgemeinen Deutschen Bibliothek‹
abgedruckt, und Kant konnte sich davon überzeugen, daß sie

sich kaum von der Göttinger Version unterschied; er war daher ebenso unzufrieden und sagte, man halte ihn wohl für einen Schwachsinnigen.) Auf diesen reuevollen Brief antwortete Kant liebenswürdig und ausführlich, schlug vor, die Bekanntschaft aufrechtzuerhalten, beruhigte den erfolglosen Rezensenten und sagte, seine einzige Sorge sei eine friedliche Erörterung der sachlichen Probleme. Ein erbitterter wissenschaftlicher Streit sei für ihn unerträglich, aber leider könne man ja nichts anderes erwarten. »Schwache Menschen, ihr gebt vor, es sei euch bloß um Wahrheit und Ausbreitung der Erkenntnis zu tun, in der Tat aber beschäftigt euch bloß eure Eitelkeit!«[113]

Es gab noch eine andere Rezension, erschienen zu Gotha im August 1782. Der durch und durch mittelmäßige Verfasser, ein gewisser Ewald, konnte über seine Lektüre überhaupt kein Werturteil abgeben. So beschränkte er sich zum Glück auf die Nacherzählung der Einleitung und einiger Abschnitte.

Das war alles sehr bedrückend, um so mehr als Kant durchaus nicht der Meinung war, daß ein großer Philosoph zur Unverständlichkeit verdammt sei. Er glaubte im Gegenteil fest daran, daß die schwierigsten Werke allgemein zugänglich geschrieben werden können und müssen. Ja, hier verbirgt sich für ihn ein Wahrheitskriterium ganz eigener Art: die Wahrheitsprobe durch Popularität. Im Brief an Garve drückt Kant das so aus: »Sie belieben des Mangels der Popularität zu erwähnen, als eines gerechten Vorwurfs, den man meiner Schrift machen kann, denn in der Tat muß jede philosophische Schrift derselben fähig sein, sonst verbirgt sie, unter einem Dunst von scheinbarem Scharfsinn, vermutlich Unsinn. Allein von dieser Popularität läßt sich in Nachforschungen, die so hoch hinauf langen, nicht der Anfang machen.«[114]

Die Hauptarbeit lag hinter ihm; Kant konnte nun darum besorgen, daß man ihn auch richtig verstehe. Bereits während der Korrektur der ›Kritik‹ hatte er in einem Brief an Herz geäußert, er wolle den Inhalt seines Werks allgemein verständlich darlegen. Nach der kühlen Aufnahme des Buchs verdichtete sich diese Absicht noch. Doch die Arbeit zog sich hin: gleichzeitig begann Kant die Metaphysik der Sitten zu schreiben. Außerdem wartete er auf Rezensionen. Sie erschienen; Kant verzögerte die Vollendung des Kompendiums der ›Kritik‹ nun nicht länger.

Unter dem Titel ›Prolegomena zu einer jeden künftigen Meta-physik, die als Wissenschaft wird auftreten können‹ kam das Buch im Frühjahr 1783 auf den Markt.

›Prolegomena‹ bedeutet ›einleitende Bemerkungen‹. Die Exe-gese der Kritik war beträchtlich kürzer als das Hauptwerk, doch keineswegs zugänglicher. Im Vorwort schrieb der Verfasser, die Prolegomena seien nicht für Schüler, sondern für künftige Leh-rer bestimmt. Das Gewicht lag jetzt auf dem Problem der Metaphysik. Nachdem Kant vernommen hatte, daß man ihm Absicht, die Philosophie »aufzuheben« vorwerfe (im Sinne von beseitigen), betonte er nun ausdrücklich seine Ergebenheit in Sachen Weltweisheit: er zeichnet ihr rosige Zukunftsperspekti-ven, wenn sie nur seine Grundlegung übernehmen wolle. (Wie sie sich allerdings zur Wissenschaft umgestalten soll, blieb wie vordem unklar!) Am Schluß ging Kant auch auf die bisherigen Rezensionen ein. Gerade hier forderte er den Göttinger Rezen-senten auf, mit ihm eine öffentliche Auseinandersetzung zu beginnen. Um dem Vorwurf des subjektiven Idealismus zu begegnen, verglich Kant seine Thesen mit denen Berkeleys und versicherte, er habe Ansichten geäußert, die dem gegenwärtigen Idealismus gerade zuwiderliefen.[115]

Der Vorwurf des Berkeleanismus beunruhigte Kant auch wei-terhin. Deshalb erweiterte der Philosoph die zweite Auflage der ›Kritik der reinen Vernunft‹ um ein Kapitel: ›Widerlegung des Idealismus‹; auch im Vorwort verwies er auf die Notwendig-keit, die reale Existenz der Dinge außer uns zu beweisen. Es sei ein »Skandal der Philosophie«, das Dasein der Dinge außer uns bloß auf Glauben annehmen zu müssen. Aufgrund solcher Überlegungen hat er offenbar sein Material hinsichtlich der generativen Funktion der produktiven Einbildungskraft ent-scheidend beschnitten. Die Kürzungen sind da so beträchtlich, daß der moderne Forscher – wünscht er darüber völlige Aufklä-rung – zur ersten Auflage greifen muß. Die Texte der folgenden drei Auflagen zu Kants Lebzeiten unterlagen keinen Verände-rungen.

Die zweite Auflage erschien 1787. Jetzt war das Eis gebrochen: die kritische Philosophie eroberte sich Schritt für Schritt den Weg zum Leserpublikum. Ganz unerwartet hatte sich das den Verfasser beunruhigende Problem einer volkstümlichen Auslegung der Kritik gelöst. Plötzlich tauchte eben jener Johann Schultz auf, der im August 1781 ein Geschenkexemplar der Kritik erhalten hatte. Zwei Jahre lang hatte er das Buch studiert. (Mendelssohn schien auch diese Frist recht kurz zu sein; denn nach zwei Jahren schrieb er an Kant: »Ihre Kritik der reinen Vernunft ist für mich auch ein Kriterium der Gesundheit. So oft ich mich schmeichele, an Kräften zugenommen zu haben, wage ich mich an dieses nervensaftverzehrende Werk, und ich bin nicht ganz ohne Hoffnung, es in diesem Leben noch ganz durchdenken zu können.«) Schultz hatte das Werk Kants gründlich studiert und am Ende eine ausführliche Rezension geschrieben. Bevor er sie veröffentlichen ließ, schickte er sie Kant in der Meinung, Kant sei doch »der beste Ausleger seiner Worte«, und das Publikum habe vor allem Interesse, adäquate Sinndeutung eines rezensierten Buchs zu erhalten.

Kant war erfreut. Nicht unbedingt nur über die Zustimmung der Rezension: endlich war jemand gefunden, der ihn richtig verstanden hatte. Nach einigen Ergänzungen von eigener Hand empfahl er Schultz, die Arbeit als Einzelbroschüre herauszubringen. Schultz folgte diesem Rat: er nahm nun für sich das Recht in Anspruch, die Lehre Kants verständlich machen zu dürfen, denn die Prolegomena konnten diese Aufgabe nicht lösen; für sich allein genommen sind sie ohne vorherige Lektüre der Kritik einfach unverständlich. Die Rezension verwandelte sich in ein Buch: die ›Erläuterungen über des Herrn Professor Kant Kritik der reinen Vernunft‹ von Schultz sind ein gewissenhafter Kommentar zur Erkenntnistheorie Kants.

Am 11. Februar 1784 teilten die ›Gothaischen Gelehrten Zeitungen‹ in einem Abschnitt der ›kurzen Nachrichten‹ mit, daß der Königsberger Oberhofprediger Schultz damit beschäftigt sei, Kants ›Kritik der reinen Vernunft‹ durch Übersetzung in eine populäre Schreibart allgemein verständlich zu machen. Im Text heißt es dann: »Eine Lieblingsidee des Herrn Professor Kant ist, daß der Endzweck des Menschengeschlechts die Erreichung der vollkommensten Staatsverfassung sei, und er wünscht, daß ein philosophischer Geschichtsschreiber es unternehmen möchte, uns in dieser Rücksicht eine Geschichte der Menschheit zu liefern, und zu zeigen, wie weit die Menschheit in den verschiedenen Zeiten diesem Endzweck sich genähert, oder von demselben entfernt habe, und was zu Erreichung desselben noch zu thun sei.«[116] Die Notiz erschien nicht von ungefähr. Sie spricht von neuen Interessen Kants, von neuen Vorhaben.

Viertes Kapitel

DIE IDEE DER PERSÖNLICHKEIT

> Zwei Dinge erfüllen das Gemüt mit immer neuer und zuneh-
> mender Bewunderung und Ehrfurcht, je öfter und anhalten-
> der sich das Nachdenken damit beschäftigt: der bestirnte
> Himmel über mir und das moralische Gesetz in mir.
>
> Kant

Im Frühjahr 1784 vollendete Kant sein sechzigstes Lebensjahr.
Er beging den Festtag in der Fülle seiner Geisteskräfte (das ließ
sich freilich nicht von seiner körperlichen Verfassung sagen).
Zur Altersschwäche war es noch weit. Die produktivste Zeit
seines Lebens sollte erst anbrechen. Drei Viertel seiner Jahre
lagen schon hinter ihm, doch kaum die Hälfte seiner Werke war
geschrieben. Jetzt erschien eines nach dem anderen – Bücher,
Aufsätze, Rezensionen. Kant erweitert den Rahmen der kritischen Philosophie; die in der Erkenntnistheorie gefundenen
Prinzipien wendet er nun auf andere Sachbereiche an. Die einmal entdeckte Wahrheit wird nun immer wieder geprüft; hält sie
stand, so ist sie um so reicher begründet – hält sie nicht stand,
wird sie ersetzt durch eine neue Wahrheit, die dann ihrerseits
einer Prüfung, Präzisierung und Vervollständigung unterzogen
wird. »Arbeit (ist) die beste Art sein Leben zu genießen«, sagt
noch der fünfundsiebzigjährige Kant.[117] Aber auch der Sechzig-
jährige hat nicht anders gedacht.
Die öffentliche Ehrung fand früher statt: am 4. März, dem Tag
des Semesterendes. Die Studenten überreichten ihrem Professor
eine Erinnerungsmedaille. Auf der Kopfseite befand sich das
Porträt des Geburtstagskindes, auf der Kehrseite eine allegori-
sche Darstellung: der schiefe Turm von Pisa mit herabhängen-
dem Senkblei, an seiner Basis eine Sphinx. Der Einfall stammte
von Mendelssohn. Wir wissen, mit welcher Mühe er sich die
Kritik der reinen Vernunft angeeignet hat. Das Bild eines
Turms, den der Philosoph errichtet, hatte er aus den ›Prolegomena‹. Für Mendelssohn stellte die Philosophie Kants ein Bauwerk dar, das im Einsturz begriffen ist, und er schlug deshalb
einen Vers mit dem Inhalt vor, daß der Turm zwar zu kippen
drohe, es aber doch nicht tue. Die Anspielung war allzu deutlich, es mußte ein anderer Text her: Perscrutatis fundamentis

stabilitur veritas (Nur durch genaue Erforschung der Grundlagen wird die Wahrheit festgestellt). Jetzt erinnerte nur die
Sphinx daran, daß die Ideen Kants etwas ungewöhnlich waren.
Das Geburtsjahr des Philosophen war mit 1723 falsch angege-
ben. (Man datierte sein Geburtsjahr oft um ein Jahr zurück;
wahrscheinlich, weil er die Gewohnheit hatte, zu den bereits
vollendeten Jahren auch das Geburtsjahr mitzuzählen.) Außerdem stahl sich ein Fehler in die Namensschreibung. Die Ähn-
lichkeit zwischen Porträt und Porträtiertem ließ auch zu wünschen übrig ... Mit einem Wort – die Medaille gefiel dem
Jubilar nicht, vor allem nicht die doppelsinnige Allegorie auf
der Rückseite.

In den Prolegomena war wirklich davon die Rede, daß der
menschliche Geist in regelmäßigen Abständen Türme errichte
und sie wieder abtrage, um zu sehen, wie das Fundament beschaffen sei. Natürlich meinte Kant nicht sich selber damit: er
setzt beim Fundament an, und erst nachdem er sich von seiner
Haltbarkeit überzeugt hat, baut er weiter – in die Höhe und in
die Breite.

Im Zusammenhang mit der Verbreiterung des Bauwerks stehen
insbesondere die bereits erwähnten Gedanken zur Geschichtsphilosophie. »Una scienza nuova« nannte der Italiener Vico die
Geschichtsphilosophie und auch sein Werk, wo zum erstenmal
die Entwicklung der menschlichen Gesellschaft bedacht wurde.
Hatte die Erkenntnistheorie eine tausendjährige Geschichte, so
entstand die Theorie vom historischen Prozeß unmittelbar vor
den Augen Kants.

Fruchtbare Impulse kamen aus dem Ausland. Schon 1750 hielt
der künftige Minister Ludwigs XVI. Turgot an der Sorbonne
jene berühmte Rede über die Erfolge der menschlichen Vernunft. Interesse, Ehrgeiz und Eitelkeit, sagte er, bedingen einen
unaufhörlichen Wechsel von Ereignissen auf der Weltenbühne
und tränken den Boden mit vergossenem Blut. Aber im Verlauf
der so hervorgerufenen, verheerenden Veränderungen mildern
sich die Sitten und die menschliche Vernunft klärt sich auf, die
isolierten Nationen rücken einander näher, Handel und Politik
verbinden schließlich alle Teile des Erdballs miteinander. Und
die ganze Masse des Menschengeschlechts, das bisher abwechselnd Ruhe und Aufruhr, Jahre des Glücks und Jahre der Not

erlebt hat, schreitet nun gleichmäßig – wenn auch gemächlichen Schrittes – zu immer größerer Vollkommenheit.

Viele teilten diesen Gedanken Turgots zur damaligen Zeit. Voltaire arbeitete schon am ›Essai sur les mœurs et l'ésprit des nations‹, dem die Idee des Wissens- und Aufklärungsprogresses zugrunde lag. In Deutschland war das Buch Isaak Iselins ›Über die Geschichte der Menschheit‹ erschienen, das die Weltgeschichte in ein Dreistufenschema einteilt. Die erste Stufe ist geprägt durch die Vorherrschaft der Gefühle, es ist der Zustand einer ursprünglichen »Simplizität«, der Kindheit der Menschheit; auf dieser Stufe sind die Völker des Ostens stehengeblieben. Griechen und Römer haben die zweite Stufe erreicht, dann, als sich nämlich die Phantasie stärker als das Gefühl erwies; Tugend und aufgeklärte Weisheit milderten die Sitten, obwohl sie die Barbarei nicht ganz überwanden. Erst nach einer tausendjährigen Herrschaft der Finsternis (so nannte Iselin das Mittelalter) errangen die europäischen Völker die Zivilisation, als die Ratio über Gefühle und Phantasie den Sieg davontrug. So ist also die Geschichte der Menschheit schrittweises und stetiges Fortschreiten der Vernunft und der Moral zu immer größerer Vollkommenheit.

Zwei weitere Namen und Arbeiten sind zu nennen, um das Bild, worin schließlich auch Kant und sein Schüler Herder ihren Ort finden können, zu vervollständigen: ›Die Erziehung des Menschengeschlechts‹ (1780) von Lessing und der ›Versuch einer Kulturgeschichte des Menschengeschlechts‹ (1782) von Adelung. Lessing orientierte sein Entwicklungsschema an der Religionsgeschichte: das Christentum galt darin nur als Vorstufe im sittlichen Fortschreiten der Menschheit auf das Ideal der Humanität zu. Adelung setzte sich mit den Problemen der Kulturgeschichte auseinander: bestimmender Faktor ist hier das Bevölkerungswachstum.

Der erste Teil der ›Ideen zur Philosophie der Geschichte der Menschheit‹ von Herder erschien im Mai 1784, der Aufsatz Kants ›Idee zu einer allgemeinen Geschichte in weltbürgerlicher Absicht‹ im November desselben Jahres; offensichtlich war er aber im Frühjahr entstanden. Die oben zitierte Notiz in den ›Gothaischen Gelehrten Zeitungen‹ hat wohl das Erscheinen des Aufsatzes veranlaßt: an seinem Anfang erinnert Kant an die

Notiz und bemerkt, daß er seine Ansichten über die Geschichte präzisieren müsse, die er mit einem durchreisenden Gelehrten erörtert habe und von denen jetzt in der Öffentlichkeit Mitteilung gemacht worden sei. Die ›Idee‹ Kants entstand unabhängig von den ›Ideen‹ Herders.

Das ist unbedingt festzuhalten, da der Schüler (zwar nicht öffentlich) seinen Lehrer des Plagiats beschuldigte. Wollen wir nun weiter verfolgen, wie die Sache in den offenen Konflikt trieb; zuerst aber werden wir den Leser mit dem Inhalt des Aufsatzes bekannt machen, der lapidar (fast thesenartig) die Grundlagen von Kants Geschichtsphilosophie darlegte. Der in der ›Berlinischen Monatsschrift‹ erschienene Aufsatz war erfolgreich. Zu Lebzeiten des Philosophen wurde er noch verschiedentlich aufgelegt. Die Bekanntschaft Schillers mit der Philosophie Kants, deren glühender Adept er bald werden sollte, begann eben mit diesem Aufsatz.

Die ›Idee zu einer allgemeinen Geschichte‹ beginnt mit der Untersuchung eines Problems, das im achtzehnten Jahrhundert mehr oder minder Allgemeingut war: ob es eine Auswirkung von Naturgesetzen im gesellschaftlichen Leben gibt. Es könnte scheinen, dies sei zufälliger im Leben eines Menschen als die Eheschließung. Indessen beweisen die jährlichen Daten, daß dieser Wirkungsprozeß in großen Ländern regelmäßig abläuft, wie die so unbeständige Witterung, die in einzelnen Fällen nicht vorherzubestimmen ist, die aber im allgemeinen, gleichmäßig und ununterbrochen, das Wachstum der Pflanzen, den Lauf der Ströme und andere Veranstaltungen der Natur in Gang hält. Einzelne Menschen und selbst ganze Völker denken wenig daran, daß, indem sie eigene Ziele verfolgen – ein jedes nach seinem Sinn, unvernünftig zum Teil und zum Schaden des anderen –, sie unbemerkbar für sie selbst an der ihnen unbekannten Naturabsicht fortgehen als an einem Leitfaden und am Erreichen dieses Ziels mitarbeiten. Ähnlich hat schon Vico festgestellt, wie sehr die Zwecke der Individuen mit den schließlich von der Gesellschaft erzielten Ergebnissen kontrastieren. Herder hat diese Meinung wiederholt und Hegel wird sie »List der Vernunft« nennen.

Kant glaubt nicht, daß bei jedem einzelnen das Vorhandensein eines vernünftigen Zwecks vorauszusetzen sei; Dummheit, kindische Eitelkeit, Bosheit und Zerstörungssucht sind eher die häufigen Motive für menschliches Verhalten; sieht man von ihnen ab, kann man im allgemeinen Gang der Geschichte einen für die ganze Menschheit verbindlichen Zweck erkennen. In diesem Sinne entwickeln sich die Naturanlagen des Menschen, die zum Gebrauch seiner Vernunft bestimmt sind, vollständig nur in der Gattung und nicht im Individuum. Das Individuum ist sterblich, die Gattung ist unsterblich. Es ist eine unübersehbare Reihe von Generationen nötig, wobei eine der anderen ihre Aufklärung überliefert, damit unsere gattungsmäßigen Anlagen sich voll entwickeln können.

Welcher Mittel bedient sich die Natur, um die in die Menschen gesenkten Anlagen zu entwickeln? Ursache für die gesetzmäßige Ordnung in der Menschheit ist ein ursprünglicher Antagonismus, den Kant die »ungesellige Geselligkeit« nennt, die Neigung nämlich, in Gesellschaft zu treten und dieser Gesellschaft zugleich Widerstand entgegenzubringen, wodurch Zerfall droht. Getrieben von Ehrsucht, Herrschsucht oder Habsucht verschafft der einzelne sich einen bestimmten Platz unter seinen Mitmenschen, die er nicht dulden, ohne die er aber auch nicht auskommen kann. Das sind erste Schritte aus der Barbarei zur Kultur. Unter den Bedingungen eines arkadischen Schäferlebens, bei vollkommener Eintracht, Genügsamkeit und gegenseitiger Liebe, würden die Talente des Menschen nicht zum Vorschein kommen, und die Menschen, gutartig wie die Schafe, würden keine würdigere Existenz vorweisen als die Haustiere. Deshalb sei die Natur gepriesen für die Unverträglichkeit, für die mißgünstig wetteifernde Eitelkeit, für die unersättliche Begierde zum Besitz und zur Herrschaft! Der Mensch will Eintracht, doch die Natur weiß besser, was für seine Gattung gut ist und lenkt diese auf den Weg der Zwietracht!

Wohin führt dieser Weg? Kant ist Optimist; er ist überzeugt, daß er letztlich zur Bildung einer rechtlichen bürgerlichen Gesellschaft führt, die dem einzelnen Mitglied größte Freiheit gewährt, eine Freiheit, die mit der Freiheit aller anderen nicht kollidiert. Den Antagonismus wird es in einer solchen Gesellschaft auch geben; doch Gesetze schränken ihn ein. Nur unter solchen Bedingungen ist eine möglichst vollständige Entwicklung des in die menschliche Natur gesenkten Potentials vorzustellen.

Den Status einer allgemeinen, das Recht verwaltenden Gesellschaft zu erreichen ist die schwerste Aufgabe, und sie wird von der Menschengattung zuallerletzt gelöst. Es verhält sich nämlich so, daß der Mensch wegen seiner tierischen Anlage eines Herrn bedarf; als vernünftiges Lebewesen schafft er das Gesetz, das für alle der Willkür des einzelnen Grenzen setzt, aber die selbstsüchtige tierische Neigung treibt ihn dazu, für sich selbst eine Ausnahme zu machen. Jeder mit Macht versehene Mensch wird seine Freiheit immer mißbrauchen, wenn niemand über ihm ist, der nach Gesetzen über ihn Gewalt ausübt. Darin liegt also die Schwierigkeit der dem Menschengeschlecht gestellten Aufgabe. Es ist unmöglich, sie vollständig zu lösen; doch der Lösung sich anzunähern, heißt uns die Natur. Drei miteinander verbundene Bedingungen sind dafür unumgänglich notwendig: eine richtige Vorstellung von der Verfassung des Staates, jahrhundertelang angehäufte Erfahrung, guter Wille. Kant hegt keine Illusionen bezüglich des Zeitpunkts, wann dies sein wird: nicht so bald, ja eigentlich sehr lange noch nicht – und das nach vielen vergeblichen Versuchen.

Die Schaffung einer vollkommenen bürgerlichen Ordnung innerhalb eines Staates ist noch von einem anderen Umstand abhängig: man muß auch von Staat zu Staat gesetzmäßige Außenbeziehungen herstellen. Das ist nichts anderes, wie wenn die Individuen sich im Staat zusammentun, um sich an der gegenseitigen Ausrottung zu hindern. »Die Natur hat also die Unvertragsamkeit der Menschen, selbst der großen Gesellschaften und Staatskörper dieser Art Geschöpfe, wieder zu einem Mittel gebraucht, um in dem unvermeidlichen Antagonismen derselben einen Zustand der Ruhe und Sicherheit auszufinden; d. i. sie treibt durch die Kriege, durch die überspannte und niemals nachlassende Zurüstung zu denselben, durch die Noth, die dadurch endlich ein jeder Staat, selbst mitten im Frieden, innerlich fühlen muß, zu anfänglich unvollkommenen Versuchen, endlich aber, nach vielen Verwüstungen, Umkippungen, und selbst durchgängiger innerer Erschöpfung ihrer Kräfte zu dem, was ihnen die Vernunft auch ohne so viel traurige Erfahrung hätte sagen können, nämlich: aus dem gesetzlosen Zustande der Wilden hinauszugehen und in einen Völkerbund zu treten; wo jeder, auch der kleinste Staat seine Sicherheit und

Rechte, nicht von eigener Macht oder eigener rechtlicher Beurteilung, sondern allein von diesem großen Völkerbunde (Foedus Amphictyonum), von einer vereinigten Macht und von der Entscheidung nach Gesetzen des vereinigten Willens erwarten könnte.«[118]

Kant war ganz aufgegangen in weltgeschichtlichen Problemen, als aus Jena ein Brief mit einem lockenden Vorschlag eintraf. Der bekannte Philologe Professor Schütz erging sich in Lobreden über die ›Kritik der reinen Vernunft‹, trug eigene Erwägungen vor und teilte dann mit, daß er im nächsten Jahr beabsichtige, eine ›Allgemeine Literaturzeitung‹ herauszugeben, die ganz der Rezension von Neuerscheinungen in der Literatur gewidmet sein solle. Die Mitarbeit Kants würde die Reputation des neuen Organs sehr heben. Könnte er nicht gleich die Mühe auf sich nehmen und Herders ›Ideen zur Philosophie der Geschichte der Menschheit‹ analysieren? Kant antwortete zustimmend.

Wir haben Herder in Bückeburg verlassen, wo er Pastor war und an der literarischen Bewegung des »Sturm und Drang« mitwirkte. 1776 lud man ihn nach Weimar, die Leitung der dortigen protestantischen Kirche zu übernehmen. Am Hofe des liberalen Herzogs Carl August von Sachsen-Weimar herrschte der Freigeist. Herder begeisterte sich für die Philosophie Spinozas, Goethe und er beschäftigten sich mit biologischen Studien. 1784 gelang Goethe eine wichtige Entdeckung: er fand beim Menschen den Zwischenkieferknochen, der beim Tier nicht vorhanden ist, was als Argument für einen fundamentalen Unterschied zwischen Mensch und Tier galt; die Entdeckung wurde nicht veröffentlicht, Kant wußte also nichts davon, doch Herder war das natürlich bekannt. Deshalb haben wir allen Grund, uns ernsthaft gerade mit den Gedanken zur Evolution der Natur auseinanderzusetzen, die Herder in seinem philosophischen Hauptwerk ›Ideen zur Philosophie der Geschichte der Menschheit‹ vorträgt.

Bevor Herder die Entwicklung der Menschengattung analysiert, geht er auf die Geschichte unseres Planeten ein. Bei seiner Beschreibung der Erdentstehung und ihrer Lokalisierung im Weltall bezieht Herder sich auf die Arbeit seines Lehrers Kant ›Allgemeine Naturgeschichte und Theorie des Himmels‹. Weiter geht es dann über die geologische Geschichte der Erde, ihre Flora und Fauna. In äußerst verschwommenen Anspielungen redet Herder von der natürlichen Entstehung des Lebens, das seiner Meinung nach aus dem Wasser hervorgeht. Ebenso verschwommen räsoniert er über die kontinuierliche Entwicklung der Tierarten. Die naturwissenschaftlichen Mutmaßungen in den ›Ideen‹ wechseln mit Betrachtungen zu Seelenwanderung und Unsterblichkeitsglauben. Das Ziel der Entwicklung liegt im Unendlichen; Herder macht sich Gedanken, wohin sich der Vervollkommnungsprozeß des Menschen bewegt. Auf der Erde ist der Mensch sich selbst eine Schranke; weiteres Fortschreiten des Lebens verlegt die Phantasie Herders in die nichtirdische, jenseitige Welt. Damit endet der erste Teil, der Kant auf den Tisch kam. Von der Geschichte der Menschheit war eigentlich gar nicht die Rede.

Aber gerade das interessierte den Rezensenten. Außer leichtsinnigen Keckheiten fand Kant nichts in den Konstruktionen Herders. Der Schüler fertigte kurzerhand Probleme ab, die der Lehrer in seiner Jugend ohne Lösung belassen hatte: in der ›Allgemeinen Geschichte und Theorie des Himmels‹. Kant bezweifelte die Möglichkeit, daß das Entwicklungsprinzip auf die organische Materie anwendbar sei. Einen ungünstigen Eindruck machte auf ihn auch die Herdersche Schreibweise: emotionsgeladen, zeitweilig hochtrabend, ohne jegliche Klarheit und Beweiskraft. Statt begrifflicher Strenge findet der Leser nur verschwommene vieldeutige Anspielungen. Kant stellte eine Blütenlese zusammen, die zeigt, wie Herder über Dinge urteilt, über die man bisher nur phantasieren konnte. Die Ideen der organischen Evolution erschienen Kant so wunderlich, daß sie »offenbar alle menschliche Vernunft« überstiegen. (Kant darf hier nicht verurteilt werden. Sogar Hegel, dessen Philosophie vom Entwicklungsgedanken ganz durchdrungen war, konnte sich nicht entschließen, diese Ideen auf die Welt der Natur anzuwenden.)

Kant wird ironisch, wenn Herder die Evolutionslehre für die Begründung der Unsterblichkeit der Seele verwenden will. Wenn sogar Wesen möglich sein sollten, die höher organisiert sind als der Mensch, dann ist aber nicht der Schluß zu ziehen, daß ein und dasselbe Individuum zu dieser höheren Stufe gelange. Es sind verschiedene Wesen, die die Stufen der immer vollkommeneren Organisation besetzen. Zwar verwandelt sich die Raupe in einen Schmetterling, doch zwischen diesen beiden Zuständen liegt nicht der Tod, sondern der Zustand der Puppe. Am Ende der Rezension spricht Kant den Wunsch aus, daß der Schüler »seinem lebhaften Genie einigen Zwang auflege, und daß Philosophie, deren Besorgung mehr im Beschneiden als Treiben üppiger Schößlinge besteht, ihn nicht durch Winke, sondern bestimmte Begriffe, nicht durch gemuthmaßte, sondern beobachtete Gesetze, nicht vermittelst einer, es sei durch Metaphysik, oder durch Gefühle, beflügelten Einbildungskraft, sondern durch eine im Entwurfe ausgebreitete, aber in der Ausübung behutsame Vernunft zur Vollendung seines Unternehmens leiten möge«.[119]

Die Rezension erschien in einer der ersten Nummern der ›Allgemeinen Literaturzeitung‹; sie war nicht unterzeichnet, doch Herder erkannte sogleich die argumentative Handschrift seines Lehrers. Kant war unter den Namen der Mitarbeiter der neuen Zeitschrift genannt, und so war es ein offenes Geheimnis, um wen es sich bei dem anonymen Rezensenten handelte.

Herder war beleidigt, verwirrt und begierig, einen Gegenschlag zu führen. In einem Brief an Hamann holt er gegen die Kritik der reinen Vernunft aus: »es soll mir herzlich lieb sein, wenn ich sein Idol der Vernunft zurückschauern mache oder verwüste.«[120] Aber solche Pläne lagen in weiter Ferne. In einem Brief an Jacobi schrieb er über seinen Eindruck von Kants ›Idee zu einer allgemeinen Geschichte in weltbürgerlicher Absicht‹. Das Oberhaupt der protestantischen Kirche in Weimar riskiert in dem Brief an Jacobi zensurfeindliche Worte: »Ich wollt, daß Dich der Himmel begeisterte, über den Unsinn dieser Idee in einigen Sätzen zu schreiben (denn andre und die ganze Anlage ist aus den ›Ideen‹ gestohlen) Z. E.: der Mensch ist ein Tier, das einen Herrn braucht; der Mensch ist nicht für sich, sondern für die Gattung; in der Gattung developpiert er alle Kräfte, und wie zuletzt alles auf einen politischen Antagonismus und eine vollkommenste Monarchie, ja auf eine Koexistenz vieler vollkommenster Monarchien, die die reine Vernunft in corpore regieret, hinausgeht etc. etc.«[121]

Herder, blind vor Zorn, war ebenso ungerecht in seinen Vorwürfen wie Kant in seiner Rezension. Beide wollten nicht nur nichts Positives beim Gegner finden, sondern bei der Interpretation die Gedanken auch absichtlich vereinfachen und entstellen. Kant hatte eine analoge Situation mit Würde getragen: die Göttinger Rezension trübte seine persönlichen Beziehungen zu Garve nicht; Aufgabe des Verfassers der ›Kritik der reinen Vernunft‹ war es, dem Leser die dort entfalteten Gedanken verständlich zu machen, ihm zu helfen, ihn – Kant – zu verstehen; vom Rezensenten wollte er nur Argumente hören. Der heftige Herder mußte den Gegner um jeden Preis diskreditieren. Der Pastor schäumte vor Empörung. Die Polemik mit Kant verwandelte sich bald in einen offenen Streit, obwohl dieser sich bemühte, seine ironische Haltung beizubehalten.

Kants Rezension erschien zu der Zeit, als Herder gerade dabei war, den zweiten Teil der ›Ideen‹ zu Ende zu schreiben. In aller Eile baute er nun einige Ausfälle gegen die kritische Philosophie hinein. Aber bevor Herders Buch herauskam, sollte Kant noch eine scharfe Antwort im ›Teutschen Merkur‹ lesen müssen. Mit Kants Rezension waren viele unzufrieden (was Herder noch mehr anstachelte). Der Philosoph und Dichter Knebel nannte Kant in einem Brief an den mitgenommenen Herder »so einen illustren Dummkopf, der die Weisheit nach Maß und Elle zuschneidet«, fügte noch die Besorgnis hinzu, ob dieser »gelehrte Esel« nicht etwa den Gang Herders aufhalte.[122] Unzufrieden war auch Wieland, der Herausgeber des ›Teutschen Merkur‹. In seiner Zeitschrift erschien die Antwort an Kant, die mit »Pastor aus ***« unterzeichnet war.

Der Antirezensent warf dem Rezensenten »metaphysische Routine« vor, die ihn daran hindere, in den ›Ideen‹ den lebendigen Gedanken zu sehen, der sich auf neue Erfahrungsdaten stütze. In der ausführlichen Besprechung fanden sich noch andere Vorwürfe und scharfe Formulierungen; eine Pikanterie war, daß sich unter der Maske des Pastors der Schwiegersohn Wielands verbarg, der angehende Philosoph K. L. Reinhold, der damals noch nicht das Hauptwerk Kants gelesen hatte. (Später las er die ›Kritik‹, war begeistert und verbreitete ihre Gedanken überall.)

Kant hielt es nicht; er mußte seine Meinung über die Antirezension öffentlich vortragen. Sein Gegner, schreibt er in der ›Allgemeinen Literaturzeitung‹, werfe ihm vor, ein Metaphysiker zu sein, der keine empirischen Daten anerkenne und in unfruchtbaren Abstraktionen erstarrt sei; im Gegenteil, er stütze sich gerade auf empirische Fakten aus der Anthropologie und anderen Wissenschaften. Kant stieß sich besonders an der Bemerkung des »Pastors«, daß die Vernunft vor keiner kühnen Idee zurückweichen dürfe; in der Replik beharrt Kant auf der Unwissenschaftlichkeit von Herders ›Ideen‹.

Der Verfasser selbst erachtete es für unnötig, sich vor dem Rezensenten zu rechtfertigen. Seine Antwort war nicht Verteidigung, sondern neuer Angriff. Herder erwähnt den Namen Kants nicht ein einziges Mal im zweiten Teil der ›Ideen‹, doch zwischen den Zeilen gärt der Konflikt weiter. So wendet Herder sich gegen Kants Grundgedanken in der ›Idee zu einer allgemeinen Geschichte . . .‹, daß Zwietracht den ursprünglichen Gesellschaftszustand bestimme. Schließlich zitiert er − unkorrekt − Kants Aufsatz: »Ein zwar leichter, aber böser Grundsatz wäre es zur Philosophie der Menschengeschichte: der Mensch sei ein Tier, das einen Herrn nötig habe, oder von diesem Herren, oder der Verbindung derselben das Glück seiner Endbestimmung erwarte.« Alles, was nun die Frage des »Glücks« betrifft, fehlt bei Kant; Kant wollte nur ausdrücken, daß die Menschen ihre Freiheit mißbrauchten und deshalb eines »Herren« bedürften: als einen solchen führt er die menschliche Gattung ein, die im Staat ihre institutionalisierte Form gewinnt. Die grimmigen Philippiken Herders gegen den Staat zielen ebenfalls gegen Kant, der diese Institution als unvermeidlich ansah und nur darüber nachsann, wie sie zu vervollkommnen sei. Für Herder ist der Staat eine Maschinerie, die von Zeit zu Zeit zerstört werden muß. So verkehrt er den Aphorismus Kants: der Mensch sei ein Tier, das einen Herrn nötig habe, in den Satz: Der Mensch, der einen Herrn nötig hat, ist ein Tier; sobald er Mensch wird, hat er keines eigentlichen Herrn mehr nötig.[123]

Und noch ein Pfeil war gegen Kant gerichtet: mit der (wiederum unbegründeten) Beschuldigung, die kritische Philosophie mißachte das menschliche Individuum, insofern sie die Gattung als ein sich selbst genügendes Wesen setze. »Freilich, wenn jemand sagte, daß nicht der einzelne Mensch, sondern das Geschlecht erzogen werde, so spräche er für mich unverständlich, da Geschlecht und Gattung nur allgemeine Begriffe sind, außer sofern sie in einzelnen Wesen existieren. Gäbe ich diesem allgemeinen Begriff nun auch alle Vollkommenheiten der Humanität, Kultur und höchsten Aufklärung, die ein idealischer Begriff gestattet, so hätte ich zur wahren Geschichte unsres Geschlechts ebensoviel gesagt, als wenn ich von der Tierheit, der Steinheit, der Metallheit im allgemeinen spräche und sie mit den herrlichsten, aber in einzelnen Individuen einander widersprechenden Attributen auszierte.«[124]

Als der zweite Teil der ›Ideen‹ erschienen war, bekam Kant das Buch von Hamann geliehen und studierte es aufmerksam. Hamann teilte Herder mit, Kant habe ganz gegen seine Gewohnheit mehr als eine Woche darauf verwendet. In der ›Allgemeinen Literaturzeitung‹ erschien eine neue Rezension – diesmal gleich zu Beginn recht wohlwollend: Kant lobte die kluge Auslese der ethnographischen Quellen, ihre meisterhafte Interpretation, die von trefflichen Urteilen begleitet sei. Doch dann wird er gleich ironisch, wenn er auf die metaphernreiche Form der Interpretation zu sprechen kommt, wo nach Kants Meinung Synonyme die Argumente und Allegorien die Wahrheit ersetzen müssen. Er brachte Beispiele dafür, wie Herder sich selbst widerspricht.

Kant entgingen natürlich die gegen ihn gerichteten Angriffe des Buches nicht: Herder betont vor allen Dingen das Glück des Individuums, das er den Interessen des Staates entgegensetzt. Man kann auf verschiedene Weise glücklich sein, erwidert Kant. Er anerkennt nicht die Vorstellung des Glücks, wie sie sich ein jeder auf seine Art macht, sondern nur die »immer fortgehende und wachsende Thätigkeit und Cultur, deren größtmöglicher Grad nur das Product einer nach Begriffen des Menschenrechts geordneten Staatsverfassung«[125] sein kann – dies ist der eigentliche Zweck der Vorsehung und Aufklärung. Wenn das Ideal aber die glückseligen Inseln von Tahiti sein soll, an denen die Zivilisation vorübergegangen ist, dann erhebt sich jedoch die Frage, ob für ein solches Glück Menschen überhaupt nötig seien, ob man nicht an ihrer Statt glückliche Schafe und Rinder nehmen könne. Herder habe seinen, Kants, Grundsatz »leicht, aber böse« genannt. Leicht kann man sich diesen Grundsatz allerdings aneignen, denn er entspricht der Erfahrung aller

Zeiten und Völker. Doch warum sollte er »böse« sein – sollte das vielleicht meinen, ein böser Mensch habe ihn geäußert?

Spott schwingt auch in Kants kritischen Bemerkungen zu Herders Behauptung, es gebe keinerlei Gattungsattribute, die nicht auch zugleich im Individuum vorhanden sind. Natürlich ist es Unsinn zu sagen, daß kein einziges Pferd Hörner hatte, die Pferdegattung aber gehörnt sei. Doch der Menschengattung insgesamt eignen gewisse Merkmale, die im einzelnen Individuum nicht aufzufinden sind. Nur die Gattung überhaupt verwirklicht ihre Vorherbestimmung, das heißt, nur sie allein ist in Entwicklung begriffen und vermag deren Höhepunkt zu erreichen.

Damit endete Kant die Polemik. Er weigerte sich strikt, den dritten Teil der ›Ideen‹ zu rezensieren. Polemische Anklänge lassen sich zwar in einigen späteren Werken entdecken, zum Beispiel im Aufsatz ›Mutmaßlicher Anfang der Menschengeschichte‹ (1786), wo er – allerdings sehr vorsichtig – das Alte Testament ironisiert, das Herders Pastorenherzen doch besonders lieb war. Aber das sind nur flüchtige Nachwehen. Für Kant war der Streit erledigt.

Herder hatte ihn erst begonnen. Bis ins Innerste getroffen, hatte er nicht einmal sein Hauptwerk vollendet, als er schon Unmengen Zeit und Kraft an vergebliche Versuche setzte, die kritische Philosophie zu untergraben. Der ›Kritik der reinen Vernunft‹ stellt er eine ›Metakritik der Kritik der reinen Vernunft‹ gegenüber, der ›Kritik der Urteilskraft‹ seine ›Kalligone‹, dem Traktat ›Zum ewigen Frieden‹ ein eigenes Werk mit demselben Titel. Kant merkte die Angriffe nicht.

Seine Aufmerksamkeit galt zunächst einer anderen Polemik, die in jener Zeit das intellektuelle Deutschland erfaßt hatte. Es war der berühmte »Pantheismusstreit«. Vier Jahre nach dem Tode Lessings (er war 1781 kurz vor dem Erscheinen der ›Kritik der reinen Vernunft‹ gestorben) wurde bekannt, daß der große Literaturkritiker sich zum Spinozismus bekannt habe. Der Philosoph Jacobi machte der Welt darüber Mitteilung. Als er erfuhr, daß Mendelssohn beabsichtige, einen Aufsatz über Lessing zu schreiben, teilte er ihm den Inhalt eines Gesprächs mit, das er mit dem Verstorbenen geführt hatte. Das Gespräch entzündete sich am ›Prometheus‹ Goethes, einem Gedicht, dem Lessing voll und ganz seine Zustimmung gab; orthodoxe Vorstellungen über Gott existierten für ihn nicht mehr, Gott und Welt seien identisch. Der verwunderte Jacobi hatte solches nicht erwartet und fragte verwirrt, ob er damit nicht in beträchtlichem Maße mit Spinoza übereinstimme. Darauf antwortete Lessing, daß er keinen anderen nennen könne, ob er, Jacobi, etwas Besseres wisse. Der Spinozismus war im Deutschland jener Zeit Synonym für Atheismus. Die Bücherverbrennungen waren in der Erinnerung noch lebendig, auch die Verfolgung derjenigen, die sich zum Gedankensystem des holländischen Pantheisten bekannten.

Mendelssohn schenkte der Erzählung Jacobis keinen Glauben, zwischen ihnen entspann sich ein Briefwechsel, der vom letzteren 1785 veröffentlicht wurde, nachdem Mendelssohn sein Buch über Spinoza und Lessing herausgebracht hatte (›Morgenstunden‹). Mendelssohn antwortete wiederum mit einem Buch ›Briefe an Lessings Freunde‹, worauf das Buch Jacobis ›Wider Mendelssohns Beschuldigung betreffend die Briefe über die Lehre des Spinoza‹ folgte.

Jacobi richtete seine Angriffe gegen den Spinozismus, weil er für ihn durch und durch Äußerung einer rationalistischen Philosophie war, die, wie er meinte, unvereinbar sei mit dem Glauben und mit wahrer Erkenntnis. Vernunft nannte er die Fähigkeit, unmittelbar des göttlichen Wesens ansichtig zu werden. Mendelssohn teilte die Gedanken Spinozas ebenfalls nicht; in seiner Polemik mit Jacobi verteidigte er nicht den Pantheismus, sondern den Rationalismus Wolffs. Seine größte Sorge war, den verstorbenen Lessing von der Beschuldigung einer odiosen Gottlosigkeit reinzuwaschen.

Beide suchten nun Unterstützung bei Kant. Jacobi wußte sich einig mit Kant in der Ablehnung aller Versuche, das Dasein Gottes auf rationalem Wege zu beweisen. Obwohl Mendelssohn die ›Kritik der reinen Vernunft‹ noch nicht gelesen hatte, wußte er, daß Kant hinsichtlich der rationalen Gottesbeweise nicht mit ihm übereinstimmte; ebenso wußte er, daß der Irrationalist Jacobi noch weniger Grund hatte, den Königsberger Philosophen anzurufen. Deshalb appellierte er an die wissenschaftliche Redlichkeit Kants und bat ihn, eine Stellungnahme in diesem Streit zu geben. Andere wandten sich mit ähnlichen Bitten an ihn. Kant wurde buchstäblich in den Streit hineingezerrt.

Natürlich war ihm die Position Mendelssohns näher: er war ja selbst aus dem Wolffianismus hervorgegangen. Wenn er auch die Beschränktheit der Aufklärung erkannt hatte, hielt er doch ihren besten Traditionen die Treue; indem er die Wissenschaft kritisierte, sagte er sich nicht gleichzeitig von der Wissenschaft los. Kurz vor dem »Pantheismusstreit« hatte Kant ein Loblied gesungen auf die geistige Strömung, der er erwachsen war – in dem Aufsatz ›Beantwortung der Frage: Was ist Aufklärung?‹. Die Antwort sei einfach, meinte er – Aufklärung sei der Ausgang des Menschen aus seiner selbst verschuldeten Unmündigkeit, Unmündigkeit sei das Unvermögen, sich seines Verstandes ohne Leitung eines anderen zu bedienen. »Habe Mut, dich deines eigenen Verstandes zu bedienen!« ist also der Wahlspruch der Aufklärung.

Anderseits war sich Kant schon lange im klaren, daß der Mensch nicht allein Verstand oder Summe wissenschaftlicher Erkenntnisse ist. Hinsichtlich Mendelssohns war Kant der festen Meinung, dessen Versuche, das Dasein Gottes und die Unsterblichkeit der Seele auf logischem Wege zu beweisen, habe mit Wissenschaft nicht viel zu schaffen. Er brauchte nur an die entsprechenden Paragraphen der ›Kritik‹ zu erinnern, um seine Unstimmigkeit mit Mendelssohn zu demonstrieren. Das tat er in einem kurzen Vorwort zum Buch eines seiner Anhänger, des Magisters L. Jakob aus Halle: ›Prüfung der Mendelssohnschen Morgenstunden‹. Um das Verhältnis zu Jacobi zu klären, bedurfte es einer besonderen Arbeit. Der Titel lautete: ›Was heißt: sich im Denken orientieren?‹, erschienen in der ›Berliner Monatsschrift‹ im Oktober 1786, fast gleichzeitig mit dem Buche Jakobs.

Verglichen mit der ›Kritik der reinen Vernunft‹ enthält dieser Aufsatz einige neue Gedanken. Hatte Kant dort den Versuch der Kritik unterzogen, die Erkenntnis Gottes auf dem mittelbaren Weg eines logisch widerspruchsfreien Beweises erreichen zu wollen, so lehnt er hier die Möglichkeit der unmittelbaren Erkenntnis Gottes auf intuitivem Wege ab. Kant schreibt: selbst wenn in alldem, worin sich Gott den Menschen unmittelbar offenbart, nichts seinem Begriff widersprechen würde, so würde dennoch eine derartige Anschauung niemals sein Dasein beweisen. »Vom Dasein des höchsten Wesens kann also niemand durch irgendeine Anschauung zuerst überzeugt werden.« Wissen darf man nicht mit Glauben vermischen. Indessen ist Kant keineswegs gegen den Glauben. Der Glaube ist Kompaß, Wegweiser. Sich im Denken orientieren bedeutet, sich von einem subjektiven Prinzip leiten lassen in der Bestimmung der Wahrheit, bei gleichzeitiger Abwesenheit eines objektiven Prinzips. Nun drängt sich sofort der Einwand auf: Wissen, das auf objektiver Wahrheit beruht, ist also höher als der Glaube. Kant sagt »ja«, zugleich aber doch »nein«. Es gibt, meint er einschränkend, den Vernunftglauben, der mit Moral identisch ist. Dieser Vernunftglauben ist ein »Fürwahrhalten (wenn in dem Menschen alles nur moralisch gut bestellt ist), (das) dem Grade nach keinem Wissen nachsteht, ob es gleich der Art nach davon völlig unterschieden ist«.

Der Aufsatz ›Was heißt: sich im Denken orientieren?‹ war in der Tendenz voller Achtung und hat Kants Beziehungen zu Jacobi nicht im geringsten beeinträchtigt. Sie pflegten weiterhin Briefe zu wechseln, sich gegenseitig ihre Arbeiten zuzuschicken und Komplimente auszutauschen. Der Zusammenstoß mit Herder hatte Kant gelehrt, sich in der Polemik zurückzuhalten und die Eigenliebe des Gegners zu schonen.

Kants Auftreten gegen Jacobi markierte den Endpunkt der ersten Etappe im Pantheismusstreit. Der nahm plötzlich eine unerwartete Wendung: Herder mischte sich ein mit der Schrift ›Gott. Einige Gespräche‹ (1787); seine Arbeit an den ›Ideen‹ hatte er für einige Zeit beiseite gelegt. Herder richtete die nächsten versteckten polemischen Angriffe gegen Kant, indem er die Lehre des Spinoza so verteidigte, daß er ihre völlige Übereinstimmung mit dem Christentum aufwies. Das rief die Proteste der radikalen Spinozisten hervor, die – durchaus richtig – das Überzogene in den Konstruktionen des Weimarer Superintendenten erblickten. Die Streitigkeiten hielten noch einige Jahre an: jetzt betrafen sie unmittelbar Spinoza und das Problem des Pantheismus.

Kant ließ sich davon nicht mehr beunruhigen. Um so weniger, als er den Vorsatz gefaßt hatte, sich nicht mehr in Streitereien einzulassen. Dieses feierliche Versprechen gab er in der Vorrede zur zweiten Auflage der ›Kritik der reinen Vernunft‹ (1787). Zu dieser Zeit brauchte sich Kant über Mangel an Aufmerksamkeit

1 Immanuel Kant (1724-1804)

2 Königsberg. Ansicht der Stadt um 1766

3 Königsberg. Das Schloß

4 Friedrich II. (der Große. 1712-1786)

5 Gottfried Wilhelm Leibniz (1646-1716)

6 Sir Isaac Newton (1643-1727)

7 Christian Freiherr von Wolff (1679-1754)

Gedanken

von der wahren Schätzung

der

lebendigen Kräfte

und

Beurtheilung der Beweise

derer sich

Herr von Leibniß und andere Mechaniker

in dieser Streitsache

bedienet haben,

nebst einigen vorhergehenden Betrachtungen

welche

die Kraft der Körper überhaupt

betreffen,

durch

Immanuel Kant.

Königsberg,
gedruckt bey Martin Eberhard Dorn. 1746.

8 Titelblatt von Kants erstem Buch »Gedanken von der wahren Schätzung
der lebendigen Kräfte . . .«

9 Andrej Bolotov

10 Jean-Jacques Rousseau (1712-1778)

11 Johann Georg Hamann (1730-1788)

Allgemeine
Naturgeschichte
und
Theorie des Himmels,

oder

Versuch

von der Verfassung und dem mechanischen Ursprunge

des ganzen Weltgebäudes

nach

Newtonischen Grundsätzen

abgehandelt.

Königsberg und Leipzig,

bey Johann Friederich Petersen, 1755.

12 Titelblatt von »Allgemeine Naturgeschichte und Theorie des Himmels . . .«

13 Kant

14 Gotthold Ephraim Lessing (1729-1781)

15 »Der zum Doctorat gelangende Student«

16 Kant und seine Tischgenossen

Critik

der

reinen Vernunft

von

Immanuel Kant

Professor in Königsberg.

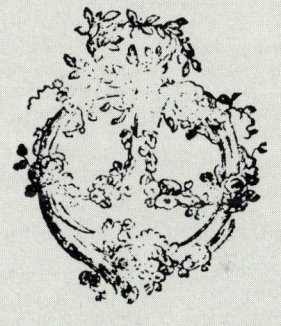

Riga,
verlegts Johann Friedrich Hartknoch
1781.

17 Titelblatt von »Kritik der reinen Vernunft«

18 Buchdruckerwerkstatt im 17. Jh.

19 Kants Wohnhaus in Königsberg.

20 Königsberg. Die Börse

21 Die Universität in Königsberg

22 Johann Gottfried Herder (1744-1803)

23 Kant, ca. 1760

24 Friedrich Heinrich Jacobi (1743-1819)

Immanuel Kant.
geb. zu Königsberg d. 22. Aprie 1724, gest. d. 12 Febr. 1804.

25 Kant im Alter von 65 Jahren

26 Nikolai Michailowitsch Karamsin (1766-1826)

27　Johann Gottlieb Fichte (1762-1814)

28 Maximilien de Robespierre (1758-1794)

29 Johann Wolfgang von Goethe (1749-1832)

30 Friedrich von Schiller (1759-1805)

31 Georg Wilhelm Friedrich Hegel (1770-1831)

EMANUEL KANT.

geb d 22 April 1723, geſt d. 12 Febr. 1804

32 Kant. 1773

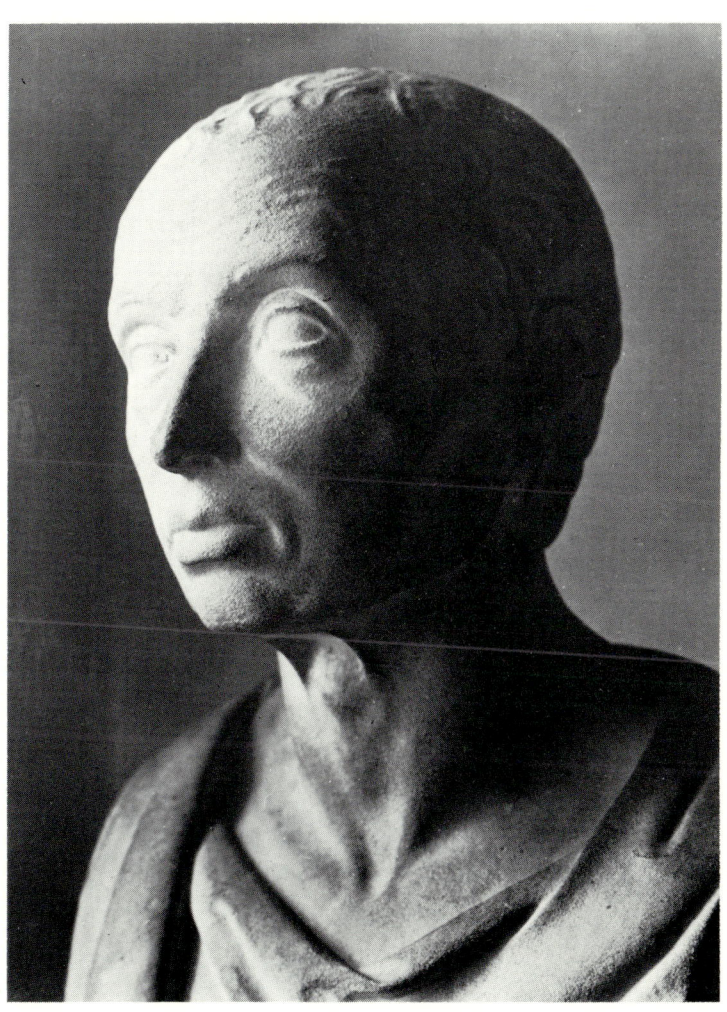

33 Kant. Marmorplastik 1798

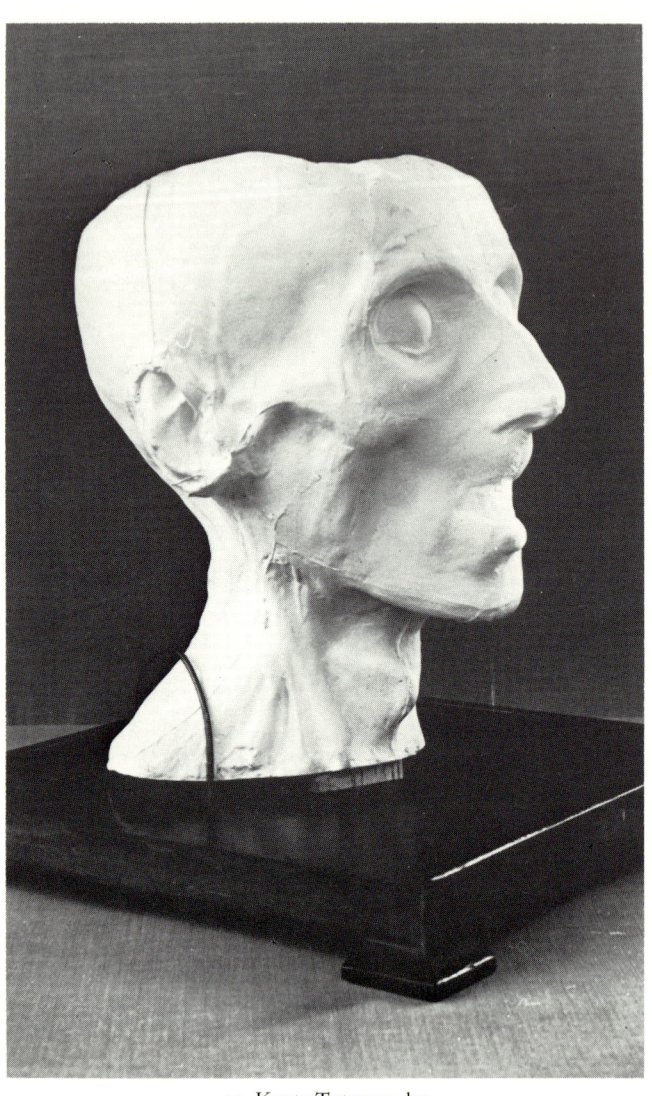

34 Kants Totenmaske

35 Gedenktafel in Königsberg

36 Das Denkmal in Königsberg

seine ›Kritik‹ betreffend nicht mehr zu beklagen. Eher über Unverständnis. Der Reihe nach erschienen nun nicht Aufsätze, sondern ganze Bücher, die sich gegen Kant richteten. Man beschuldigte ihn des Skeptizismus und des subjektiven Idealismus. Der Physiker und Philosoph Lichtenberg, der selbst kein Kantianer, sondern einfach ein redlicher und scharfsinniger Mann war, hat die Beweisführung der gegen Kant gerichteten Ausfälle meisterhaft skizziert: »Wenn Kant recht hätte, so hätten wir ja unrecht; da aber dieses nicht wohl sein kann, indem unser so viele gelehrte, tätige und rechtschaffene Männer sind, so ist sonnenklar, daß Kant unrecht hat.«[126]

Allen zu antworten war unmöglich und auch gar nicht notwendig: Mit der Zahl der Kritiker wuchs auch die Zahl der Anhänger, die bereit waren, seine Interessen nicht nur mit der Feder, sondern auch mit der Waffe in der Hand zu verteidigen. Das ist durchaus keine Übertreibung: Im Frühling des Jahres 1786 war die Philosophie Kants sogar Ursache eines Duells in Jena. Ein Student verkündete, man müsse, um die ›Kritik‹ richtig zu verstehen, auf der Universität mindestens dreißig Jahre studieren; ein zweiter forderte ihn daraufhin zum Duell. Das »Kantische Fieber« erfaßte die deutschen Universitäten. Mancherorts waren die Regierungen beunruhigt. In Marburg verbot der Landgraf, die Philosophie Kants öffentlich zu lehren mit der Begründung, sie untergrabe die Grundlagen der menschlichen Erkenntnis.

Zu dieser Zeit wurde Kant zum Rektor der Universität gewählt (dieses Amt bekleidete man für ein Jahr), und die Berliner Akademie der Wissenschaften machte ihn zu ihrem ständigen Mitglied. Doch nicht nur die gelehrte Welt zollte dem Ruhme Kants Tribut. Im ›Teutschen Merkur‹ wurden fortlaufend anonyme ›Briefe über die Kantische Philosophie‹ veröffentlicht. Da sie luzide und zugleich populär geschrieben waren, erreichten sie ein breites Publikum. Verfasser war der frühere Gegner Kants K. L. Reinhold. Als er endlich die ›Kritik der reinen Vernunft‹ gelesen hatte, war er erschüttert. In einem Brief an Kant gab Reinhold zu, daß er seinerzeit die »Antirezension« auf Kants Rezension der ›Ideen zur Philosophie der Geschichte der Menschheit‹ verfaßt hatte. Jetzt versichert er Kant seiner Zuneigung, dankt für die wohltätige Revolution, die Kants Ideen in seiner Seele hervorgerufen hätten, verspricht, seine Kraft der Verbreitung und Verteidigung dieser Philosophie zu widmen. Kant selbst erwiderte nur in ganz seltenen Fällen seinen Gegnern. Wissenschaftlicher Streit ist für ihn interessant nur dann, wenn in der Sache Neues gesagt wird. Den Gegner der Oberflächlichkeit oder Dummheit zu zeihen, ist eine undankbare Beschäftigung. Besonders, wenn neue Aufgaben warten. Vor Kant tat sich schließlich ein weites unerforschtes Land der Erkenntnis auf, das die großen Philosophen schon lange suchend umkreist hatten, und wohin er selbst schon seit langem strebte.

Es geht um die Ethik. Hier sind die Verdienste Kants nicht weniger groß als in der Erkenntnistheorie. Wir wissen bereits, daß besonders das Interesse an ethischen Problemen, die Schwierigkeiten bei ihrer Lösung (vor allem der Antinomie der Freiheit), Kant dazu veranlaßt haben, die ›Kritik der reinen Vernunft‹ in Angriff zu nehmen. Nach der Vollendung seines Hauptwerks wendet er sich erneut der Ethik als solcher zu. Die erste Schwalbe, die vom Beginn der Arbeit auf diesem Felde kündet, war die Rezension des Buchs von Johann Schultz ›Versuch einer Anleitung zur Sittenlehre‹. (Die Rezension erschien in einer der Königsberger Zeitungen noch vor dem Versprechen, sich nicht mehr in Streitigkeiten einzumischen.) Diesen Schultz darf man nicht mit dem schon erwähnten, in Königsberg lebenden Freund Kants verwechseln. Beide heißen Johann und beide waren Prediger. Doch wenn der letztere, ein Privatgelehrter, nur zögernd in die Tiefen der Spekulation vordrang, so war der andere ein fruchtbarer Literat und Kritiker, ein Freigeist vor dem Altar. So weigerte er sich, vor seiner Gemeinde (Gielsdorf bei Berlin) in der traditionellen Perücke aufzutreten, sondern trug den modischen Zopf, weshalb er auch der »Zopf-Schultz« genannt wurde. Er versuchte, die Monarchen vom Nutzen des Atheismus zu überzeugen, indem er darlegte, daß die Religion eine unsichere Stütze des Throns sei, daß der Atheist einen bei weitem zuverlässigeren Untertanen abgebe als der Gläubige. Das Brandenburgische Konsistorium rief den Freigeist zum Rapport, aber Friedrich II. selbst nahm ihn in Schutz, war doch des Königs Wahlspruch: »Räsoniert, soviel Ihr wollt und worüber Ihr wollt, aber gehorcht!«

»Zopf-Schultz« nahm aktiven Anteil am Pantheismusstreit. Er las Mendelssohn die Leviten wegen seiner Weigerung, Lessing für einen Spinozisten zu halten. Die Anhänger Spinozas gelten als Atheisten, na und? Es ist eine verbreitete Meinung: ein Atheist – das ist ein gefährlicher, amoralischer Mensch, der weder Familienvater noch Staatsbürger sein kann; es gebe nichts Unsinnigeres als derartige Behauptungen. Moral und Religion sind verschiedene Dinge.

1783 veröffentlichte »Zopf-Schultz« also sein Buch zur Sittenlehre, worauf Kant mit einer Rezension antwortete. Das Buch legte die Grundlagen des mechanischen Materialismus dar und Kant gab sie gewissenhaft wieder. Schultz glaubte an eine allgemeine Beseeltheit der Natur. Es gibt nichts Lebloses; es existiert nur Leben, das größere und geringere Grade an Realität besitzt. Seele als ein vom Körper unterschiedenes Wesen ist ein Erzeugnis der Einbildungskraft. Alle Wesen sind Mechanismen. Sowohl Seraphim als auch Holz sind im Grunde künstliche Maschinen. Und deshalb gibt es auch keine Freiheit des Willens; alles unterliegt den strengen Gesetzen der Notwendigkeit.

Die letzte Behauptung erregte die besondere Aufmerksamkeit Kants, gerade sie kritisierte er. Fatalismus verkehrt nach seiner tiefen Überzeugung jedes menschliche Verhalten in ein Marionettenspiel und entbindet somit ganz und gar von der Verpflichtung zu moralischem Handeln. Letzteres ist aber für Kant Grundstein der Ethik – der praktischen Anwendung der Vernunft.

Die erste systematische Auslegung der Ethik unternahm Kant in dem Buch ›Grundlegung zur Metaphysik der Sitten‹, das 1785 erschien. Warum nannte Kant sein Werk nicht ›Kritik‹ in Analogie zur ›Kritik der reinen Vernunft‹? Er erklärte das damit, daß die Probleme der Ethik einfacher seien als die der Erkenntnistheorie; da gibt es für die Vernunft nicht solch eine Vielzahl dialektischer Schlingen wie im Bereich der Theorie; der gewöhnlichste Verstand kann ohne Not eine hohe Wahrheitsstufe erreichen ohne besondere Veranstaltungen der Kritik. Anderseits könnte eine solche Kritik nach Meinung Kants nur dann aufgestellt werden, wenn es sich als möglich erweisen sollte, die Einheit praktischer und theoretischer Vernunft (der Sittlichkeit also und der Wissenschaft) zu beweisen. 1785 glaubte sich Kant aber noch nicht in der geistigen Verfassung, eine derartige Aufgabe zu lösen. Sobald er sich ihr gewachsen fühlte, arbeitete er an der ›Kritik der praktischen Vernunft‹. 1788 kam das Buch heraus. Die Inhalte dieser beiden Arbeiten über die Ethik wiederholen sich teils, teils ergänzen sie sich.

In diesen Arbeiten sind lediglich die Anfänge der Kantischen Ethik behandelt; vollendet wird diese erst in den späten Werken. Mit der Erkenntnistheorie hatte sich Kant lange Jahre getragen; schließlich ging sie als Ganzes hervor, dargelegt auf strenge, gegliederte, systematische Weise. Mit der Theorie der Moral schien die Sache einfacher, doch sollte sie sich als schwieriger erweisen: erst in reifem Alter schuf Kant ein Werk, wo alles durchdacht war – die ›Metaphysik der Sitten‹.

Für das menschliche Verhalten verwendet Kant ein neues Wort: Autonomie der Sittlichkeit. Die Vorgängertheorien waren heteronom, das heißt, sie leiteten die Moral aus außer ihr liegenden Prinzipien ab. Die einen sahen die Wurzeln der sittlichen Prinzipien in irgendeinem zwangsmäßigen Gesetz – dem Willen Gottes, den gesellschaftlichen Einrichtungen oder den Forderungen des angeborenen Gefühls. Andere erklärten, daß unsere Vorstellungen von Gut und Böse Ableitungen seien von den angestrebten menschlichen Zwecken oder Folgen des menschlichen Verhaltens oder Derivate des Strebens nach Glückseligkeit, Genuß und Nutzen seien. Kant verkündet dagegen die grundsätzliche Selbständigkeit und Selbstwertigkeit der sittlichen Prinzipien.

Der Grundbegriff der Kantischen Ethik ist der autonome gute Wille.

Wenn Kant von ihm spricht, dann nur mit hohem Pathos: »Es ist überall nichts in der Welt, ja überhaupt auch außer derselben zu denken möglich, was ohne Einschränkung für gut könnte gehalten werden, als allein ein guter Wille. Verstand, Witz, Urtheilskraft und wie die Talente des Geistes sonst heißen mögen, oder Muth, Entschlossenheit, Beharrlichkeit im Vorsatze, als Eigenschaften des Temperaments, sind ohne Zweifel in mancher Absicht gut und wünschenswerth; aber sie können auch äußerst böse und schädlich werden, wenn der Wille, der von diesen Naturgaben Gebrauch machen soll und dessen eigenthümliche Beschaffenheit darum Charakter heißt, nicht gut ist . . .

. . . Wenn gleich durch eine besondere Ungunst des Schicksals, oder durch kärgliche Ausstattung einer stiefmütterlichen Natur es diesem Willen gänzlich an Vermögen fehlte, seine Absicht durchzusetzen; wenn bei seiner größten Bestrebung dennoch nichts von ihm ausgerichtet würde, und nur der gute Wille (freilich nicht etwa ein bloßer Wunsch, sondern als die Aufbietung aller Mittel, so weit sie in unserer Gewalt sind) übrig bliebe: so würde er wie ein Juwel doch für sich selbst glänzen, als etwas, das seinen vollen Werth in sich selbst hat.«[127]
Es heißt, der Weg in die Hölle sei mit guten Vorsätzen gepflastert. Doch der gute Wille Kants ist nicht passiv: vom Träger dieses guten Willens wird Tatkraft, Handlungsfähigkeit gefordert, das Vermögen, alle Mittel, soweit sie sich in der Macht des einzelnen befinden, anzuwenden. Man hat den formalen Ansatz der Kantischen Ethik kritisiert: Was unter bestimmten Bedingungen sich als Wohl erweisen kann, mag unter anderen von Übel sein. Das trifft zu und der Philosoph ist sich dessen bewußt. Vorläufig spricht er auch nur vom Kompaß, der dem Menschen hilft, sich in den Stürmen des Alltagsmeeres zurechtzufinden. Natürlich ist jeder Kompaß Störungen unterworfen, aber sie gehen vorüber, und die Kompaßnadel richtet sich wieder: so ist auch der Verlust der moralischen Orientierungshilfen nicht endgültig; früher oder später hellt sich vor dem Menschen der sittliche Horizont auf, und er sieht, wohin seine Taten führen – zum Guten oder zum Bösen. Gut ist gut, sogar wenn niemand gut ist, die Kriterien sind hier absolut und evident wie der Unterschied zwischen der rechten und der linken Hand.
Um Gut und Böse unterscheiden zu können, bedarf es keiner sonderlichen Bildung, es reicht die Intuition. Wir wissen bereits, daß Kant es vorzieht, diesen Terminus nicht zu gebrauchen; sein Terminus ist »die praktische Urteilskraft«; diese kommt von »Gott«, von der Natur und nicht von der Erkenntnis: »daß es also keiner Wissenschaft und Philosophie bedürfe, um zu wissen, was man zu thun habe, um ehrlich und gut, ja sogar um

weise und tugendhaft zu sein.«[128] Hier gehen die Ansichten
Kants mit denen des Urvaters der Ethik – Sokrates – auseinander: für diesen ist das Gute identisch mit Erkenntnis, und
Abwesenheit von Erkenntnis ist einzige Ursache jeglicher moralischer Unvollkommenheit. Kant – ob er gleich selbst Kind
der Aufklärung und ihr glühendster Verfechter ist – läßt die
Grenzen des aufklärerischen Rationalismus hinter sich. Wissenschaft und Moral sind verschiedene Sphären des menschlichen
Daseins. Gewiß gibt es eine Verbindung zwischen beiden, darauf wird er noch zurückkommen; vorerst interessieren ihn die
Unterschiede.

Wenn die Vernunft sich von der Empirie entfernt und in die
reine Theorie begibt, verfällt sie dort in Widersprüche mit sich
selbst, gerät in Unbegreiflichkeiten, in ein Chaos der Ungewiß-
heit, Unklarheit und Unbeständigkeit. Anders ist es mit dem
praktischen Verhalten. Wenn sich das praktische Beurteilungs-
vermögen von sinnlichem Material befreit, so beseitigt es eine
nebensächliche Schicht und vereinfacht sich derart die Aufgabe.
Moralität erweist sich so in gereinigter ungetrübter Gestalt. Auf
diese Weise kommt das Philosophieren der Moralität doch entgegen, obwohl Moral außerhalb der Philosophie entsteht. »Es
ist eine herrliche Sache um die Unschuld, nur es ist auch wiederum sehr schlimm, daß sie sich nicht wohl bewahren läßt und
leicht verführt wird. Deswegen bedarf selbst die Weisheit – die
sonst wohl mehr im Thun und Lassen, als im Wissen besteht –
doch auch der Wissenschaft, nicht um von ihr zu lernen, sondern ihrer Vorschrift Eingang und Dauerhaftigkeit zu verschaffen.«[129]

Nur in der praktischen (sittlichen) Sphäre hat die Vernunft
konstitutive Funktion: sie übernimmt dort die Aufgabe der
Bildung von Grundbegriffen und ihrer Realisierung. (Erinnern
wir uns, daß in der Sphäre der Erkenntnis die Vernunft regula-
tiv ist, das heißt, sie verhindert nur Übertretungen; konstitutiv
ist in der Erkenntnis allein der Verstand.) Der Gegenstand der
praktischen Vernunft ist die höchste Glückseligkeit, das heißt
Freilegung und Verwirklichung dessen, was für die Freiheit des
Menschen notwendig ist. Kant spricht von der Vorrangigkeit
der praktischen Vernunft vor der theoretischen. Wichtig ist das
praktische Verhalten: am Anfang ist die Tat, Erkenntnis kommt

danach. Die Philosophie befreit sich hier aus der Sklaverei spekulativer Konstruktionen, greift in die Sphäre lebenspraktisch bedeutsamer Probleme, insofern sie dem Menschen ein sicheres Fundament der Sittlichkeit zu finden hilft.

Die philosophische Analyse der ethischen Kategorien geht nicht von der Erfahrung aus: die Kategorien sind apriorisch in der Vernunft des Menschen vorhanden. Kant wiederholt diesen Gedanken beharrlich an verschiedenen Stellen. Man muß das richtig verstehen. Er untersucht nicht die Herkunft der gesamten ethischen Kategorien als Bewußtseinsformen, die etwa zusammen mit den gesellschaftlichen Verhältnissen hätten entstehen und zusammen mit ihnen sich hätten verändern können. Hier geht es allein um den sittlichen Status des Individuums. Die alltägliche Erfahrung der antagonistischen Gesellschaft steht zur Moralität im Widerspruch; diese Erfahrung pervertiert eher den Geist, als daß sie den Menschen erziehe. Die moralische Handlung ist Resultat eines gewissen inneren Imperativs (eines Gebots), der zuweilen der amoralischen Praxis der umgebenden Wirklichkeit zuwiderläuft.

Im strikten Sinne ist jede Handlung imperativisch, sie bedarf für ihre Durchführung einer Willenskonzentration. Nach Kants Lehre müssen jedoch die Imperative, die auf Erreichung eines bestimmten Zwecks gerichtet sind, unterschieden werden von denen, die nicht durch einen solchen Zweck bedingt sind. Die ersteren heißen hypothetisch (die Handlung wird bedingt durch einen Zweck, und so ist sie also Mittel zu etwas anderem); die anderen heißen kategorisch. Die moralische Handlung ist Folge eines kategorischen Imperativs; mittels ihrer will der Mensch keinen Zweck erreichen; die Handlung ist an sich notwendig.

Der hypothetische Imperativ kann zweierlei Zwecke verfolgen. Im ersten Fall hat der Mensch eine klare Vorstellung davon, was er eigentlich will, und es geht jetzt nur noch darum, auf welche Weise er seine Absicht verwirklichen kann. Willst du Arzt werden, dann studier' Medizin. Der Imperativ erscheint so als Regel für Geschicklichkeit. Diese Regel spricht nicht davon, ob der vorgesetzte Zweck gut oder vernünftig ist; sondern sie fragt, was getan werden müsse, ihn zu erreichen. Die Vorschriften für den Arzt, der den Patienten heilen, und für einen Giftmischer, der ihn möglichst sicher umbringen soll, sind hier von gleichem Rang, weil sie dazu dienen, das Beabsichtigte zu verwirklichen.

Im zweiten Fall ist zwar auch ein Zweck vorhanden, doch zeigt er sich sehr verschwommen. Es geht hier um die Glückseligkeit des Menschen. Der hypothetische Imperativ nimmt hier die Form von Ratschlägen für lebenskluges Verhalten an. Diese könnten mit den Regeln der Geschicklichkeit identisch sein, wenn jemand nur eine klare Vorstellung von der Glückseligkeit geben würde. Aber das ist ja leider nicht möglich. Obgleich jeder Mensch Glückseligkeit zu erlangen wünscht, ist er doch nicht in der Lage, mit Bestimmtheit und in vollkommener Übereinstimmung mit sich selbst zu sagen, was er eigentlich will, was ihm nottut. Der Mensch strebt nach Reichtum – wieviel Sorge, Neid und Haß kann er sich dadurch an den Hals ziehen. Er will Erkenntnis und Einsicht – braucht er das denn, bringen sie ihm Befriedigung, wenn er jetzt schärferen Auges bislang verborgenes Unglück erblickt? Er träumt von einem langen Leben, aber wer sagt ihm, daß es für ihn nicht etwa eine lange Leidenszeit wird? Er wünscht sich wenigstens Gesundheit, doch wie oft hat schon ein schwächlicher Körper vor Ausschweifungen bewahrt etc. etc. In bezug auf Glückseligkeit ist kein Imperativ möglich, der exakt die Handlungen vorschreiben würde, die glücklich machen; denn das Glück ist kein Ideal der Vernunft, sondern der Einbildungskraft und beruht auf ganz empirischen Grundlagen.

Von solch schwankenden Grundlagen her läßt sich Sittlichkeit nicht ableiten. Wenn jeder nur sein eigenes Glück anstrebt, dann erhält die Maxime (die Regel) für humanes Verhalten eine ganz eigenartige »Allgemeinheit«. Es entsteht eine »Harmonie«, die ein satirischer Dichter so dargestellt hat: als herzliches Einvernehmen zweier Gatten, die einander zugrunde richten: o wundersame Harmonie! Was er will, will auch sie! Unter solchen Bedingungen ist es unmöglich, ein sittliches Gesetz aufzustellen, das als Regel für alle dienen könnte.

Es ändert sich nichts an diesem Sachverhalt, wenn man als Prinzip ein allgemeines Glück nimmt. Auch hier können sich die Menschen nicht untereinander vereinbaren, der Zweck ist unbestimmt, die Mittel sind schwankend, alles hängt von Meinungen ab, die ohnehin unbeständig sind. (Daher kann niemand den anderen zwingen, glücklich zu sein nach Vorstellungen, die er ihm von außen auferlegt.) Das moralische Gesetz läßt sich nur dann als objektiv notwendig denken, wenn es verbindliche Kraft für jeden hat, der über Vernunft und Willen verfügt. Kants kategorischer Imperativ lautet in der endgültigen Formulierung: »Handle so, daß die Maxime deines Willens jederzeit zugleich als Prinzip einer allgemeinen Gesetzgebung gelten könne.«[130] Eigentlich ist das die Paraphrase einer alten Wahrheit: Verhalte dich dem anderen gegenüber so, wie du wünschtest, daß er sich dir gegenüber verhalten solle. Tue das, was alle tun sollten.

Der kategorische Imperativ Kants ist leicht zu kritisieren: er ist formal und abstrakt wie die biblischen Gebote. Zum Beispiel: du sollst nicht stehlen. Aber wenn es jetzt nur um ein Stückchen Brot geht, und ich sterbe vor Hunger; und wenn nun der Nachbar durch den Verlust dieses Stückchen Brots durchaus nicht geschädigt wird? Kant will auch gar nicht, daß die Menschen verhungern, und daneben verkommt die Nahrung. Er will einfach die Dinge bei ihrem Namen nennen. Schlimmstenfalls stiehl' eben, doch gib das nicht als moralische Handlung aus. Das ist der Sinn der Sache. Moral ist Moral, und Diebstahl ist Diebstahl. Begriffsbestimmungen müssen exakt sein.

Kant hat einen kleineren Aufsatz geschrieben mit dem vielsagenden Titel: ›Über ein vermeintes Recht, aus Menschenliebe zu lügen‹. Der Philosoph beharrt dort darauf, daß man in allen Fällen des Lebens wahrhaftig sein müsse. Sogar wenn ein Mörder, entschlossen deinen Freund zu töten, dich fragt, ob sich das Opfer im Hause aufhalte: lüg nicht! Du hast keine Garantie dafür, ob deine Lüge zum Guten gerät. So ist es vielleicht möglich, daß du auf die Frage des Mörders, ob jener zu Hause sei, ehrlich antwortest; der Freund ist aber, für dich unbemerkt, aus dem Hause gegangen, und der Mord kann nicht vollbracht werden. Hättest du gelogen und gesagt, dein Freund sei nicht zu Hause, dieser ist aber tatsächlich, von dir unbemerkt, fortgegangen, und der Mörder wäre ihm auf der Straße begegnet und hätte die Tat getan, dann könnte man dich mit gutem Grund für die Schuld an seinem Tod zur Rechenschaft ziehen. Hättest du indessen die Wahrheit gesagt, soweit du sie eben weißt, dann wäre es möglich gewesen, daß der Mörder seinen Feind im Hause gesucht hätte, wobei ihn herbeieilende Nachbarn hätten packen und so den Mord verhindern können. Wahrhaftigkeit ist eine Pflicht; läßt man nur die geringste Ausnahme von diesem Gesetz zu, so wird es unfest und für jede Anwendung untauglich. Das moralische Gebot läßt keine Ausnahmen zu.

Und Kant ist dennoch beunruhigt von ihnen. In seiner späten Arbeit über die Ethik der ›Metaphysik der Sitten‹ sind bei vielen Paragraphen eigenartige Ergänzungen (wie die Antithese zur These) zu finden, die überall gleich betitelt sind: ›Kasuistische Fragen‹.

Zum Beispiel wird die These angeführt: Selbstmord ist nicht moralisch. Doch sofort stellt der Versucher in Form einer Antithese Fragen. Ist es Selbstmord, sich in den sicheren Tod zu stürzen, um das Vaterland zu retten? Ist es erlaubt, durch das freiwillige Ausscheiden aus dem Leben einer ungerechten Todesstrafe zuvorzukommen? Kann man im Krieg Selbstmord als Schuld anrechnen, wenn einer nicht in Gefangenschaft geraten will? Schuld dem Kranken geben, der glaubt, daß sein Leiden unheilbar sei? Die Fragen bleiben unbeantwortet, aber jedenfalls hat Kant vor den Widersprüchlichkeiten des Lebens nicht die Augen verschlossen. Er war nur der Meinung, daß Moral (wie auch Recht) nicht auf solche Widersprüche anzuwenden ist. In der Moral findet der Mensch unerschütterliche Stützen, die in Krisenzeiten vielleicht schwanken mögen; doch Krisis und Norm sind verschiedene Sachen.

Die sicherste Stütze der Sittlichkeit, die einzige Quelle des kategorischen Imperativs ist die Pflicht. Nur die Pflicht und nicht irgendein anderes Motiv (Neigung etc.) verleiht der Handlung moralischen Charakter: »(es) giebt ... manche so theilnehmend gestimmte Seelen, daß sie auch ohne einen andern Bewegungsgrund der Eitelkeit oder des Eigennutzes ein inneres Vergnügen daran finden, Freude um sich zu verbreiten, und die sich an der Zufriedenheit anderer, so fern sie ihr Werk ist, ergötzen können. Aber ich behaupte, daß in solchem Falle dergleichen Handlung, so pflichtmäßig, so liebenswürdig sie auch ist, dennoch keinen wahren sittlichen Werth habe ...«[131]

Diese rigoristische Passage rief Einwände und Spott hervor. Schiller ließ es sich nicht nehmen, ein Epigramm zu schreiben:

Gerne dien ich den Freunden, doch tu ich es leider mit Neigung,
    Und so wurmt es mir oft, daß ich nicht tugendhaft bin.
Da ist kein anderer Rat, du mußt suchen sie zu verachten,
    Und mit Abscheu alsdann tun, wie die Pflicht dir gebeut.

Kant milderte in der Folge die Schärfe seiner Formulierungen. Hat er ursprünglich die Liebe der Pflicht gegenübergestellt, so hat er dann Mittel gefunden, beide zusammenzudenken. Weisheit und Milde kommen mit den Jahren. Auch schon in vorgerücktem Alter ist es angebracht, klüger zu werden. Das Epigramm Schillers, der ja ein glühender Anhänger Kants war, darf man nicht ernst nehmen. Vielleicht hat es dennoch seine Wirkung auf den Philosophen gehabt. Im Alter stellte er sich die »kasuistische« Frage: Welche Bedeutung hat denn eine Wohltat, die kaltherzig vollbracht wurde?

Extreme schließen einander nicht aus. Nachdem Kant zunächst Glückseligkeit dem sittlichen Gesetz gegenübergestellt hat, denkt er beide – nach langen Jahren des Nachsinnens – schließlich zusammen. Der Philosoph wollte den Menschen zwar von Anfang an nicht seiner Ansprüche auf ein glückliches Leben berauben. Er war auch bereit, die Sorge um das eigene Wohlergehen bis zu einem gewissen Grad als Pflicht anzuerkennen; wenn auch nur aus dem Grunde, weil Wohlstand (Gesundheit, Reichtum, Bildung) bessere Bedingungen für die Pflichterfüllung schafft, wogegen die Abwesenheit an Lebensgütern in Versuchung führt, die Pflicht zu verletzen. Dennoch kann Glücksstreben nicht als moralisches Prinzip gelten. Was nun das Glück anderer betrifft, so ist es in der ›Metaphysik der Sitten‹ als Zweck und Pflicht des Menschen bestimmt. »Eigene Vollkommenheit, fremde Glückseligkeit«[132] – so lautet die endgültige Formulierung der Pflicht. Dabei darf man nur nicht vergessen, wie relativ die Vorstellungen über das Glück sind, und wie gefährlich es ist, seinen Willen anderen aufzuerlegen. Gesunder Menschenverstand und Humanität müssen immer auf der Hut sein, beide sind äußerst wichtig.

Kant gehört in die Reihe der ersten Denker, die den selbständigen Wert der menschlichen Persönlichkeit, unabhängig von rassischer, nationaler, ständischer Zugehörigkeit, verkündet haben. Eine der Varianten des kategorischen Imperativs lautet:

»Handle so, daß du die Menschheit sowohl in deiner Person, als in der Person eines jeden andern jederzeit zugleich als Zweck, niemals bloß als Mittel brauchst.«[133] Das ist ein Zitat aus der ›Grundlegung zur Metaphysik der Sitten‹; in der ›Kritik der praktischen Vernunft‹ heißt es ebenso entschieden: »Daß in der Ordnung der Zwecke der Mensch (mit ihm jedes vernünftige Wesen) Zweck an sich selbst sei, d. i. niemals blos als Mittel von jemanden (selbst nicht von Gott), ... könne gebraucht werden ...«[134]

Vieles hängt vom Menschen selbst ab. Da gibt es einen Begriff: Würde. Was Würde bedeutet und wie man sie wahrt, muß man wissen. Werdet nicht Knechte eines anderen Menschen. Laßt keine ungestrafte Verletzung eurer Rechte zu. Macht keine Schulden (wenn ihr nicht davon überzeugt seid, daß ihr sie begleichen könnt). Nehmt keine Wohltaten an. Werdet nicht Schmarotzer und Schmeichler. So bewahrt ihr eure Würde, sagt Kant. Und wer sich zum Wurm macht, kann nachher nicht klagen, wenn man ihn mit Füßen tritt.

Besonders für die »Klasse der Denker« formuliert Kant folgende Maximen: 1. selbst denken. 2. sich denkend an die Stelle des anderen versetzen. 3. immer in Übereinstimmung mit sich selbst denken. Der Intellekt ist dem Menschen gegeben, damit er ihn ohne Zwang gebrauchen könne, so daß sein geistiger Horizont hinreichend weit und die Gedankenkette in sich folgerichtig bleibt.

Kant wehrt sich entschieden gegen jede Art von Fanatismus, indem er ihn als Zerstörung der Grenzen der menschlichen Vernunft charakterisiert. Auch der »heroische Fanatismus« der Stoiker zieht ihn nicht an. Nur das nüchterne Anerkennen der Pflicht leitet die Handlungen des denkenden Menschen. »Pflicht! du erhabener, großer Name, der du nichts Beliebtes, was Einschmeichelung bei sich führt, in dir fassest, sondern Unterwerfung verlangst, doch auch nichts drohest, was natürliche Abneigung im Gemüthe erregte und schreckte, um den Willen zu bewegen, sondern blos ein Gesetz aufstellst, welches von selbst im Gemüthe Eingang findet und doch sich selbst wider Willen Verehrung (wenn gleich nicht immer Befolgung) erwirbt, vor dem alle Neigungen verstummen, wenn sie gleich ingeheim ihm entgegen wirken: welches ist der deiner würdige

Ursprung, und wo findet man die Wurzel deiner edlen Abkunft, welche alle Verwandtschaft mit Neigungen stolz ausschlägt, und von welcher Wurzel abzustammen, die unnachlaßliche Bedingung desjenigen Werths ist, den sich Menschen allein selbst geben können? Es kann nichts Minderes sein, als was den Menschen über sich selbst (als einen Theil der Sinnenwelt) erhebt, was ihn an eine Ordnung der Dinge knüpft, die nur der Verstand denken kann, und die zugleich die ganze Sinnenwelt, mit ihr das empirisch bestimmbare Dasein des Menschen in der Zeit und das Ganze aller Zwecke (welches allein solchen unbedingten praktischen Gesetzen als das moralische angemessen ist) unter sich hat. Es ist nichts anders als die Persönlichkeit . . .«[135] Persönlichkeit sein bedeutet, frei sein; durch selbstgesetzliches Verhalten sein Selbstbewußtsein realisieren zu können. Denn die Natur des Menschen ist seine Freiheit.

Freiheit ist unter dem Aspekt der Ethik keine Willkür. Durchaus keine bloß logische Konstruktion, aus der unter gegebenen Ursachen mit gleichem Recht verschiedene Handlungen hervorgehen können. Ich will, also handle ich so; ich will und jetzt handle ich umgekehrt. Die sittliche Freiheit der Persönlichkeit besteht im Anerkennen und Erfüllen der Pflicht. Vor sich selbst und vor den anderen Menschen ist freier Wille und Wille, der sich den Sittengesetzen unterwirft, ein und dasselbe.

Wie für Kant die Freiheit des Menschen möglich ist, wissen wir aus dem vorhergehenden Kapitel. Der Mensch ist ein Wesen zweier Welten. Die Zugehörigkeit zur sinnlich wahrnehmbaren (phänomenalen) Welt macht den Menschen zum Spielball einer äußeren Kausalität, hier ist er fremden Kräften unterworfen – den Naturgesetzen, den Einrichtungen der Gesellschaft. Doch als Glied der intelligiblen (noumenalen) Welt, der »Dinge an sich«, ist er mit Freiheit versehen. Diese beiden Welten sind nicht Antiwelten, sie stehen in wechselseitigem Verhältnis miteinander. Die intelligible Welt ist Grund für die sinnlich wahrnehmbare Welt.

So auch liegt der noumenale Charakter des Menschen dem phänomenalen zugrunde. Es ist ein Jammer, wenn der letztere über den ersten die Oberhand gewinnt. Die Aufgabe der Erziehung besteht darin, daß der Mensch sich im ganzen von seinem noumenalen Charakter leiten lasse. Wenn er die eine oder andere wichtige Lebensentscheidung trifft, dann soll er nicht Erwägungen einer äußerlichen Ordnung gehorchen (Karriere, Vorteil und ähnliches), sondern ausschließlich dem Geheiß der Pflicht. Damit der Mensch aber dennoch nichts Falsches tue, ist er mit dem Gewissen ausgestattet – einer wundersamen Fähigkeit der Selbstkontrolle.

»Ein Mensch mag künsteln, so viel als er will, um ein gesetzwidriges Betragen, dessen er sich erinnert, sich als unvorsätzliches Versehen, als bloße Unbehutsamkeit, die man niemals gänzlich vermeiden kann, folglich als etwas, worin er vom Strom der Naturnothwendigkeit fortgerissen wäre, vorzumalen und sich darüber für schuldfrei zu erklären, so findet er doch, daß der Advocat, der zu seinem Vortheil spricht, den Ankläger in ihm keineswegs zum Verstummen bringen könne, wenn er sich bewußt ist, daß er zu der Zeit, als er das Unrecht verübte, nur bei Sinnen, d. i. im Gebrauche seiner Freiheit, war . . .«[136]
Der Mechanismus des Gewissens beseitigt die Zweigeteiltheit des Menschen. Man kann nicht alles richtig verstehen und doch ungerecht handeln; mit einem Bein in der intelligiblen Welt, mit dem anderen in der phänomenalen Welt stehen; das eine wissen, das andere tun. Mit dem Gewissen kann man nicht Versteck spielen oder Geschäfte machen. Es läßt sich auch nicht einschläfern, früher oder später meldet es sich und verlangt Antwort.

Bestimme dich selbst, sei durchdrungen vom Bewußtsein der moralischen Pflicht, folge ihr immer und überall, trage selbst die Verantwortung für deine Handlungen – das ist die Quintessenz der Kantischen Ethik: streng und kompromißlos.

Die Rigoristen warfen Kant Inkonsequenz vor. Insofern nun Kant ein Fortsetzer der europäischen Tradition der Freisinnigkeit ist, hat er auch mit der religiösen Begründung der Moral gebrochen: nicht die Gebote Gottes, sondern die Pflicht vor der Menschheit führen uns zu sittlichem Verhalten. Jedoch wird all das, was Kant in der ›Kritik der reinen Vernunft‹ als absolut unbeweisbar verworfen hatte – nämlich die Unsterblichkeit der Seele, die Freiheit des Willens, das Dasein Gottes –, in der ›Kritik der praktischen Vernunft‹ wieder rehabilitiert als Postulate, die, wenn sie auch unsere Kenntnisse nicht erweitern, aber doch »den Ideen der speculativen Vernunft im Allgemeinen (vermittelst ihrer Beziehung aufs Praktische) objective Realität (geben) und . . . sie zu Begriffen (berechtigen), deren Möglichkeit auch nur zu behaupten sie sich sonst nicht anmaßen könnte«.[137] Wir haben schon gehört, wie Heine darüber gespottet hat.

Auch Schopenhauer hat sich darüber lustig gemacht. Er vergleicht Kant mit einem Menschen, der auf einem Maskenball eine Schöne verfolgt in der Absicht, ihre Bekanntschaft zu machen. Schließlich nimmt die Dame die Maske ab – und es ist die eigene Ehefrau. Kant nun versprach, eine Ethik ohne Gott aufzustellen, aber all seine verbalen Kunstgriffe sind nur Maske, hinter der sich das bekannte Gesicht der religiösen Moral verbirgt.

Heine und Schopenhauer ist eine wichtige Einzelheit entgangen: die Religion ist für Kant nicht Ursache der Moral, sondern deren Folge und Stütze. Die Moral unterscheidet den Menschen vom Tier, doch woher sie rührt, bleibt für Kant das größte Geheimnis des Weltgebäudes. Wie auch das Weltgebäude selbst ihm Geheimnis ist: »Zwei Dinge erfüllen das Gemüth mit immer neuer und zunehmender Bewunderung und Ehrfurcht, je öfter und anhaltender sich das Nachdenken damit beschäftigt: der bestirnte Himmel über mir und das moralische Gesetz in mir.«[138]

Das ist aus dem ›Beschluß‹ der ›Kritik der praktischen Vernunft‹ genommen. (Der Text ist schon deshalb bekannt, weil er in die Marmortafel gegenüber dem Grabmal des Philosophen gemeißelt war.) Kant sagt jedoch weiter, daß Bewunderung und Ehrfurcht zwar zu Forschungen Anlaß geben, diese aber nicht ersetzen können. Was braucht man für die Untersuchung selbst? Vor allen Dingen eine wissenschaftliche Methode. Sie ist sowohl für das Studium des äußeren Weltgebäudes unumgänglich notwendig wie auch für die Erforschung des inneren Weltgebäudes. Die Philosophie muß immer Bewahrerin und Lehrmeisterin der Wissenschaft bleiben. Der feste Glaube an Größe und Nutzen der ihm gestellten wissenschaftlichen Aufgabe hat Kant nie verlassen.

Das verkündete Wort zieht bei weitem nicht immer die Tat nach sich. Es ist leichter zu lehren, als die Lehre zu befolgen. Es gibt in der Geschichte der Philosophie nicht wenige Beispiele, wo die verkündete Lehre mit dem tatsächlichen Verhalten nicht übereinstimmt. Schopenhauer hat die Askese gepredigt, doch war er ein Gourmand und Bonvivant. Nietzsche, der den Übermenschen entwarf, litt offensichtlich an einem Gefühl eigner Minderwertigkeit. Der Moralist Kant und der Mensch Kant sind jedenfalls ein und dieselbe Person.

Natürlich hat er sich nicht in allem und jedem von seinem kategorischen Imperativ leiten lassen. Er war kleinlich (besonders im Alter), wunderlich, ungeduldig, manchmal geizig (sogar, als er endlich wohlhabend war), pedantisch (ob er sich gleich Rechenschaft darüber gab, daß Pedanterie ein Übel sei, ein »krankhafter Formalismus«, und gegen die Pedanten wetterte), er duldete keine Kritik. Das Leben verlangte Kompromisse von ihm, und so verhielt er sich zuweilen listig und diplomatisch. Aber im großen und ganzen entsprach sein Verhalten jenem Ideal der innerlich freien Persönlichkeit, die er in seinen ethischen Schriften dargestellt hatte. Die freie Persönlichkeit war Lebenszweck, erklärte Pflicht; sie war das Vermögen, Wünschen und Leidenschaften, sogar seinem Organismus zu gebieten. Charakter war sie und Güte.

Die Natur versieht den Menschen mit einem Temperament, den Charakter bildet er selber aus. Kant meinte, daß es ganz vergeblich sei zu versuchen, allmählich besser zu werden. Der Charakter schafft sich im Nu, in der Weise eines Aus- und Aufbruchs – als sittliche Revolution. Das Bedürfnis der moralischen Erneuerung erfahren die Menschen erst in reifem Alter – Kant zum Beispiel an der Schwelle der Vierziger. Materielle Unabhängigkeit erreichte er später.

1784 erwarb Kant ein eigenes Haus. Nun konnte er mühelos 5500 Gulden für die Liegenschaften der Witwe des Künstlers Becker (seines Porträtmalers) aufbringen. Das Haus befand sich im Stadtzentrum, in einer ruhigen Nebenstraße, der Prinzessinstraße, die nicht weit vom königlichen Schloß entfernt war. An das Haus grenzte ein kleiner Garten mit vielen Blumen und schattigen Bäumen. Nur ergab sich da bald ein unangenehmer Begleitumstand: kleine Jungen warfen Steine über den Zaun.

Die Polizei war nicht in der Lage (oder nicht willens), ihnen Einhalt zu tun, und so hielt sich der Philosoph nicht mehr im eigenen Garten auf.

An die Polizei mußte er sich auch in einer anderen Sache wenden: hinter dem Garten befand sich das Stadtgefängnis. Wenn im Sommer dort die Fenster geöffnet waren, ertönte lautes Choralsingen. Das störte die Konzentration. Außerdem war der Philosoph davon überzeugt, daß die Gefangenen durchaus nicht um das Heil ihrer Seele besorgt seien, sondern lediglich darum, sich vor den Aufsehern hervorzutun. Und er forderte, daß das Singen bei geschlossenen Fenstern und außerdem bei verminderter Lautstärke vonstatten gehe: dann könne der Aufseher es immer noch hören und für die Gottesfurcht der Häftlinge Zeugnis ablegen. Kant hatte Freunde in der Stadtverwaltung, und er setzte sich durch.

Das Haus hatte zwei Stockwerke mit acht Zimmern. Im unteren Geschoß befand sich ein Hörsaal, wo der Professor seine Übungen mit den Studenten abhielt, und die Wohnung der Köchin. Im oberen Geschoß waren Eßzimmer, Schlafzimmer, Besuchszimmer und Studierstube. In der Mansarde hauste der ehemalige Soldat Lampe, jetzt Diener Kants. Im Eßzimmer stand ein Eßtisch mit sechs leinwandüberzogenen Stühlen, ein Glasschrank mit bescheidenem Porzellan und ein Schreibsekretär mit dem Silber und vorrätigem Geld. In der Studierstube standen zwei einfache Tischchen, die mit Büchern und Papieren überhäuft waren; an der mit einer grauen Staubschicht bedeckten Wand (aufräumen durfte man hier nicht) hing das Porträt Rousseaus. Die Bibliothek umfaßte nicht mehr als 500 Bücher einschließlich der Broschüren: sie war im Schlafzimmer untergebracht. (Zum Vergleich: Goethe besaß 2300 Bände, Herder 7700.) Das Schlafzimmer hatte ein Fenster, das Kant niemals öffnete, weil er dies für die beste Art hielt, sich Ungeziefer vom Leibe zu halten. Lampe mußte die Stube heimlich bei Abwesenheit des Hausherrn lüften. Sogar im Winter wurde das Schlafzimmer nicht geheizt. Wenn der Philosoph arbeitete, herrschte im Hause Grabesstille.

Der Arbeitstag begann für Kant um fünf Uhr morgens. (Damals, als die Menschen noch nicht über elektrischen Strom verfügten, war Frühaufstehen eher die Regel.) Kant empfahl seinem jungen Freund Kiesewetter, um vier Uhr aufzustehen (und der russische Gouverneur Ostpreußens Vasilij Suvorov, der Vater des Generalissimus, war schon um zwei Uhr nachts auf den Beinen). Um dreiviertel fünf erschien Lampe im Schlafzimmer des Professors und rührte sich nicht eher von der Stelle, bis dieser aufstand. In Schlafrock und Nachtmütze begab sich Kant ins Arbeitszimmer, wo er zwei Tassen schwachen Tees zu sich nahm, eine Pfeife rauchte, die einzige für den ganzen Tag. (Tolstoj hat sich geirrt, wenn er Kant eine ungezügelte Leidenschaft für Tabak zuschrieb; er meinte, wenn Kant nicht so viel geraucht hätte, wäre die ›Kritik der reinen Vernunft‹ nicht in einer so »unnötig unverständlichen Sprache« geschrieben worden.) Der Philosoph liebte Kaffee, bemühte sich aber, nicht viel zu trinken, weil er ihn für schädlich hielt.

Die erste Stunde des Arbeitstages war die fruchtbarste und glücklichste. Folgten Vorlesungen, dann verging die Stunde danach mit der Vorbereitung. Die Vorlesungen begannen gewöhnlich um sieben Uhr; Kant las jetzt neun Stunden in der Woche, in der Regel im Sommer Logik und physische Geographie, im Winter Metaphysik und Anthropologie. Nach dem Unterricht zog der Professor wieder seinen Schlafrock an und arbeitete in der Studierstube. Viertel vor eins kleidete er sich das zweitemal um. Nun erschienen im Haus die zum Mittagessen geladenen Freunde. Zu den alten – Green und Motherby – gesellten sich neue: der Kriegsrat Scheffner, der Hofprediger Schultz, Pastor Borowski, die Philosophen Kraus, Rink, Jäsche, der Mathematiker Gensichen, der Schriftsteller Hippel, der Arzt Jachmann, der Theologe Hasse und einige andere. Der Gastgeber händigte selbst dem Diener das silberne Besteck aus. Genau um ein Uhr erschien Lampe auf der Schwelle und äußerte die geheiligte Formel: »Die Suppe ist auf dem Tisch.« Die Gäste gingen ins Eßzimmer und nahmen rasch die Plätze ein: sie wußten, daß der Hausherr Hunger hatte.

Kant speiste niemals allein. Nach Meinung des Philosophen sollte man nie alleine essen, denn das bedeute, die Kräfte nicht wiederzubeleben, sondern sie zu erschöpfen: an einem verlassenen Eßtisch bleibt man allein mit seinen Gedanken, deren Arbeit nicht stille steht. Neuen Schwung bringen nur mittafelnde Gäste, deren ungezwungene Unterhaltung ablenkt und zerstreut. Damit jeder am Gespräch teilnehmen kann, darf die Zahl der Geladenen nicht zu groß sein, nach kompetenter Meinung nicht größer als die Anzahl der Musen und nicht kleiner als die der Grazien. Kant wahrte auch in dieser Hinsicht die goldene Mitte: in seinem Haushalt befanden sich nur sechs Gedecke.

Das Tischgespräch ist eine große Kunst: man muß sich mit allen unterhalten können und nicht nur mit dem Nachbarn (es ist nicht gut, wenn die Gesellschaft in Grüppchen zerfällt); man sollte lange, lastende Schweigeminuten vermeiden (erlaubt sind nur kürzere Pausen), auch nicht von einem Gesprächsgegenstand zum anderen springen (ist das Thema erschöpft, sollte man schnell Nächstliegendes aufgreifen); in Gesellschaft dürfen keine Affekte aufflammen; das Tischgespräch ist ein Spiel und nichts weiter; ist ein ernsthafter Streit entstanden, dann muß er mit Würde und mit Respekt vor der Meinung des Partners geführt werden. Debatten beendet man am besten mit einem Scherz: da werden nicht nur gegensätzliche Ansichten versöhnt, sondern auch durch das Gelächter Verdauungsvorgänge gefördert.

Das war Kants Vorstellung von der »Ästhetik des Gesprächs«, dem er große Bedeutung beimaß und auf dessen Kunst er als Gastgeber sich wohl verstand. Jachmann hat berichtet, daß nur derjenige Kant wirklich kennengelernt hat, der ihn im Kreise seiner Gäste erlebte. Seine Kenntnisse wuchsen mit den Jahren ins Unermeßliche, und er konnte über jedes Thema belebend sprechen. Zum natürlichen Witz und einer Vorliebe für Geselligkeit kam noch die Geschicklichkeit seines Berufs, eine Zuhörerschaft zu beherrschen, dem Gesprächspartner aufmerksam zu lauschen, ihm interessant und verständlich sein zu wollen.

Wer allerdings daran gewöhnt war, immer im Zentrum der Aufmerksamkeit zu stehen, dem konnte die Art Kants, die Seele des Gesprächs zu sein, freilich mißfallen. Der junge Graf Purgstall, der sich mit einem Empfehlungsbrief Reinholds in Königsberg aufhielt, war verärgert darüber, daß der Gastgeber keine gelehrten Themen anschneiden, sondern lieber Scherzreden führen wollte. Nach den Worten des Grafen redete Kant unaufhörlich bei Tisch, »er wußte besser als ich, was für Federvieh wir (sc. in Steiermark) haben, wie das Land aussieht, auf welcher Stufe der Aufklärung der katholische Geistliche steht usw. Über alle diese Dinge widersprach er mir.«[139]

Das Mittagessen war die einzige Mahlzeit, die Kant sich gestattete. Ziemlich reichlich, versehen mit gutem Wein (Bier verschmähte Kant), zog es sich bis vier oder fünf Uhr hin. »Er aß nicht nur mit Appetit, sondern mit Sinnlichkeit«, berichtete einer der Gäste (der wohl nicht wußte, daß der Philosoph gewohnheitsgemäß seit vierundzwanzig Stunden nichts gegessen hatte). »Der untere Teil seines Gesichts, die ganze Peripherie der Kinnbacken drückte die Wollust des Genusses auf eine unverkennbare Weise aus; ja sogar einige der geistreichen Blicke fixierten sich so bestimmt auf diesen oder jenen Imbiß, daß er in diesem Augenblicke rein abgeschlossen ein Mann der Tafel war.«[140] Kant liebte es wirklich, gut zu speisen, hatte Sinn für gekonnte Zubereitung und war auf diesem Themengebiet nicht leicht aus dem Felde zu schlagen. Hippel versichert glaubwürdig, daß Kant eine ›Kritik der kulinarischen Kunst‹ zu schreiben beabsichtigte. Sein Lieblingsgericht war frisch gefangener Kabeljau. Nach dem Essen blieb der Philosoph auf den Beinen. Zu Lebzeiten Greens (der 1786 gestorben war) ging Kant gewöhnlich zu ihm, und beide schlummerten in Sesseln; jetzt hielt er Schlaf untertags für schädlich, und er setzte sich nicht einmal, um nicht einzudämmern. Nun begann die Zeit des legendären Spaziergangs. Die Königsberger waren schon daran gewöhnt, ihre Zelebrität jeden Tag ruhigen Schrittes ein und denselben Weg einschlagen zu sehen – den Philosophendamm –, gewöhnlich allein, von der Last des Alters und der Gedanken geneigten Haupts. Die Perücke saß nicht mehr so tadellos wie in den Jugendjahren, sie war oft zur Seite gerutscht. Unterwegs versuchte Kant, nicht zu denken, doch die Gedanken kamen nun einmal; dann setzte er sich auf eine Bank, um sie aufzuschreiben. Endpunkt des Spaziergangs war die Feste Friedrichsburg. Wieder daheim, erteilte der Philosoph Anweisungen für die Hauswirtschaft. Die Abendstunden verbrachte er mit leichter Lektüre (Zeitungen und Zeitschriften, Belletristik); hatte er dabei Einfälle, so brachte er sie unverzüglich zu Papier. In den Dämmerstunden, wenn das Feuer noch nicht entzündet war, ließ Kant seine Blicke zum Löbenichter Kirchturm schweifen. Er hatte sich an diesen Anblick so gewöhnt, daß er sehr unruhig wurde, als heranwachsende Pappeln im Nachbargarten die Kirche verdeckten; er fand erst dann seinen Frieden wieder, nachdem der Nachbar auf Bitten des Philosophen die Wipfel der Bäume in gegebenen Abständen kappen ließ. Um zehn Uhr abends lag das Haus Kants in tiefem Schlaf.

Die regelmäßige Lebensweise, die strikte Beobachtung der sich selbst vorgeschriebenen hygienischen Maßnahmen verfolgten nur ein Ziel: Bewahrung der Gesundheit. Schon in den Jahren der Arbeit an der ›Kritik der reinen Vernunft‹ hatte der Gesundheitszustand Anlaß zur Besorgnis gegeben: in den Briefen fanden sich Klagen über Unpäßlichkeiten und rasche Ermüdung. Das bedrückende Beispiel des frühzeitig senil gewordenen Mendelssohn stand vor Augen. Medikamenten traute Kant nicht, er hielt sie für Gift für sein schwaches Nervensystem. Einmal hatte er regelmäßig Mittel gegen übermäßige Magensäure eingenommen, fühlte sich aber erst dann besser, nachdem er sie abgesetzt hatte. Und nun, an der Schwelle des Alters, unterwirft Kant seinen Organismus einem härteren Regiment, das er auf der Grundlage kontinuierlicher Selbstbeobachtung und Selbstbeeinflussung ausgearbeitet hat. Es war ein einzigartiges hygienisches Experiment, welches noch heute Interesse auf sich zieht. Leute, die mit der Philosophie Kants nicht das geringste zu tun haben, studieren dennoch seine Lebensweise.

So zum Beispiel der sowjetische Schriftsteller Michail Soščenko. (Er hat eine psychologische Untersuchung geschrieben, deren Resultate vom berühmten Physiologen I. Pavlov hoch eingeschätzt worden sind.)

Soščenko schreibt in der Erzählung ›Wiederkehr der Jugend‹ über Kant: »Er hat seine körperliche Beschaffenheit durch und durch studiert – seine Maschine, seinen Organismus – und er wachte darüber wie ein Chemiker über irgendeine chemische Reaktion wacht, indem er einmal dieses und einmal jenes Element hinzufügt.

Und diese Kunst der Vorbeugung, der Erhaltung und Verlängerung des Lebens ist allein auf die reine Vernunft gegründet. Durch die Kraft der Vernunft und des Willens beseitigte er eine ganze Reihe von Krankheitserscheinungen, die zuweilen bei ihm auftraten.

Die Biographen versichern, daß es ihm sogar gelang, gegen Erkältung und Schnupfen unanfällig zu sein.

Seine Gesundheit war sozusagen eine eigene, gut durchdachte

Schöpfung. Psychische Willenskraft hielt er für den alleinigen Beherrscher des Körpers.

Für den Autor kann ein solches Leben, das eher der Arbeit einer Maschine ähnelt, kein Ideal sein. Dennoch muß man sagen, daß der Versuch gelang: langes Leben und gewaltige Arbeitskraft beweisen dies glänzend.«

Kant hinterließ eine Darstellung seines ›Systems‹. (Hier handelt es sich nicht um ein System der Philosophie, sondern der Gesundheit.) Es befindet sich im Werk ›Der Streit der Fakultäten‹, deren dritter Abschnitt den Titel hat: ›Von der Macht des Gemüts durch den bloßen Vorsatz seiner krankhaften Gefühle Meister zu sein‹. Das Werk erschien gegen Kants Lebensende, doch hatte er die Quintessenz bereits 1786 formuliert: Beherrsche deine Natur, sonst wird sie dich beherrschen!

Kant war es durchaus klar, daß seine Rezepte ganz individuell waren. (»Ein jeder Mensch hat seine besondere Art gesund zu sein, an der er ohne Gefahr nichts ändern darf«, erklärte er in einem seiner Briefe.[141]) Wovon er spricht, soll also nicht Beispiel für blinde Nachahmung sein, sondern Anlaß zum Nachdenken, zur Ausarbeitung der eigenen Verhaltensregeln. Zudem sind in der modernen Medizin einige von Kants Empfehlungen hinfällig.

Die Grundregel der Diätetik (so hat Kant die Kunst des Vorbeugens genannt im Unterschied zur Therapeutik – der Kunst des Heilens) ist, nicht seine Kräfte schonen, d. h. zu vermeiden, sie durch Bequemlichkeit und Nichtstun zu schwächen. Ein Organ nicht zu üben ist ebenso schädlich, wie es überanstrengen. Der Wahlspruch der Stoiker ist »sustine et abstine«: von ihm sollte man sich nicht nur in der Tugendlehre, sondern auch in der Heilkunde leiten lassen.

Das hygienische Programm Kants ist ganz einfach: 1. Kopf, Füße und Brust kalt halten. Die Füße in eisigem Wasser waschen (»damit nicht die Blutgefäße in den weit vom Herzen entlegenen Teilen erschlaffen«). 2. Weniger schlafen. »Das Bett ist das Nest einer Menge von Krankheiten.«[142] Nur in der Nacht einen kurzen und tiefen Schlaf tun. Wenn der Schlaf nicht von selbst kommt, muß man ihn herbeizwingen. Magische, schlaferzeugende Wirkung hatte für Kant das Wort »Cicero«; sprach er es sich im Geiste andauernd vor, so zerstreute es die Gedanken, und er schlief schnell ein. 3. Mehr Bewegung machen: alle Dienstleistungen an sich selbst verrichten, bei jedem Wetter spazierengehen.

Hinsichtlich der Nahrung empfiehlt Kant, vor allem flüssige Speisen (Suppen etc.) zu vermeiden und das Trinken einzuschränken. Wie oft soll man am Tage essen? Wir kennen schon Kants verblüffende Antwort: einmal täglich! In mittleren Jahren kann man (muß aber nicht) seinen Appetit beim Mittagessen zügeln, um ihn dann endgültig beim Abendbrot zu stillen. Im Alter ist so etwas jedenfalls schädlich: der Magen ist noch nicht mit der ersten Mahlzeit fertig und schon soll die zweite folgen.

Schädlich ist es, beim Essen oder auch während des Spaziergangs angestrengt zu denken. Man kann nicht gleichzeitig Magen und Kopf oder Beine und Kopf arbeiten lassen. Im ersten Fall stellt sich Hypochondrie, im zweiten Schwindsucht ein. (Was Hypochondrie ist, wußte Kant sehr gut: von Kindheit an litt er am Zustand der »Selbstquälerei«; wenn das Leben so häßlich zu einem ist, wenn man in seinem Organismus alle Krankheiten findet, die so schön aus medizinischen Lehrbüchern gelernt sind. Da ist jeder Arzt machtlos; hier heilt nur Selbstbeherrschung, das wußte Kant aus eigener Erfahrung.) Die Kunst der Diätetik besteht in der geschickten Reihenfolge von mechanischer Beschäftigung des Magens und der Füße zusammen mit geistiger Beschäftigung.

Ißt man dagegen allein und verliert sich dabei in Lektüre oder Nachdenken, dann entstehen schmerzhafte Zustände, weil die Arbeit des Gehirns dem Magen Kräfte entzieht. Dasselbe geschieht, wenn man beim Spazierengehen denkt. In diesen Fällen muß der überanstrengte Geist dem »freien Spiel der Einbildungskräfte« weichen. Deshalb speiste unser Philosoph immer in der Gesellschaft von Freunden.

Allerdings ging Kant lieber alleine spazieren: die Notwendigkeit, sich dabei unterhalten und dabei den Mund öffnen zu müssen, führte dazu, daß kalte Luft in den Organismus gelangte, die bei Kant rheumatische Schmerzen hervorrief. Überhaupt schenkte der Philosoph richtigem Atmen große Aufmerksamkeit. Uns scheint sein Rat, immer durch die Nase zu atmen und dabei fest die Lippen zu schließen, trivial zu sein. Zu

Kants Zeit war das anscheinend eine Novität, denn er läßt sich über dieses Thema in allen Einzelheiten aus. Richtiges Atmen verhindert Erkältungen, verhilft zu gutem Schlaf und vertreibt sogar den Durst.

Kants Erwägungen über die Vorteile des Junggesellendaseins können ein Lächeln hervorrufen. Selber ein eingefleischter Junggeselle, versichert der Philosoph, unverheiratete oder früh verwitwete Männer bewahrten länger ein jugendliches Aussehen, während Familienväter das »Siegel des Jochs« trügen; das gibt ihm Anlaß, den ersteren ein längeres Leben zu prophezeien. (Hier hat Kant Gegner gefunden, die ihn mit Statistiken widerlegten.)

Und schließlich die Beschäftigung mit der Philosophie (natürlich nicht aus Gründen des Berufs, sondern des lebendigen Interesses). Das ist ein großartiges Mittel des Geistes, mit verschiedenen Unpäßlichkeiten fertig zu werden. Die Philosophie zieht von äußeren Verhältnissen ab, erzeugt geistige Kraft, die die mit zunehmendem Alter auftretende körperliche Schwäche aufwiegt. Der Mensch muß tätig bleiben; ein »beschränkter Kopf« muß sich halt schlimmstenfalls irgendein Surrogat der Tätigkeit wählen. So sammelte zum Beispiel ein alter Mann Stutzuhren, die immer nacheinander und niemals gleichzeitig schlagen durften, etc.

Für Medikamente war Kant nicht zu haben, wie wir schon wissen; er hütete sich vor ihnen. Das bedeutete natürlich nicht, daß er jegliche Medizin verschmähte. Im Gegenteil, er verfolgte ihre Erfolge und Fortschritte, zeigte da sogar ein fast professionelles Interesse.

Für sein Leben hat Kant nicht gezittert, Furcht vor dem Tode war ihm unbekannt. Gesundheit benötigte er nur für seine Arbeit, die Vorsorge war lediglich Umsicht, die für eine erfolgreiche Durchführung des Experiments einfach unumgänglich nötig war. Und der Versuch gelang.

»Es war ein verblüffender Versuch, der mit einem Sieg endete«, stellte Sosčenko fest. »Dennoch sitzt da ein Fehler, nämlich der, aus dem Menschen etwas zu machen, was eher einer Arbeitsmaschine gleicht.

Man kann natürlich beliebige Gewohnheitsregeln für den Körper aufstellen, doch darf man dabei nicht vergessen, daß die

Psyche – bei ständiger Wiederholung dieser Gewohnheiten – sie gleichsam verstärkt und ins Extrem steigert . . . Kant hatte nach zwanzig Jahren schon manische Züge.«

Soščenko möchte eben alles Manische aus dem Leben eines Menschen verbannen, damit der Mensch nicht selbst zu einer Maschine werde (und sei es auch eine Denkmaschine). Der Sinn des Lebens besteht seiner Meinung nach nicht darin, Wünsche zu erfüllen, sondern darin, solche überhaupt zu haben (übrigens glaubte Kant das auch). Außerdem sollen sie möglichst verschiedenartig sein. Da hat Soščenko zweifellos recht. Ganz und gar nicht recht hat er, wenn er Kants Leben für tragisch hält. »Das tragische Leben Nietzsches, Gogols, Kants, die überhaupt nicht Frauen kannten«, lesen wir in der ›Wiederkehr der Jugend‹. Kant war mit zunehmendem Alter mehr und mehr davon überzeugt, daß Ehelosigkeit ihm gemäß sei. Tragisch kann man also nur einen bewußt akzeptierten, vorzeitigen Verlust nennen von irgend etwas, das für einen selbst ungeheuer lebenswichtig war. Kant verlor nur seine Krankheiten, er lebte ein langes Leben, so wie er es für sich als notwendig erachtete.

Fünftes Kapitel

DAS WAHRE, GUTE UND SCHÖNE

Es ist gewiß von einem sterblichen Menschen kein größeres
Wort noch gesprochen worden als dieses Kantische, was
zugleich der Inhalt seiner ganzen Philosophie ist: Bestimme
Dich aus Dir selbst! Diese große Idee der Selbstbestimmung
strahlt uns aus gewissen Erscheinungen der Natur zurück,
und diese nennen wir Schönheit.

Schiller

Ende der achtziger Jahre vollzog sich in den philosophischen
Ansichten Kants ein neuer Umbruch. Zwar verbleibt er im
ganzen auf den erarbeiteten Positionen des Kritizismus, doch
präzisiert er seine Sicht (z. T. mit erheblichen Veränderungen)
auf eine Reihe für ihn wesentlicher Probleme. Das betrifft in
erster Linie das Problem der Metaphysik. In der ›Kritik der
reinen Vernunft‹ war die Frage offen geblieben. Einerseits wies
Kant überzeugend nach, daß die Metaphysik als theoretische
Disziplin unmöglich sei. Anderseits kündigte er ein Programm
des Entwurfs einer neuen Metaphysik als Wissenschaft von den
übersinnlichen Dingen (Gott, Unsterblichkeit der Seele) an.
Kants Liebe zur Metaphysik dauerte schon zu lange mit unver-
minderter Leidenschaft an, als daß eine momentane und
schmerzlose Trennung hätte stattfinden können.

1788 gab die Berliner Akademie der Wissenschaften ein weiteres Wettbewerbsthema bekannt: ob die Metaphysik seit Leibniz und Wolff wirklich Fortschritte gemacht habe. Nach einigen Jahren erhielt Schwab, ein alter Wolffianer, den Preis; in
seiner Arbeit legte er dar, daß die Metaphysik durchaus keine
Erfolge erzielt habe und zu solchen auch keine Notwendigkeit
bestehe.

Kant nahm an diesem Wettbewerb nicht teil, obwohl er sich
dreimal an die Arbeit machte. Eine erhaltene Handschrift zeigt
deutlich seine damalige Beziehung zur Metaphysik. Kant ist
entschieden der Meinung, daß jenseits der Grenzen der sinnlichen Erfahrung keinerlei theoretische Erkenntnis möglich sei.
Um einem Begriff Objektivität zu verleihen, müsse man ihm
irgendeine Anschauung unterlegen. Deshalb können wir theoretisch nichts von Gott, Freiheit oder unserer Seele (abgetrennt

vom Körper) wissen. Im praktischen Sinne haben wir uns diese Gegenstände selbst geschaffen, wir glauben an sie und verhalten uns dementsprechend. Eine Metaphysik des Übersinnlichen ist allein unter dem »praktisch-dogmatischen« Gesichtspunkt möglich. Eine Metaphysik der Natur hingegen stellt Kant sich nur als Ausarbeitung eines Begriffsapparats für die Naturwissenschaften vor. Metaphysik ist Kritik, ein Korrektiv für den gesunden Menschenverstand, und nichts weiter – kann man in den Manuskripten lesen.

Zwei Jahre vor der Preisfrage der Berliner Akademie veröffentlichte Kant die Arbeit ›Metaphysische Anfangsgründe der Naturwissenschaft‹. Hat Kant in der ›Kritik der reinen Vernunft‹ seine künftige Philosophie der Natur noch so entworfen, daß sie in eine rationale Physik und eine rationale Psychologie eingeteilt war, so hält er jetzt die Natur der Seele nicht für einen Gegenstand wissenschaftlicher Erkenntnis. »Ich behaupte aber, daß in jeder besonderen Naturlehre nur so viel eigentliche Wissenschaft angetroffen werden könne, als darin Mathematik anzutreffen ist.«[143] Die Seele ist keine extensive Größe, die Beschreibung von seelischen Erscheinungen ist keine Naturwissenschaft. Letztere soll sich ausschließlich mit Körpern befassen.

Veränderung des Körpers aber heißt Bewegung, und Bewegung ist Gegenstand der metaphysischen Naturlehre. Kant stellt sich die Frage, was wir von der Bewegung apriorisch wissen können, also vor aller Erfahrung nur mit Hilfe reiner Kategorien. Entsprechend den vier Kategorienarten untersucht Kant Bewegung unter dem Gesichtspunkt der Quantität, Qualität, Relation und Modalität. So entsteht die Vorstellung von einer vierteiligen Bewegungslehre, deren erster Teil die Phoronomie, nur die quantitative Verteilung der Materie im Raum betrachtet, der zweite – die Dynamik – die Materie unter Einwirkung qualitativer, bewegender Kräfte studiert; der dritte Teil – die Mechanik – behandelt das wechselseitige Verhältnis von Körpern und Kräften, und »die Phänomenologie« wendet auf das Problem der Bewegung die Kategorien der Modalität an (d. h., sie fragt nach Möglichkeit, Wirklichkeit und Notwendigkeit der Bewegung). Für den modernen Leser ist an der Kantischen Naturphilosophie interessant: die Vorstellung von der Relativität von Ruhe und Bewegung, die Ablehnung der physischen Realität des leeren Raums.

Hat Kant nun auch die Position der kritischen Philosophie erreicht, so hat er doch nicht die »erste Liebe« seiner Jugend – die Naturwissenschaft – vergessen. Er las weiterhin physische Geographie. Er zeigte noch immer Interesse an Astronomie und Himmelsmechanik: zu diesem Thema schrieb er zwei Aufsätze: ›Über die Vulkane im Monde‹ und ›Etwas über den Einfluß des Mondes auf die Witterung‹. 1791 empfahl er seinem Schüler Gensichen, einen Auszug zu machen aus der ›Allgemeinen Geschichte und Theorie des Himmels‹, den dieser mit Anmerkungen versehen als Beilage zur astronomischen Abhandlung des Engländers Herschel (›Über das Weltgebäude‹) herausgab. (Ende der neunziger Jahre waren noch fünf weitere Auflagen der Weltentstehungs-Hypothese Kants erschienen.)

Kant nahm auch lebhaften Anteil an der praktischen Realisierung wissenschaftlicher Entdeckungen. Mit Kants Namen ist die Errichtung des ersten Blitzableiters in Königsberg verbunden. Das ist eine Geschichte, die sich lange hinzog. Nachdem die Haberberger Kirche durch einen Blitz zerstört worden war, hatte der Magistrat sich schon 1774 an die Universität gewandt mit der Bitte um Rat, wie man eine Wiederholung des Unglücks vermeiden könne. Die Anfrage wurde dem Professor für Physik Reusch unterbreitet mit der Empfehlung, einen kompetenten Fachmann, einen Philosophen, hinzuzuziehen. Reusch wählte Kant und legte ihm seine eigenen Erwägungen zur Durchsicht vor. Kant billigte sie: »Das wenige, was ich von meinem Urtheile in gütige Erwägung zu ziehen noch bitten möchte, würde darinn bestehen. Der Ableiter müßte nur darauf eingerichtet werden, die Wettermaterie von dem Metalle, was sich oben auf dem Thurme befindet, abzuleiten, nicht aber solche aus der Gewitterwolke zu loken und herbeyzuziehen. Daher er, ohne Spitzen, lediglich oben an der Stange und der Kupfernen Bedeckung angemacht werden müßte.«[144]

Auf dem Papier war die Sache mit dem Blitzableiter gelöst, doch weiter geschah nichts. Schließlich schlug der Blitz abermals in den Turm ein. Die Stadtväter wandten sich erneut an die Gelehrten. Reusch machte wieder eine Niederschrift, von der Kant einfach begeistert war: »Sie ist das Beste, so wohl in Ansehung der Ausführlichkeit, als doch zugleich der Kürze, Ordnung und Deutlichkeit, was mir in dieser Art noch zu Handen gekommen.«[145]

Aber der Magistrat konnte sich noch nicht zu der Neuerung entschließen. Ein Berater aus Hamburg wurde hinzugezogen. Er machte einige Ergänzungen zum Projekt von Reusch (»als um die Anfrage an ihn nicht für ganz überflüssig zu erklären«, kommentierte Kant). Der Magistrat richtete eine neue Anfrage an die Fakultät hinsichtlich der Vorschläge des Hamburger Beraters. Lange wurde das Problem der Ableitung diskutiert: sollte sie ins Erdreich oder ins benachbarte Wasser stattfinden. Die Vorbereitungen dauerten zehn Jahre. 1784 hatte die Haberberger Kirche dann endlich ihren eisernen Stock auf dem Dach. Weniger erfolgreich verlief der Versuch, neue Webstühle in den preußischen Fabriken einzuführen. Johann Bötticher konstruierte einen einfacheren Webstuhl, der dennoch dreimal soviel wie die bisherigen produzierte. Man führte Proben durch, sandte die Ergebnisse nach Berlin mit der Bitte um eine Auszeichnung für den Erfinder, aber die Beamten antworteten, daß der erzielte Effekt ganz unmöglich sei. Kant versuchte, dem Erfinder auf privatem Wege zu helfen. Er wandte sich an einen ihm bekannten Berliner Negozianten mit einem Brief, worin er Millionengewinn versprach, der »die Industrie, und mit ihr den Wohlstand, wobei denn gewöhnlich auch bessere Denkungsart sich einzufinden pflegt, ausnehmend befördern kann«.[146] Und wieder war die Antwort aus Berlin negativ. In England führte man zu dieser Zeit noch vollkommenere Webmaschinen ein!

Kants Hauptinteressen lagen nach wie vor auf dem Gebiet der Philosophie. Als der Versuch, das von ihm zerstörte Gebäude der spekulativen Metaphysik wieder aufzurichten, sich erneut als unhaltbar erwiesen hatte, strebte er auf neue Weise, ein philosophisches Gesamtsystem aufzustellen. Denn an der Philosophie schätzte er vor allem Systematik, wobei er selbst ein großer Systematiker war: »Historische Erkenntnisse könen ohne system erworben werden. Mathematische auch in gewissem Grade, aber philosophische (der reinen Vernunft) ohne system nicht. Der Abris des Gantzen muß vor den Theilen vorher gehen.«[147]

Nun, die allgemeinen Umrisse seiner Lehre waren schon seit

langem festgelegt. Aber ein System war es bisher dennoch nicht. Natürlich sind die beiden ›Kritiken‹ auf ganz bestimmte Weise miteinander verbunden; in ihnen wird eine einzige Konzeption entfaltet. Aber die erzielte Einheit von theoretischer und praktischer Vernunft schien ihm nicht hinreichend. Es fehlte ein wichtiges Mittelglied.

Die Vorstellung von einem ganzen System entstand bei Kant erst, nachdem er zwischen Natur und Freiheit eine genuin für sich seiende Welt entdeckt hatte – die Welt der Schönheit. Als Kant die ›Kritik der reinen Vernunft‹ schrieb, war er der Meinung, daß ästhetische Probleme unmöglich von den allgemein verbindlichen Positionen her zu begreifen seien. Die Prinzipien der Schönheit haben empirischen Charakter und können folglich nicht zur Aufstellung allgemeiner Gesetze dienen. Mit dem Begriff »Ästhetik« bezeichnete er dort die Lehre von der Sinnlichkeit, die Lehre von der Idealität des Raumes und der Zeit. 1787 aber tauchen in den Briefen Hinweise auf eine »Kritik des Geschmacks« auf; Ende des Jahres macht Kant Reinhold Mitteilung von der Entdeckung eines neuen allgemeinen Prinzips der geistigen Tätigkeit: dem »Gefühl der Lust und der Unlust«. Jetzt nimmt Kants philosophisches System schärfere Konturen an.

Es besteht für ihn aus drei Teilen, entsprechend den drei Vermögen des menschlichen Gemüts: dem Erkenntnisvermögen, Bewertungsvermögen (»Gefühl der Lust«) und dem Willensvermögen (»Begehrungsvermögen«). In der ›Kritik der reinen Vernunft‹ und in der ›Kritik der praktischen Vernunft‹ sind der erste und der dritte Teil – der theoretische und der praktische – behandelt. Den Mittelteil hat Kant bisher Teleologie genannt: die Lehre von der Zweckmäßigkeit. Nun macht die Teleologie der Ästhetik Platz – der Lehre von der Schönheit. Das geplante Werk wollte Kant im Frühling 1788 abschließen. Aber die Arbeit zog sich wieder in die Länge. Es sollte noch zweimal Frühling werden, bevor das Manuskript zum Druck fertig war. Der Traktat hieß ›Kritik der Urteilskraft‹.

Der Terminus Urteilskraft ist uns bekannt. In der ›Kritik der reinen Vernunft‹ wird damit eines der intuitiven Erkenntnisvermögen bezeichnet. Wenn der Verstand die Regeln gibt, dann verleiht die Urteilskraft die Fähigkeit, diese Regeln in jedem konkreten Einzelfall anzuwenden; darunter ist eigentlich nichts anderes als der selbständige Gebrauch des Denkens zu verstehen. Wir sagen gern, daß es für den Richter nicht ausreicht, die Gesetze zu kennen; wendet er sie ganz formal an, dann richtet er »recht aber schlecht«; er muß mit einfühlendem, wägendem Rechtssinn richten, indem er alle Umstände des Sachverhalts in Betracht zieht. In der Folklore gibt es den Typ des einfältigen Menschen, der immer schematisch handelt und deshalb dauernd in kuriose Situationen gerät. Kant würde sagen, daß es dem Einfältigen an *bestimmender* Urteilskraft mangle, wie er die Fähigkeit genannt hat, die allgemeine Regel auf den Einzelfall anzuwenden.

Jetzt stellt Kant Überlegungen an zu einer anderen Art der Intuition, die er *reflektierende* Urteilskraft nennt. Man soll nun zum gegebenen Besonderen ein nichtformales Allgemeines suchen; es geht nicht mehr um das Abstrahieren allgemeiner Merkmale – das ist Sache des Verstandes. Haben wir ein grünes Blatt vor uns, dann erarbeitet der Verstand mit Hilfe der produktiven Einbildungskraft den Begriff Blatt überhaupt, insofern er es mit anderen Blättern vergleicht und durch das Prisma der Kategorie der Allgemeinheit schaut. Wenden wir aber die reflektierende Urteilskraft an, dann erblicken wir im gegebenen Blatt den Teil eines Gewächses; wir überlegen, wofür es dem Organismus dient, wir stellen uns die Frage seiner Bedeutung in einer Ganzheit. Die Lehre von den Zwecken ist die Teleologie; daher nennt Kant diese Spielart der reflektierenden Urteilskraft die *teleologische*. Daneben stellt er die *ästhetische* Urteilskraft, indem er davon ausgeht, daß das künstlerische Erlebnis ebensolches Vergnügen verschafft wie das Auffinden der Zweckmäßigkeit.

Die traditionelle Wolffianische Teleologie handelte von der Weisheit des Schöpfers, der die Welt zweckmäßig eingerichtet habe. Kant geht anders an das Problem heran. Zweckmäßigkeit kann vorhanden sein, ohne daß durch eine höhere Vernunft ein Zweck gesetzt ist; eine harmonische Wechselwirkung, die das Auge erfreut, sagt nichts darüber aus, daß jemand diese Harmonie mit Bedacht geschaffen haben muß. Die Teleologie ist für Kant kein Finalismus, keine Unterwerfung unter eine göttliche Weltordnung. In der ›Kritik der reinen Vernunft‹ wurde solches ein für allemal als Schein verworfen, der von der wissenschaftlichen Erkenntnis abziehe: statt sich um die Aufdeckung der

Ursachen der Erscheinungen zu bemühen, verweist der Finalist nur auf die der Untersuchung unzugänglichen Entschlüsse der höheren Weisheit.

Am Finalismus hat scharfsinnige Dialektik schon immer die Messer gewetzt; es ist schwer zu sagen, wem hier die Priorität zukommt. »Gott hat die Menschen geschaffen, damit sie uns zur Speise dienen«, das läßt Voltaire den weisen Floh sagen. Kant schlug eine andere Lösung vor: die Parasiten sind Anstoß zur Sauberkeit, die ihrerseits wiederum gesundheitsfördernd wirkt. Die Teleologie ist für Kant ein Prinzip der Gegenstandsbetrachtung, in erster Linie des lebenden Organismus, wo alles zweckmäßig ist, das heißt, jeder Teil ist notwendigerweise mit dem anderen verbunden. Als ob ein Intellekt das alles geschaffen habe, indem er es nach einem bestimmten Zweck ausrichtete. 1788 entdeckte Kant in den menschlichen Tätigkeiten eine Sphäre, wo das Resultat ebenfalls etwas Organisches darstellt: die Kunst.

Im ›Teutschen Merkur‹ erschien ein Aufsatz Kants mit dem Titel ›Über den Gebrauch teleologischer Prinzipien in der Philosophie‹. Der Anlaß war eine Polemik. Kaum hatte Kant das Versprechen gegeben, sich nicht mehr in Streitigkeiten zu mischen, als er es schon brach und einen kritischen Angriff des jungen Georg Forster, eines früh zu Ruhm gelangten Naturforschers, beantwortete. Bekannt war Forster durch die Beschreibung der Weltumseglung des Capitain Cook geworden, an der er teilnehmen durfte. Im Aufsatz Kants über die menschlichen Rassen sah Forster den Anschlag eines Philosophen auf das Gebiet der Naturwissenschaften. Kant behauptete: in der Erfahrung finden wir nur dann das Gesuchte, wenn wir wissen, was wir suchen müssen. Forster ist für die reine Erfahrung, ohne irgendwelche Einschränkung; er ist dagegen, daß man auf die Dinge durch die philosophische Brille schaut. Kant präzisiert seinen Gedanken, wenn er Forster antwortet: »daß durch bloßes empirisches Herumtappen ohne ein leitendes Princip, wornach man zu suchen habe, nichts Zweckmäßiges jemals würde gefunden werden«.[148] Hinsichtlich der Rassen nun wollte Forster nur zwei gelten lassen – die Weißen und die Neger, wobei er noch einen genetischen Unterschied zwischen beiden sah: das heißt, er meinte, Afrika habe seine Menschen und Eurasien habe seine

Menschen hervorgebracht. Kant hält dagegen, daß wenigstens vier Rassen bestünden, und zwar aus einem einzigen genetischen Ursprung. Im Aufsatz gegen Forster verglich Kant Natur und Kunst. Hier wie dort müsse man das lebendige, organische Ganze sehen. Die einheitliche und einzige Sicht auf die lebendige Natur und das Kunstwerk – auf der Grundlage des Prinzips der Zweckmäßigkeit – ist eine der Hauptideen der ›Kritik der Urteilskraft‹. Das war endlich ein neues Wort zur Ästhetik. Vor Kant hat man ebenfalls Natur und Kunst verglichen, doch mit welchem Ergebnis? Der Franzose Robinet, der sich für die Idee des lebendigen Organismus als eines besonderen Systems begeisterte, bemerkte ironisch: Kunstwerke wachsen nicht; sie werden Teil für Teil hergestellt, jeder Teil ist für sich fertig, wenn man ihn den anderen Teilen hinzufügt; Kunstwerke produzieren nicht sich ähnliche Kunstwerke; oder hat schon jemand beobachtet, daß ein Haus ein anderes Haus produziert hat?

Das stimmt natürlich alles, doch Kant geht darüber hinaus: »An einem Producte der schönen Kunst muß man sich bewußt werden, daß es Kunst sei und nicht Natur; aber doch muß die Zweckmäßigkeit in der Form desselben von allem Zwange willkürlicher Regeln so frei scheinen, als ob es ein Product der bloßen Natur sei.«[149]

Von dieser Entdeckung Kants waren die Zeitgenossen zutiefst betroffen. Goethe, der die ›Kritik der reinen Vernunft‹ nicht schätzte, war von der ›Kritik der Urteilskraft‹ begeistert. Diese Entdeckung hat in der Kulturgeschichte eine zweifache Rolle gespielt. Vor allem war das Problem des künstlerischen Schaffensakts gestellt. Robinet hatte zweifellos recht mit seiner Behauptung, daß der Organismus unvermittelt als etwas Ganzes in die Existenz trete und daß das Kunstwerk Teil für Teil entstehe – ein Teil ist schon fertig, während die anderen erst in der Absicht des Künstlers existierten. Aber das endgültige Ergebnis lebt wie ein Organismus. Und da darf man nichts willkürlich durcheinanderbringen. Das Phänomen der Schönheit schwindet, wenn eine ungeübte Hand die vom Künstler geschaffene Harmonie, die »Zweckmäßigkeit«, zerstört.

Zu Zeiten Kants konnte man schwerlich den anderen Aspekt richtig würdigen – die ästhetische Sicht auf die Natur, der der Philosoph große Beachtung beimaß: »Dagegen aber behaupte ich, daß ein unmittelbares Interesse an der Schönheit der Natur zu nehmen (nicht bloß Geschmack haben, um sie zu beurtheilen) jederzeit ein Kennzeichen einer guten Seele sei . . .«[150] Dieses Interesse an der Naturschönheit ist intellektuell; uns freut nicht nur die Form des Naturgegenstands, sondern vor allem die Tatsache seiner Existenz. Kant sah sogar voraus, daß sich künftige Zeitalter immer mehr von der Natur entfernen werden. Damals war noch völlig unklar, was das einmal bedeuten sollte. Erst in unseren Tagen hat Kants Sicht auf die uns umgebende Natur als auf ein harmonisches, künstlerisches Ganzes weltanschauliche Tiefenwirkung gewonnen. Die Natur ist selbst ein Kunstwerk. Wie man nicht in das Leben eines Kunst-Organismus eingreifen darf, so darf man auch die Harmonie der Natur – das in sie hineingelegte, zweckmäßige Gleichgewicht – nicht zerstören.

Die Teleologie Kants ist keine Theologie und auch keine Naturwissenschaft: mit ihrer Hilfe sucht der Philosoph nicht Gott in der Natur, und er entdeckt auch nicht die sie lenkenden Gesetze: im Mittelpunkt seiner Betrachtungen steht nach wie vor der Mensch. Nur der Mensch kann sich bewußte Zwecke setzen, als deren Ergebnis die Welt der Kultur entsteht. Die Teleologie Kants verwandelt sich in eine Theorie der Kultur.

Unter den Handschriften Kants (aus der Mitte der achtziger Jahre) befindet sich ein interessantes Fragment: ›Charakter der Menschengattung‹. Der Philosoph stellt Fragen und beantwortet sie: »Was ist die Naturbestimmung des Menschen? Die hochste Cultur. – Welches ist der Zustand, darin sie moglich ist? Die bürgerliche Gesellschaft. Welche triebfedern? Die Ungeselligkeit und Eifersucht. Arbeit.«[151]

Kant untersucht zwei Typen der Kultur – die »Kultur der Geschicklichkeit« und die »Kultur der Zucht«. Die erste ist unbedingt notwendig zur Erreichung von Zwecken, doch sie langt nicht hin für deren Auswahl; nur die zweite befreit den Willen vom »Despotismus der Begierden«, vom Angekettetsein an die Dinge. Kultur im weiteren Sinne umfaßt alles, was der Natur entgegen, was also vom Menschen geschaffen ist; doch läßt das Schicksal des Menschen sie gleichgültig. Sie bringt Antagonismen hervor, und deren Gewalt macht ihren Fortschritt aus; Ungleichheit ist ihr Mechanismus; die einen halten die anderen im Zustand der Knechtung, schwerer Arbeit und ohne Vergnügen. Kant beschreibt hier die Situation der »Entfremdung«; obwohl er diesen Terminus nicht verwendet, zeigt er den widersprüchlichen Einfluß von privater Selbstsucht und Arbeitsteilung auf das Schicksal der Gesellschaft. Hier ist Progreß und Degradierung zugleich. Diesen äußeren, »technischen« Kulturtyp nennt Kant auch Zivilisation. Ihm vergleicht er eine engere Sphäre, die er »Kultur der Zucht (Disziplin)« nennt: es ist die Sphäre der absoluten Moralität. Beide Sphären bilden sich aus, doch bleibt die Kultur hinter der Zivilisation offensichtlich zurück. Kant verliert nicht die Hoffnung, daß Kultur Zivilisation eines Tages einholen wird. Sonst ist es schlimm bestellt.

Die Kultur ist ihrer Struktur nach auch organisch, der Mensch ist nicht nur Mittel darin, sondern auch Zweck. Hier tritt jetzt das Prinzip der »subjektiven Zweckmäßigkeit« auf, deren Indikator das »Gefühl der Lust und der Unlust« ist. Dieser Kantische Terminus klingt heute wenig glücklich: der moderne Leser denkt an das Lustprinzip Freuds und stellt sich animalische Sucht nach Befriedigung vor.[152] Kant meinte etwas anderes. Lust und Lust sind zweierlei. Kant unterscheidet pathologische und moralische Lust. Letztere ist gleichbedeutend mit dem Kulturbegriff. Mit anderen Worten: das »Gefühl der Lust oder Unlust« bezeichnet in moderner Sprache eine Wertbeziehung. Auf dieses Gefühl, auf diese Beziehung ist die ästhetische Urteilskraft (die künstlerische Intuition) gegründet, die die Kunst zum Mittelglied zwischen Freiheit und Natur macht.

»Die subjektive Zweckmäßigkeit« ist ein Prinzip der Ästhetik, nicht der Teleologie; letztere stützt sich (auch in Kantischem Verständnis) auf die objektive Zweckmäßigkeit, das heißt auf die Vollkommenheit des Gegenstands. Die objektive Zweckmäßigkeit ist mit der Lust nur mittelbar verbunden. Natürlich ist es auch angenehm, die Verwirklichung irgendeiner vernünftigen Absicht zu sehen. Aber die eine Sache ist fremd, die »objektive« Absicht (einer uns unbekannten Kraft, die die Natur geschaffen hat), und die andere ist unsere, die »subjektive« menschliche Absicht, die der schöpferischen Kultur zum Grunde liegt. Bei fortschreitender Arbeit an der ›Kritik der Urteilskraft‹ engte Kant die Sphäre der Teleologie immer weiter ein, nahm ihr die selbständige Rolle; die Funktion, das Mittelglied des Systems zu bilden, wurde der Ästhetik übertragen. Die Teleologie leistet für Kant die Spezifikation des Gegenstands, somit die Eingrenzung seiner Erkenntnis: die objektive Zweckmäßigkeit ist vorhanden, doch ihr Wesen ist nicht zu fassen; es hat keinen Sinn, hier illusorische Hypothesen aufzustellen. Die Teleologie ist in dieser Hinsicht der theoretischen Vernunft analog, die sich unvermeidlich in Widersprüche verwickelt, wenn sie versucht, das Wesen der Dinge an sich zu erhellen. Sowohl die Teleologie als auch die theoretische Vernunft haben regulative Funktion. Eine konstitutive (und das heißt: die konstruktive) Rolle spielt die Vernunft im Verhalten des Menschen, in der Sittlichkeit. Im Gebiet der Erkenntnis kommt dem Verstand die konstitutive Funktion zu. In der Sphäre der »Urteilskraft« ist die ästhetische Wertung konstitutiv, der teleologischen zugleich verwandt und entgegengesetzt.

Kant stellte sich diese ästhetischen Probleme: nicht, weil er über das Wesen der Kunst nachdachte, sondern weil er sein philosophisches System vervollständigen wollte. Das Schema des Ergebnisses:

Gesamte Vermögen des Gemüts	Erkenntnisvermögen	Prinzipien a priori	Anwendung auf
Erkenntnisvermögen	Verstand	Gesetzmäßigkeit	Natur
Gefühl der Lust und Unlust	Urteilskraft	Zweckmäßigkeit	Kunst
Begehrungsvermögen	Vernunft	Endzweck	Freiheit

So sieht das philosophische System Kants endgültig aus. Die Urteilskraft ist das Mittelglied zwischen Verstand und Vernunft. Und auch Kant spricht unzweideutig von der Kritik der Urteilskraft als dem Mittel, das die beiden Teile der Philosophie zu einem Ganzen eint. So heißt der entsprechende Teilabschnitt der Einführung in die dritte ›Kritik‹. Kant gelangte zu einer ganz eigentümlichen Überwindung des Dualismus von Wissenschaft und Sittlichkeit, indem er an die künstlerischen Möglichkeiten des Menschen appelliert. Die Formel für das philosophische System Kants lautet: das Wahre, Gute und Schöne; begriffen in ihrer Einheit, sind sie im Menschen gegründet, soweit er Schöpfer der Kultur ist, die wiederum auf der künstlerischen Intuition beruht.

Kant sieht in der Ästhetik eine »Propädeutik aller Philosophie«.[153] Das bedeutet, das systematisches Studium der Philosophie mit der Theorie der Schönheit anfangen muß, dann erst zeigt sich das Gute und Wahre in seiner Fülle. Mit der dritten ›Kritik‹ sollte man sich also vor den anderen beiden vertraut machen.

Wenden wir uns jetzt zur Ästhetik Kants selbst. Seine Vorgänger, die Engländer Shaftesbury und Hutcheson, betonten die Eigenart des Ästhetischen, die weder auf Erkenntnis noch auf Moral rückführbar sei. Kant behauptet diese These. Doch daneben stellt er eine Antithese: gerade das Ästhetische ist das Mittelglied zwischen der Wahrheit und dem Guten, denn hier fließen Theorie und Praxis ineins.

Das Ästhetische selbst ist kein Monolith. Es hat zwei Hypostasen, zwei Antlitze. Eines ist vorwiegend zur Erkenntnis gewendet – das Schöne nämlich; das andere ist zur Moral gewendet: es ist das Erhabene. Die Kantische Analyse der ästhetischen Grundkategorien beschränkt sich auf die Untersuchung des Schönen und des Erhabenen (das Komische streift er flüchtig, das Tragische berührt er überhaupt nicht). Auch das ist schon bezeichnend: Kant interessiert sich für die Ästhetik als solche nur insoweit, als sie ihre vermittelnde Funktion erfüllen kann; das Schöne und das Erhabene reichen ihm völlig aus für die Lösung der ihm gesetzten Aufgaben.

Die Analytik des Schönen ist aufgebaut entsprechend der uns aus der Urteilslehre bekannten Klassifikation nach den vier Merkmalen: Qualität, Quantität, Relation und Modalität. Die erste Definition klingt einseitig: Schön ist das, was gefällt, ohne Interesse hervorzurufen. Eine wohlgefällige Beurteilung des Angenehmen entsteht in der Empfindung und ist mit Interesse verbunden. Das Gute beurteilen wir mit Hilfe von Begriffen, und das Wohlgefallen daran ist ebenfalls mit Interesse verbunden. Die Beurteilung der Schönheit ist frei vom Interesse der Sinne und der Vernunft. Kant muß rationalistische und utilitaristische Konstruktionen bekämpfen, deshalb sind seine Formulierungen so kategorisch. Akzeptiert man sie so in ihrer Einseitigkeit, liegen sie vielen formalistischen Kunsttheorien zugrunde. Gegen diese nun richtet Kant vor allem seine Kritik.

Aber schon die zweite Definition des Schönen greift weiter. Hier geht es um eine Charakteristik des ästhetischen Urteils der Quantität nach. Daraus läßt sich die Forderung nach der Allgemeinheit des Geschmacksurteils ableiten. »Schön ist, was allen ohne Vermittlung von Begriffen gefällt.« Aber wenn wir keine Begriffe haben, woher kommt dann die Allgemeinheit? Das Gefühl ist ja doch individuell, es ist der Grund für den Genuß und erhebt auf Allgemeinheit gar keine Ansprüche. Es erweist sich nun, daß die Lust am Schönen abgeleitet ist von dem »freien Spiel« der Erkenntnisvermögen – der Einbildungskraft und des Verstandes; und hierin liegt die »subjektive Allgemeinheit« der Schönheit.

Kant untersucht nun die Frage, ob das Gefühl der Lust vor der wohlgefälligen Beurteilung des Gegenstandes (mittels des »freien Spiels der Vorstellungskräfte«), oder diese vor jener, vorhergehe. Die Lösung dieser Aufgabe ist für ihn der »Schlüssel zur Kritik des Geschmacks«.

Ist die Lust ursprünglich, dann entfällt das Problem der Allgemeinheit: Lust kann man nicht einem anderen weitergeben. »Es kann aber nichts allgemein mitgetheilt werden als Erkenntniß . . .«[154] In diesem Falle sind aber Begriffe in unserem geistigen Kräftespiel nicht vorhanden. Statt dessen verfügen wir über einen gewissen »Gemüthszustand«, den man vielleicht mit »Erkenntniß überhaupt« zusammenbringen kann. Es ist der Zustand »eines freien Spiels der Erkenntnißvermögen« (auch: »Vorstellungskräfte«). Als Ergebnis entsteht, dank des freien Spiels der Einbildungskraft und des Verstandes, die wohlgefällige Beurteilung, die dem Gefühl der Lust vorangeht, es allererst hervorbringt und dem ästhetischen Urteil allgemeinen Charakter verleiht.

Hier haben wir wirklich den »Schlüssel« des Problems vor uns, darüber hinaus eine der bemerkenswertesten Entdeckungen

Kants. Er deckte auf, daß die Wahrnehmung des Schönen durch Vermittlung zustande kommt. Vor Kant war man der Ansicht (und auch heute denken noch viele so), daß sich Schönheit dem Menschen unmittelbar mit Hilfe der Sinne mitteilt. Man brauche nur hinreichend sensibel für Schönheit zu sein bzw. ästhetischen Sinn zu besitzen. Indes ist der »ästhetische Sinn« ein kompliziertes intellektuelles Vermögen. Schon die Antike stellte fest, daß eine übersinnliche Schönheit möglich sei. Um die Schönheit eines Gegenstandes genießen zu können, muß man seine innere Würde beurteilen. Manchmal geschieht das »im Nu«, und manchmal braucht es Zeit und intellektuelle Anstrengung. Je komplizierter der Gegenstand ist, desto komplizierter und differenzierter ist seine ästhetische Beurteilung. Wissenschaftliche Schönheit ist nur für den Spezialisten. Um die Schönheit einer mathematischen Formel zu begreifen, muß man zwar über ästhetische Kultur verfügen, doch vor allem auch über Kenntnisse der Mathematik. Die Allgemeinheit des ästhetischen Urteils besteht nicht in der unmittelbaren Zugänglichkeit für alle, sondern in der »Mitteilbarkeit«: darin, daß jeder Mensch in diesen Status gelangen kann, wendet er nur hinreichend Zeit und Kraft auf. Übrigens bringt man den Sinn für das Ästhetische nicht immer von Geburt an mit, eher bildet er sich allmählich heran.

Aufmerksamkeit gebührt auch dem Begriff »freies Spiel«, den Kant entschiedener als irgend jemand zuvor in die Ästhetik einführte und der auch dort an zentraler Stelle steht. Jedes Spiel befördert das Gefühl der Gesundheit, erhöht die ganze Lebenstätigkeit, erfrischt die Organisation des Gemüts. Das Spiel ist zwanglos. Das Spiel entwickelt Geselligkeit und Einbildungskraft, ohne die Erkenntnis unmöglich ist.

Was bedeutet uns heute das Spiel? Ein vitaler Organismus kann nicht in passivem Zustand verharren. Ist seine Aktivität nicht auf die Hervorbringung von Leben gerichtet, dann wendet die Vitalität sich auf sich selbst zurück. Das ist auch Spiel – Tätigkeit als solche, ohne fremdes Resultat, doch unter bestimmten Regeln. Das Spiel ist in sich selbst widersprüchlich: der Spielende hält sich fortwährend in zwei Sphären auf – der fiktiven und der wirklichen. Fähigkeit zum Spiel schließt die Fähigkeit zu doppelschichtigem Verhalten ein. In der Kunst ist die gleiche Doppelschichtigkeit vorhanden. Mag ein Bild noch so wahrheitsgetreu sein, so vergißt der Beschauer (oder Leser) doch nicht, daß er eine fiktive Welt vor sich hat. Verliert der Mensch eine dieser Ebenen der Kunst aus dem Auge, so befindet er sich schon außerhalb der Sphäre ihrer Wirksamkeit. Kunstgenuß ist Teilhabe am Spiel. Kant hat das Problem in seiner zentralen Bedeutung erfaßt.

Die dritte Definition des Schönen führt uns noch näher an die Erkenntnis heran: »Schönheit ist Form der Zweckmäßigkeit eines Gegenstandes, sofern sie, ohne Vorstellung eines Zwecks, an ihm wahrgenommen wird.« Hier sind besonders die mit dieser Definition verknüpften Einschränkungen wichtig. Kant führt neben der »reinen« Schönheit den Begriff der »anhängenden« Schönheit ein. Blumen sind Beispiel für die erste, Menschen, Gebäude etc. Beispiel für die zweite. Die anhängende Schönheit setzt den Begriff eines Zwecks voraus, der bestimmt, wie die Sache sein soll. Das ist schon eine Antithese.

Ist vielleicht die »anhängende Schönheit« etwas weniger Wertvolles, eine niedere Stufe des Schönen? Eher umgekehrt. Es erweist sich, daß sich das ästhetische Ideal nur in der Sphäre der anhängenden Schönheit realisiert. Ein Ideal schöner Blumen ist nicht vorstellbar. Nach Kant besteht das Ideal des Schönen im »Ausdruck des Sittlichen«. Und einer der wichtigsten Schlüsse der Kantischen Ästhetik lautet: »Das Schöne ist Symbol des Sittlich-Guten.« So sind wir wieder in der Sphäre der Ethik.

Im weiteren zieht uns Kant in die Sphäre der Erkenntnis. Jetzt geht es um die niedrigste Stufe – die empirische Kenntnis. Neben das Ideal der Schönheit stellt Kant die »Normalidee«: das ist die Idealvorstellung von der äußeren Formgestalt. Die Normalidee ist die mittlere Größe einer gegebenen Klasse von Erscheinungen. Wollt ihr wissen, wie die Idealgestalt eines schönen Mannes beschaffen ist, dann nehmt tausend Darstellungen, legt sie aufeinander; die Intensivfärbung des Mittelstücks ist zugleich die Mustergestalt. Man kann auch einfach rechnen, indem man die mittleren Werte der einzelnen Körperteile feststellt. Und wenn Kant auch einschränkt, daß keineswegs eine Notwendigkeit bestehe, bei realen Proportionen seine Zuflucht zu suchen, sondern daß es durchaus zulange, sich auf den dynamischen Effekt der Einbildungskraft zu verlassen, bleibt er doch bei einer völlig mechanischen Lösung des Problems stehen, die er selbst wiederholt und zu Recht kritisiert hatte. (Er trug dem auch Rechnung: in einer seiner späteren Arbeiten präzisiert er: Durchschnittswerte seien unzureichend, die Schönheit bedarf noch des Charakteristischen.)

Die vierte Definition des Schönen: »Schön ist, was ohne Begriff als Gegenstand eines notwendigen Wohlgefallens erkannt wird« – bringt nichts wesentlich Neues. Das Geschmacksurteil ist verbindlich für alle. Warum? Die Bedingung der Notwendigkeit, die Voraussetzung ist für das Geschmacksurteil, ist die Vorstellung von einem »allgemeinen Gefühl« (sensus communis), das auf dem uns schon bekannten »freien Spiel der Erkenntnisvermögen« beruht. Das Schöne ruft Interesse nur in Gesellschaft hervor, es ist ein Kommunikationsmittel, denn das Geschmacksurteil strebt jedermanns Zustimmung an.

Die vier Definitionen der Schönheit kann man in einem Satz zusammenfassen: »Man kann überhaupt Schönheit (sie mag Natur- oder Kunstschönheit sein) den Ausdruck ästhetischer Ideen nennen.«[155] »Idee« ist ein bekanntes Wort: wir sind ihm bei der Erkenntnistheorie Kants begegnet. Die Vernunftidee gehört ebenfalls zu den Begriffen, denen keine Anschauung, keine Vorstellung beigegeben werden kann. Die ästhetische Idee ist eine Vorstellung, »die viel zu denken veranlaßt«, ohne daß ihr doch ein Begriff adäquat ist (»die folglich keine Sprache völlig erreicht und verständlich machen kann«).[155] Schönheit ohne Wahrheit ist für Kant sinnlos, doch sind beide voneinander streng unterschieden.

Die vermittelnde Rolle der Ästhetik ist in der Analytik des Erhabenen noch deutlicher zu erkennen als in der Analytik des Schönen. Es fängt schon damit an, daß das Schöne »für sich selbst gefällt«, und daß das Wohlgefallen am Erhabenen ohne »Vernünfteln« nicht möglich ist. »Denn das eigentliche Erhabene kann in keiner sinnlichen Form enthalten sein, sondern trifft nur Ideen der Vernunft . . .«[156]

Wenn Kant das Erhabene mit dem Schönen vergleicht, bemerkt er, daß letzteres immer mit Form verbunden ist, wohingegen das Erhabene auch in einem formlosen Gegenstand aufgefunden werden kann. Die Lust am Erhabenen ist vermittelt. Hier ist kein »Spiel« mehr, sondern die ernsthafte »Beschäftigung der Einbildungskraft«; das Schöne zieht an, das Erhabene zieht an und stößt ab. Den Grund für das Schöne müssen wir außerhalb von uns suchen (z. B. in den Dingen der Natur), den Grund für das Erhabene allein in uns und in unseren Ideen. Was ist also das Erhabene?

Zunächst gibt Kant eine ganz formale Definition: »Erhaben ist das, mit welchem in Vergleichung alles andere klein ist«, aber festigt dies zugleich durch eine inhaltsreiche Antithese: das Gefühl des Erhabenen verlangt einen Gemütszustand, der es zu moralischem Wohlgefallen disponiert macht. Der Argumentationsgang ist folgendermaßen: die Wahrnehmung des Erhabenen ist immer verknüpft mit einer bestimmten inneren Erregung, die beim Betrachten von solchen Gegenständen entsteht, deren Ausmaße oder Kräfte die uns bekannten Maßstäbe überschreiten. »Aber ihr Anblick wird nur um desto anziehender, je furchtbarer er ist, wenn wir uns nur in Sicherheit befinden; und wir nennen diese Gegenstände gern erhaben, weil sie die Seelenstärke über ihr gewöhnliches Mittelmaß erhöhen und ein Vermögen zu widerstehen von ganz anderer Art in uns entdecken lassen, welches uns Muth macht, uns mit der scheinbaren Allgewalt der Natur messen zu können.«[157]

Das Erhabene ist eine Zerstörung der üblichen Maße, dennoch hat auch es sein Maß. Kant führt die Erzählung des französischen Generals Savary an, der bei seinem Aufenthalt mit Napoleon in Ägypten feststellte, daß man die Pyramiden aus einer ganz bestimmten Entfernung betrachten müsse. Ist man von ihnen zu weit entfernt, machen sie keinen Eindruck, ebenso wenn man ihnen zu nahe kommt und das Auge sie nicht auf einmal als Ganze erfassen kann.

Das Erhabene ist das Erhebende; die furchtlose Beziehung zum Fürchterlichen, die Überwindung der Furcht und die moralische Befriedigung darüber.

So erweist sich das Erhabene als Maßstab der Sittlichkeit. Vor allem ist es in den Sinnenvorstellungen des Menschen, in deren äußerster Anspannung – den Affekten. Der Affekt, mit der Idee des Guten verbunden, ist der Enthusiasmus, ohne den »nichts Großes ausgerichtet«[158] werden kann. (Diesen Gedanken wiederholt nach ihm Hegel.) Aber auch die Affektlosigkeit kann erhaben sein, »weil sie zugleich das Wohlgefallen der reinen Vernunft auf ihrer Seite hat«.[158]

Das Gefühl für das Erhabene bedarf der Kultur in größerem Maße als das Gefühl für das Schöne. Und es bedarf einer voll entwickelten Einbildungskraft. (Wenn das Schöne Einbildungskraft und Verstand zusammenführt, dann treffen in der Wahrnehmung des Erhabenen Einbildungskraft und Vernunft zusammen: Vernunft, die Gesetzgeberin des Verhaltens.)

Deshalb braucht man nicht zu befürchten, daß das Gefühl des Erhabenen sich durch Berührung mit einem abstrakten Objekt verringert. Die Einbildungskraft kann den Mangel an Anschaulichkeit aufwiegen, ja sogar jede Anschaulichkeit überbieten. Es gibt keine erhabenere Stelle in der Bibel als das Gebot: Du sollst Dir kein Götzenbild machen. Der Fetisch lähmt und verringert die Kräfte: »Daher haben auch Regierungen gerne erlaubt, die Religion mit dem letztern Zubehör reichlich versorgen zu lassen, und so dem Unterthan die Mühe, zugleich aber auch das Vermögen zu benehmen gesucht, seine Seelenkräfte über die Schranken auszudehnen, die man ihm willkürlich setzen und wodurch man ihn, als bloß passiv, leichter behandeln kann.«[159]

Das Erhabene, das von Kant zunächst unter ganz engem, quantitativen Gesichtspunkt betrachtet worden ist, eröffnet dem Menschen unter dem Aspekt der Sittlichkeit ungeahnte geistige Möglichkeiten. Das Vorhandensein des moralischen Gesetzes in uns schafft die allgemeine Bedingung für das Wohlgefallen der Menschen am Erhabenen.

Kant hat das Ästhetische in das Schöne und das Erhabene unterteilt; er hat jeweils die Verbindung mit den angrenzenden Vermögen des Gemüts aufgezeigt. Im Ausgang spricht er erneut vom ästhetischen Urteil als Ganzem und führt wieder zwei gegensätzliche Definitionen zusammen. Diesmal offen gekennzeichnet als Antinomie – zwei sich wechselseitig ausschließende Sätze. These: Das Geschmacksurteil gründet sich nicht auf Begriffen; denn sonst ließe sich darüber disputieren (durch Beweise entscheiden). Antithese: Das Geschmacksurteil gründet sich auf Begriffen; denn sonst ließe sich, ungeachtet der Verschiedenheit desselben, darüber auch nicht einmal streiten (auf die notwendige Einstimmung anderer mit diesem Urteile Anspruch machen).

An die Synthesis wagt sich Kant, wie immer, nicht ohne weiteres. Läßt er zwei unbestreitbare Wahrheiten mit den Köpfen zusammenstoßen, so versucht er nicht, die sie vereinende Formel zu finden, sondern führt sie erstmal beide auseinander, indem er erklärt: der Terminus »Begriff« wird hier nicht in einerlei Sinn gebraucht. Im ersten Fall ist der Begriff Produkt des Verstandes, im zweiten Produkt der Vernunft. Den Widerspruch stellt Kant als scheinbar hin, doch ein bestimmtes Resultat kann mit ihm dennoch erreicht werden: das ästhetische Urteilsvermögen ist direkt und unmittelbar mit der Vernunft verbunden, der Gesetzgeberin der Sittlichkeit. Was nun die Verbindung des ästhetischen Vermögens mit dem Verstand betrifft – dem Gesetzgeber der Erkenntnis, so verwirft Kant zwar hier die Möglichkeit einer unmittelbaren Verbindung, läßt eine mittelbare jedoch gelten. Die ästhetische Idee »belebt« die Erkenntnisvermögen. In der Anwendung auf Erkenntnis ist die Einbildungskraft dem Verstand unterworfen und auf die Notwendigkeit beschränkt, seinen Begriffen zu entsprechen; »in ästhetischer Absicht aber die Einbildungskraft frei ist, um noch über jene Einstimmung zum Begriffe, doch ungesucht reichhaltigen unentwickelten Stoff für den Verstand, worauf dieser in seinem Begriffe nicht Rücksicht nahm, zu liefern, welchen dieser aber nicht sowohl objectiv zum Erkenntnisse, als subjectiv zur Belebung der Erkenntnißkräfte, indirect also doch auch zu Erkenntnissen anwendet . . .«[160] Die Formel für die Synthese ist gefunden.

Jetzt hat alles seinen Ort. Jede Sphäre der geistigen Tätigkeit des Menschen ist abgegrenzt, beschrieben in ihrer Besonderheit; dennoch sind Kanäle gestochen, die miteinander verbunden sind und auch in einem Punkt zusammenfließen. Das Wahre, Gute und Schöne ist jeweils in seiner Eigenart und doch auch in seiner Einheit begriffen. Spitzfindige Definitionen haben sich als reale Dialektik erwiesen.

Die Einheit des Wahren, Guten und Schönen wird durch Kants Lehre von der Kunst noch zusätzlich begründet. Die Kunst nimmt in der Ästhetik Kants, die ja ihren Ausgang nahm von einer allgemeinphilosophischen Problematik her, verhältnismäßig geringen, doch dafür um so gewichtigeren Raum ein. Alle Besonderheiten des Ästhetischen werden jetzt erst ins richtige Licht gerückt. Die Eingrenzung der Kunst ist zwar undeutlich, dennoch kann man sie mit einiger Sicherheit nachzeichnen. Kunst ist nicht Natur (sondern eine »Hervorbringung durch

Freiheit«). Sie ist nicht Wissenschaft. (»Nur das, was man, wenn man es auch auf das vollständigste kennt, dennoch darum zu machen noch nicht sofort die Geschicklichkeit hat, gehört insoweit zur Kunst.«) Sie ist kein Handwerk. »Daß aber in allen freien Künsten dennoch etwas Zwangsmäßiges, oder, wie man es nennt, ein Mechanismus erforderlich sei, ohne welchen der Geist, der in der Kunst frei sein muß und allein das Werk belebt, gar keinen Körper haben und gänzlich verdunsten würde: ist nicht unrathsam zu erinnern . . .«[161] Auch hier sind die Definitionen von Einschränkungen begleitet, ohne die sie verknöchern und ihren Sinn verlieren würden.

Kunst kann nach Kants Meinung mechanisch (wenn sie Erkenntnis realisiert) und ästhetisch sein. Letzteres wird nun seinerseits in das Angenehme und das Schöne unterteilt. Angenehme Künste sind bestimmt für Genuß, Zerstreuung und Zeitvertreib (zum Beispiel die Kunst zu »schwatzen«, dazu gehört auch die Dekoration einer Tischtafel). Die schönen Künste befördern die »Kultur der Gemütskräfte«, sie vermitteln eine besondere »Lust der Reflexion«, insofern sie die Sphäre des Ästhetischen an die Sphäre der Erkenntnis annähern.

Damit hat sich die Dichotomie des Kantischen Kunstbegriffs noch nicht erschöpft. Kant stellt als einer der ersten in der Geschichte der Ästhetik eine Klassifikation der schönen Künste auf. Die Einteilung richtet sich nach der Weise des Ausdrucks der ästhetischen Ideen, eben der Schönheit. Die verschiedenen Arten der Kunst sind die verschiedenen Arten der Schönheit. Diese können die Schönheit des Gedankens oder die Schönheit der Anschauung sein. Im zweiten Falle dient entweder der Inhalt oder die Form dem Künstler zum Material. Nun haben wir dreierlei Arten der schönen Künste gewonnen: die redende, die bildende und die Kunst des Spiels der Empfindungen.

Zur redenden Kunst gehört die Beredsamkeit und die Dichtkunst. Die Dichtkunst hält Kant für die höchste Form künstlerischen Schaffens: »Sie erweitert das Gemüth dadurch, daß sie die Einbildungskraft in Freiheit setzt und innerhalb den Schranken eines gegebenen Begriffs unter der unbegrenzten Mannigfaltigkeit möglicher damit zusammenstimmender Formen diejenige darbietet, welche die Darstellung desselben mit einer Gedankenfülle verknüpft, der kein Sprachausdruck völlig adäquat ist, und sich also ästhetisch zu Ideen erhebt. Sie stärkt das Gemüth, indem sie es sein freies, selbstthätiges und von der Naturbestimmung unabhängiges Vermögen fühlen läßt, die Natur als Erscheinung nach Ansichten zu betrachten und zu beurtheilen, die sie nicht von selbst weder für den Sinn noch den Verstand in der Erfahrung darbietet, und sie also zum Behuf und gleichsam zum Schema des Übersinnlichen zu gebrauchen.«[162] Das ist sehr klug formuliert, doch ist der Gedanke einfach: Die Bedeutung der Dichtkunst liegt darin, daß sie die intellektuellen wie moralischen Fähigkeiten vervollkommnet; im Spiel der Gedanken überschreitet sie die engen Grenzen abstrakter Begriffsmittel und stärkt so den Geist; sie erhebt, indem sie zeigt, daß der Mensch nicht nur Teil der Natur ist, sondern wesentlich Schöpfer eines Reichs der Freiheit: die Poesie »spielt mit dem Schein, den sie nach Belieben bewirkt, ohne doch dadurch zu betrügen; denn sie erklärt ihre Beschäftigung selbst für bloßes Spiel, welches gleichwohl vom Verstande und zu dessen Geschäfte zweckmäßig gebraucht werden kann«.[163] Wer würde danach behaupten, daß Kant die Kunst von der Erkenntnis trennen will? Das einzige, was er nicht tut, ist, Kunst und Erkenntnis auf gleiche Ebene zu stellen.

Die bildende Kunst umfaßt die Kunst der Sinnenwahrheit (Plastik) und die Kunst des Sinnenscheins (Malerei). Zur Plastik gehört Bildhauerkunst und Architektur. Die erste bringt körperlich die Begriffe von den Dingen hervor, wie sie in der Natur vorkommen könnten, die zweite hat ihren Bestimmungsgrund nicht in der Natur, sondern in einem willkürlichen Zweck. Die Hauptsache in der Architektur ist der Gebrauch des von der Kunst hervorgebrachten Gegenstandes; das schränkt natürlich die Wirkung der ästhetischen Ideen ein. Zur Architektur zählt Kant auch das Kunstgewerbe. Obzwar Kant die Skulptur als Kunst der Sinnenwahrheit definiert hat, warnt er doch davor, in diesem Punkte zu übertreiben: die Sinnenwahrheit darf nicht so weit führen, daß das Werk aufhört, Kunst zu sein. Die Malerei teilt Kant in die Kunst der schönen Schilderung der Natur und in die Kunst der schönen Zusammenstellung ihrer Produkte. Die Graphik ist für Kant keine selbständige Kunstart; sie ist für ihn Bestandteil, und zwar Hauptbestandteil, der Malerei, da ja jedem Bild eine Zeichnung zugrunde liegen muß.

Die Kunst des schönen Spiels der Empfindungen stützt sich auf
Gehör und Auge. Es ist das Spiel der Töne und das Spiel der
Farben. (Der prinzipielle Unterschied beider ist Kant bewußt.)
An Reiz und Gemütsbewegung kommt die Musik für Kant an
zweiter Stelle nach der Dichtkunst. Im Unterschied zur Dicht-
kunst ist der Eindruck der Musik nur vorübergehend; zum
Nachdenken gibt die Musik keine Zeit, nach dem Urteil der
Vernunft hat sie weniger Wert als jede andere schöne Kunst.
Kants Meinung ist, daß der Musik »ein gewisser Mangel an
Urbanität« anhänge, da »sie . . . ihren Einfluß weiter, als man
ihn verlangt (auf die Nachbarschaft), ausbreitet und so sich
gleichsam aufdringt, mithin der Freiheit andrer . . . Abbruch
tut«. Besonders verdrießt Kant das laute Singen geistlicher
Lieder: solche (hauptsächlich pharisäische) Andacht verursacht
großes Mißbehagen, »indem sie die Nachbarschaft entweder
mitzusingen oder ihr Gedankengeschäft niederzulegen nötigen«. Diese Tirade ist Niederschlag jenes Kampfes, den Kant
für die Stille in seinem Hause führte. Die Verbindung der
künstlerischen Grundarten untereinander bringt auch neue
Kunstgattungen hervor. Rhetorik in Verbindung mit Malerei
das Drama, Dichtkunst in Verbindung mit der Musik den
Gesang, Gesang in Verbindung mit Musik die Oper etc.
Bei der Analyse der Erkenntnistheorie Kants haben wir festgestellt, daß er kein Formalist ist. So verhält es sich auch mit seiner
Ästhetik. Um das recht einzusehen, ist es nur nötig, keine einzelnen Sätze aus dem Kontext zu reißen und nicht die These ohne die
Antithese anzuschauen. So scheint nun folgendes eine unabweis-
bare, kategorische Behauptung zu sein: »Doch in aller schönen
Kunst besteht das Wesentliche in der Form.« Man kann nun diesen Satz abgetrennt zitieren und sich damit zufriedengeben; aber
der Satz geht ja weiter, und es folgt die Erklärung, daß es dabei
nicht bloß auf den Genuß ankommen dürfe, welcher »den Geist
stumpf, den Gegenstand nach und nach anekelnd, und das Gemüt, durch das Bewußtsein seiner im Urteile der Vernunft
zweckwidrigen Stimmung mit sich selbst unzufrieden und lau-
nisch macht«. Kants Schluß ist unzweideutig: die schönen Künste
verfallen dem oben genannten Schicksal, wenn sie nicht, »nahe
oder fern, mit moralischen Ideen in Verbindung gebracht werden,
die allein ein selbstständiges Wohlgefallen bei sich führen . . .«[163]

Wenn Kant sagt, daß die Kunst »Dinge, die in der Natur häßlich oder mißfällig sein würden«, schön beschreiben kann, so geht es nicht um ein Gefallen an der Häßlichkeit, um rein formale Meisterschaft. »Die Furien, Krankheiten, Verwüstungen des Krieges u. d. gl. können als Schädlichkeiten sehr schön beschrieben, ja sogar im Gemälde vorgestellt werden.«[164] Entscheidend ist nicht die Form, sondern der Inhalt, die Einstellung des Künstlers, seine Sicht auf das Leben.

Um Kunstwerke beurteilen zu können, braucht man Geschmack, sie zu schaffen – Genie. Die Vermögen des Gemüts, deren Einheit das Genie ausmachen, sind Einbildungskraft und Verstand. Genie ist nichts Übersinnliches oder Mystisches, bloß Einzigartigkeit an Kraft und Originalität. Vier Merkmale charakterisieren das »Genie«: 1. Es ist das Vermögen, dasjenige hervorzubringen, wozu sich keine bestimmte Regel geben läßt. 2. Seine Produkte müssen exemplarisch sein. 3. Der Urheber kann anderen nicht erklären, wie sein Produkt entstanden ist. 4. Die »Sphäre des Genies« ist nicht die Wissenschaft, sondern die Kunst. Auf dem Gebiet der Wissenschaft, so behauptet Kant, ist der größte Erfinder vom mühseligsten Nachahmer und Lehrling nur graduell unterschieden; wen dagegen die Natur für die schöne Kunst begabt hat, der ist spezifisch unterschieden. Es ist durchaus möglich, sich all das durch Lernen anzueignen, was Newton in seinen unsterblichen Werken der Prinzipien der Naturphilosophie vorgetragen hat; es läßt sich aber nicht geistvoll dichten lernen. Kein Homer kann zeigen, wie in seinem Kopfe sich die Ideen finden und vereinigen – phantasie- und gedankenvoll –, weil er selbst darüber keine Auskunft zu geben weiß.

Was sagt uns die Ästhetik Kants heute? Welche Probleme gibt sie uns auf? Wohin weist ihr Weg? Um eine gültigere Antwort geben zu können, müssen wir ein wenig abschweifen. Die Ästhetik Kants ist nicht nur Immanuel Kant, sondern auch Friedrich Schiller.

Wir haben seinen Namen schon erwähnt. Von Schiller sagt man, daß er bereits Kantianer war, bevor er Kant überhaupt gelesen hatte. Und in der Tat: als Absolvent der medizinischen Fakultät der Stuttgarter Akademie hat er eine Dissertation ›Über den Zusammenhang der tierischen Natur des Menschen mit seiner geistigen‹ verfaßt. Lesen wir den Anfang: »Schon mehrere Philosophen haben behauptet, daß der Körper gleichsam der Kerker des Geistes sey, daß er solchen allzusehr an das Irdische hefte, und seinen sogenannten Flug zur Vollkommenheit hemme. Wiederum ist von manchem Philosophen mehr oder weniger bestimmt die Meinung gehegt worden, daß Wissenschaft und Tugend nicht sowohl Zweck, als Mittel zur Glückseligkeit seyen. daß sich alle Vollkommenheit des Menschen in der Verbesserung seines Körpers versammle. Mich deucht, es ist diß von beiden Theilen gleich einseitig gesagt.« Und Schiller meint, es sei wohl am ratsamsten, »das Gleichgewicht zwischen beiden Lehrmeinungen zu halten, um die Mittellinie der Wahrheit desto gewisser zu treffen«.[165] Das schrieb er 1780, also ein Jahr vor dem Erscheinen der ›Kritik der reinen Vernunft‹.

Die Mittellinie der Wahrheit! Schiller hält sich an diese Linie, und sie führt geradenwegs zu Kant. In Schillers Dissertation finden sich Anspielungen einer Kritik an Epikuräern und Stoikern, die auch Kant in seinen ethischen Werken vorträgt; Schillers ›Räubern‹ liegt die künftige Rechtsvorstellung Kants zugrunde: durch Räuberei läßt sich keine Rechtsordnung schaffen.

Schiller wurde mit Kants Arbeiten in der Mitte der achtziger Jahre bekannt. Der Dichter wird zum Philosophen – zum Anhänger, Verkünder und Fortsetzer der Lehre Kants. Schiller hat kein eigenes System geschaffen, dennoch ist er in die Geschichte der Philosophie eingegangen. Seinen Namen nennt man unmittelbar hinter dem Namen Kants, besonders wenn es um die Philosophie der Kunst geht.

»Es war in der Tat ein dichterischer, die den reinen Verstandesbegriffen korrespondierende Darstellung in Gewalt habender Kopf, den ich immer wünschte, aber zu hoffen mir nicht getraute, um die Mitteilung dieser Grundsätze zu befördern, denn die scholastische Genauigkeit in Bestimmung der Begriffe, mit der Popularität einer blühenden Einbildungskraft vereinigen können, ist ein zu seltenes Talent, als daß man so leicht darauf rechnen könnte, es bald wo anzutreffen.«[166] Diese Worte hat Kant an den Ästhetiker Bouterwek gerichtet, der über die kritische Philosophie las. Mit größerem Recht hätte sie Friedrich Schiller verdient.

›Die Briefe über die ästhetische Erziehung des Menschen‹ beruhen nach Mitteilung Schillers auf Kantischen Prinzipien. Kant las sie mit Wohlwollen. Es ist eines der glänzendsten Werke in der Geschichte der Ästhetik.

Die Grundthese lautet unbedingt: ». . . weil es die Schönheit ist, durch welche man zu der Freyheit wandert.«[167] (Der russische Leser mag sich an Dostoevskijs »Schönheit rettet die Welt« erinnert fühlen, eine Koinzidenz, die nicht zufällig ist, wie wir später sehen werden.) Was meinte Schiller?

Der Dichter teilt die Kantische Konzeption von der widersprüchlichen Entwicklung der Kultur. Er unterstreicht noch entschlossener, daß die Menschheit sich in dem Maße vervollkommnet, wie die Fesseln der Zivilisation uns schrecklicher einschnüren, und nur das »Gleichgewicht des Bösen« gebietet dem etwas Einhalt. Die Waffen des Fortschritts sind die Antagonismen, die Scheidung der Menschen untereinander in bezug auf ihre Arbeit, ihre Fähigkeiten. »Wieviel also auch für das Ganze der Welt durch diese getrennte Ausbildung der menschlichen Kräfte gewonnen werden mag, so ist nicht zu läugnen, daß die Individuen, welche sie trifft, unter dem Fluch dieses Weltzweckes leiden. Durch gymnastische Übungen bilden sich zwar athletische Körper aus, aber nur durch das freye und gleichförmige Spiel der Glieder die Schönheit. Eben so kann die Anspannung einzelner Geisteskräfte zwar ausserordentliche, aber nur die gleichförmige Temperatur derselben glückliche und vollkommene Menschen erzeugen.«[168] Mit anderen Worten: die Arbeitsteilung, die Selbstbeschränkung auf einen eng umgrenzten Bereich, macht zwar aus dem Menschen einen Meister, doch gleichzeitig bringt sie etwas hervor, was man heute Fachidiotie nennt – das ist eben Verlust der Harmonie.

Sie wieder ins Recht zu setzen ist die Kunst berufen. Der Künstler ist ein Kind seines Jahrhunderts, doch wehe ihm, wenn er Schoßkind seines Jahrhunderts wird. Und Schiller heißt den Künstler: »Lebe mit deinem Jahrhundert, aber sey nicht sein Geschöpf; leiste deinen Zeitgenossen, aber was sie bedürfen, nicht was sie loben.«[169] Die Menschen bedürfen der Erziehung. Der Künstler kann und muß durch Schönheit erziehen.

Die Schönheit entspricht der verborgenen Natur des Menschen.

Schönheit ist doppelschichtig wie der Mensch selbst. Als künftiger Mediziner kam Schiller schon zu dem Ergebnis, daß der Mensch weder ausschließlich material, noch ausschließlich geistig sei; als Dichter und Philosoph faßte er diese Meinung noch entschiedener. Analog verhält es sich mit der Schönheit, meinte er. Sie ist material und auch geistig, objektiv und subjektiv zugleich; sie ist das Leben selbst und ebensosehr sein Abbild. Das Wesen der Schönheit ist das Spiel. Da ist wieder diese Doppelschichtigkeit; das Reale verschlingt sich mit dem Fiktiven. Schiller hat sich den Gedanken Kants angeeignet.

Natürlich geht es hier nicht um das Glücksspiel, wo materielles Interesse überwiegt, wo niedrige Leidenschaften schäumen. Das ursprüngliche Spiel ist sich Selbstzweck, freie Tätigkeit, in der die schöpferische Natur des Menschen in Erscheinung tritt, die Kultur hervorbringen soll. So waren die Olympischen Spiele im alten Griechenland – ihr Gegensatz: die römischen Gladiatorenkämpfe. »Der Mensch spielt nur, wo er in voller Bedeutung des Wortes Mensch ist, und er ist nur da ganz Mensch, wo er spielt.«[170]

Wenn Schiller von der ästhetischen Erziehung spricht, denkt er nicht nur an die Ausbildung der Fähigkeit, Kunst zu verstehen: ein guter Geschmack ist höchstens eine Nebeneigenschaft der Persönlichkeit. Es geht ihm auch nicht um eine Erziehung der sittlichen Kräfte, wobei die Kunst die Exempel vorzuführen hat: das wäre zu kurz gegriffen. Die Verbindung von Schönheit und Sittlichkeit ist ein komplizierter Vermittlungsprozeß. Direkte Nachahmung führte am Intellekt und am ästhetischen Erlebnis vorbei.

Ästhetische Erziehung geht auf die Bildung einer allseitig entwickelten Persönlichkeit, eines »ganzheitlichen« Menschen, der nicht nur zum Konsum, sondern auch zur Kreativität fähig ist. Es ist unwichtig, wenn die Möglichkeiten zur Kreativität nur beschränkt sind: globale Maßstäbe sind für das Wahre, Gute und Schöne nicht unbedingt notwendig. Schönheit schafft überdies nur die Bedingung für Tätigkeit. Schiller, der die Schönheit unsere »zweite Schöpferin«[171] nannte, verwarf sogleich einen direkten Konnex zum sittlichen Verhalten und zur Erkenntnis: »Es ist ausdrücklich bewiesen worden, daß die Schönheit kein Resultat weder für den Verstand noch den Willen gebe, daß sie sich in kein Geschäft weder des Denkens noch des Entschließens mische, daß sie zu beyden bloß das Vermögen ertheile, aber über den wirklichen Gebrauch dieses Vermögens durchaus nichts bestimme.«[172]

Man kann nicht darauf vertrauen, daß der Verbrecher sich bessert, wenn er einen Erziehungsroman gelesen hat. Die Lösung eines wissenschaftlichen Problems ist nicht in einem künstlerischen Werk zu suchen. Eine direkte Verbindung gibt es nicht. Doch hat Schiller recht, wenn er die indirekte Verbindung heraushebt. In den dichterischen Werken wurden die sittlichen Ideen geboren, die dann Verhaltensnormen werden sollten. Ein ästhetisches Ideal wurde nicht selten Ideal für die Gemeinschaft: das Gefühl der Harmonie verlangte nach sozialer Harmonie.

In der ästhetischen Sphäre liegen die Impulse zur praktischen wie theoretischen Kreativität. Die bedeutendsten Gelehrten der Moderne geben Zeugnis davon, daß der intuitive Geistesblitz die wichtigste Rolle im Prozeß der wissenschaftlichen Erfindertätigkeit spielt; Intuition deckt sich ganz und gar mit ästhetischem Sinn. Dabei ist noch etwas anderes wichtig: in der Schönheit liegt nicht nur der Antrieb zum Schaffen, sondern auch die Notwendigkeit, die durch das Schaffen zu erreichenden Zwecke vorher zu überdenken. Bis in die jüngste Zeit hat sich die Wissenschaft über die Folgen keine Gedanken gemacht. Jeder Zuwachs an Wissen wurde als Gut betrachtet und im voraus gebilligt. Nach Hiroshima hat sich die Situation geändert: es stellte sich das Problem des moralischen Werts einer wissenschaftlichen Erfindung, die ja unter den Bedingungen sozialer Antagonismen auch zum Schaden der Menschheit gebraucht werden kann. Es erwies sich, daß Wahrheit ohne das Gute, ohne Kriterien von moralischem Wert, nicht existieren könne. Dem ästhetisch ausgebildeten Menschen erschließen sie sich in ihrer Fülle. Heute ist ein neues Verständnis von Wahrheit an der Tagesordnung, das dem Boden der Kantischen Philosophie entwachsen und auch schon über sie hinaus ist. Wahrheit ist nicht einfach, etwas zuverlässig zu wissen, sondern weit mehr. Nicht nur Übereinstimmung der Erkenntnis mit dem Gegenstand, sondern auch des Gegenstands mit der Erkenntnis. Wir sprechen zum Beispiel von einem wahren Freund und verstehen darunter einen Menschen, dessen Verhalten dem Begriff der Freundschaft entspricht. Die Wahrheit ist gegenständlich, konkret; man muß sie nicht nur erkennen, sondern verwirklichen. Man muß eine gegenständliche, konkrete Welt schaffen, die unseren Begriffen von ihr entspricht, unseren moralischen und ästhetischen Bedürfnissen. Ein solches Verständnis von Wahrheit verknüpft sich noch enger mit dem Guten und Schönen: die Einheit verwandelt sich in Identität.

Kant kam zur Ästhetik von den Bedürfnissen seines philosophischen Systems her und nicht, weil er sich mit dem Begriff der Kunst selbst auseinandersetzen wollte. Doch bedeutet das nun, daß seine theoretischen Konstruktionen auf diesem Gebiet ganz ohne eigene künstlerische Erfahrung entstanden? Daß er der Kunst überhaupt fremd gegenüberstand, ohne dort auch irgendwelche Spuren zu hinterlassen? Daß auch die Umgebung, in der er lebte, kaum etwas zur Entwicklung und Befriedigung des ästhetischen Sinns beitragen konnte?

Natürlich war Ostpreußen nicht Sachsen, Königsberg nicht Dresden, wo das künstlerische Leben pulsierte; auch nicht Weimar, wo sich Goethe und Schiller aufhielten, und nicht Jena, wo die Romantiker ihre Zelte aufschlugen, ja nicht einmal Berlin – das Zentrum der Aufklärung. Als Grenzstadt in den eroberten baltischen Ländern war Königsberg eher zu einem Handelszentrum und Militärstützpunkt als zu einem Musentempel ausersehen. In architektonischer Hinsicht bot die Stadt nicht viel. »Im ganzen hat die Stadt keine schöne Architektur«, bemerkte ein Reisender nach 1800. Das königliche Schloß beeindruckte eher durch gewaltige Ausmaße als durch wohlproportionierte Schönheit. Dasselbe ließ sich auch von den Kirchen der Stadt sagen. Die Zeit Kants schätzte zudem die Gotik nicht sehr. Es war das Zeitalter des Klassizismus und des Rokoko; das Mittelalter galt als barbarisch. Kant teilte den herrschenden Geschmack.

Über Architektur wußte er aus Beschreibungen und Abbildungen Bescheid. Das war durchaus kein oberflächliches Wissen: ein Engländer, der aus seinem Munde die Beschreibung der

Westminster Bridge gehört hatte, war überzeugt, daß der Philosoph einige Jahre in London gelebt haben müsse und daß Architektur sein Spezialgebiet sei.

Schwieriger war das schon mit der Malerei. Obwohl Kant ihr nach eigenen Worten den Vorzug vor allen anderen bildenden Künsten gab, entging doch etwas ganz Wesentliches seiner Aufmerksamkeit. Er nannte die Malerei Zeichnungskunst. In Königsberg konnte er (in Privatsammlungen) nur Rembrandt, van Dyk, Dürer, Cranach, Ruysdael sehen. Die großen Italiener waren nicht vorhanden. In einer seiner Arbeiten verwechselt er Raffael mit Correggio.

Seit Mitte der fünfziger Jahre hatte Königsberg ein eigenes Theater: der Magister Kant war unter den Abonnenten. Kant liebte die Musik, obgleich er selbst kein Instrument spielte. Er besuchte Konzerte, zog dabei aber (besonders im Alter) Instrumentalmusik ganzen Orchestern vor.

Am höchsten schätzte er die Dichtkunst, wie wir bereits wissen. Sein Geschmack hatte sich in der Lateinschule ausgebildet, kein Wunder also, daß er römische Dichtung höher bewertete als griechische. Nach seiner Überzeugung hatte »Vergil mehr Geschmack als Homer«. Homer stellte er auf eine Stufe mit dem verstandesmäßigen Wieland, was auch ganz und gar seiner Definition der Dichtkunst entsprach: »ein Spiel der Sinnlichkeit, durch den Verstand geordnet.«[173] Außerdem sind begeisterte Urteile über Shakespeare von ihm bekannt. Er versuchte selber Verse zu machen – wenn auch nur aus Anlaß des Todes seiner Universitätskollegen; einige solcher Versuche sind erhalten. Einst hatte man ihm ja auch den Lehrstuhl für Dichtkunst angeboten.

Goethe versicherte, daß Kant seinen – Goethes – Werken auch nicht die leiseste Aufmerksamkeit geschenkt habe. Es gibt wiederum andere Zeugnisse, nach denen der Philosoph sowohl Goethe als auch Schiller geschätzt haben soll. Der ihn verherrlichende Schiller schrieb ihm zweimal: einmal lud er ihn ein, an seiner geplanten Zeitschrift ›Horen‹ teilzunehmen, das andere Mal schickte er die ersten Nummern der Zeitschrift mit seinem Aufsatz ›Briefe zur ästhetischen Erziehung des Menschen‹. Der Philosoph antwortete mit einem höflichen Brief, lobte die ›Ästhetische Erziehung‹, nannte ihren Verfasser einen gelehrten und talentierten Menschen, doch blieb es unklar, ob er noch etwas anderes als die ästhetischen Arbeiten gelesen hatte.

Gegen Goethe konnte Kant dessen Neigung zum Spinozismus und die Freundschaft mit Herder einnehmen. Die Polemik Kant – Herder ließ Goethe gleichgültig: er ergriff weder für den einen noch für den anderen Partei. Im ganzen verehrte der große Dichter den »Königsberger Weisen« jedoch und zog ihn jedem anderen damals in Deutschland lebenden Denker vor. Liest man Kant, so ist es einem, als träte man in ein helles Zimmer, meint Goethe.

Goethe wußte sehr gut, was er Kant verdankte. In seinem Aufsatz ›Einwirkung der neueren Philosophie‹, geschrieben schon nach dem Tode Kants, gibt er die Geschichte seiner Beziehungen zu ihm wieder; sie beginnt mit den ersten Streitigkeiten über die ›Kritik der reinen Vernunft‹: »Sobald aber jener Streit zur Sprache kam, mochte ich mich gern auf diejenige Seite stellen, welche dem Menschen am meisten Ehre macht, und gab allen Freunden vollkommen Beifall, die mit Kant behaupteten: wenn gleich alle unsere Erkenntis mit der Erfahrung angehe, so entspringe sie darum doch nicht eben alle aus der Erfahrung. Die Erkenntnisse a priori ließ ich mir auch gefallen, so wie die synthetischen Urteile a priori: denn hatte ich doch in meinem ganzen Leben, dichtend und beobachtend, synthetisch, und dann wieder analytisch verfahren, die Systole und Diastole des menschlichen Geistes war mir, wie ein zweites Atemholen, niemals getrennt, immer pulsierend . . .

. . . Aber- und abermals kehrte ich daher zu der kantischen Lehre zurück, einzelne Kapitel glaubt' ich vor andern zu verstehen und gewann gar manches zu meinem Hausgebrauch.

Nun aber kam die ›Kritik der Urteilskraft‹ mir zuhanden und dieser bin ich eine höchst frohe Lebensepoche schuldig. Hier sah ich meine disparatesten Beschäftigungen nebeneinandergestellt, Kunst- und Naturerzeugnisse eins behandelt wie das andere, ästhetische und teleologische Urteilskraft erleuchteten sich wechselweise.«[174]

In Kants ›Kritik der Urteilskraft‹ fand Goethe etliche Gedanken, die mit seinem »bisherigen Schaffen, Tun und Denken« übereinstimmten. Das war in erster Linie die Kritik an der primitiven Wolffianischen Teleologie, die Goethe immer Antipathie verursacht hatte. Das war auch das Bemühen, einheitliche Prinzipien für die Analyse der Natur und Kunst zu finden. Und das war schließlich der entschiedene und deutliche Zugriff auf das für Goethe grundlegende Problem der Erkenntnis des organischen Ganzen. Kant zeigte, daß die Mittel des alltäglichen Verstandesdenkens hier nicht zulangen. Hegel wird in seiner Lehre vom konkreten Begriff die Lösung in den Mitteln der dialektischen Logik suchen. Vor Goethe tat sich eine andere Möglichkeit auf. Nach seiner Lehre vom ›Urphänomen‹ kann der Mensch im Einzelnen das Allgemeine erblicken, in der Erscheinung das Wesen entdecken. Diese besondere Sichtweise ist etwas Höheres als bloße Wahrnehmung, doch bleibt sie sinnlich determiniert. Goethe nennt sie anschauende Urteilskraft, wodurch er ganz offensichtlich an Kant erinnert.

In den neunundzwanzig Bänden der Gesamtausgabe Kants ist kein einziges Zitat aus dem ›Faust‹ zu finden; ob der Philosoph das Werk überhaupt gelesen hatte? Und doch befindet sich darin ein fast wörtliches Kantzitat: »Dasein ist Pflicht, und wär's ein Augenblick« – gibt Faust der Helena zu bedenken, die über die Liebe Raisonnements anstellt.

Man hat ›Faust‹ mit der ›Phänomenologie des Geistes‹ verglichen. Tatsächlich erinnert die ruhelose Suche Fausts nach dem Sinn des Lebens an die lange Wanderung des Hegelschen Weltgeistes auf dem Weg zur Wahrheit. Ist dieser zutiefst überzeugt, das Gesuchte gefunden zu haben, so verkommt jener als Opfer seiner Illusionen. Vor Faust eröffnet sich das Panorama eines gigantischen Baus, er singt der Arbeit ein Loblied; doch schließlich ist nichts, nur Lemuren umschwärmen seinen Grabhügel. Wollte Goethe den tätigen Willen decouvrieren, indem er die Vergeblichkeit seiner Anstrengungen zeigt? Nein, er will ihn besingen. Aber in einer seiner Vorlesungen sagte Kant, daß jedes historische Ereignis schon mit einem anderen, unvorhersehbaren, schwanger gehe. Die Folgen zu erraten sei zwar unmöglich, doch bedeute das nicht, daß man tatenlos dasitzen müsse. Deswegen »grüble nicht«, sondern leb, folg der Pflicht, streng Dich an, kämpfe, such das Wagnis – und Dir wird vergeben werden, und nur das, nichts anderes. Das beste Los des historischen Individuums ist die Vergebung, das schlimmste die Verdammung. Gerade das meint das Ende Fausts. Mephisto, der die Seele Fausts schon in seinen Händen glaubt, wird beschämt. Die Liebe triumphiert. Goethe, an dessen Beginn die Gotteslästerung steht, gelangt zu einer Apotheose der christlichen Liebe. Auch Kant gelangte dahin: erheblich früher und auf prosaischerem Wege.

Im ersten Teil der Tragödie hat das Individuum Faust – um mit Kant zu reden – »empirischen« Charakter. Er verzehrt sich in Leidenschaften, die im Verbrechen enden. Im zweiten Teil haben wir schon eine »noumenale« Persönlichkeit vor uns. Durch das Gefühl der Schuld hindurch findet sie zur Freiheit. (Das folgende Kapitel wird zeigen, daß Kant genauso denkt.) Faust ist voller guter Absichten. Er ist den Bund mit den unreinen Mächten nicht um des eigenen, sondern um des allgemeinen Wohls willen eingegangen. Doch was ergibt sich dabei: Will Faust dem Meer neues Land abtrotzen, verderben im Wasser die feindlichen Truppen; befiehlt er den Seehandel zu beleben, Mephisto verkehrt ihn in Piraterie. Die erzielten Ergebnisse entsprechen nicht den Absichten. Kantische Ideen sind in diesem Werk Goethes zu erkennen.

Kant gehört auch unmittelbar der deutschen schönen Literatur an. Indes ist er nicht gerade als guter Stilist zu bezeichnen. Eher das Gegenteil. Kant arbeitete sehr sorgfältig an seinen Werken. Niemals schickte er etwas Unabgeschlossenes, Halbfertiges an den Herausgeber. Und dennoch sind seine Hauptwerke in einer Art geschrieben, die auch den geduldigsten Leser zur Verzweiflung bringen kann. Man braucht nur irgendeine Seite aufzuschlagen, um auf Sätze von zehn oder zwanzig Zeilen Länge zu stoßen. Kaum beginnt die Lektüre, da fangen schon Abschweifungen an, Erklärungen, Einschränkungen in Klammern und ohne Klammern, Anmerkungen im Text und unter dem Text. »Ich würde Deine Schriften noch öfter lesen, nur fehlen mir die Finger«, beklagt sich ein alter Schulkamerad bei Kant. »Wie versteh' ich das?« fragt ihn dieser. »Ja, lieber Freund, Eure Schreibart ist so reich an Klammern und Vorbedingtheiten, welche ich im Auge behalten muß; da setze ich denn den einen Finger aufs Wort, dann den zweiten, dritten, vierten, und ehe ich das Blatt umschlage, sind meine Finger alle.«[175]

Das ist schon alles richtig. Dennoch möchte ich – entgegen der Tradition – eine Lanze für die künstlerische Begabung Kants brechen, die sich allerdings nur in ganz engem und spezifischem Rahmen geltend macht. Er war ein Ironiker. Er spielte mit Worten.

Hier ist eine Abschweifung am Platze. Was ist Ironie? Zitieren wir A. F. Losev: »Ironie entsteht dann, wenn ich, obgleich ich ›nein‹ sagen will, ›ja‹ sage, und dieses ›ja‹ zur gleichen Zeit ausschließlich mein inneres, aufrichtiges ›nein‹ zum Vorschein bringt. Wenn wir uns vorstellen, daß nur das erste geschieht: ich sage ›ja‹ und denke aber bei mir ›nein‹. Dann ist das natürlich nur Täuschung, Lüge. Das Wesen der Ironie besteht darin, daß ich, sage ich ›ja‹, mein ›nein‹ nicht verberge, sondern sogar ausdrücklich zum Vorschein bringe. Mein ›nein‹ ist kein selbständiges Faktum, sondern hängt vom geäußerten ›ja‹ ab, braucht dieses ›ja‹, festigt sich in ihm und hätte ohne dieses ›ja‹ keinerlei Bedeutung.«[176]

Der Ursprung der Ironie ist alt. Das Philosophieren bediente sich ihrer schon, bevor noch ihr Wesen erkannt war. Als Vater der Ironie gilt Sokrates, für den sie heuristisches Mittel war. Mit ihrer Hilfe weckte der Weise aus Athen Mißtrauen gegenüber verfestigten Scheinwahrheiten. In aller scheinbaren Einfalt stellt Sokrates seinem Dialogpartner Fragen, als wolle er bei ihm in die Lehre gehen. Schließlich entsteht bei demjenigen, der von der Annahme, alles zu wissen, ausging, Verwirrung; die Ironie lehrte die Menschen das Wissen, daß sie nichts oder wenig wissen. Die Ironie wirkt reinigend auf dem Weg zur wahren Erkenntnis.

Anders ist die Ironie der deutschen Romantiker. Dort ist sie nicht Mittel, sondern Zweck. Ist die sokratische Ironie nur der erste Schritt auf dem Weg zur Erkenntnis, an deren Ende immer das Wahre, Gute und Schöne steht, so ist für die Romantiker manchmal Ironie die höchste Stufe des Geistes; hat der Künstler-Philosoph sie einmal erklommen, wird er nur mit Verachtung auf die niedere Welt blicken. So verhält es sich mit dem Zugang zur Schönheit. Wo bleibt aber das Wahre und Gute?

Schon die Zeitgenossen erkannten die Schwäche einer solchen Konzeption: die Beziehung zur Wirklichkeit kann dann nur zwischen Selbstgenügsamkeit und Selbstzufriedenheit liegen. Hegel, der gegen die Romantiker polemisierte, forderte die Rückkehr zu einem sokratischen Verständnis von Ironie. Wenn er gewollt hätte, hätte er sich dabei auf Kant stützen können.

Die Rolle, die der Gründer der kritischen Philosophie bei der Entwicklung des Ironiebegriffes gespielt hat, ist noch nicht in vollem Maße gewürdigt worden. Kant hat über Ironie eben nicht theoretisiert. Er hat sich einfach nur, wie auch Sokrates, der Waffe der Ironie bedient, indem er mit ihrer Hilfe das Terrain für das Fundament des Gebäudes der Wahrheit und der Tugend ebnete; fein und behutsam hat er dies getan. Philosophischer Humor und philosophische Ironie eröffnen sich nicht jedem. Man muß schon groß wie Goethe sein, um in den ›Kritiken‹ Kants das ironische Prinzip zu erspüren: »Als ich die Kantische Lehre wo nicht zu durchdringen doch möglichst zu nutzen suchte, wollte mir manchmal dünken, der köstliche Mann verfahre schalkhaft ironisch, indem er bald das Erkenntnisvermögen aufs engste einzuschränken bemüht schien, bald über die Grenzen, die er selbst gezogen hatte, mit einem Seitenwink hinausdeutete.«[177]

Voltaire hat gesagt, daß die Himmel dem Menschen zur Erleichterung seines Schicksals die Hoffnung und den Schlaf gegeben haben. Kant hätte dazu auch das Lachen gezählt, wenn auch mit einer Einschränkung: wenn es nur so leicht wäre, das Lachen bei ›vernünftigen Leuten‹ hervorzurufen und wenn der dafür unumgänglich notwendige Scharfsinn nur nicht so selten anzutreffen wäre. Der Philosoph kultivierte seinen Sinn für Humor; mit den Jahren nahm er beim Schaffen immer öfter Zuflucht zu ihm. Gerade in den Fällen, wenn er zu Angelegenheiten der Sozietät Stellung nehmen mußte, wo das Material selbst witzige Einfälle geradezu provozierte, wo himmelschreiender Unfug nicht zu übersehen war, wo die Zensur getäuscht oder die verkalkten Hirne der Spießer aufgerüttelt werden mußten.

Kants Bewandertheit auf dem Gebiet der Satire war makellos. Persius, Juvenal, Erasmus, Rabelais, Swift, Voltaire, Fielding, Sterne, Lichtenberg gehörten zu seinen Lieblingsautoren. »Ein Mensch ist ein thier, das lacht«[178], sagt Kant. Er hat das Wesen des Lachens fein erspürt, obwohl er sich wenig darüber ausläßt. Das, was das Lachen hervorrufe, müsse etwas Unsinniges sein, versichert er. (Nicht zufällig hat Kant nach Shaftesbury den Probierstein für die Wahrhaftigkeit einer Lehre in der Fähigkeit gesehen, auch ihre Verspottung ertragen zu können.) Jedem Witz liegt irgendein Blödsinn zugrunde. Man erwartet etwas, sieht oder hört aber etwas gänzlich Unerwartetes, und man lacht. »Das Lachen ist ein Affect aus der plötzlichen Verwandlung einer gespannten Erwartung in nichts.«[179] Kant erläutert seinen Gedanken mit drei Witzen. Ein Engländer bewirtet einen Inder mit einer Flasche Bier; der ist verblüfft, als er den herausfließenden Schaum sieht. Was ist denn daran so komisch, fragt der Engländer, wenn es herausfließt? Ich wundere mich auch nicht darüber, wie es herausfließt, sondern wie ihr es habt hineinkriegen lassen, sagt der Inder. Ein Erbe klagt: er könne seinem Wohltäter kein würdiges Leichenbegängnis veranstalten; je mehr Geld er den Trauerleuten zahlte, damit sie traurig aussähen, um so fröhlicher würden sie dreinschauen. Oder schließlich die Geschichte vom Kaufmann, der bei einem Sturm gezwungen war, alle Waren über Bord zu werfen, so daß über Nacht seine Perücke ergraute. Das ist wahrscheinlich alles, was man an Komischem auf den Seiten der ›Kritik der Urteilskraft‹ finden kann. Außerdem wird das in einem Paragraphen gesagt, der »Anmerkung« heißt. Von Ironie kein Wort.

Aber Kant mußte einfach ein ironischer Mensch sein. Er lebte in einer doppelschichtigen Welt, wo Lebensumstände, Umgangsgewohnheiten und Vorschriften »ja« zu sagen zwangen, wenn die Stimme des Gewissens gleichzeitig »nein« rief. Wie war es möglich, das Gewissen unter diesen Umständen nicht ganz verstummen zu lassen, sich nicht selbst in einen Philister und Konformisten zu verwandeln? Eigentümlicher Versuch einer Antwort auf diese Frage war die dualistische Philosophie Kants, die durch eine undurchdringliche Mauer die Welt der Erscheinungen, die der äußeren Notwendigkeit unterliegen, trennt von der Welt der »Dinge an sich«, wo Freiheit und sittliche Reinheit herrschen.

Man muß sagen, daß Hegel die moralisch-ästhetischen Wurzeln des Kantischen Dualismus klar erkannt und sich entschieden bemüht hat, ihn zu überwinden. Dabei hat Hegel die Schärfe des von Kant gestellten Problems nicht gemildert. Die Welt ist wirklich entzweit, neben dem Ursprünglichen existiert eine »verkehrte Welt«. Das ist nicht nur ein beliebiges Bild Hegels, sondern eine der Kategorien der ›Phänomenologie des Geistes‹. Hegels Kommentatoren haben immer wieder darauf hingewiesen, daß diese Kategorie aus der Tradition der Satire herrühre.

Das, was in der »verkehrten Welt« enthalten ist, ist der wirklichen Welt nicht einfach nur entgegengesetzt. Diese Verkehrung gibt die Möglichkeit, wie in einem Zerrspiegel die heimliche Pervertierung dessen zu sehen, was in der realen Welt vor sich geht. Aufhebung der »verkehrten Welt« bedeutet Aufhebung der Satire. Dann wird ihr Objekt unwillkürlich die Philosophie selbst. Mit Hegel geschah es so. Die Entzweiung der Welt verschwindet nach Hegel in der Bewegung des Bewußtseins, die Gegensätze versöhnen sich und verschwinden ineinander. Und hier muß man an Marx erinnern, der sich über eine solche »Bewegung« der Hegelschen Kategorien lustig machte: »Das Ja wird Nein, das Nein wird Ja, das Ja wird gleichzeitig Nein und Ja; auf diese Weise halten sich die Gegensätze die Waage, neutralisieren sie sich, heben sie sich auf.«[180]

Kant sah die Dinge viel zu nüchtern, als daß er sich mit irgendwelchen Illusionen hätte zufriedengeben können. Die Ironie war wachsam, sie hat die Grenze zwischen »ja« und »nein« klar gekennzeichnet. (Der Ironiker verwechselt niemals diese Dinge, sein scheinbares »ja« unterstreicht nur das »nein«; man kann ihn zwar falsch verstehen, doch er selbst weiß immer, worum es geht.) Die Ironie Kants traf mit Fingerspitzengefühl das, was in der Welt an »Verkehrtem« existiert.

Wir kennen bereits die ›Träume eines Geistersehers‹ – ein glänzendes Beispiel der Kantischen Kunst der Ironie. In dem Aufsatz ›Mutmaßlicher Anfang der Menschengeschichte‹ ist die Ironie verborgener. Ein kaum merkliches Schmunzeln des Autors zieht die Aufmerksamkeit des Lesers auf sich. Kant versichert, er wolle nur eine »Lustreise« durch die historischen Quellen antreten, wobei er sich »einer heiligen Urkunde dazu als Karte« bediene, doch behandelt er die Dinge ernsthaft. Die Bibel wird zur historischen Quelle.

Kant setzt bei seinem Leser tadelfreie Kenntnisse der Heiligen Schrift voraus. Wir müssen uns den Text erst wieder ins Gedächtnis rufen. Es geht um die Kinder Adams: »Und Abel ward ein Schäfer; Kain aber ward ein Ackermann.« Kant sieht darin einen »Übergang aus dem wilden Jägerleben in den ersten, und aus dem unstäten Wurzelgraben oder Fruchtsammeln in den zweiten Zustand« – d. h. den Übergang zur Arbeit.

»3. Es begab sich aber nach etlicher Zeit, daß Kain dem Herrn

Opfer brachte von den Früchten des Feldes; 4. und Abel brachte auch von den Erstlingen seiner Herde und von ihrem Fett. Und der Herr sah gnädig an Abel und sein Opfer; 5. aber Kain und sein Opfer sah er nicht gnädig an. Da ergrimmte Kain sehr, und seine Gebärde verstellte sich.« Das Hirtenleben, meint Kant, sei gemächlich und gebe den sichersten Unterhalt. Das Bauernleben ist mühsam, vom Wetter abhängig, erfordert ständige Behausung, den eigenen Besitz des Bodens und die Kraft, ihn zu verteidigen. ». . . so konnte der Ackersmann den Hirten als vom Himmel mehr begünstigt zu beneiden scheinen (V.4); in der That aber wurde ihm der letztere, so lange er in seiner Nachbarschaft blieb, sehr lästig; denn das weidende Vieh schont seine Pflanzungen nicht.«[181]

Dann folgte der Brudermord, und Kain mußte in das Land Nod ziehen. Nach Kants Meinung war es anders auch gar nicht möglich: »so war es wohl der Ackersmann, der gegen solche Beeinträchtigungen, die der andere nicht für unerlaubt hielt, Gewalt brauchen und (da die Veranlassung dazu niemals ganz aufhören konnte), wenn er nicht der Früchte seines langen Fleißes verlustig gehen wollte, sich endlich so weit, als es ihm möglich war, von denen, die das Hirtenleben trieben, entfernen mußte (V.16). Diese Scheidung macht die dritte Epoche«, das ist die Epoche der Arbeitsteilung. Die »Lustreise« erwies sich als eine wissenschaftliche Expedition mit inhaltsreicher Interpretation der ersten Etappen der Weltgeschichte.[182]

In der ›Kritik der reinen Vernunft‹ geht die Ironie in die Tiefe, verbreitet dort Licht, das selten an die Oberfläche dringt. Erinnern wir uns an den bekannten Aphorismus: »Ich mußte das Wissen aufheben, um zum Glauben Platz zu bekommen.« Welche Bedeutung dieser Satz in Kants biographischem Kontext annehmen sollte, erfahren wir im nächsten Kapitel.

Sechstes Kapitel

GLAUBE ALS HOFFNUNG. UND LIEBE

Wie schrecklich ist aber ein Gott ohne Moralität.

Kant

Im Spätfrühling 1789 begab sich der angehende russische Dichter und Schriftsteller Nikolaj Michailovič Karamzin auf eine
Reise, die viele Monate dauern sollte. In Frankreich brodelte
schon revolutionäre Gesinnung, doch an den Rändern Europas
war es ruhig; der junge Mann reiste gemächlich, unterbrochen
von ausgiebigen Aufenthalten, in westlicher Richtung. Er
führte ein Tagebuch, worin er seine unmittelbar gewonnenen
Reiseeindrücke aufzeichnete. Königsberg verblüffte ihn wegen
der gewaltigen Ausmaße. Er betrat die Stadt vor einem Markt-
tag, und die Straßen waren voll von einer müßigen lärmenden
Menge. Überall sah man leuchtende Uniformen, hell- und tief-
blaue, grüne mit roten, weißen und orangefarbenen Aufschlä-
gen. Karamzin mußte sein Mittagsmahl im Kreise von Offizieren einnehmen; das Gespräch drehte sich um die verflossene
Parade; platte Scherzworte flogen, schallendes Gelächter rundum. Das war nicht nach dem Geschmack des Dichters: vor dem
Kriegshandwerk hatte er keinen sonderlichen Respekt, und er
war ja auch nicht nach Königsberg gekommen, um die preußische Armee kennenzulernen.
Nach dem Essen machte sich Karamzin auf die Suche nach der
Prinzessinstraße. Er hatte von Lenz, der zum »Sturm und
Drang« gehört hatte und jetzt in Moskau lebte, den Rat erhalten,
bei Kant vorzusprechen. Nicht ohne inneres Zagen betrat nun
der junge Mann das Haus des Philosophen. »Ich hatte keinen
Brief an ihn; aber Kühnheit gewinnt Städte, und mir öffnete sie
die Thüre des Philosophen. Ein kleiner hagrer Greis, von einer
außerordentlichen Zartheit und Weiße, empfing mich. Ich
sagte zu ihm: Ich bin ein russischer Edelmann, der deswegen
reiset, um mit einigen berühmten Gelehrten bekannt zu werden
– und darum komme ich zu Kant. Er nöthigte mich sogleich
zum Sitzen und sagte: ›Meine Schriften können nicht jedermann

gefallen. Nur wenige lieben die tiefen metaphysischen Untersuchungen, mit welchen ich mich beschäftigt habe.‹«

Zunächst ging die Unterhaltung über verschiedene Dinge; der Philosoph glänzte mit seinen geographischen und historischen Kenntnissen, aber dann lenkte der Gast das Gespräch resolut in den philosophischen Bereich. Mit der ›Kritik der reinen Vernunft‹ war er vertraut, die ethischen Arbeiten Kants hatte er jedoch nicht gelesen; aber ihn bewegten gerade ethisch-religiöse Zweifel, die er seinem Gastgeber sogleich unterbreitete. Kant erläuterte seine Ansichten, er sprach schnell und leise, fast unvernehmlich; der Russe mußte ganz Aufmerksamkeit sein. Das Gespräch dauerte ungefähr drei Stunden.

»Unsere Bestimmung ist Thätigkeit. Der Mensch ist niemahls ganz mit dem zufrieden, was er besitzt, und strebt immer nach etwas anderem. Der Tod trifft uns noch auf dem Wege nach dem Ziele unsrer Wünsche. Man gebe dem Menschen alles, wonach er sich sehnt, und in demselben Augenblicke, da er es erlangt, wird er empfinden, daß dieses Alles nicht alles sey. Da wir nun hier kein Ziel und Ende unsers Streben sehen, so nehmen wir eine Zukunft an, wo sich der Knoten lößen muß; und dieser Gedanke ist dem Menschen umso angenehmer, je weniger Verhältniß hienieden zwischen Freude und Schmerz, zwischen Genüssen und Entbehrungen, statt findet. Ich für meine Person erheitre mich damit, daß ich schon über sechzig Jahre alt bin, und daß das Ende meines Lebens nicht mehr fern ist, wo ich in ein besseres zu kommen hoffe. Wenn ich mich jetzt an die Freuden erinnre, die ich während meines Lebens genossen habe, so empfind’ ich kein Vergnügen; denk’ ich aber an die Gelegenheiten, wo ich nach dem Moralgesetz handelte, das in mein Herz geschrieben ist, so fühl’ ich die reinste Freude. Ich nenne es das Moralgesetz; andere das Gewissen, die Empfindung von Recht und Unrecht – man nenne es wie man will; aber es ist. Ich habe gelogen; kein Mensch weiß es, und ich schäme mich doch. – Freylich ist die Wahrscheinlichkeit des künftigen Lebens noch immer keine Gewißheit; aber wenn man alles zusammennimmt, so gebietet die Vernunft, daran zu glauben. Was würde auch aus uns werden, wenn wir es so zu sagen mit den Augen sähen? Würden wir dann nicht vielleicht durch den Reiz desselben von dem rechten Gebrauche des Gegenwärtigen abgezogen werden?

Reden wir aber von Bestimmung, von einem zukünftigen Leben, so setzen wir dadurch schon das Daseyn eines ewigen und schöpferischen Verstandes voraus, der alles zu irgend etwas, und zwar zu etwas Gutem schuf. Was? Wie? – Hier muß auch der erste Weise seine Unwissenheit bekennen. Die Vernunft löscht hier ihre Fackel aus, und wir bleiben im Dunkeln. Nur die Einbildungskraft kann in diesem Dunkel herumirren und Phantome schaffen.«[182]

Wieder im Gasthaus, brachte Karamzin den Inhalt des Gesprächs eilig zu Papier. In Gedanken bittet er Kant: »Ehrwürdiger Mann! verzeihe, wenn ich Deine Gedanken in diesen Zeilen entstellt habe.« Der russische Reisende war nicht nur von der Tiefe der Kantischen Weltsicht betroffen, sondern auch von einer erstaunlichen charakterlichen Eigenart: der Toleranz, der Achtung vor der Meinung des anderen. Für Karamzin ist der ein wahrer Philosoph, der mit allen in Frieden leben kann; der auch die schätzt, die nicht mit seiner Denkweise übereinstimmen. Man muß die Irrtümer des menschlichen Geistes mit edlem Eifer, doch ohne Bosheit aufzeigen. Jemandem sagen, daß er Unrecht hat und warum, bedeutet nicht, seine Seele verletzen und ihn einen Wahnsinnigen heißen. Unter welchen Vorwänden quälen sich doch die Menschen untereinander! So hat Karamzin seine Unterhaltung mit Kant über die Religion zusammengefaßt.

Kants Religionsphilosophie schließt unmittelbar an seine Ethik an. Wir erinnern uns an die These: die Moral ist keine göttliche Einrichtung. Doch auch die Antithese ist uns bekannt: die Moral führt unweigerlich zur Religion. Die menschlichen Anlagen langen nicht zu, das Recht der Menschen auf Glück mit den allgemeinen Pflichten in Übereinstimmung zu bringen: deshalb muß man ein allmächtiges moralisches Wesen als Weltenlenker unbedingt anerkennen. (Anerkennen? Der Atheist Feuerbach würde sagen: ausdenken. Der gläubige Kant drückt sich etwas zurückhaltender aus: »Es klingt zwar bedenklich, ist aber keinesweges verwerflich, zu sagen: daß ein jeder Mensch sich einen Gott mache . . .«[183]) Der Begründung der Antithese ist der Traktat ›Die Religion innerhalb der Grenzen der bloßen Vernunft‹ gewidmet.

Kant setzt an mit Überlegungen zur sittlichen Natur des Menschen. Da sind Philosophen, die sind überzeugt, daß der Mensch hoffnungslos ins Böse verstrickt sei. Andere halten ihn seiner Natur nach für gut und sehen das Böse nur unter dem Einfluß der Umstände hervorgehen. Die einen wie die anderen sind Rigoristen und apodiktisch in ihren Urteilen. Im Gegensatz zu ihnen stehen die Indifferentisten, die davon ausgehen, daß der Mensch seiner Natur nach neutral ist – weder gut noch böse –; dann gibt es noch die Synkretisten, die ihn gleichzeitig für gut und böse halten. Kant ist in Sachen der Moral Rigorist, doch zugleich auch Dialektiker. Auch hier versucht er, die Gegensätze zusammenzubringen, eher: aufeinanderprallen zu lassen.

Der Mensch, versichert Kant, ist von Natur aus böse. In ihm ist ein unausrottbarer Hang, das Böse zu tun; dieser Hang hat zwar den Anschein, als sei er erworben, doch gehört er dem Menschen ursprünglich zu. Dennoch verfügt der Mensch auch über ursprüngliche Anteile des Guten. Die moralische Erziehung besteht darin, diesen guten Anlagen ihr Recht zu verschaffen, damit sie den Sieg davontragen im Kampf mit dem menschlichen Hang zum Bösen.

Ein solcher Sieg ist nur als Revolution der Denkungsart möglich. Kant hat selbst ähnliches durchlebt und war der Meinung, daß eine prinzipielle sittliche Erneuerung eine Wiedergeburt ganz eigener Art sei: notwendige Bedingung für die Ausbildung des Charakters des Einzelmenschen wie der ganzen Menschheit.

Und eine weitere Bedingung ist für den Sieg des Guten notwendig: »Weil aber das höchste sittliche Gut durch die Bestrebung der einzelnen Person zu ihrer eigenen moralischen Vollkommenheit allein nicht bewirkt wird, sondern eine Vereinigung derselben in ein Ganzes zu eben demselben Zwecke zu einem System wohlgesinnter Menschen erfordert, in welchem und durch dessen Einheit es allein zustande kommen kann . . .«[184] Das gemeinschaftliche Gute ist ein gesellschaftliches Erfordernis, ja es bringt überhaupt erst die Gesellschaft hervor. In Kants Lehre über die Religion gewinnt die abstrakte Ethik Kants soziale Züge.

Kant führt den Begriff des »ethischen gemeinen Wesens« (Gemeinwesens) ein. Ohne es ist es unmöglich, im Zuge der Versittlichung den »Naturzustand« zu überwinden, wo, nach Hobbes, der Krieg aller gegen alle stattfindet, wo es nicht nur keine

Gesetze, sondern auch keine moralischen Vorschriften gibt. Das ethische Gemeinwesen ist die Kirche. Ein bestimmter Typus von Religion in einer bestimmten Etappe des menschlichen Geistes ist unumgänglich notwendiges Instrument, um das menschliche Gemeinwesen zu festigen und zu vervollkommnen.

Schon im Altertum entstand eine aufklärerische Auffassung von der Religion, daß nämlich Furcht die Götter erfunden habe. Im Ausgang des Mittelalters wurde diese Auffassung deutlicher formuliert: die Angst bereitete den Boden und gewissenlose Betrüger hängten dem ungebildeten Volk diese oder jene Götter an. Betrachtet man die meisten Völker und Epochen genauer, samt ihren religiösen Grundsätzen, die damals tatsächlich in der Welt herrschten, so kann man sich schwerlich davon überzeugen, daß diese etwas anderes seien als die Fieberphantasien kranker Leute. Diesen Schluß zieht der von Kant geschätzte Hume. Warum haben sich aber Täuschung und Fieberphantasien so gründlich ausgebreitet? Wie entstand die Vorstellung vom leidenden Gott? Nach der Meinung Humes ist die Religion ein unaufklärbares Rätsel; ihr Studium bringt nur Zweifel hervor und eine Absage an jegliche Wertungen.

Die deutsche Aufklärung, die dem Boden des Protestantismus und Pietismus entwuchs, hat die Religion immer nur in historischer Perspektive betrachtet. Lessing entwarf in seiner ›Erziehung des Menschengeschlechts‹ ein Entwicklungsschema der Religionen, dessen Grundgedanken die sittliche Vervollkommnung der Menschen ist; beim Blick in die Zukunft sagte er den Anbruch einer religionslosen Zeit voraus, dann, wenn die Moral ohne den Glauben an ein höchstes Wesen zurechtkommen kann.

Kant geht in die Vergangenheit, sucht sozialpsychologische Wurzeln des Glaubens an Gott und sieht im Menschen (in der Menschheit) den Kampf zweier Prinzipien – des Guten und des Bösen. Das Böse herrscht anfänglich vor, aber die Anlagen zum Guten melden sich zur Wort als Schuldgefühl, das den Menschen unvermittelt beherrscht.

Das Schulderlebnis (eigenes oder fremdes, an dem man beteiligt ist) ist Grundlage der Moral. Ein ruhiges Gewissen ist eine Erfindung des Teufels, wird schließlich Albert Schweitzer sagen (der eine Dissertation über die Religionsphilosophie Kants geschrieben hat). Ein Mensch, der immer glaubt recht zu haben, ist verloren für die Moral. Eine sittliche Erneuerung ist nur als Kampf gegen sich selbst möglich. Auf der Suche nach den Wurzeln der Religion fand Kant plötzlich die Ursprünge der Sittlichkeit. Er entdeckte ihr Fundament. Und traf auf den uns bekannten Baumeister dieses Fundaments – die Einbildungskraft. Wir wollen zusehen, wie sie in diesem Feld arbeitet.

Die Furcht erfand die Götter, und die Götter haben Verbote aufgestellt. Die Angst, Tabus zu brechen, Angst davor, daß dies schon geschehen sein könnte, bringt den Gedanken des Erlösungsopfers auf. Wenn sich die Opferbringung in Selbstopferung wandelt, dann geht eine sittlich-religiöse Revolution vor sich. Der zum Selbstopfer entschlossene Mensch setzt sich Gott gleich. So entsteht das Bild des leidenden »Sohnes Gottes«, des Boten, der zugleich Gott und Mensch ist.

Der Lehrer des Evangeliums bezeichnete sich als vom Himmel gesandt, erwies das formelhafte Zeremoniell des alten Sklavenglaubens als etwas an sich Nichtiges und den moralischen Glauben als den alleinseligmachenden. Mit diesem Tod, fügt Kant hinzu, endigt die öffentliche Geschichte desselben. »Die als Anhang hinzugefügte geheimere, bloß vor den Augen seiner Vertrauten vorgegangene Geschichte seiner Auferstehung und Himmelfahrt (. . .), kann ihrer historischen Würdigung unbeschadet zur Religion innerhalb der Gränzen der bloßen Vernunft nicht benutzt werden.«[185]

Einige Jahre sollen vergehen, dann wird der junge, allen unbekannte Magister der Theologie Wilhelm Hegel unter dem Eindruck Kants ›Das Leben Jesu‹ schreiben: als Biographie eines großen Moralisten ohne jegliche übernatürliche Wunder. Die Lehre Jesu setzt Hegel der Lehre Moses gegenüber: das lebendige Wort dem toten Dogma, das Neue Testament dem Alten, und auch in diesem Punkte wiederholt er Kant.

Der Gegenüberstellung Christentum–Altes Testament verleiht Kant prinzipielle Bedeutung. Die Zehn biblischen Gebote sind für ihn zwangsmäßige Gesetze, sie treffen nur das Äußerliche, Formale, in ihnen ist keine Forderung nach moralischer Gesinnung zu finden, was für das Christentum von größter Wichtigkeit ist. Das also zunächst.

Moses wollte nur ein politisches und kein ethisches Gemeinwesen schaffen: »Der jüdische Glaube ist seiner ursprünglichen Einrichtung nach ein Inbegriff bloß statutarischer Gesetze, auf welchem eine Staatsverfassung gegründet war; denn welche moralische Zusätze entweder damals schon oder auch in der Folge ihm angehängt worden sind, die sind schlechterdings nicht zum Judenthum als einem solchen gehörig. Das letztere ist eigentlich gar keine Religion, sondern bloß Vereinigung einer Menge Menschen, die, da sie zu einem besondern Stamm gehörten, sich zu einem gemeinen Wesen unter bloß politischen Gesetzen, mithin nicht zu einer Kirche formten.«[186] Das ist der zweite Punkt.

Und drittens »ist es soweit gefehlt, daß das Judenthum eine zum Zustande der allgemeinen Kirche gehörige Epoche, oder diese allgemeine Kirche wohl gar selbst zu seiner Zeit ausgemacht habe, daß es vielmehr das ganze menschliche Geschlecht von seiner Gemeinschaft ausschloß, als ein besonders vom Jehovah für sich auserwähltes Volk, welches alle anderen Völker anfeindete und dafür von jedem angefeindet wurde«.[187]

Die Entstehung des Christentums bedeutete völlige Abkehr vom alttestamentarischen Glauben. Das war eine Revolution in der Religion. Erst seit dem Christentum läßt Kant die »allgemeine Kirchengeschichte« beginnen.

In Kants Lehre von der Religion wird die Historizität seines Denkens ganz deutlich. Kant sieht einen ursprünglichen, seinem Wesen nach areligiösen Zustand der Menschen, darauf einen ersten, noch unvollkommenen Religionstypus: die »gottesdienstliche Religion«. Die dritte Etappe ist der Vernunftglaube. Die gottesdienstliche Religion (sie ist der am meisten verbreitete Typus) strebt das Wohlgefallen des höchsten Wesens zu erwerben, das milde gestimmt wird durch Anbetung, sakramentale Opfer, Beobachtung der Vorschriften und Zeremonien. Der Mensch wiegt sich in der Illusion, Gott könne ihn glücklich machen, ohne daß er selbst besser werden müsse; es genügt dabei, Gott auf entsprechende Weise zu bitten, indem man irgendwelche äußere Handlungen verübt. Eigentlich ist das ein Geschäft, das auf dem Grundsatz beruht »wie ich dir, so du mir«. Der Priester übernimmt die Rolle des Vermittlers; in der gottesdienstlichen Religion vollzieht er das

Ritual, und die Kirche ist der Tempel, wo das Ritual stattfindet. Die Vernunftreligion ist der reine Glaube an das Gute, an die eigenen moralischen Potenzen ohne jegliche Beimischung irgendeines Kalküls, ohne Übertragung der eigenen Verantwortlichkeit auf höhere Mächte. Es ist dies eine Religion des guten Lebenswandels, die zur inneren Vervollkommnung verpflichtet. Der Priester fungiert in ihr nur als Erzieher, und die Kirche ist ein Versammlungsort für die Unterweisung.

Die Furcht gebar die Götter (und die Götter stellten Verbote auf), doch dann, sagt Kant, schaltete sich das Gewissen ein. Gerade das Gewissen ist der wesentliche Steuerfaktor in der Entwicklung des religiösen Bewußtseins. Gewissen bedeutet auch Mitwissen; die Vorstellung von einem Mitwisser, vor dem sich nicht verbergen läßt, wird ins eigene Selbstbewußtsein verlegt. Ich habe eine Übertretung begangen, niemand kann mich einer Täterschaft überführen, und doch habe ich das Gefühl, daß da ein Zeuge, ein Ankläger ist. Das Gewissen ist die Furcht, die jetzt nach innen geht und auf sich selbst gerichtet ist. Die fürchterlichste Art der Furcht.[188] Im Kirchenglauben objektiviert sich die Furcht in die Vorstellung von Gott, der Gebote errichtet und ihre Verletzung bestraft, dessen Verzeihung und Gnade sich jedoch erwerben läßt. In der reinen Vernunftreligion ist solch ein Geschäft mit Gott (das heißt mit dem Gewissen) nicht möglich. Hier bleibt nur, nicht gegen die Verbote zu verstoßen und dem kategorischen Imperativ zu folgen: »alles, was außer dem guten Lebenswandel der Mensch noch thun zu können vermeint, um Gott wohlgefällig zu werden, ist bloßer Religionswahn und Afterdienst Gottes.«[189] So ist der Glaubenssatz des Königsberger Reformators, den Zeitgenossen oft mit Luther verglichen; zwar hat Kant keine neue Kirche gegründet, doch fand er viele Nachfolger. Zwischen einem tungusischen Schaman und einem europäischen Prälaten sind im wesentlichen keine Unterschiede. Beide haben nur ein Bestreben, nämlich die unsichtbare Macht, welche über das Schicksal der Menschen gebietet, zu ihrem Vorteil zu lenken; nur wie das anzufangen sei, darüber denken sie verschieden.

In einem der Schlußabschnitte der ›Kritik der reinen Vernunft‹ formulierte Kant die drei bekannten Fragen, die seiner Meinung nach alle vernünftigen Interessen des Menschen umfassen:

1. Was kann ich wissen?
2. Was soll ich tun?
3. Was darf ich hoffen?

Die erste Frage, so meinte er, beantwortet seine theoretische Philosophie, die zweite die praktische. Mit der Antwort auf die dritte Frage, die »theoretisch und praktisch zugleich« ist, ist die Sache schwieriger bestellt. ›Die Kritik der Urteilskraft‹, die in das Problem der Kultur mündete, hat den Weg der Hoffnung aufgezeigt, den das Individuum zu gehen habe. Die Kultur ist der letzte Zweck der Natur, der Mensch ist aufgerufen, sie zu schaffen. Kann er dabei auf äußere Kräfte rechnen außer seinen eigenen Potenzen? Was für eine Art Hoffnung stellt der Glaube an ein allmächtiges Wesen dar?

Auf die Hilfe übernatürlicher Kräfte zu hoffen ist unzulässig. Es gibt weder Wunder, die über die Grenzen der objektiven Gesetze der Erfahrung hinausgehen, noch ein göttliches Geheimnis, das jenseits der Möglichkeiten unseres Geistes liegt, noch Glückseligkeit, die mit der Kraft göttlicher Autorität unsere Sittlichkeit durchleuchtet. Deshalb verwirft Kant das Gebet als Mittel der Gemeinschaft mit Gott: trifft man einen Menschen, der laut mit sich selbst redet, so kann das den Verdacht wecken, daß hier ein leichter Fall von Geistesverwirrung vorliegt. Er verwirft den Kirchgang, weil er eine Form der Götzenverehrung ist, so wie andere rituale Zeremonien. Nach dem Inhalt unterscheidet sich die Religion in nichts von der Moral; es gibt verschiedene Arten des Glaubens, aber es gibt nur eine einzige einige Religion, wie es nur eine einzige einige Moral gibt. Der Glaube an Gott ist vor allem das Vertrauen auf die eigene sittliche Kraft. Die zweite und die dritte Frage fließen in eins. Indessen will Kant die Hoffnung auf ein Entgelt nach dem Tode nicht zerstören. Handle so, als ob Dich im Jenseits eine Belohnung erwartete. Vielleicht ist es auch nicht so, das ist schließlich gleichgültig, doch verhalte Dich nur sittlich! » . . . weise ist, so zu handeln, als ob ein andres Leben und der moralische Zustand, mit dem wir das gegenwärtige endigen, sammt seinen Folgen beim Eintritt in dasselbe unabänderlich sei.«[190] Ohne Glauben an ein künftiges Leben nach dem Tode kommt keine Religion aus.

Gott ist ein moralisches Gesetz, das gleichsam objektiv existiert.

Wiederum nicht ausschließlich. Kant ist kein Stoiker. Für den Stoiker ist höchstes Gut die Askese und sogar die freiwillige Abwendung vom Leben. Für Kant ist Selbstmord jedoch Verletzung der Pflicht. Hoffnung verknüpft er aber nicht nur mit dem strikten Befolgen der Pflicht (wie so viele Kantkenner glauben).

Gott ist die Liebe. Mit zunehmenden Jahren vernahm Kant auch kritische Stimmen, die ihn der Fühllosigkeit beschuldigten, vielleicht begriff er auch selber die Gewalt des Affekts, die den einen Menschen zum anderen treibt, ein Affekt, der die Menschen mit festeren Banden umschlingt als Furcht und Pflicht. Sei es schon so oder so: je älter Kant wurde, desto lieber räsonierte er über die Liebe.

Liebe und Pflicht sind etwas Verschiedenes. So lautete die ursprüngliche These. Pflicht zu lieben ist Unsinn. Sagt man: »Liebe Deinen Nächsten wie Dich selbst«, so bedeutet das nicht, daß Du zunächst den Menschen lieben und mittels dieser Liebe ihm dann Gutes tun sollst. Umgekehrt: Tue Gutes Deinen Nächsten, das wird in Dir Menschenliebe erwecken. Anderen Menschen nach unseren Möglichkeiten Gutes zu erweisen ist eine Pflicht, unabhängig davon, ob wir sie lieben oder nicht; und diese Pflicht bleibt wirksam, sogar wenn wir die traurige Entdeckung machen sollten, daß das Menschengeschlecht dieser Liebe nicht würdig ist.

So heißt es in der ›Metaphysik der Sitten‹, dem letzten Werk zur Ethik; die Antithese ist unausweichlich, sie folgt unmittelbar nach, denn eines der Kapitel heißt: ›Von der Liebespflicht gegen andere Menschen‹. Der Leser ist erstaunt. Es rettet ihn wieder die Einschränkung, die Kant macht: in diesem Fall wird Liebe nicht als Gefühl, sondern als ein gewisses allgemeines Prinzip verstanden.

Nun bleibt nichts anderes, als die Synthese aufzufinden, die den extremen Formulierungen die Schärfe nimmt. Wir finden die Synthese im Aufsatz ›Das Ende aller Dinge‹, wenn Kant darüber nachsinnt, wie wohl die Liebe zur Pflichterfüllung zu helfen mag: »denn was Einer nicht gern thut, das thut er so kärglich, auch wohl mit sophistischen Ausflüchten vom Gebot der Pflicht, daß auf diese als Triebfeder ohne den Beitritt jener, nicht sehr viel zu rechnen sein möchte.«[191]

Wenn man nun, um es recht gut zu machen, zum Christentum noch irgendeine Autorität (wäre es auch die göttliche) hinzutut, die Absicht derselben mag auch noch so wohlmeinend und der Zweck auch wirklich noch so gut sein; so ist doch die Liebenswürdigkeit desselben verschwunden: denn es ist ein Widerspruch, jemandem zu gebieten, daß er etwas nicht allein tue, sondern es auch gern tun solle.

Das Christentum hat zur Absicht: Liebe, zu dem Geschäft der Beobachtung seiner Pflicht überhaupt, zu befördern und bringt sie auch hervor; weil der Stifter desselben nicht in der Qualität eines Befehlshabers, der seinen Gehorsam fordernden Willen, sondern in der eines Menschenfreundes redet, der seinen Mitmenschen ihren eignen wohlverstandnen Willen, d.i., wonach sie von selbst freiwillig handeln würden, wenn sie sich selbst gehörig prüften, ans Herz legt.

»Es ist also die liberale Denkungsart – gleichweit entfernt vom Sklavensinn und von Bandenlosigkeit –, wovon das Christenthum für seine Lehre Effect erwartet, durch die es die Herzen der Menschen für sich zu gewinnen vermag, deren Verstand schon durch die Vorstellung des Gesetzes ihrer Pflicht erleuchtet ist. Das Gefühl der Freiheit in der Wahl des Endzwecks ist das, was ihnen die Gesetzgebung liebenswürdig macht.«[192] Im Traktat über die Religion finden wir den gleichen Gedanken: »Das höchste, für Menschen nie völlig erreichbare, Ziel der moralischen Vollkommenheit endlicher Geschöpfe ist aber die Liebe des Gesetzes. Dieser Idee gemäß würde es in der Religion ein Glaubensprinzip sein: ›Gott ist die Liebe‹.«

Gott ist die Liebe. Wer diese Wahrheit des Evangeliums wiederholt hat, der hat auch voller Hintergedanken über sie sinniert. Gott ist die Liebe, sagt Hegel, und sieht hier ein Problem der dialektischen Logik: die Liebe ist die Identität der Gegensätze, ihre höchste Form »die Liebe der Gemeinde«, vermittelt durch die »Wertlosigkeit aller Besonderheit«.[193] Die Liebe ist Gott selbst, erwidert Feuerbach, aber das Wort »Gott« klingt für ihn nur wie eine Metapher, das Christentum lehnt er entschieden ab. Für Kant ist das Christentum die höchste Stufe der sittlich-religiösen Entwicklung der Menschheit. Alles übrige ist ein Schritt rückwärts.

Aber woher kam die Liebe? Kant versucht auch hier historisch zu denken. Die Liebe ist kein Geschenk des Himmels, sondern der Erde, die Metamorphose des Geschlechtsinstinkts. Die in den Schranken des Verbots zusammengehaltene, nicht restlos befriedigte niedere tierische Begierde verwandelt sich in ein höheres Element der Kultur. Kant bedenkt die Soziogenese. »Der Mensch fand bald: daß der Reiz des Geschlechts, der bei den Thieren bloß auf einem vorübergehenden, größtentheils periodischen Antriebe beruht, für ihn der Verlängerung und sogar Vermehrung durch die Einbildungskraft fähig sei, welche ihr Geschäft zwar mit mehr Mäßigung, aber zugleich dauerhafter und gleichförmiger treibt, je mehr der Gegenstand den Sinnen entzogen wird, und daß dadurch der Überdruß verhütet werde, den die Sättigung einer bloß thierischen Begierde bei sich führt ... Weigerung war das Kunststück, um von bloß empfundenen zu idealischen Reizen, von der bloß thierischen Begierde allmählich zur Liebe und mit dieser vom Gefühl des bloß Angenehmen zum Geschmack für Schönheit anfänglich nur an Menschen, dann aber auch an der Natur überzuführen.«[194] Kant sagt, daß dieser »kleine Anfang« wichtiger sei als alle folgenden Erweiterungen der Kultur.

Bei den Nachfolgern Kants ging der Streit nicht nur einmal über das Problem der unbewußten menschlichen Triebe. Was war zuerst da – die Furcht oder das Verbot? Nach Kant war die Einbildungskraft das erste; sie flößt Furcht ein und paralysiert die Handlungsfähigkeit. Damit verstärkt und reinigt sie die Leidenschaft. Vielleicht waren es die Beschränkungen, die der Philosoph sich auferlegen mußte, die ihn zu solch einem Schluß finden ließen.

Wenn Kant die Bibel interpretiert, nennt er – neben dem Nahrungs- und dem Liebesinstinkt – noch zwei andere mächtige kulturbildende Stimuli. Die Erwartung des Künftigen, der Gedanke, für die Nachkommenschaft zu leben, die Hoffnung auf ein besseres zukünftiges Leben (jetzt schon nicht mehr für sich, sondern die Kinder). Und schließlich das Bedürfnis, Zweck an sich selbst zu sein (und nicht Mittel für andere).

Vor uns erscheint Kant in neuem und ungewöhnlichem Gewand. Früher haben wir in ihm den Ironiker aufgesucht, jetzt haben wir einen Apologeten, einen Analytiker der Liebe vor uns. Das Christentum versteht er als sittliches Prinzip, als ein

Programm der Menschenliebe. Indem er dieses Programm immer weiter vervollkommnet, versucht er es auch theoretisch zu begründen. Von der Kirchendogmatik ist er weit entfernt. Die Dogmen verwandelt er in Hypothesen. »Gott als Hypothese«[195] – so heißt es in den handschriftlichen Reflexionen. Weiter dort: »Gott ist nicht ein Wesen außer Mir sondern blos ein Gedanke in Mir.«[196] Die Zweifel haben Kant nicht verlassen. Ein Streiter im Herrn war er jedoch nicht.

Mitte der siebziger Jahre war Kant zu einer moralischen Interpretation der Religion gelangt, davon legt ein Brief an Lavater Zeugnis ab. Mit Hiob hält er es für ein Verbrechen, »Gott zu schmeicheln«.[197] Die Knie zu beugen oder niederzufallen mit dem Zweck, seine Ehrfurcht vor den himmlischen Mächten zu beweisen, ist der menschlichen Würde zuwider, ebenso wie der Versuch, durch Bilder mit ihnen in Verbindung treten zu wollen. In diesem Falle verehrt man nicht das Ideal, welches die eigene Vernunft vorstellt, sondern ein Idol, was »eigenes Gemächsel« ist.[198] Kant hörte auf, in die Kirche zu gehen. Seine Lehre widersprach dem offiziellen Dogma. Der Zusammenstoß mit den Herrschenden war unausweichlich.

Zu dieser Zeit war nicht mehr Friedrich II. auf dem preußischen Thron. Ihn hatte sein Neffe, Friedrich Wilhelm II., geerbt. Im Unterschied zu seinem Onkel, dem freidenkerischen Despoten, gründlichen Administrator, Feldherrn und Schutzpatron der Wissenschaften, war der jetzige König ein schwacher, stumpfer, zur Mystik neigender Mensch. Er begeisterte sich für Magie und gehörte dem Geheimorden der Rosenkreuzer an. Die Despotie nahm nicht ab in Preußen, dafür verringerte sich die Aufklärung immer mehr. Die Devise Friedrichs »Räsoniert, soviel Ihr wollt, aber gehorcht!« wich dem eingängigeren Wahlspruch: »Gehorcht, ohne zu räsonieren!«

Zunächst gestalteten sich Kants Beziehungen zum neuen König recht vielversprechend für den Philosophen. Kant hatte gerade sein erstes Rektorat inne, als Friedrich Wilhelm II. sich zur Vereidigung auf die Krone in Königsberg aufhielt. Als Rektor der Universität war er ins königliche Schloß geladen, wo er den

Monarchen im Namen der Professoren und Studenten begrüßte und dieser ihm seine Gunst erwies. (Dem Festgottesdienst blieb Kant allerdings fern, wobei er eine Krankheit vorschützte.)

Im Jahre seines zweiten Rektorats (1788) eröffnete Kant die Feier anläßlich des Geburtstags des Königs mit den folgenden Worten: »Der Tag, welcher der Welt unseren allerteuersten König gab, ist für unsere Universität, ist für jeden Stand seiner treuen Untertanen, ist selbst für ganz Europa, sofern es einen auf Gerechtigkeit und Menschlichkeit gegründeten und durch Macht gesicherten Frieden liebt, mit Recht ein festlicher Tag. Unsere höchstverpflichtete Universität wird heute durch ihren Redner ihre ehrfurchtsvolle und dankbare Gesinnungen gegen ihren allergnädigsten Monarchen bezeigen. Ew. Exzellenzen geruhen in die Glückwünsche dieses Tages mit froher Teilnehmung einzustimmen und dieser Feierlichkeit durch ihre hohe Gegenwart Glanz zu geben.«[199] Das letzte bezog sich auf die Honoratioren der Stadtverwaltung. Ein Entwurf dieses aus drei Sätzen bestehenden Textes ist erhalten geblieben: Wörter sind durchgestrichen, zum Teil wieder erneuert, zum Teil durch andere ersetzt. Schmeichlerische Formeln sind Kant nicht leicht gefallen! Doch seine Stellung hat ihn dazu verpflichtet, und wenigstens hat er es kurz gemacht.

Er konnte es sich erlauben, doppelsinnig zu sein. 1787 erschien die zweite Auflage der ›Kritik der reinen Vernunft‹. Man erinnere sich, daß der Philosoph einen besonderen Abschnitt hinzugefügt hat: gegen die theoretischen Versuche, die Unsterblichkeit der Seele zu beweisen. Das ist gegen Ende des Buchs, doch was steht am Anfang? Da ist ein neues Vorwort, das darlegt, daß die kritische Philosophie die Religion erst begründe: »Ich mußte also das Wissen aufheben, um zum Glauben Platz zu bekommen.« Das »Aufheben« des Wissens verstand der Obskurant froh als »Beseitigen«, damit für den Glauben Platz frei werde. »Ich mußte das Wissen in Gewahrsam nehmen« – so klang der Satz für das Ohr eines Polizeispitzels. Der aufmerksame Leser jedoch, der die ›Kritik‹ bis zum Ende durchlas, verstand etwas ganz anderes: der Philosoph mußte das Wissen »erheben«, um zum Glauben Platz zu bekommen. Über das mehrsinnig gebrauchte Verb und die ironische Funktion haben wir schon an anderer Stelle gesprochen.

Der König unterstützte Kants Aufnahme in die Akademie der Wissenschaften. Ohne ein Gesuch aus Königsberg hat Berlin sein Gehalt erheblich erhöht: es machte jetzt siebenhundertzwanzig Taler aus. Im Herbst 1788 schickte man in staatlichem Auftrag einen fähigen jungen Mann, Johann Gottfried Kiesewetter, aus Berlin, damit er den Kritizismus an der Quelle studiere, um ihn dann bei Hof vortragen zu können. Kiesewetter verbrachte an der Albertina ein Jahr. Nach seiner Rückkehr aus Königsberg begann er in der Hauptstadt kritische Philosophie zu lesen. Doch unvermutet mußte er feststellen, daß die Zeiten sich geändert hatten.

In Frankreich loderte die Revolution. Zunächst herrschte in Deutschland allgemeine Begeisterung darüber. Diese kam durchaus nicht allein aus einer demokratischen Grundstimmung: die Bourbonen galten als Feinde der deutschen Nation, ihren Fall begrüßten daher auch die oberen Stände. Das Regimentsorchester in Potsdam übte den Marsch der Sansculotten, modebewußte Damen der Berliner Gesellschaft trugen Bänder in den Farben der Trikolore, die Herzogin von Gotha zierte ihren Salon mit den Büsten der Pariser Revolutionäre.

Dann folgte Ernüchterung. Befürchtungen kamen auf, der Revolutionsbrand könnte vielleicht auf preußisches Gebiet übergreifen. In Berlin liefen erste Vorkehrungsmaßnahmen an. Den Kantianer Zedlitz auf dem Ministerposten löste nun Wöllner ab, »ein betriegerischer und Intriganter Pfafe, weiter nichts« – so hatte ihn einst der verblichene Friedrich gekennzeichnet. Ein neues Religionsedikt wurde erlassen, in dem Gewissensfreiheit zwar verkündet, den Untertanen jedoch zugleich nahegelegt war, »die eigene Meinung für sich zu behalten« und sich zu hüten, diese zu verbreiten. Dann folgte ein neues Zensur-Edikt, das der »Zügellosigkeit der jetzigen sogenannten Aufklärer« und der »in Preßfrechheit ausartenden Preßfreiheit« Schranken setzen sollte.

Kiesewetter ließ man mitteilen, er solle in seinen Vorlesungen nichts gegen die Religion sagen und nicht vergessen zu erwähnen, daß die Philosophie Kants dem Christentum nicht widerspreche. Tatsächlich sprach Kiesewetter bei der Auslegung der ›Kritik der praktischen Vernunft‹ nur davon. (Und nicht umsonst: ein junger emsig-ängstlicher Mensch zog die Aufmerksamkeit auf sich, da er jedes Wort des Vortragenden aufzuschreiben bemüht war und schon am folgenden Tag nicht mehr erschien.) Auch in seinen Publikationen sagte Kiesewetter nichts anderes. Und Kant versicherte er: »Ich bin überzeugt, daß man wenigstens das ganz deutlich machen kann, daß der Grundsatz Ihres Moralsystems sich mit den Lehren der christlichen Religion ganz wohl verträgt, vielleicht auch, daß, wenn Christus Sie gehört und verstanden hätte, er gesagt haben würde, ja das wollte ich auch durch mein Liebe Gott usw. sagen.«[200] Es gab auch andere, die meinten, Kant sei ein Aufrührer, Skeptiker und Verbreiter von Zweifeln. Gerüchte gingen, Kant habe Druckverbot. Oder auch: der König sei um ein solches ersucht worden. Doch vorläufig lehrte Kiesewetter die Hofdamen Kantische Philosophie, und auch die Erziehung des Thronfolgers war ihm anvertraut. Die Situation blieb unklar.

Im Zuge des Religionsedikts wurde der »Zopf-Prediger« Johann Schultz vor Gericht zitiert, dessen Buch über die Moral Kant damals rezensiert hatte; durch den Schutz Friedrichs II. war er von Nachstellungen verschont geblieben. Der glänzende Redner Schultz überzeugte seine Richter davon, daß seine Predigten, bestritten sie auch die Dreieinigkeit Gottes, der Lehre Christi jedenfalls nicht widersprächen. Das Gericht kam zu der Feststellung, daß Schultz zwar kein lutheranischer, doch christlicher Prediger sei, und sprach ihn frei. Der König befahl, den Freispruch in einen Schuldspruch umzuwandeln und belegte die Richter mit einer beträchtlichen Strafe. Schultz wurde aus dem Dienst entlassen.

Der König war ein Spielzeug in den Händen geschickter Günstlinge. Für ihre Intrigen nutzten sie seine Schwächen aus (Mätressen und Gespensterglaube). Der König hatte ein Auge auf die Gräfin Dönhoff geworfen, heimlich war er von der Königin geschieden und mit der Gräfin vermählt worden. Und das alles nicht zum Schaden einer anderen Gräfin – der Lichtenau, die als Hauptmätresse galt.

Es hieß, die Königin sei geisteskrank, weil sie »oft auf Tisch und Stühlen herumtanzte und Geister sah!« – so berichtet Kiesewetter Kant. Übrigens war es um ihren verflossenen Gemahl nicht gerade besser bestellt, er hatte schon verschiedentlich Visionen:

der »an Leib und Seele schwache« König »saß ganze Stunden und weinte«.[201]

Die folgende erstaunliche, wenn auch höchst unglaubwürdige Geschichte gibt lebhaft die Meinung der Zeitgenossen über Friedrich Wilhelm ii. wieder. Kurz vor der Schlacht bei Valmy nahmen die preußischen Truppen Verdun. Zu Ehren dieses Erfolgs und der bevorstehenden Totalniederlage der Sansculotten gab der König einen Ball. Auf dem Höhepunkt der Festlichkeiten trat ein Unbekannter zu Friedrich Wilhelm, raunte ihm die Parole der Rosenkreuzer zu und bedeutete, ihm zu folgen. Den Statuten des Ordens ganz ergeben, gehorchte Ihro Hoheit unverzüglich. Man führte ihn in ein dunkles Zimmer, wo keine einzige Kerze brannte; nur das glimmende Kaminfeuer warf unheilkündenden Widerschein gegen die düsteren Wände. Der Unbekannte verschwand, und der König wollte gerade zu seinen Gästen zurückkehren, als eine wohlbekannte Stimme ihn erschauern ließ. (Diese Stimme kannte er doch, nein, da konnte kein Zweifel sein, tausendmal hatte er sie vernommen in den Gemächern von Sanssouci, bei Feldzügen und Platzparaden.) In der Finsternis erblickte er die bekannte gebückte Gestalt – das markante Profil, die hastigen Bewegungen, den bekannten Gehrock nebst dem Rohrstock. Das Gespenst des verstorbenen Onkels sprach dem König von Verrat, Preußen sei in ein gefährliches Abenteuer hineingezogen, keinen Schritt weiter, sofortiger Rückzug an die eigenen Grenzen . . .

Über das, was in den folgenden Tagen geschah, konnte sich keiner einen Begriff machen. Die preußischen Truppen verhielten auf der Stelle; und nach Valmy, wo keine entscheidende Attacke versucht worden war, begann der allgemeine Rückzug. Zeitgenossen und Historiker zerbrachen sich die Köpfe, und sogar Bonaparte fand keine Erklärung für das Verhalten der Preußen.

Die Geschichte mit dem Gespenst des Alten Fritz wurde durch Beaumarchais bekannt. Der Dramatiker hatte einen Freund, den Schauspieler Fleury, der wegen seiner glänzenden Darstellung Friedrichs ii. berühmt war; er konnte des Königs Stimme und Haltung perfekt nachahmen und hatte auf irgendeine Weise dessen Rock und Hut in seinen Besitz gebracht. Als in den unruhigen Septembertagen des Jahres 1792 der Einmarsch begonnen hatte, war Fleury aus Paris nach Verdun abgereist. Uns interessiert an der ganzen Geschichte nur eines: über die Absonderlichkeiten Friedrich Wilhelms II. sprach ganz Europa.

Kant hörte darüber aus den Briefen Kiesewetters. Doch wußte er auch selber, daß dies eine Krankheit der Zeit war. Kant verglich die »jetzt so überhandnehmende(n) Schwärmerei« mit einer Grippeepidemie – (»russischer Katarrh«) –. Das Zeitalter der Aufklärung ist kein aufgeklärtes Zeitalter. Es liegt an der Halbbildung. Man liest viel, kennt und versteht wenig. Und fällt mit unglaublicher Leichtfertigkeit über alles mögliche sein Urteil! Der Phantast verlangt, die Ursache des »animalischen Magnetismus« zu wissen (so nannte man im achtzehnten Jahrhundert die Hypnose), der Gelehrte hält natürlich mit der Antwort zurück und schon beginnt das Spiel der Phantasie. »Wider diesen Unfug ist nun nichts weiter zu tun, als den animalischen Magnetiseur magnetisieren und desorganisieren zu lassen, solange es ihm und andern Leichtgläubigen gefällt; der Polizei aber es zu empfehlen, daß der Moralität hierbei nicht zu nahe getreten werde, übrigens aber für sich den einzigen Weg der Naturforschung, durch Experiment und Beobachtung, die die Eigenschaften des Objekts äußeren Sinnen kenntlich werden lassen, ferner zu befolgen. Weitläuftige Widerlegung ist hier wider die Würde der Vernunft und richtet auch nichts aus: verachtendes Stillschweigen ist einer solchen Art von Wahnsinn besser angemessen: wie denn auch dergleichen Eräugnisse in der moralischen Welt nur eine kurze Zeit dauern, um andern Torheiten Platz zu machen.«[202]

Ein Vierteljahrhundert zuvor hat Kant den Geisterseher Swedenborg verlacht, jetzt ging's um den Grafen Cagliostro. Der italienische Abenteurer Giuseppe Balsamo, der sich Titel und Namen eines Grafen Cagliostro zugelegt hatte, durchstreifte fast ganz Europa und hielt hochstehende Einfaltspinsel zum Narren, indem er sich als Alchimisten, Magier und Hellseher ausgab, wobei er große Summen herausschlug. In den achtziger Jahren tauchte er in Mitau auf, begab sich dann nach Petersburg und Warschau. Katharina II. hat eigenhändig über ihn zwei Komödien geschrieben. In der deutschen Presse erschienen Enthüllungen. Der Kantschüler Borowski schrieb gegen Cagliostro ein Buch. Er wandte sich an seinen Lehrer mit der Bitte, seine

Meinung über Schwärmerei und Hellseherei zu äußern. Kant antwortete mit einem für den Druck bestimmten Brief. Borowski veröffentlichte ihn als Beilage zu seiner Arbeit.

Von Kant wurde eigentlich schon seit langem etwas anderes erwartet: ein Werk über die Religion. Die Frömmler warfen ihm Unglauben vor, seine Schüler bewiesen die Rechtgläubigkeit der kritischen Philosophie. Kant begriff, daß er früher oder später Stellung beziehen müsse. Bevor er seinen Traktat beendet hatte, sollte er ein Werk lesen aus fremder Feder, das jedoch seine eigenen Gedanken auszudrücken suchte. Das Werk hieß ›Versuch einer Kritik aller Offenbarung‹. Der Verfasser war Fichte.

Der Begründer des klassischen Deutschen Idealismus muß gesondert behandelt werden. Johann Gottlieb Fichte wurde 1762 geboren (er war, wie Kant, Sohn eines Handwerkers). Der Knabe besaß ein phänomenales Gedächtnis – mit neun Jahren konnte er Wort für Wort die Sonntagspredigt wiederholen. Noch ein anderer Charakterzug fiel schon früh auf – eine kompromißlos aufrechte Haltung, der Glaube an seine Sendung. »Ich bin ein Priester der Wahrheit; ich bin in ihrem Solde; ich habe mich verbindlich gemacht, alles für sie zu thun und zu wagen, und zu leiden. Wenn ich um ihrer willen verfolgt und gehaßt werden, wenn ich in ihrem Dienste gar sterben sollte – was thät ich dann sonderliches, was thät ich dann weiter, als das, was ich schlechthin thun müßte?«[203]

Die Jugend verbrachte er in dürftigen Verhältnissen. Nach der Universität wanderte er von einem Privathaus zum anderen, wo er die Kinder wohlhabender Familien unterrichtete. Er war schon achtundzwanzig Jahre alt, als ein Student sich mit der Bitte an ihn wandte, ihm beim Studium der Kantischen Philosophie zu helfen. Von der hatte Fichte eine betrübliche Vorstellung: er wußte nur, daß niemand sie verstehen konnte. Fichte nahm sich also die ›Kritiken‹ vor und erblickte sofort die Wahrheit in ihnen. Nun brannte in ihm ein einziger Wunsch: so bald wie möglich Kant kennenzulernen und unter dessen Anleitung seine Bildung zu vervollkommnen.

Im Sommer 1791 kam Fichte nach Königsberg. Sobald die Umstände es nur erlaubten, begab er sich zum Philosophen. Seine Erwartungen waren zu hochgespannt, als daß sie sich hätten erfüllen können. Fichte traf einen müden Greis, versunken in seine Gedanken, dem Gast gleichgültig gegenüber, ohne Sinn für dessen Enthusiasmus. Auch mit den Vorlesungen Kants war Fichte unzufrieden, ein näheres Verhältnis zum Lehrer wollte nicht entstehen. Dann unternahm der junge Mann einen entscheidenden Schritt. Er besuchte länger als einen Monat keine Vorlesungen, arbeitete fieberhaft und wandte sich dann brieflich an Kant: »Ich kam nach Königsberg, um den Mann, den ganz Europa verehrt, den aber gewiß in ganz Europa wenig Menschen so lieben, wie ich, näher kennen zu lernen. Ich stellte mich Ihnen dar. Erst später bedachte ich, daß es Vermessenheit sei, auf die Bekanntschaft eines solchen Mannes Anspruch zu machen, ohne die geringste Befugnis dazu aufzuweisen zu haben. Ich hätte Empfehlungsschreiben haben können. Ich mag nur diejenigen, die ich mir selbst mache. Hier ist das meinige.«[204] Dem Brief legte Fichte eine umfangreiche Abhandlung bei, die er in fünfunddreißig Tagen angestrengtester Arbeit geschrieben und eben erst beendet hatte – den ›Versuch einer Kritik aller Offenbarung‹.

Begeisterte Briefe waren für Kant nichts Verwunderliches mehr. Kurz zuvor hatte er noch einen ausgefalleneren erhalten: »Großer Kant. Zu dir rufe ich wie ein gläubiger zu seinen Gott um Hilf, um Trost, oder um Bescheid zum Tod, hinlänglich waren mir deine Gründe in deinen Werken vor das künftige seyn, daher meine Zuflucht zu dir.« Eine gewisse Maria von Herbert hatte aus Österreich geschrieben; sie hatte eine unglückliche Liebe erlebt und hielt sich nur durch Lektüre der ethischen Werke Kants aufrecht; der Philosoph übertrug die Beantwortung dem Pastor Borowski. (Dann schrieb er allerdings selbst – einen ausführlichen, ermutigenden Brief.)

Das Manuskript Fichtes erregte jedoch sein Interesse. Um so mehr als ein Gegenstand behandelt war, an dem er selbst arbeitete. Kant blätterte einige Seiten durch und begriff, daß er es mit einem außerordentlichen Menschen zu tun hatte. Fichte wurde eingeladen, erschien erneut in der Prinzessinstraße und schied wiederum enttäuscht. Obwohl er mit warmer Herzlichkeit empfangen worden war, wollte das Gespräch nicht gelingen. Fichte überschüttete den Gastgeber mit Fragen, aber dieser verwies ihn auf die ›Kritik der reinen Vernunft‹ und . . . den Hofprediger

Schultz. Der dritte Besuch endlich stellte den Schüler zufrieden. Jetzt erst habe er in ihm Züge erkannt, würdig jenes großen Geistes, der auch in seinen Werken herrsche – so schrieb Fichte in sein Tagebuch. Dieses Mal war Fichte zum Mittagessen geladen: wir wissen ja bereits, daß Kant dann völlig sich eröffnete, Geist und Witz glänzen ließ.

Mittlerweile geriet der glühende Anhänger in materielle Schwierigkeiten. Das Geld wurde knapp und Aussicht auf Verdienst gab's in Königsberg nicht. Fichte unternahm einen weiteren entscheidenden Schritt. Er schickte eine Bitte um Hilfe an Kant: »Ich habe noch zwei Dukaten, und diese sind nicht mein, denn ich habe sie für Miete und dergleichen zu bezahlen. Es scheint also kein Mittel übrig zu sein, mich zu retten, wenn sich nicht jemand findet, der mir Unbekannten, bis auf die Zeit, da ich sicher rechnen kann, wieder zu bezahlen, das ist bis Ostern künftigen Jahrs, gegen Verpfändung meiner Ehre, und im festen Vertrauen auf dieselbe, die Kosten der Rückreise vorstrecke. Ich kenne niemanden, dem man dieses Pfand, ohne Furcht, ins Gesicht gelacht zu bekommen, anbieten dürfte, als Sie, tugendhafter Mann.« Im weiteren berichtet Fichte von seinen seelischen Qualen, die mit seiner Bitte zusammenhängen. Schließlich: »Ich bin, zwar mehr aus Temperament und durch meine gemachte Erfahrungen, als aus Grundsätzen, sehr gleichgültig über das, was nicht in meiner Gewalt ist. Ich bin nicht das erstemal in Verlegenheiten, aus denen ich keinen Ausweg sehe; aber es wäre das erstemal, daß ich in ihnen bleibe. Neugier, wie es sich entwickeln wird, ist meist alles, was ich in solchen Vorfällen fühle. Ich ergreife schlechtweg die Mittel, die mir mein Nachdenken als die besten zeigt, und erwarte dann ruhig den Erfolg. Hier kann ich es um desto mehr, da ich ihn in die Hände eines weisen und guten Mannes lege. Aber von einer andern Seite überschicke ich diesen Brief mit einem ungewohnten Herzklopfen. Ihr Entschluß mag sein, welcher es will, so verliere ich etwas von meiner Freudigkeit zu Ihnen. Ist er bejahend, so kann ich das Verlorne einst wieder erwerben; ist er verneinend, nie, wie es mir scheint.«[205]

Der Entschluß Kants war dialektisch: weder zustimmend noch ablehnend. Kant gab niemals Almosen auf der Straße, überreichte aber seinem Pastor nicht ungern beträchtliche Geldsummen für die Armen. Als sich sein Schüler Plessing in Geldnot befand (er war gezwungen, Königsberg zu verlassen, weil er drohte, wegen Alimentenzahlung vor Gericht gestellt zu werden), legte Kant, ohne zu überlegen, dreißig Taler für ihn hin. (Plessing gab sie ihm nach neun Jahren zurück – mit den damals üblichen fünf Prozent Zinsen für jedes Jahr.) Fichte erhielt von Kant keinen Pfennig: doch besorgte dieser ihm etwas Wertvolleres – eine Hausmeisterstelle in einer reichen Familie und einen »Einstieg« ins Leben der großen Philosophie. Kant schlug die Veröffentlichung des ›Versuchs einer Kritik aller Offenbarung‹ vor, fand einen Verleger und erreichte auch eine sofortige Zahlung.

Das Buch erregte Aufmerksamkeit. Es erschien anonym: bei sorgfältiger Lektüre hätte man zwar den Unterschied in Sinn und Wort von den Kantischen Arbeiten feststellen müssen, doch sprach bald das Gerücht die Verfasserschaft dem Königsberger Philosophen zu. Außerdem erwartete man ja schon lange von ihm einen Traktat zur Religionsphilosophie. Möglich ist auch, daß der Herausgeber (gegen den Wunsch Fichtes) die Verfasserschaft deshalb verschwieg, weil er gerade darauf hoffte, daß das Buch Kant zugeschrieben werde. Die kleine List brachte großen Gewinn. Kant mußte in der Presse öffentlich auftreten und den neuen Namen nennen. Fichte war bekannt.

Bei der Druckvorbereitung des ›Versuchs einer Kritik aller Offenbarung‹ entstanden Zensurschwierigkeiten – die neuen Zeiten machten sich geltend. Fichte hatte jedoch Glück: der Zensor wechselte, und das Buch erschien. Kant stieß bei der Veröffentlichung seines Werks über die Religion auf größere Hindernisse. Der erste Teil des Traktats unter dem Titel ›Über das radikale Böse in der menschlichen Natur‹ erhielt die Zensurerlaubnis gleich Anfang 1792 und wurde in Biesters ›Berlinischer Monatsschrift‹ gedruckt. Dann wurden die Zensurbedingungen weiter verschärft. In einer neuen königlichen Kabinettsorder wurde auf das traurige Exempel jenes großen Staates hingewiesen, wo maßlose Freigeisterei zum Zusammenbruch der Staatsordnung geführt habe.

Von Frankreich war die Rede und der Französischen Revolution. Der französische König war Gefangener des Volkes und wartete auf sein Urteil. Der Einfluß des geistlichen Standes sank, im Zuge der Entchristianisierung wurden die Gemeinden aufgelöst, die Kirchen zertrümmert. Die Befürchtungen des preußischen Königs und seiner Berater, die Destruktion möchte aufs eigene Land übergreifen, waren nur allzu verständlich.

Nachdem Biester aus Königsberg den zweiten Aufsatz Kants ›Vom Kampf des guten Pinzips mit dem Bösen‹ erhalten hatte, schlug er vor, die Zensur zu umgehen (eine solche Möglichkeit gab es). Aber Kant wollte keinen Skandal aus nichtigem Anlaß und beharrte deshalb darauf, den Buchstaben des Gesetzes genau einzuhalten. Der Aufsatz wurde abgelehnt. Derselbe Zensor, der den ersten Aufsatz genehmigt hatte, verweigerte dem zweiten das Imprimatur. Eine Appellation an den König hatte keinen Erfolg.

Kant hatte schon seine ganze Abhandlung, d. h. alle vier Teile, fertig. Damit lohnte sich jetzt für den Philosophen das Risiko eines Skandals. Die Wachsamkeit der Zensur zu täuschen war nicht so schwierig. Die Universitäten hatten nämlich ebenfalls das Recht, Druckerlaubnis für wissenschaftliche Literatur zu erteilen. Kant legte das Manuskript der theologischen Fakultät der Albertina vor und erhielt die Antwort: insoweit sein Traktat philosophischer Art sei, gebühre die Beurteilung der entsprechenden Fakultät. Darauf schickte Kant die ›Religion innerhalb der Grenzen der bloßen Vernunft‹ in das liberale Jena, wo der Dekan der philosophischen Fakultät ohne Schwanken das »vidit« erteilte. Im Frühjahr 1793 wurde das Buch gedruckt, ohne Tumult zu erregen.

An Stelle des abgelehnten Aufsatzes sandte Kant einen anderen an die ›Berlinische Monatsschrift‹: ›Über den Gemeinspruch: Das mag in der Theorie richtig sein, taugt aber nicht für die Praxis‹. Es geht über Moral und Recht. Letzteres hatte Kant immer mehr interessiert, suchte er doch gerade hier die Antwort auf die Frage, worauf der Mensch denn trotz allem »hoffen« solle. Die preußische Rechtsordnung gab wahrlich keinen Anlaß zum Optimismus, doch Kant hielt sich ganz allgemein in seinen Argumentationen. Er verurteilte den Despotismus. Man kann mich nicht zwingen, so glücklich zu sein, wie das ein anderer will. Jeder hat das Recht, sein Glück auf dem Weg zu suchen, der ihm gut dünkt (wenn er dadurch der Freiheit anderer, die demselben Ziel zustreben, nur keinen Schaden zufügt).

Eine väterliche Regierung ist der größte Despotismus, wo die Untertanen als unmündige Kinder nicht unterscheiden können, was ihnen wahrhaft nützlich oder schädlich ist (für sie entscheidet dies das Staatsoberhaupt). Die Regierung soll vaterländisch und nicht väterlich sein, indem sie alle Menschen, die der Rechte fähig sind, vereint.

Dann folgte der Aufsatz ›Etwas über den Einfluß des Mondes auf die Witterung‹. Auch er enthält eine ironische Spitze gegen die Herrschenden. Mit der Wissenschaft, sagt Kant, verhält es sich wie mit dem Katechismus. Je älter wir werden, um so weniger verstehen wir ihn, und eigentlich müßten wir noch einmal in die Schule gehen, wenn sich dort nur ein Mensch fände, von dem wir sicher sein könnten, daß er ihn etwas besser versteht als wir selbst.

Der Aufsatz war im April 1794 geschrieben – also kurz vor dem siebzigjährigen Geburtstag. Geburtstagsfeierlichkeiten fanden nicht statt. Kant freute sich schon darüber, daß man ihn vielleicht vergessen haben könnte. Jeden Tag erwartete er strenge Maßnahmen des Staates. »Das Leben ist kurz, vornehmlich das, was nach schon verlebten siebzig Jahren übrig bleibt; um das sorgenfrei zu Ende zu bringen, wird sich doch wohl ein Winkel der Erde ausfinden lassen. – Wenn Sie etwas, das kein Geheimnis ist, aber uns hiesiges Ort doch nur spät oder unzuverlässig bekannt wird, mir, wenn es mich interessieren könnte, mitteilen wollen, wird es mir angenehm sein.« Diese Bitte richtet er an Biester, den Herausgeber der Berlinischen Monatsschrift. Wenn er ihm seinen neuen Aufsatz ›Das Ende aller Dinge‹ schickt, bittet er, diesen zu veröffentlichen, »ehe noch das Ende Ihrer und meiner Schriftstellerei eintritt«.[206] Beide sind schon seit langem gefährdet. Nichtsdestoweniger schreibt der eine und der andere druckt einen Aufsatz, der ein Meisterstück philosophischer Ironie ist. Das war aber wirklich der letzte Tropfen, der das staatliche Geduldsfaß zum Überlaufen brachte.

Nun, was konnte eigentlich das allerhöchste Mißfallen im Aufsatz ›Das Ende aller Dinge‹ erregen? Kant verfährt unehrerbietig mit der Bibel. Er macht sich über die Vorstellung des Letzten Gerichts und andere kirchliche Dogmen lustig. »Wenn nun zu den letzten Dingen noch das Ende der Welt, so wie sie in ihrer itzigen Gestalt erscheint, nämlich das Abfallen der Sterne vom

Himmel als einem Gewölbe, der Einsturz dieses Himmels selbst (oder das Entweichen desselben als eines eingewickelten Buchs), das Verbrennen beider, die Schöpfung eines neuen Himmels und einer neuen Erde zum Sitz der Seligen, und der Hölle zu dem der Verdammten, gezählt werden sollten: so würde jener Gerichtstag freilich nicht der jünste Tag sein; sondern es würden noch verschiedne andre auf ihn folgen. Allein, da die Idee eines Endes aller Dinge ihren Ursprung nicht von dem Vernünfteln über den physischen, sondern über den moralischen Lauf der Dinge in der Welt hernimmt, und dadurch allein veranlaßt wird.« Also muß da auch die Rede sein von einem Endzweck des menschlichen Seins. Wenn ein solcher sich als unerreichbar erweist für die vernünftigen Wesen, dann scheint die Schöpfung ihnen selbst zwecklos zu sein: »wie ein Schauspiel, das gar keinen Ausgang hat und keine vernünftige Absicht zu erkennen gibt«.

Nach der ironischen Meinung Kants kann das Ende aller Dinge dreierlei Gestalt haben: 1) eine natürliche, entsprechend den moralischen Zwecken göttlicher Weisheit, 2) eine übernatürliche – als Wirkung von Ursachen, die sich unserem Verständnis entziehen, 3) eine widernatürliche, die »von uns selbst, dadurch daß wir den Endzweck mißverstehen, herbeigeführt wird«. Damit spielt Kant offensichtlich auf den widernatürlichen Charakter jener gewaltsamen Maßnahmen an, mit denen das Ministerium Wöllners die Lage der Religion zu festigen suchte. Was war zur Festigung des Glaubens zu tun? Nach Meinung Kants: am besten sich nicht in den natürlichen Lauf der Dinge mischen. »Ich bin mir so sehr meines Unvermögens, hierin einen neuen und glücklichen Versuch zu machen, bewußt, daß ich, wozu freilich keine große Erfindungskraft gehört, lieber rathen möchte: die Sachen so zu lassen, wie sie zuletzt standen und beinahe ein Menschenalter hindurch sich als erträglich gut in ihren Folgen bewiesen hatten. Da das aber wohl nicht die Meinung der Männer von entweder großem oder doch unternehmendem Geiste sein möchte: so sei es mir erlaubt, nicht sowohl, was sie zu thun, sondern wogegen zu verstoßen sie sich ja in Acht zu nehmen hätten, weil sie sonst ihrer eignen Absicht (wenn sie auch die beste wäre) zuwider handeln würden, bescheidentlich anzumerken.«[207] Kants Ironie ist melancholisch gefärbt. Diesen Aufsatz zu lesen sei »teils kläglich, teils lustig«, meint der Verfasser in einem Brief an Biester vom 10. 4. 1794. Im Aufsatz ist noch eine bestimmte und dabei ziemlich dreiste Anspielung auf die französische Freigeisterei. In seiner Zeit meinte Voltaire ironisch: Unter den Geboten des Moses seien die Hinweise auf die Aborte nicht vergessen. Kant parodiert im Geiste Voltaires die biblische Legende vom ersten Erscheinen der Erdbewohner: sie sind sozusagen Folge einer Kläraktion. Die Erdenwelt, schreibt er, vergleiche man »als ein Kloak, wo aller Unrath aus andern Welten hingebannt worden. Der letztere Einfall ist auf gewisse Art originell und einem persischen Witzling zu verdanken, der das Paradies, den Aufenthalt des ersten Menschenpaars, in den Himmel versetzte, in welchem Garten Bäume genug, mit herrlichen Früchten reichlich versehen, anzutreffen waren, deren Überschuß, nach ihrem Genuß sich durch unmerkliche Ausdünstung verlor; einen einzigen Baum mitten im Garten ausgenommen, der zwar eine reizende, aber solche Frucht trug, die sich nicht ausschwitzen ließ. Da unsre ersten Eltern sich nun gelüsten ließen, ungeachtet des Verbots dennoch davon zu kosten; so war, damit sie den Himmel nicht beschmutzten, kein andrer Rath, als daß einer der Engel ihnen die Erde in weiter Ferne zeigte mit den Worten: ›Das ist der Abtritt für das ganze Universum‹, sie sodann dahinführte, um das Benöthigte zu verrichten, und darauf mit Hinterlassung derselben zum Himmel zurückflog. Davon sei nun das menschliche Geschlecht auf Erden entsprungen.«[208] Den Zorn der Obrigkeit kann man verstehen.

Es gingen Gerüchte, daß Kant bald zur Verantwortung gezogen werde. Es hieß, er werde entweder vor die Wahl gestellt, von seinen Ansichten abzuschwören oder die Universität zu verlassen. Gerade so wurde mit Kants Kollegen Hasse verfahren, der der Freigeisterei beschuldigt war. Hasse distanzierte sich, bereute; jetzt verhöhnte man ihn. Kants Rücktritt schien unvermeidlich.

Aus dem entfernten Braunschweig kam ein Brief von Campe, mit dem Kant damals korrespondiert hatte. Der ehemalige Pädagoge des ›Philanthropins‹ zweifelte nicht daran, daß der Philosoph jemals seinen Überzeugungen abschwören würde und bot ihm seine Unterstützung an: »Sehen Sie in diesem Falle sich als den Besitzer alles dessen an, was ich mein nennen darf; machen Sie mir und den Meinigen die Freude, zu uns zu kommen und in meinem ziemlich geräumigen Hause, welches von dem Augenblicke an das Ihrige sein wird, die Stelle eines Oberhaupts meiner kleinen Familie einzunehmen.«[209]

Der tief gerührte Kant antwortete Campe, daß die Gerüchte nicht zuträfen. »Der Kommandant unserer Stadt hat keine Aufforderung zum Widerruf meiner Meinungen an mich getan.« Aber Campe habe ganz richtig geurteilt, wie er, Kant, gehandelt hätte, wäre man mit solchen Vorstellungen an ihn herangetreten: solche könnten aber kaum ergehen, denn er habe ja keine Gesetze verletzt. Wenn aber das Äußerste geschieht, dann verfüge er über Mittel für die kurze Zeit des Lebens, die er noch vor sich habe, um auszukommen, ohne daß er jemandem zur Last fallen müsse, so gern dieser sie auch aus edler Teilnahme übernehmen möchte.

Im Juli 1794 ernannte ihn die russische Akademie der Wissenschaften zu ihrem Mitglied.[210] Auf der Sitzung am 28. Juli wurden vierzehn auswärtige Gelehrte gewählt. Kant war vom Geographen I. I. Georgi empfohlen, der nicht nur die ›Kritik der reinen Vernunft‹, sondern auch die ›Physische Geographie‹ pries, die damals noch gar nicht veröffentlicht und nur als Vorlesungsreihe bekannt war. In Rußland war Kant nicht nur in der Akademie ein Begriff. Nach Moskau brachte der Göttinger Ludwig Mellmann die Ideen der kritischen Philosophie: er lehrte sie in den neunziger Jahren zunächst am Gymnasium der Universität und dann an der Universität selbst. 1791 brachte N. Karamzin in seinem ›Moskovskij Žurnal‹ die ›Briefe eines russischen Reisenden‹, worin er seinen Besuch bei dem berühmten Philosophen schildert.

Im selben Jahr erschien in Petersburg der philosophische Roman ›Fausts Leben, Taten und Höllenfahrt‹. Er hatte mit dem Meisterwerk Goethes nicht nur das Sujet gemeinsam (der mittelalterlichen Legendenliteratur entlehnt), sondern auch die Kantische Perspektive auf das menschliche Leben und Treiben. Der Epilog des Buchs enthielt den ironischen Wunsch für die deutschen Philosophen, daß sie ihren großen Gegner, den alleszermalmenden Kant, besiegen mögen, damit ewig von ihren Kathedern der metaphysische Unfug dröhnen könne. Der Verfasser des anonym herausgebrachten Werks war das ehemalige Haupt des »Sturm und Drang«, Friedrich Maximilian Klinger, jetzt Offizier der russischen Armee und Fjodor Ivanovič Klinger genannt (er starb vollständig russifiziert im Rang eines Generalleutnants). Der Faust Klingers ist ein Gegner des feudalen Systems und des Klerikalismus, er ist erfüllt von Rechtsbewußtsein. Er erfand die Buchdruckerkunst, dennoch verfolgt er mit Mißtrauen die inhumane Verwendung der Wissenschaften. Bei seinen Streifzügen durch die weite Welt trifft er einmal auf eine Gruppe von wissensdurstigen Gelehrten, die Anatomie am lebenden Menschen studieren, dem die Haut abgezogen ist.

Im Sommer 1794 besuchte der russische Offizier Woldemar Ungern-Sternberg Kant. Dann druckte er in Petersburg ein Büchlein ›Sendschreiben an Rußland‹ mit einer Ode an Katharina II. und Widmungen an die Großen dieser Welt – den Grafen Rumjancev-Zadunajskij, den Fürsten Zubov, Feldmarschall Suvorov etc. Der Name des Professor Kant beschloß die Reihe. Der Verfasser nannte ihn einen Fürsten der Philosophen, einen Caesar der Weisen, einen großen Menschen ohne Titel und Orden; er versicherte, schon Aristoteles habe Kants Erscheinen vorausgeahnt und die Zarin Katharina habe seine Vorstellungen von einer bürgerlichen Gesellschaftsordnung verwirklicht. Katharinas Gesetze ermöglichten die moralische Freiheit, sie lehrt die Gleichheit der Rechte; Hütten und Paläste zieren die gleichen Rosen, alle Bürger trinken aus einem Becher. Kant hat Sternberg nicht geantwortet.

Dagegen wägte er in seinem Antwortschreiben an Fürst Belosel'skij jedes Wort; ihr Briefwechsel ist die interessanteste, doch völlig vergessene Episode in der Geschichte der Beziehungen zur russischen Kultur, die Kant noch zu Lebzeiten knüpfte. Das alles ist so interessant, daß wir es gesondert am Ende des Buches bringen.

Die Aufnahme Kants in die Petersburger Akademie der Wissenschaften fand im Juli 1794 statt. Im September erhielt er einen Brief vom Sekretär Euler (dem Sohn des berühmten Mathematikers): einmal mit dieser erfreulichen Nachricht, und dann mit dem Versprechen, das Diplom bei der ersten »sicheren Gelegenheit« zu schicken, sobald das kaiserliche Siegel angebracht sei. Das Leben floß in jenen Zeiten gemächlich, die Post arbeitete nur unregelmäßig. Aber schließlich gelangte das Diplom doch wohlbehalten an den Empfänger. Hier ist der Text:

Serenissimae ac Potentissimae Imperatricis

CATHARINAE SECUNDAE AUGUSTAE
totius Russiae Autocratoris
iussu
Ego CATHARINA PRINCEPS DASCHKAW
ab intimis AVGVSTAE Cubiculis Ordinis St. Catharinae Eques,
Academiae Scientiarum Director.

pro potestate ab AVGVSTA mihi concessa
Virum celeberrimum Suisque titulis condecorandum
Immanuelem Kant, Professorem Philosophiae Regiomonti
ob praeclara ejus in Scientias merita
Communi totius Academiae Petropolitanae suffragio
Collegam hujus Societatis externum
solemni hoc Diplomate declaro
eumque honore, privilegiis et beneficiis Academicorum
ordini concessis rite orno
Petropoli A. C. MDCCXCIV. die XXVIII Julii
(Unterschrift:) Princeps Daschkawiae

Johannes Albertus Euler

Academiae Conventus Secretarius perpetuus
Consil. Aul. et Ordinis St. Vladimeri Eques.

Es ist durchaus möglich, daß Kant die ermutigenden Worte aus Petersburg gleichzeitig mit dem Tadel las, der aus Berlin eintraf. Denn das Gewitter brach nun doch herein. Die preußische Regierung hatte sich lange den Kopf zerbrochen, wie der weltberühmte Gelehrte zur Rechenschaft zu ziehen sei, ohne daß man dabei in eine peinliche Lage geriete. Schließlich war die Form gefunden: im Oktober 1794 erhielt Kant eine königliche Kabinettsorder, aber niemand – außer dem Philosophen – wußte davon. Der Spezialbefehl wurde nicht veröffentlicht, er ging Kant als Privatbrief zu. »Unsere höchste Person hat schon seit geraumer Zeit mit großem Mißfallen ersehen: wie Ihr Eure Philosophie zu Entstellung und Herabwürdigung mancher

Haupt- und Grundlehren der heiligen Schrift und des Christentums mißbraucht; wie Ihr dieses namentlich in Eurem Buch: ›Religion innerhalb der Gränzen der bloßen Vernunft‹, desgleichen in anderen, kleineren Abhandlungen getan habt. Wir haben Uns zu Euch eines Besseren versehen, da Ihr selbst einsehen müsset, wie unverantwortlich Ihr dadurch gegen Eure Pflicht als Lehrer der Jugend und gegen Unsere Euch sehr wohl bekannte landesväterliche Absichten handelt (nachdem sich Kant über die Idee einer »väterlichen« Regierung lustig gemacht hatte, war es etwas riskant, diesen Begriff in einem offiziellen Dokument zu gebrauchen!). Wir verlangen des ehsten Eure gewissenhafteste Verantwortung und gewärtigen Uns von Euch bei Vermeidung Unserer höchsten Ungnade, daß Ihr Euch künftighin Nichts dergleichen werdet zu Schulden kommen lassen, sondern vielmehr Euer Ansehen und Eure Talente dazu anwenden, daß Unsere landesväterliche Intention je mehr und mehr erreicht werde; widrigenfalls Ihr Euch bei fortgesetzter Renitenz unfehlbar unangenehmer Verfügungen zu gewärtigen habt.«[211] Wöllner hatte die Depesche im Namen des Königs unterzeichnet.

Von seinen Ansichten abzurücken gehörte nicht zu den Regeln Kants, Widerstand zu leisten lag nicht in seinen Kräften. Auf ein ihm zufällig in die Hände fallendes Zettelchen kritzelte er die einzig mögliche Taktik: »Wiederruf und Verläugnung seiner inneren Überzeugung ist niederträchtig und kan niemanden zugemuthet werden; aber Schweigen in einem Falle wie der Gegenwärtige ist Unterthanspflicht und wenn alles was man sagt wahr sein muß so ist darum nicht auch Pflicht alle Wahrheit öffentlich zu sagen.«[212] So nahm der kategorische Imperativ seine konkret-historische Form an.

Kant wurde zu unverzüglicher Antwort aufgefordert, und er antwortete unverzüglich. Er beachtete zwar alle unumgänglichen Demutsformeln, die ein ergebener Untertan gegenüber seinem Monarchen zu gebrauchen hatte, doch bereute er keineswegs, sondern wies in allen Punkten die angeführten Beschuldigungen zurück. Erstens habe er als »Lehrer der Jugend« in seinen Vorlesungen nicht die Grenzen der philosophischen Beurteilung der Religion überschritten; um sich davon zu überzeugen, könne man die Nachschriften seiner Studenten prüfen.

Zweitens habe er als Verfasser der ›Religion innerhalb der Grenzen der bloßen Vernunft‹ nicht gegen die »höchste landesväterliche Absicht« gehandelt, denn die letztere sei am Wohl der Landesreligion interessiert, wogegen das genannte Buch für die Gelehrten der theologischen und philosophischen Fakultäten bestimmt gewesen sei, wobei darin herausgefunden werden sollte, auf welche Weise man deutlich und wirksam die Religion ins menschliche Herz senken könne, eine Lehre, von der das Volk ohnehin keine Vorstellung hat. Drittens sei in dem genannten Buch keine Herabwürdigung des Christentums zu finden, denn es enthalte keinerlei Beurteilungen von Offenbarungen existierender Religionen; nur die Vernunftreligion wird dort untersucht als höchste Bedingung jeder wahren Religion. Sein Ankläger möge nur einen Punkt nennen, wo er sich erlaubt habe, das Christentum herabzuwürdigen, es als Offenbarungslehre zu bestreiten oder es als unnötig anzusehen. Viertens bestand Kant darauf, daß er dem Christentum wahre Hochachtung bezeugt habe, indem er die Bibel als das beste vorhandene Mittel für die Gründung und Erhaltung einer moralischen Landesreligion erklärt habe. Und fünftens, »daß ich endlich, so wie ich anderen Glaubensbekennern jederzeit und vorzüglich gewissenhafte Aufrichtigkeit, nicht mehr davon vorzugeben und anderen als Glaubensartikel aufzudringen, als sie selbst davon gewiß sind, empfohlen, ich auch diesen Richter in mir selbst bei Abfassung meiner Schriften jederzeit als mir zur Seite stehend vorgestellt habe, um mich von jedem nicht allein seelenverderblichen Irrtum, sondern selbst jeder Anstoß erregenden Unbehutsamkeit im Ausdruck entfernt zu halten; weshalb ich auch jetzt in meinem 71sten Lebensjahre, wo der Gedanke leicht aufsteigt, es könne wohl sein, daß ich für alles dieses in kurzem einem Weltrichter als Herzenskündiger Rechenschaft geben müsse, die gegenwärtige mir wegen meiner Lehre abgeforderte Verantwortung als mit völliger Gewissenhaftigkeit abgefaßt freimütig einreichen kann«.[213] Und schließlich sechstens, um nicht mehr Anlaß zu geben für die Beschuldigung der Entstellung und Herabwürdigung der Religion, verspricht der Philosoph, »als Ew. Königl. Maj. getreuester Untertan«, sich im weiteren aller öffentlichen Vorträge die Religion betreffend zu enthalten.

Kants Antwort war die eines großen Ironikers. »Als Ew. Königl. Maj. getreuester Untertan« – diese Demutsformel war doppelsinnig gemeint: nach dem Tod Friedrich Wilhelms verkündete Kant, er sei nun frei von der auf sich genommenen Verpflichtung, denn jetzt sei er Untertan einer anderen »Majestät«. Im ›Streit der Fakultäten‹ kehrte Kant zur Bibelerklärung zurück und veröffentlichte im Vorwort dieses Werks seinen Briefwechsel mit dem König.

›Der Streit der Fakultäten‹ ist nach den Worten Kants »eigentlich bloß publizistisch«[213] – polemisch und ironisch geschrieben. Das gilt besonders für den ersten Teil aus dem Jahre 1794, der unter dem Eindruck der staatlichen Rüge entstanden ist. Die drei »oberen« Fakultäten – die theologische, juristische und medizinische – stützen sich nicht auf die Vernunft, sondern auf Statuten. Die Theologen gehen von der Bibel aus, die Juristen vom Landesrecht und sogar die Mediziner richten sich bei ihren Therapien nicht nach der Physik des menschlichen Körpers, sondern nach medizinischen Handbüchern. (Im übrigen ist aber die medizinische Fakultät wesentlich freier als die ersten beiden, der »philosophischen sehr nahe«.)

Der Streit zwischen den Fakultäten geht um den Einfluß aufs Volk. Letzteres will geleitet – das heißt in der Sprache der Demagogen: betrogen – sein. Und Kant spottet über einen solchen Standpunkt des Spießers: »Was ihr Philosophen da schwatzet, wußte ich längst von selbst; ich will aber von euch als Gelehrten wissen: wie, wenn ich auch ruchlos gelebt hätte, ich dennoch kurz vor dem Torschlusse mir ein Einlaßbillett ins Himmelreich verschaffen, wie, wenn ich auch Unrecht habe, ich doch meinen Proceß gewinnen, und wie, wenn ich auch meine körperlichen Kräfte nach Herzenslust benutzt und mißbraucht hätte, ich doch gesund bleiben und lange leben könne.«[214]

Die oberen Fakultäten sind die rechte Seite des Parlaments der Gelehrtheit, die Regierungspartei, die philosophische Fakultät ist die linke Seite, eine Art Oppositionspartei, und deshalb eine unumgänglich notwendige Instanz für den Staat. Denn ohne deren strenge Prüfung und Einwände hat die Regierung keinen klaren Begriff davon, was ihr selbst zuträglich und was ihr schädlich ist. Die Philosophen sind dazu berufen, die drei oberen Fakultäten zu kontrollieren, im übrigen sind sie ein durchaus bescheidenes Volk: »auch kann man allenfalls der theologischen Fakultät den stolzen Anspruch, daß die philosophische ihre Magd sei, einräumen (wobei doch noch immer die Frage bleibt: ob diese ihrer gnädigen Frau die Fackel vorträgt oder die Schleppe nachträgt), wenn man sie nur nicht verjagt oder ihr den Mund zubindet.« Kant glaubt an den Fortschritt und hofft, daß die Situation sich mit der Zeit ändert: die »letzten werden die ersten«, die untere Fakultät die obere, nicht als Machtherrschaft versteht sich (danach streben die Philosophen nicht), sondern doch im Sinne der »Berathung des Machthabenden (der Regierung), als welche in der Freiheit der philosophischen Facultät und der ihr daraus erwachsenden Einsicht besser als in ihrer eigenen absoluten Autorität Mittel zur Erreichung ihrer Zwecke antreffen würde«.[215]

Im ›Streit der Fakultäten‹ wiederholt Kant hartnäckig: Kirchenglaube kann nicht mit Religion zusammenfallen. »Nehme ich das Glauben . . . zu einem Prinzip an, so ist ein solcher Glaube . . . gar kein Stück der Religion.«[216] Der Glaube an die biblischen Lehren ist an sich kein Verdienst, sondern sogar ein Mangel an Glauben, und auch der Zweifel ist an sich keine Schuld. ». . . alles kommt in der Religion aufs Thun an.«[217] Die theoretische Vernunft krönt das Wissen, die praktische ist nicht Glaube, sondern Handeln.

Am Anfang war die Tat. So hat der Faust Goethes das Johannesevangelium verstanden. Handeln ist das Prinzip des Seins, lautet eine andere Übertragung. Kant hätte präzisieren können: im moralischen Handeln liegt das Prinzip menschlichen Seins. Den ›Streit der philosophischen Fakultät mit der theologischen‹ beschließt eine Überlegung zur spezifischen Merkmalhaftigkeit des Menschen. Keineswegs unterscheidet er sich durch den Verstand vom Tier, der Instinkt ist auch eine »Art Verstand«. Nur die Moral macht den Menschen zum Menschen. Verliert er sie, verkehrt der Mensch sich zum Tier.

Nach der ›Kritik der Urteilskraft‹ steht das Problem des Menschen im Mittelpunkt der Lehre Kants: ganz offen und nicht mehr latent. Die drei früheren Grundfragen der Philosophie ergänzt er jetzt durch eine vierte – die wichtigste: die Frage nach dem Menschen. Hier ist ein Zeugnis aus der Mitte der neunziger Jahre: »Das Feld der Philosophie in dieser weltbürgerlichen Bedeutung läßt sich auf folgende Fragen bringen:

1. Was kann ich wissen?
2. Was soll ich thun?
3. Was darf ich hoffen?
4. Was ist der Mensch?

Die erste Frage beantwortet die Metaphysik, die zweite die Moral, die dritte die Religion, und die vierte die Anthropologie. Im Grunde könnte man aber alles dieses zur Anthropologie rechnen, weil sich die drei ersten Fragen auf die letzte beziehen.«[218]

Der Mensch ist zur Gesellschaft geboren, sagte man zu Zeiten Kants. Je länger Kant nachdachte, um so mehr sann er über diesen Punkt. Die Anerkenntnis der kulturbildenden (vor allem künstlerischen) Tätigkeit des Menschen als Universalprinzip bedeutete für Kant noch nicht die ganze Lösung der Frage nach dem Menschen. Gerade in der kulturellen Entwicklung entdeckte er Widersprüche, die zu beseitigen weder in der Macht allein des kategorischen Imperativs, noch der künstlerischen Intuition lag. Der Mensch an sich richtet hier nichts aus. Worauf kann er aber dann dennoch hoffen? Kant ergänzt die religiöse und ethische Lösung des Problems durch eine soziologische. Hoffen kann man auf die anderen, auf die Gesellschaft im ganzen, auf ihre sozial-rechtlichen Institutionen. Die Philosophie des Rechts ist ein neuer Abschnitt in der geistigen Entwicklung Kants, den er eröffnete, als er schon ein Greis war. Die Philosophie Kants ist optimistisch. Er liebt nicht nur den Menschen, sondern glaubt an ihn, hofft auf seine Vernunft, seinen Willen, seine Hochherzigkeit. Glaube, Hoffnung, Liebe – diese Triade bedeutete für Kant ebensoviel wie die bereits bekannte des Guten, Wahren und Schönen.

Siebentes Kapitel

ZUM EWIGEN FRIEDEN

> Was kann aber, wenn man nahe daran ist, diese Welt zu
> verlassen, tröstender sein, als zu sehen, daß man nicht um-
> sonst gelebt habe.
>
> Kant

Das Zeitalter der Aufklärung endete in Kriegen. Das Reich der
Vernunft, einst verkündet von den geistigen Führern des Dritten Standes, verkehrte sich in blutige Herrschaft und Kampf um
die politische und ökonomische Hegemonie.

Das Frankreich der Revolution wollte nicht auf Fremdeinfälle
warten und ging selbst zum Angriff über. Die Nationalver-
sammlung erklärte den »Tyrannen Europas« den Krieg. In
Preußen war dieser Krieg unpopulär. Der an der Kampagne
teilnehmende Goethe verbarg nicht seine Verachtung gegenüber den französischen Emigranten, die von einer Wiederer-
richtung der Monarchie träumten. Nach der Niederlage von
Valmy äußerte er den berühmten Satz: »Von hier und heute geht
eine neue Epoche der Weltgeschichte aus.«

Die Franzosen ergriffen nun die Offensive. Ihre Truppen drangen in deutsches Gebiet ein. Mainz fiel und Frankfurt. In Mainz
entstand ein Revolutionskonvent, der den Anschluß an Frankreich verkündete (zu den Mainzer Führern gehörten Kants
Opponent Forster und der Kantianer Dorsch). Frankfurt mußte
gewaltige Abgaben zahlen: in Paris war man der Meinung, der
Krieg solle sich selbst und möglichst noch die ganze französische Nation ernähren. Die Franzosen konnten sich in Frankfurt
nicht halten, im Sommer 1793 gaben sie auch Mainz auf. Mit
wechselndem Erfolg dauerten die Kriegshandlungen bis zum
April 1795.

Königsberg erfuhr nur mit großer Verspätung von den westeu-
ropäischen Ereignissen. Jetzt las Kant die Zeitung nicht erst
abends während seiner Mußestunde, sondern sobald sie eingetroffen war. Die Politik interessierte ihn immer mehr. Der
Frieden von Basel brachte einen Waffenstillstand zwischen
Preußen und Frankreich, beendete jedoch nicht den Kriegszu-
stand: weitere Zusammenstöße waren also vorauszusehen. Der

Philosoph trug dieser Situation Rechnung in dem bekannten Traktat ›Zum ewigen Frieden‹, wo sich theoretische Gründlichkeit mit der politischen Aktualität organisch verbindet und in der uns bekannten nuanciert ironischen Form seinen Ausdruck findet.

Schon der Titel ›Zum ewigen Frieden‹ mußte für ein deutsches Ohr doppelsinnig klingen: zunächst als stereotypische Formel für die Untertitel wissenschaftlicher Arbeiten; dann erinnerte er auch – nicht weniger stereotyp – an die Aufschrift eines Wirtshausschildes. Kant ließ es sich nicht nehmen, diesen Doppelsinn auszubeuten. »Ob diese satirische Überschrift auf dem Schilde jenes holländischen Gastwirths, worauf ein Kirchhof gemalt war, die Menschen überhaupt, oder besonders die Staatsoberhäupter, die des Krieges nie satt werden können, oder wohl gar nur die Philosophen gelte, die jenen süßen Traum träumen, mag dahingestellt sein.«[219] So beginnt der Traktat über den Frieden.

Auch »ewiger Frieden« ist doppelsinnig, insofern gleichsam der Menschheit zwei mögliche Lösungen angeboten werden: einmal das Ende aller Feindseligkeiten aufgrund eines universalen Vertrags aller Staaten; zum anderen der ewige Frieden auf dem gigantischen Friedhof der Menschheit – nach einem Vernichtungskrieg. Von der ersten Möglichkeit konnte eigentlich jeder träumen; die zweite Möglichkeit eröffnete sich im achtzehnten Jahrhundert nur einem Menschen, der daran gewöhnt war, alles bis zu Ende zu denken. Über die erste Möglichkeit hatten zu jener Zeit schon viele geschrieben, den Verweis auf die zweite finden wir nur bei Kant.

Im übrigen ist er aber Optimist und setzt sich unermüdlich für eine Verständigung unter den Völkern ein. Seine Abhandlung hat er wie einen Vertrag aufgebaut: er parodiert entsprechende diplomatische Vorlagen. Zuerst kommen die Präliminarartikel, dann die Definitivartikel; sogar ein Geheimartikel taucht auf. Die Präliminarartikel formulieren die Bedingungen, die den Weg zu normalen Beziehungen zwischen den Staaten ebnen sollen. 1. Es darf kein Friedensschluß für einen solchen gelten, der mit dem geheimen Vorbehalt des Stoffs zu einem künftigen Kriege gemacht worden ist. 2. Es soll kein für sich bestehender Staat (klein oder groß, das gilt hier gleichviel) von einem andern

Staate durch Erbung, Tausch, Kauf oder Schenkung erworben werden können. 3. Stehende Heere sollen mit der Zeit ganz aufhören. 4. Es sollen keine Staatsschulden in Beziehung auf äußere Staatshändel gemacht werden. 5. Kein Staat soll sich in die Verfassung und Regierung eines andern Staats gewalttätig einmischen. 6. Es soll sich kein Staat im Kriege mit einem andern solche Feindseligkeiten erlauben, welche das wechselseitige Zutrauen im künftigen Frieden unmöglich machen müssen: als da sind Anstellung der Meuchelmörder, Giftmischer, Brechung der Kapitulation, Anstiftung des Verrats in dem bekriegten Staat etc.

In den »Definitiv«artikeln geht es um die Erhaltung des erzielten Friedens. Die bürgerliche Verfassung in jedem Staat soll republikanisch sein. (Die Republik ist für Kant mit Monarchie vereinbar: Rechtsordnung, Öffentlichkeit und Gewaltenteilung sind nötig; Friedrich II. hat Kants Meinung nach das Land republikanisch regiert.) Der zweite Definitivartikel zum ewigen Frieden bestimmt die Voraussetzung für ein allgemeines Völkerrecht: es müßte zur Gründung eines freiwilligen Völkerbundes kommen mit einer Verfassung wie für den republikanischen Einzelstaat, der also jedem Mitglied sein Recht garantiert. Der Völkerbund, ein »Föderalism freier Staaten«, ist nicht ein Weltstaat; Kant tritt unzweideutig für die Bewahrung der nationalen Souveränität ein. Der dritte Definitivartikel beschränkt das »Weltbürgerrecht« auf das Recht der Gastfreundschaft in einem fremden Land. Jeder soll die Möglichkeit haben, jeden beliebigen Erdwinkel zu besuchen, ohne mit Feindseligkeiten rechnen zu müssen. Jedes Volk hat das Recht auf das Territorium, das es innehat: Fremdankömmlinge sollen nicht mit Unterdrückung drohen. Kant ist ein Gegner der Kolonialherrschaft.

Er war natürlich nicht der erste, der das Leiden des Kriegs begriffen hatte. Schon die Antike machte sich Gedanken, wie dem Blutvergießen innerhalb der Menschengemeinschaft ein Ende gesetzt werden könnte. Erasmus von Rotterdam rief die Monarchen auf, die Kriegshandlungen einzustellen. Im siebzehnten Jahrhundert kam dann der Gedanke auf, einen ewigen Frieden auf dem Wege des Vertrags zwischen allen Staaten herbeizuführen. St.-Pierre und Rousseau waren glühende Anhänger dieser Vorstellung. Das neue Argument, das Kant in die

Debatte einbrachte, war die Begründung der unumgänglichen Notwendigkeit, einen ewigen Frieden auf Erden herbeizuführen. Nicht der zufällige Wille des Monarchen, sondern die historische Notwendigkeit überwindet den Krieg als Form zwischenstaatlicher Beziehungen. Die Staaten schicken sich an, einen Weltbund zu schaffen, wie man sich einst anschickte, einen Einzelstaat zu gründen. In beiden Fällen ist es unausweichlich, auf einen Teil seiner Rechte Verzicht zu leisten (besonders auf Eigenmächtigkeit); das kann sich aber durchaus mit Selbständigkeit vertragen. Diesen Gedanken hat Kant schon 1784 im Aufsatz über die allgemeine Geschichte geäußert. Er hat ihn beibehalten und unaufhörlich wiederholt. Kant suchte nicht, die Monarchen zu überzeugen; er geißelte nicht ihre Weltlichkeit, wie das seine Vorgänger taten. Er beharrte auf der unausweichlichen Notwendigkeit des Friedens und spottete über die, die das Geheiß der Zeit nicht zur Kenntnis nahmen.

Den Vertrag zum ewigen Frieden krönt ein Geheimartikel. Was enthält er? Es ist nur ein Scherz: »Die Maximen der Philosophen über die Bedingungen der Möglichkeit des öffentlichen Friedens sollen von den zum Kriege gerüsteten Staaten zu Rate gezogen werden.« Alle Erklärungen zu diesem »Artikel« sind Ironie und Spott. Hier der Passus über die Juristen: Der Jurist, »der die Waage des Rechts und nebenbei auch das Schwert der Gerechtigkeit sich zum Symbol gemacht hat, bedient sich gemeiniglich des letzteren, nicht um etwa bloß alle fremden Einflüsse von dem ersteren abzuhalten, sondern wenn die eine Schale nicht sinken will, das Schwert mit hineinzulegen«. Und hier geht es über Philosophen, die eingedenk der platonischen Utopie Anspruch auf Macht erheben: »Daß Könige philosophiren, oder Philosophen Könige würden, ist nicht zu erwarten, aber auch nicht zu wünschen: weil der Besitz der Gewalt das freie Urtheil der Vernunft unvermeidlich verdirbt. Daß aber Könige oder königliche (sich selbst nach Gleichheitsgesetzen beherrschende) Völker die Classe der Philosophen nicht schwinden oder verstummen, sondern öffentlich sprechen lassen, ist Beiden zu Beleuchtung ihres Geschäfts unentbehrlich . . .«[220] Und welche Ratschläge erteilt Kant dem Praktiker in der Politik? 1. Fac et excusa. Ergreife die günstige Gelegenheit zur eigenmächtigen Besitznehmung (entweder eines Rechts des

Staats über sein Volk, oder über ein anderes benachbarte); die Rechtfertigung wird sich weit leichter und zierlicher *nach* der Tat vortragen und die Gewalt beschönigen lassen, als wenn man zuvor auf überzeugende Gründe sinnen und die Gegengründe darüber noch erst abwarten wollte. 2. Si fecisti, nega. Was du selbst verbrochen hast, z. B. um dein Volk zur Verzweiflung und so zum Aufruhr zu bringen, das leugne ab, daß es deine Schuld sei; sondern behaupte, daß es die der Widerspenstigkeit der Untertanen sei. 3. Divide et impera. »Das ist: sind gewisse privilegierte Häupter in deinem Volk, welche dich bloß zu ihrem Oberhaupt (...) gewählt haben, so veruneinige jene untereinander und entzweie sie mit dem Volk: stehe nun dem letztern unter Vorspiegelung größerer Freiheit bei, so wird alles von deinem unbedingten Willen abhängen. Oder sind es äußere Staaten, so ist Erregung der Mißhelligkeit unter ihnen ein ziemlich sicheres Mittel, unter dem Schein des Beistandes des Schwächeren einen nach dem andern dir zu unterwerfen.« Zum Schluß meint Kant, daß durch solche politischen Maximen natürlich niemand getäuscht werde, da sie ohnehin schon bekannt sind. Beschämend ist auch gar nicht das allgemeine Bekanntwerden, sondern das Mißlingen derselben.

Wie ist Politik mit Moral vereinbar? Es gibt zwei Möglichkeiten: entweder die Moral den Interessen der Politik anzupassen oder die Politik der Moral zu unterwerfen. Die erste Verhaltensweise wählt der »politische Moralist«, er fängt da an, wo der »moralische Politiker« aufhört (indem er »die Pferde hinter den Wagen spannt«): er ordnet die Grundsätze dem Zweck unter. Eine ursprüngliche Einheit von Politik und Moral ist nur auf der Grundlage des Rechts möglich. Und Öffentlichkeit ist eine Garantie dafür.

Keines von Kants Werken erregte ein so lebhaftes und unmittelbares Interesse. Die erste Auflage des Traktats zum ewigen Frieden riß man sich förmlich aus der Hand. Der Herausgeber Nicolovius brachte noch im selben Jahr 1795 die zweite Auflage heraus. Gleichzeitig erschien in Bern eine französische Übersetzung, mit der Kant jedoch nicht zufrieden war. 1796 brachte Nicolovius eine weitere deutsche und eine, von Kant autorisierte, französische Ausgabe heraus. In Paris entstand eine dritte Übersetzung, die als Buch erschien, aber auch in Auszügen im

›Moniteur‹ abgedruckt wurde. Das halbamtliche Blatt schrieb: »Der berühmte Kant, der in Deutschland eine geistige Revolution zustande gebracht hat, die jener gleicht, die die Laster des Ancien Régime in Frankreich tatsächlich hat geschehen lassen, dieser Mann hat sich mit der ganzen Kraft seines Namens der Sache der republikanischen Verfassung angenommen!«[221]

Es ist interessant, daß schon zur damaligen Zeit die Übereinstimmung der Ideen der kritischen Philosophie mit dem Geist der Französischen Revolution gesehen wurde. Heine hat die Einheitsmomente richtig empfunden (Marx hat Kants Philosophie direkt eine deutsche Theorie der Französischen Revolution genannt). Heine täuscht sich nur in den Vergleichspersonen. Nicht für den Extremisten Robespierre, sondern für den gemäßigten Sieyès hat sich Kant begeistern können. Sieyès versuchte in Paris, Vorlesungen über Kants Philosophie zu organisieren; und nur weil ein Fachmann fehlte, konnten sie nicht stattfinden. Als Wilhelm Humboldt 1798 nach Paris kam, bat Sieyès ihn, französische Gelehrte mit den Grundideen des Kritizismus bekannt zu machen. Es fand ein fünfstündiges Kolloquium statt, zu dem vor allem namhafte »Metaphysiker« (Cabanis, Destutt de Tracy und andere) eingeladen waren. Humboldt erzählte schließlich, daß er sich dem Auditorium nicht recht habe verständlich machen können, weil die Franzosen zum abstrakten Denken nicht disponiert seien. Es gab auch andere Meinungen: der Dozent sei den ›Kritiken‹ Kants nicht gewachsen gewesen.

Gerüchte gingen, Sieyès beabsichtige, Kant um ein Gutachten der entworfenen Verfassung zu ersuchen; daß Paris sich an Berlin mit der Bitte gewandt habe, den Philosophen nach Frankreich zu beordern, damit er dort zugunsten einer Verbesserung des Staatsaufbaus wirke. 1797 erschien ein Buch (unbekannt, wo und von wem ediert): ›Antwort Professor Kants auf Abbé Sieyès‹; der Inhalt war eine christliche Utopie, am Schluß des Buchs gestand der Verfasser die Irreführung.

General Bonaparte zeigte lebhaftes Interesse an allen Absonderlichkeiten. Die Philosophie Kants machte da für ihn keine Ausnahme. Als der Erste Konsul sich in Genf aufhielt, hatte schon ein recht verschwommener Gelehrter erfolglos versucht, ihn zum Kantianismus zu bekehren. Bald darauf fragte er in

Lausanne einen dortigen »Weisen« nach dem Verhältnis der Schweizer zur Philosophie Kants. Er hörte die Antwort: »General, wir verstehen sie nicht«, und wandte sich froh an seinen Begleiter: »Haben Sie's wohl gehört, Berthier? Kant wird hier auch nicht verstanden!«[222]

Schließlich erfuhr Bonaparte, daß sich in Paris ein hervorragender Kenner Kants, der ehemalige Emigrant Charles de Villers, aufhalte: dieser hatte eine französische Darstellung der ›Kritik der reinen Vernunft‹ verfaßt, die auch deutsch übersetzt und gedruckt worden war. Der Erste Konsul zitierte Villers herbei und hieß ihn, in vier Stunden auf vier Seiten einen Abriß der Kantischen Philosophie zu liefern. Das anerkennenswert klare Ergebnis machte auf Bonaparte aber nicht den schuldigen Eindruck. Als er mit dem Papst das Konkordat schloß, erlaubte sich der künftige Empereur das Wort: »Die Priester sind mehr wert als die Cagliostro, die Kant und alle die deutschen Schwärmer!«

Die Ereignisse in Zentraleuropa verstärkten noch Kants zunehmendes Interesse an Problemen des öffentlichen Rechts. Die Moral gibt das innere Gesetz für menschliches Verhalten, in den Rechtsprinzipien vereinigt sich innere Überzeugung mit äußerem Zwang. Schließlich entsteht eine Kraft, die das Leben der Gesellschaft reglementiert, insofern sie die Sittlichkeit festigt und den Menschen vor der Willkür anderer bewahrt.

Das Recht ist formal. Es ist verbindlich für alle und läßt da keine Ausnahme zu. Macht man bei der Forderung nach dem Gesetzesvollzug nur die geringste Ausnahme, werden die Gesetze unfest und unbrauchbar. Das hat Kant schon bezüglich der Sittlichkeit gesagt: ebenso verhält es sich mit dem Recht. Natürlich haben wir auch hier unsere Schwierigkeiten und Widersprüche. Kant schließt davor nicht die Augen, sondern nennt selbst zwei Fälle, wo das Recht zweideutig wird.

Einmal handelt es sich hier um die Aufforderung zur Gerechtigkeit (»Billigkeit«). Wenn einer zum Beispiel seinen Lohn zu weit schlechterem Geldwert gezahlt erhält, als das bei Abschluß des Kontrakts der Fall war: nun kann jener sich bei gleichem Zahlwert, aber ungleichem Geldwert weit weniger kaufen. Das ist ungerecht, doch hat der Geschädigte keine Rechtsgrundlage für weiterreichende Ansprüche. Er kann nur die Billigkeit anrufen, die stumme Gottheit, deren Stimme nicht vernommen wird.

Vom Standpunkt der Gerechtigkeit ist dieses strikte (enge) Recht die höchste Ungerechtigkeit. Aber da ist nichts zu machen. Gesetze sind zu achten. Das ist ein Axiom des Rechtsbewußtseins.

Der andere Fall von zweideutigem Recht ist das Notrecht. Es heißt: »Not kennt kein Gebot.« Nichtsdestoweniger darf es keine solche Not geben, die Unrecht zur Gesetzmäßigkeit erheben würde – so Kant. Hier verhält es sich nicht anders als bei der Verletzung der sittlichen Normen: ist man gezwungen, ein Gesetz zu übertreten, dann soll man sich auch dazu bekennen und nicht Böse für Gut ausgeben, Rechtsbruch für Rechtsgehorsam.

Kants ›Metaphysik der Sitten‹ ist ein Loblied auf das Rechtsbewußtsein. Sie erschien in zwei gesonderten Teilen im Januar und August 1797: der erste ist dem Recht, der zweite der Moral gewidmet. In der Rechtsphilosophie findet Kant die wesentliche ergänzende Antwort auf die Frage: was kann ich hoffen. Außer der Hoffnung auf sich selbst führt Kant Hoffnung auf die Gesellschaft an, soziale Institutionen, juridische Gesetze.

Schließlich erfährt auch die Kantische Moralauffassung eine Veränderung: sie verliert ihre rigoristischen Züge. Immer wieder übermächtigen den Denker die »kasuistischen Fragen«, auf die sich keine eindeutige Antwort geben läßt. Er wird duldsamer, richtet weniger Forderungen an den Menschen, verzeiht ihm zunehmend seine Verfehlungen. Er spricht von der Glückseligkeit als dem Endzweck des Menschengeschlechts, von der Liebe als Glückseligkeit ermöglichender Kraft. Der zweite Teil der ›Metaphysik der Sitten‹ enthält wesentliche Korrektive zur ›Kritik der praktischen Vernunft‹ und anderen ethischen Werken.

Wenden wir uns aber wieder dem ersten Teil zu. Das Recht läßt sich nach Kant in Privatrecht und öffentliches Recht unterteilen; das erste behandelt die Beziehungen zwischen Privatpersonen, das andere die zwischen dem Einzelwesen und der Gesellschaft und auch zwischen sozialen Gruppen. Hauptproblem des Privatrechts ist der Besitz. Privatbesitz ist die Grundlage der bürgerlichen Gesellschaft, doch nicht von Anfang an: »Mein« und »Dein« sind ein Ergebnis der Geschichte. Objekt des Besitzes können nur Sachen sein; der Mensch lediglich deren Subjekt.

Man darf nicht einen Menschen in Besitz nehmen. Es gibt allerdings eine Sphäre des dinglich-persönlichen Rechts, wo Menschen sich als Sachen betrachten und sich einander zu wechselseitigem Gebrauch hingeben. Das geschieht in der Ehe, die Kant als »Verbindung zweier Personen verschiedenen Geschlechts zum lebenswierigen wechselseitigen Besitz ihrer Geschlechtseigenschaften« definiert. Kant betont unablässig die Gleichheit beider Ehepartner. Deshalb kann nicht nur der Mann die weggelaufene Ehefrau zurückfordern, sondern auch umgekehrt. Beide haben auch gleiches Recht auf Genuß. Hier verfährt der eingefleischte Junggeselle Kant weitaus großzügiger als zum Beispiel sein Nachfolger, der verehelichte Fichte, der doch wahrhaftig meinte, nur der Mann dürfe beim Akt Vergnügen empfinden. Die Rechtsattribute des Bürgers sind Freiheit, Gleichheit und Selbständigkeit. Die ersten beiden sind den Parolen der Französischen Revolution entnommen und richten sich gegen alle Art von feudaler Abhängigkeit, Despotismus und Klassenunterschieden: vor dem Gesetz sind alle gleich – folglich Freiheit, Gleichheit . . . Die dritte Devise auf den Fahnen der Sansculotten war so ein mythischer Begriff – Brüderlichkeit –; Kant krönt seine Dreiheit rechtlicher Attribute mit einem deutlicheren Begriff: »bürgerliche Selbständigkeit«. Unselbständig sind nach Meinung Kants Kinder, Frauen und Diener: deswegen gesteht er ihnen kein Wahlrecht zu. Das Recht überhaupt beläßt er ihnen aber; vor dem Gesetz sind alle gleich, wiederholt er hartnäckig. Man muß hier ergänzend hinzufügen, daß auch die Verfassung der Jakobiner von 1793 kein Wahlrecht für die Bediensteten vorsah. Das war der Geist der Zeit.

Um den Despotismus auszuschalten, besteht Kant auf der strikten Gewaltenteilung. Der Gedanke ist nicht neu, doch in der ›Metaphysik der Sitten‹ ist er mit äußerster Folgerichtigkeit und Überzeugungskraft dargelegt. In jedem Staat gibt es drei Gewalten: die Herrschergewalt, die die Gesetze gibt, dann die vollziehende Gewalt, die auf der Grundlage der bestehenden Gesetze regiert, und die rechtsprechende Gewalt, die für die Einhaltung der Gesetze sorgt. Despotismus taucht dann auf, wenn nicht hinreichende Unabhängigkeit der einen Gewalt von den beiden anderen gewahrt ist. Das Gegenteil des Despotismus ist, nach Kant, die Republik. Wenn unter den Bedingungen der konstitutionellen Monarchie das Prinzip der Gewaltenteilung verwirklicht ist, dann haben wir es auch hier mit einer Republik zu tun. Kant wurde königlich-preußischer Republikaner genannt. Die Monarchie (Autokratie) ist die einfachste und deshalb vorzuziehende Weise des Regierens. Sie neigt zwar zur Gefahr, in den Despotismus abzuleiten, aber dagegen ist auch die Demokratie nicht gefeit (die, wenn sie sich verkehrt, in Ochlokratie übergeht – die despotische Herrschaft des Pöbels). Der Regierungsform mißt Kant ohnehin nicht allzu große Bedeutung zu. Hauptsache ist, daß nicht Menschen, sondern Gesetze das Land regieren. Dann wird auch keine der drei Gewalten ihre Vollmachten überschreiten.

Die gesetzgebende Gewalt verkörpert der vereinigte Wille des Volkes. Der Gesetzgeber kann nicht zugleich Regent sein, denn der erste gibt die Gesetze und der andere ist ihnen unterworfen. Weder Gesetzgeber noch Regent können das Gericht bilden, sie bestimmen nur die Richter. Das Volk richtet sich selbst durch diejenigen seiner Mitbürger, die durch freie Wahl, als Repräsentanten desselben, dazu ernannt sind. Aus Kants Feder flossen Forderungen, die in erstaunlichem Maße mit dem Programm der Französischen Revolution übereinstimmen. Sie unterscheiden sich nur in der Wahl der Mittel.

Kants These ist klar: »Der Grund der Pflicht des Volks einen, selbst den für unerträglich ausgegebenen Mißbrauch der obersten Gewalt dennoch zu ertragen, liegt darin: daß sein Widerstand wider die höchste Gesetzgebung selbst niemals anders als gesetzwidrig, ja als die ganze gesetzliche Verfassung zernichtend gedacht werden muß . . . Eine Veränderung der (fehlerhaften) Staatsverfassung, die wohl bisweilen nöthig sein mag – kann also nur vom Souverän selbst durch Reform, aber nicht vom Volk, mithin durch Revolution verrichtet werden . . .«[223] Das ist deutlich und bestimmt gesagt. Kant ist erschüttert von der Entwicklung der Ereignisse in Frankreich, besonders von der Hinrichtung Louis XVI. nach Verurteilung durch den Konvent. Ein Mord am Monarchen während eines Aufstandes wäre noch nicht das ärgste. »Die formale Hinrichtung ist es, was die mit Ideen des Menschenrechts erfüllte Seele mit einem Schaudern ergreift . . .«[223] Das ist Selbstmord des Staats.

Jetzt müssen wir aber unbedingt nach der Antithese suchen! Sie ist tatsächlich gleich auf der nächsten Seite zu finden: »Übrigens, wenn eine Revolution einmal gelungen und eine neue Verfassung gegründet ist, so kann die Unrechtmäßigkeit des Beginnens und der Vollführung derselben die Untertanen von der Verbindlichkeit, der neuen Ordnung der Dinge sich als gute Staatsbürger zu fügen, nicht befreien, und sie können sich nicht weigern, derjenigen Obrigkeit ehrlich zu gehorchen, die jetzt die Gewalt hat.« Im ›Streit der Fakultäten‹ singt Kant der Französischen Revolution ein Loblied: »Die Revolution eines geistreichen Volks, die wir in unseren Tagen haben vor sich gehen sehen, mag gelingen oder scheitern; sie mag mit Elend und Greuelthaten dermaßen angefüllt sein, daß ein wohldenkender Mensch sie, wenn er sie zum zweitenmale unternehmend glücklich auszuführen hoffen könnte, doch das Experiment auf solche Kosten zu machen nie beschließen würde, – diese Revolution, sage ich, findet doch in den Gemüthern aller Zuschauer (...) eine Theilnehmung dem Wunsche nach, die nahe an Enthusiasm grenzt.«[224] Denn der Kampf geht um die getretenen Rechte des Volkes.

Versklavung macht immer zum Aufstand bereit. Kant schaut nach Osten, wo das Volk eines gigantischen Imperiums der elementarsten Rechte beraubt ist; er stellt sich die Frage: »ob uns noch eine Revolution durch den slavischen Stamm bevorstehe?«[225]

Kant ist ein entschiedener Gegner der Tyrannei. Er fürchtet nur, daß die Anwendung von Gewalt in der Auseinandersetzung mit ihr das Rechtsbewußtsein erschüttert und somit noch zu schlimmerer Tyrannei führt. Der Despot soll gestürzt werden – aber nur mit legalen Mitteln. Das Volk hat »gleichfalls seine unverlierbaren Rechte gegen das Staatsoberhaupt (...), obgleich diese keine Zwangsrechte sein können«. Nun, was sind das für unverlierbare Rechte? Die Freiheit der Kritik in erster Linie. »Also ist die Freiheit der Feder – in den Schranken der Hochachtung und Liebe für die Verfassung, worin man lebt, durch die liberale Denkungsart der Unterthanen, die jene noch dazu selbst einflößt, gehalten (und dahin beschränken sich auch die Federn einander von selbst, damit sie nicht ihre Freiheit verlieren), – das einzige Palladium der Volksrechte.«[226]

Das Staatsoberhaupt anklagen geht nicht, man kann nur seiner

Macht zu entgehen versuchen. Wie und wohin erläutert Kant nicht, doch ist der Sinn seiner Argumentationen klar: die Volksmeinung kann dem Tyrannen ihre Unterstützung versagen; getrieben in die moralische Isolation und einen elementaren Aufstand gewärtig, wird er die Stimme des Volkes vernehmen, die bestehenden Gesetze respektieren oder sie reformieren, wenn sie der Verbesserung bedürfen. Unzufriedene müssen aushalten. Ungeduld ist nicht am Platze.

Unter den Aufklärern, Zeitgenossen Kants, waren auch anarchistische Konzeptionen im Umlauf. Herder führte heftige Streitreden gegen den Staat, nannte ihn eine Maschine, die von Zeit zu Zeit zerstört werden müsse. Kant sieht, daß es ohne Staat nicht geht, er sieht keinen Mechanismus, sondern einen Organismus in ihm: ein lebendiges Ganzes. Jedes Glied in einem solchen Ganzen darf natürlich nicht nur Mittel, sondern muß auch Zweck sein. Ein mechanisches Eingreifen in das Leben dieses Ganzen ist nicht zulässig. Nur durch ein schrittweises Vervollkommnen ist der Weg des allgemeinen Fortschritts möglich. Eine Verbesserung der Gesetze ist das Hauptmerkmal eines solchen Fortschritts. Der Begründung dieser These, daß auch auf dem Gebiet der Gesetzgebung ein Progreß stattfindet, ist eine zentrale Stelle im ›Streit der Fakultäten‹ eingeräumt. Wir haben schon die darin enthaltene begeisterte Bewertung der Französischen Revolution angeführt. Solche Ereignisse, sagt Kant, werden in der Weltgeschichte nicht vergessen, denn sie eröffnen der Menschheit Neigung und Vermögen zur Vervollkommnung; das ist der Triumph der Rechtsidee und im Grunde genommen keine Erscheinung der Revolution, sondern ist Evolution einer naturrechtlichen Verfassung.

(Nach dem pathetischen Teil folgt ein ironischer, wobei Kant sich über die Idee des Fortschritts lustig macht, das heißt also, seine eigenen Überzeugungen verspottet. Wenn er in seinen Darlegungen zur Religion die Ironie benutzte, um etwas zu verbergen, so verfolgt er jetzt eine andere Absicht: er will die Aufmerksamkeit nicht ablenken, sondern herbeiziehen. Voltaire und andere haben dieses altbekannte Verfahren gebraucht.)

Die Ausführungen zum Progreß im ›Streit der Fakultäten‹ enden in einer Anekdote. Ein Arzt tröstete seinen Patienten, daß er jeden Tag neue Symptome für baldige Genesung finde.

Einmal lobte er den Puls, dann den Auswurf, dann versicherte er, daß der Schweiß Besserung verspreche. Als der Kranke dann gefragt wurde, wie er sich befinde, antwortete der arme Tropf: »Ich sterbe vor lauter Besserung.«

Dieser Scherz war seiner Zeit weit voraus. In ihm steckt offensichtlich eine Warnung vor dem Fortschritt, der auch verderbliche Folgen nach sich ziehen kann. Hat Kant sie gesehen, vorausgeahnt? Wohl doch, denn nach diesem Witz folgt ein weiterer, der den Gegenstand der Besorgnisse nennt: den Krieg. Den Streit mit der juristischen Fakultät krönt ein Zitat aus Hume: »Wenn ich jetzt (sagt er) die Nationen im Kriege gegeneinander begriffen sehe, so ist es, als ob ich zwei besoffene Kerle sähe, die sich in einem Porzellanladen mit Prügeln herumschlagen. Denn nicht genug, daß sie an den Beulen, die sie sich wechselseitig geben, lange zu heilen haben, so müssen sie hinterher noch allen den Schaden bezahlen, den sie anrichteten.«[227]

Die Idee des ewigen Friedens ist das abschließende Bindeglied der Philosophie Kants. Was und wo auch immer Kant über die Gesellschaft schrieb: seine Überlegungen schließen unweigerlich damit, daß er die Frage der Beseitigung des Krieges stellt. Die ›Metaphysik der Sitten‹ macht da keine Ausnahme. Verglichen mit dem Traktat ›Zum ewigen Frieden‹ gibt es hier jedoch eine wesentliche Korrektur. Dort war die Rede vom allgemeinen Frieden als einem praktisch erreichbaren Ziel. Hier sieht Kant die Angelegenheit realistischer: »so ist der ewige Friede (das letzte Ziel des ganzen Völkerrechts) freilich eine unausführbare Idee. Die politischen Grundsätze aber, die darauf abzwecken, nämlich solche Verbindungen der Staaten einzugehen, als zur continuirlichen Annäherung zu demselben dienen, sind es nicht, sondern, so wie diese eine auf der Pflicht, mithin auch auf dem Recht der Menschen und Staaten gegründete Aufgabe ist, allerdings ausführbar.«[228]

Die Alternative zu einem allgemeinen, vertraglich gesicherten Frieden – erinnern wir uns nur – ist die ewige Ruhe auf dem Friedhof der Menschheit, ein widernatürliches Ende aller Dinge. So utopisch ein ewiger Friede auch sein mag: ihn anzustreben ist ein Imperativ der Außenpolitik. Ein Imperativ der Hoffnung.

Die ›Metaphysik der Sitten‹ erschien 1797. Kurz darauf folgte der ›Streit der Fakultäten‹ – ein Werk, das wir schon dreimal erwähnt haben. Gerade eben im Zusammenhang mit dem Problem der Verbesserung der Gesetze (›Der Streit der philosophischen Fakultät mit der juristischen‹), dann zuvor, als wir von Kants Zusammenstoß mit der Zensur handelten (›Der Streit der philosophischen Fakultät mit der theologischen‹), und schließlich im vierten Kapitel bei der Betrachtung von Kants ›Gesundheitssystem‹ (›Der Streit der philosophischen Fakultät mit der medizinischen‹). Der Streit der Fakultäten ist ein Buch, das zum Ruhme der Vernunft geschrieben ist. Allem Anschein nach drei selbständige, zu verschiedenen Zeiten entstandene Studien vereinigen sich unter einem Gedanken: Geist und Willen des Menschen sind allmächtig, sie können die Gesellschaft auf den Weg des Fortschritts lenken, sie können Vorurteil und Obskurantismus überwinden und in die physischen Prozesse des Organismus eingreifen.

Letzteres erregte mit zunehmenden Jahren immer mehr seine Aufmerksamkeit. Die Ärzte wußten von Kants (durchaus nicht laienhaftem) Interesse an der Medizin und wandten sich öfters mit der Bitte um Rat an ihn. Der bekannte Anatom Sömmering schickte ihm sein Manuskript ›Über das Organ der Seele‹. Kant antwortete ausführlich in einem Brief, der dann im Anhang zu Sömmerings Werk gedruckt wurde. Kant wiederholte seinen lang genährten Gedanken, daß zum Verständnis der Tätigkeit des Organismus und teilweise auch des Nervensystems gesetzmäßig-mechanistische Erklärungsweisen nicht ausreichten. Aber er bringt auch hier etwas Neues – den Versuch, Leben auf natürliche Weise zu erklären. Kant schlägt vor, die sich im Gehirn vollziehenden Prozesse unter dem Gesichtspunkt einer chemischen Reaktion zu betrachten.

Der berühmte Arzt Christoph Wilhelm Hufeland schickte sein Buch ›Makrobiotik oder die Kunst, sein Leben zu verlängern‹. Kant antwortete mit einem Aufsatz ›Von der Macht des Gemüts durch den bloßen Vorsatz seiner krankhaften Gefühle Meister zu sein‹; dieser Artikel steht am Ende des ›Streits der Fakultäten‹.

Kants Gemütskraft regierte seinen Körper lange Zeit. Aber alles hat einmal ein Ende. Er war zwar nicht krank, doch verließ ihn die Kraft. Er las immer weniger, beendete das Semester schon im Februar statt im April. Die letzte Vorlesung (über Logik) fand am 23. Juli 1796 statt. Dann kündigte er noch drei Semester Kollegs an mit der Einschränkung, wenn der Gesundheitszustand es erlaubte. Die Gesundheit hat es nicht mehr erlaubt, die Vorlesungen wurden abgesagt.

Während seiner akademischen Tätigkeit hielt er zweihundertachtundsechzig Vorlesungszyklen; vierundfünfzig über Logik, Metaphysik – neunundvierzig, physische Geographie – sechsundvierzig, Ethik – achtundzwanzig, Anthropologie – vierundzwanzig, theoretische Physik – zwanzig, Mathematik – sechzehn, Recht – zwölf, Enzyklopädie der philosophischen Wissenschaften – elf, Pädagogik – vier, Mechanik – zwei, Mineralogie – einen, Theologie – einen. Und nun sollte er vom Katheder niemals wieder zu hören sein. Die Studenten wollten ihren berühmten Professor ehren, aber irgendein »rundes« Datum war so bald nicht in Sicht: Kants Vorlesungstätigkeit hatte 1755 begonnen. Für einen endgültigen Abschied war es zu früh, denn emeritieren lassen wollte er sich noch nicht.

Dann hatte jemand den Einfall, daß im Vorwort zum ersten Werk ›Gedanken von der wahren Schätzung der lebendigen Kräfte‹ das Datum April 1747 verzeichnet ist. So entschloß man sich, im Juni 1797 das fünfzigjährige Jubiläum der literarischen Tätigkeit des Philosophen zu begehen. Die Studenten veranstalteten einen Zug zum Haus in der Prinzessinstraße, es spielten Orchester. Ein junger Mann trat ins Zimmer, beglückwünschte Kant zum Jubiläum und versicherte ihm, daß niemand je seine Stunden vergessen werde. Auf der Straße waren Vivatrufe zu hören.

Kant war sehr stolz darauf, daß ihn selbst in beginnendem Alter Klarheit und Kühnheit des Gedankenflugs, das Interesse am Leben und an seiner geliebten Tätigkeit nicht verließen. Er hatte zwar keine Kraft mehr, Vorlesungen zu halten, doch konnte er noch schreiben. Wie früher verbrachte er die Zeit vor dem Mittagessen am Schreibtisch. Er versuchte auch noch am akademischen Leben teilzunehmen. Als der Rektor entschied, Kant die Senatsmitgliedschaft zu entziehen (der Philosoph besuchte die Sitzungen nicht), da protestierte er und setzte sich durch. In einem Brief an den Rektor legte Kant dar, daß die Hauptarbeit des Senats doch darin bestehe, mittels Geheimabstimmung Beschlüsse zu fassen; und seine Stimme abgeben könne man doch am besten zu Hause, indem man seinen Zettel in eine versiegelte Urne steckt: da stört niemand und es ist Zeit zum Nachdenken. Aus Berlin kam die Order, Kant so lange im Senat zu belassen, wie er selbst es wünsche.

Im Sommer 1797 erfuhr er auf einmal, daß die Petersburger Akademie der Wissenschaften ihn nicht zu ihren Mitgliedern zähle. Vor langer Zeit hatte er das Diplom erhalten und nun war er nicht in der Mitgliedsliste aufgeführt. Anscheinend war das Antwortschreiben mit seiner Zustimmung zur Berufung nicht angelangt. Damals hatte er den Brief jemandem mitgegeben (der Entwurf fand sich in seinen Papieren), aber irgendein Mißverständnis mußte aufgetaucht sein. Der in Petersburg lebende Pastor Collins erzählte, er habe aus Königsberg den Auftrag erhalten, der Fürstin Daschkow einen Brief Kants zu übergeben, doch sei der Brief niemals eingetroffen.

Kant schrieb unverzüglich einen neuen Dankesbrief und schickte ihn an I. A. Euler, damals Sekretär der Petersburger Akademie. Das Schreiben erreichte den Adressaten, und die Zahl der russischen Akademiemitglieder erweiterte sich um einen berühmten Namen.

Jetzt befindet sich das Original des Briefs im Archiv der Akademie der Wissenschaften der UdSSR.[229] Seltsamerweise ist er in keiner der deutschen Ausgaben des Briefwechsels zu finden; in der Akademieausgabe gilt der Brief als verloren. Deshalb bringen wir hier den vollständigen Text:

Wohlgebohrener Herr CollegienRath und Director.
Hochzuverehrender Herr!

Aus Ew: Wohlgebohrnen mir durch den Herzogl. Holsteinschen Cammersecretär Hrn Nicolovius, bey seiner Durchreise durch Königsberg, 6ten July d. J. ertheilten Bericht habe vernommen: daß das gewöhnliche Danksagungsschreiben an den Präsidenten der Russ. Kayserlichen Academie der Wissenschaften, für meine Aufnahme in dieselbe zum Mitgliede, d. d. den 28ten July 1794 in St. Peterburg, von mir nicht eingelaufen und hiermit ein wesentlicher Mangel in den Registern derselben entstanden sey.

Unbekannt mit den Förmlichkeiten in Geschäften, kann ich darinn wohl gefehlt haben, daß ich meinen Danksagungsbrief (deren Anlangung an die Behörde mir durch die Quittungen des Francoporto von Hrn Collins alhier gesichert ist) an die Academie, nicht durch ihren Director, sondern an den damaligen Präsidenten, die Fürstin Daschkaw, abgeschickt habe, von welchem Fehler ich hoffe, er werde durch diese meine schuldige Erklärung wieder gut gemacht seyn.

Mit der größten Hochachtung habe die Ehre jederzeit zu seyn
Ew. Wohlgebohrnen

Königsberg   gehorsamster Diener
12. July   Immanuel Kant
1797

Ein Zeitgenosse Kants, der Mathematikprofessor und Dichter Abraham Kästner, versuchte sich vorzustellen, was geschähe, wenn der Traum Kants vom ewigen Frieden in Erfüllung ginge. Dabei entstand das Epigramm:

> Auf ewig ist der Krieg vermieden,
> Befolgt man, was der Weise spricht;
> Dann halten alle Menschen Frieden,
> Allein die Philosophen nicht.

Tatsächlich treffen in keinem anderen Erkenntnisbereich die Meinungen so unerbittlich und ohne jede Hoffnung auf Ausgleich aufeinander. Kant wußte von Kästners Epigramm und brachte es in seinem Pamphlet ›Verkündigung des nahen Abschlusses eines Traktats zum ewigen Frieden in der Philosophie‹. Das Stilistische war nach Goethes Meinung »kantischer als Kant selbst«. Wir wissen, welch feines Gespür der Dichter für die Ironie des Philosophen hatte.
Wie sind dennoch die Auseinandersetzungen im Lager der Weisheitsfreunde zu beenden, wo Schule gegen Schule kämpft wie eine Armee gegen die andere? In der Geschichte der Völker führt der Antagonismus der Interessen durch Vernichtungs-

kriege hindurch zur Ausarbeitung einer allgemeinen Überein-
kunft über einen ewigen Frieden. So sollte auch in der Philosophiegeschichte der Antagonismus der Systeme die Bedingungen
schaffen für eine allgemeine Grundlegung einheitlicher Prinzipien. Ausschließlich die kritische Philosophie, fremd dem Dogmatismus wie dem Skeptizismus, kann diese Aufgabe lösen,
insofern sie die Lehre von der Weisheit gegen die Lehre von der
Erkenntnis abgrenzt. Weisheit liegt dem Verhalten zum
Grunde.

Was nun Philosophie als Lehre von der Erkenntnis betrifft, so
ist hier, wie aber auch in der Lehre von der Weisheit, eine
Friedenssicherung nur gegeben, wenn die Pflicht der Wahrhaftigkeit erfüllt wird. Natürlich ist nicht alles Wahrheit, was der
Mensch für eine solche hält, doch muß alles, was er äußert,
wahrhaft sein. Die Lüge pflegt von zwiefacher Art zu sein:
bewußte Unwahrheit und unbegründet demonstrierte Gewißheit. Im ersten Fall wird eine Lüge bewußt für Wahrheit ausgegeben, im anderen Fall wird etwas für gewiß ausgegeben, wessen man sich durchaus ungewiß ist. Du sollst nicht lügen! –
lautet der Imperativ der Philosophie. »Das Gebot: du sollst (und
wenn es auch in der frömmsten Absicht wäre) nicht lügen, zum
Grundsatz in die Philosophie als eine Weisheitslehre innigst
aufgenommen, würde allein den ewigen Frieden in ihr nicht nur
bewirken, sondern auch in alle Zukunft sichern können.«[230] Aber
Ironie des Schicksals: die eben geschaffene Kantische Lehre eröffnete das Feld für so heftige Zusammenstöße, wie sie die vor-
ausgehende Philosophiegeschichte noch nicht gekannt hatte.

Jede neue Lehre erlebt, nach Kant, drei Etappen. Zuerst wird sie
nicht bemerkt, dann wird sie abgelehnt und schließlich begibt
man sich daran, sie »nachzubessern«, indem man sie den eigenen
Interessen anpaßt. Kant schenkte seinen Feinden schon lange
keine Beachtung mehr: desto stärker beunruhigten ihn Freunde
und Nachfolger. Als erster wollte Salomon Maimon die transzendentale Philosophie vervollkommnen. Er stammte aus einem
Flecken in Litauen, erreichte mit neun Jahren die höchste Stufe
der talmudistischen Gelehrsamkeit; mit elf Jahren verheiratet,
mit vierzehn Vater, im übrigen begeistert von der Lehre des Mai-
monides (daraufhin hat er seinen Familiennamen geändert), begab er sich – dürstend nach europäischer Bildung – nach Berlin.

Ohne alle Mittel wandte er sich an die jüdische Gemeinde mit der Bitte um Hilfe, doch man bezeichnete ihn als Häretiker und warf ihn auf die Straße. Er zog bettelnd durch Preußen, gelangte nach Posen, wo er nach und nach Fuß faßte. Wegen neuer Häresiebeschuldigungen mußte er auch Posen verlassen. Er ging wieder nach Berlin: dieses Mal führte ihn das Schicksal mit Mendelssohn zusammen. Jetzt beschäftigte er sich gründlicher mit Philosophie, wenn auch wie früher ohne jedes Ordnungsprinzip. Nach der Lektüre der ›Kritik der reinen Vernunft‹ wird Maimon Kantianer; nach der Gewohnheit des Talmudisten fertigt er zur Kritik einen umfangreichen Kommentar an: ›Versuch über die Transzendentalphilosophie‹. Marcus Herz schickt das Manuskript seinem Lehrer zur Begutachtung.

Kant wollte, wie üblich überhäuft mit Arbeit, das Manuskript ungelesen zurückschicken, doch ein zufälliger Blick hinein überzeugte ihn, daß er da keine Kleinigkeit vor sich hatte. Er las aufmerksam den Anfang durch, würdigte die Fähigkeiten des Verfassers und erriet die Hauptabsicht: nämlich Komposition eigener Variationen über ein Thema aus der ›Kritik‹. Maimon bestritt die Notwendigkeit des »Dings an sich«, das war die erste Kritik an Kant, die »von rechts« kam. (So bezeichnete V. I. Lenin die subjektiv-idealistischen Angriffe gegen Kant, während die Materialisten Kant »von links« kritisieren.) Kant schrieb Herz einen ausführlichen Brief mit einer Analyse der Position Maimons (niemals im Leben hatte er ein solch langes Schreiben verfaßt!); eine öffentliche Anpreisung des Werks lehnte er ab, doch schlug er Maimon einen Kompromiß vor: die Kritik zu entschärfen und seine Kräfte auf das Moment der Einigkeit zu richten – die Reform der Metaphysik.

Maimon druckte alles so, wie er es hatte, und änderte nicht eine Zeile. Er schickte Kant seine Einwände. Eine Antwort traf natürlich nicht ein. Einmal fielen Maimon die Werke Bacons in die Hände und er schrieb den Aufsatz ›Bacon und Kant‹, wo er einen Vergleich zwischen den beiden Reformatoren der Philosophie anstellte, indem er willkürliche Analogien konstruierte und weiterhin die Fehlerhaftigkeit der Position seines Lehrers behauptete. Der Aufsatz erschien in der ›Berlinischen Monatsschrift‹ (1790, Nr. 2), der Verfasser schickte ihn nach Königsberg. Keine Antwort. Das hinderte Maimon nicht, Kant eine

detaillierte Erläuterung einer anderen Arbeit ›Über die Welt-
seele‹ zuzusenden.

Wieder blieb die Antwort aus. Und Kant antwortete auch nicht
auf den folgenden Brief Maimons, wo dieser abermals seinen
Standpunkt zur Erkenntnistheorie dargelegt und den Lehrer
angefleht hatte, sich dazu und auch zu dem von ihm – Maimon
– herausgegebenen Philosophischen Wörterbuch zu äußern.
Der letzte briefliche Aufschrei erfolgte im November 1792: ».. .
so bitte ich Sie ergebenst, ja ich beschwöre Sie bei der Heiligkeit
Ihrer Moral, mir diese Beantwortung nicht zu verweigern. (. . .)
Sollte Ihre Beantwortung auch nicht ausführlich geschehen, so
sind mir doch einige Fingerzeige von Ihnen wichtig genug.«
Maimon schreibt, ihm sei erst jetzt der Grund für das Schweigen
begreiflich geworden; Kant sei offensichtlich unzufrieden mit
seinem Verfahren. Doch habe er in seinem Aufsatz über Bacon
den Vergleich völlig unparteiisch angestellt. Jetzt bitte er um
Aufklärung über einige Stellen der transzendentalen Ästhetik:
»Nach Ihnen sind die Vorstellungen von Zeit und Raum Formen der Sinnlichkeit . . . Ich behaupte hingegen, daß dieses
nicht allgemein wahr sei.«[231] Und so argumentiert er den ganzen
Brief lang.

Kant beklagt sich bei Reinhold, er könne nicht verstehen, »was
aber z. B. ein Maimon mit seiner Nachbesserung der kritischen
Philosophie (. . .) eigentlich wolle«.[232] Er müsse dessen Zurecht-
weisung anderen überlassen.

Friedrich August Hahnrieder hat keine gelehrten Traktate verfaßt. Er wollte einfach durch sein Leben die Realität des kategorischen Imperativs beweisen. Ohne Studienabschluß begab er
sich nach Rußland, um dort sein Glück zu versuchen; er war
einer der Lieblingsstudenten Kants und daher mit dessen Empfehlungsschreiben versehen. Der fähige und energische junge
Mann erhielt schon bald den Offiziersrang und wurde General
Suvorov als Adjutant zugeteilt. Er nahm am zweiten Feldzug
gegen die Türken teil (1787-1792), kämpfte bei Fokschani,
Rymnik, Izmail. Der kategorische Imperativ ließ es nicht zu,
daß er die Gesetzesübertretungen des russischen Reichs ruhigen
Blutes mit ansah; und er wandte sich in einem Brief an die Zarin
gegen die Beamtenmißwirtschaft. Er wurde nach Petersburg
zitiert, ein Gericht wurde einberufen, das ihn wegen Verleum-

dung zu vielen Jahren Festungshaft verurteilte. Hahnrieder, ein Schüler Kants, aber auch Suvorovs, entfloh aus der Haft. 1796 tauchte er völlig mittellos wieder in der Heimat auf. Kant nahm am Schicksal des Schülers lebhaften Anteil. Hahnrieder wurde vorgeschlagen, sich an der Landvermessung zu beteiligen, die gerade in Westpreußen durchgeführt wurde. Er hatte jedoch andere Pläne; nur rohe physische Arbeit konnte es seiner Meinung nach ermöglichen, in Übereinstimmung mit dem kategorischen Imperativ zu leben. Er beschloß, Tischler zu werden. Er begab sich nach Berlin mit einem neuen Empfehlungsbrief Kants in der Tasche. (Der war an Kiesewetter gerichtet und bezeichnete die Pläne Hahnrieders als paradox, doch keineswegs phantastisch.) Für die Lehre einen Tischlermeister zu finden, der so ohne weiteres zugestimmt hätte, einem Intellektuellen ins einfache Leben zu verhelfen, war gar nicht so leicht: die Situation war zu zweideutig. Schließlich fand sich einer, der für die Lehre allerdings einen unverschämt hohen Preis verlangte. Berliner Freunde und Verehrer Kants entschlossen sich, die Lehre auf gemeinsame Kosten zu finanzieren, und versahen Hahnrieder mit dem Notwendigsten für ein bescheidenes Leben. So wurde aus dem ehemaligen preußischen Studiosus und russischen Offizier ein einfacher Arbeiter.

Er war zufrieden. Säge und Hobel gehorchten. Die Arbeit rieb ihn nicht auf; Hahnrieder konnte sich nicht vom kulturellen Milieu lösen. Er besuchte die Vorlesungen Kiesewetters, verkehrte mit dem Verleger Biester, las Kant und korrespondierte mit ihm. »Sittlichkeit ist keine Chimäre, das haben Sie bewiesen, ich bin davon überzeugt und fest entschlossen nach Überzeugung zu handeln, an Kräften fehlt's mir nicht, ich habe Mut gehabt, allen Gefahren und Widerwärtigkeiten, die mir in Rußland drohten, zu trotzen, ich zagte nicht auf der unwegsamen Bahn, die mir Pflicht vorzeichnete, fortzuwandeln, und itzt sollte ich wanken, itzt sollte ich meinen Mut sinken lassen, da ich doch bei weitem mit weniger Widerwärtigkeiten zu kämpfen habe?«[233] Hahnrieder fand auch noch Zeit, seinen Arbeitskollegen aufklärenden Unterricht zu erteilen und seine Memoiren zu schreiben. (Als die Memoiren fertig waren, riet Kiesewetter davon ab, sie zu veröffentlichen; nicht etwa, weil sie schlecht geschrieben waren – Hahnrieder ging mit der Feder ebenso gut um wie mit den Tischlerwerkzeugen –, Kiesewetter befürchtete Unannehmlichkeiten: die Erinnerungen enthüllten allzuviel.)

Ein Jahr verging. Da hatte Hahnrieder begriffen: der kategorische Imperativ war mit Lohnarbeit unvereinbar. Er wollte keine simple Maschine in den Händen der Reichen sein, ersonnen, ihrer Sinnlichkeit zu schmeicheln. Dem Geheiß des sittlichen Gesetzes kann nur der selbständig Tätige folgen. Hahnrieder faßte einen neuen Entschluß: ansässig zu werden. Er ging zu den höchsten Regierungsstellen, erreichte die Aufnahme in den Bauernstand und Landzuteilung in Westpreußen. Er gründete eine Familie und war schließlich befriedet. In seinem letzten Brief an Kant (31. Juli 1800) sind neben der bekannten Hahnriederschen Exaltation auch Töne der Selbstzufriedenheit herauszuhören: »Itzt stehe ich, meiner Meinung nach, auf der höchsten Stufe, auf welcher ein Sterblicher stehen kann, denn es läßt sich in der Tat nichts Größeres denken, als unabhängig von den Launen anderer, das Land zu bauen; ich fühle dieses Glück ganz und würde meine Lage mit keiner andern vertauschen. Mein Leben gleicht einem Roman.«

Sigismund Beck hätte das von sich wohl nicht behauptet. Sein äußeres Leben verlief wie das seines Lehrers – Student, Privatdozent, Professor; was nun das geistige Leben anbetraf, so hätte die Übereinstimmung vollständig scheinen können: »Aus den Ihrer Dissertation angehängten thesibus sehe ich, daß Sie meine Begriffe weit richtiger aufgefaßt haben, als viele andere.« Beck antwortete: »Die Kritik der reinen Vernunft habe ich mit dem herzlichsten Interesse studiert, und ich bin von ihr wie von mathematischen Sätzen überzeugt. Die Kritik der praktischen Vernunft ist seit ihrer Erscheinung meine Bibel.«[234]

Kant erteilte Beck den Auftrag, aus seinen Hauptarbeiten ein Kompendium zusammenzustellen, das Hartknoch eventuell drucken würde. Das dreibändige Werk erschien von 1793-1796: ›Erläuternder Auszug aus den kritischen Schriften des Herrn Prof. Kant, auf Anraten desselben‹. Aus diesem Anlaß entstand zwischen Lehrer und Schüler ein lebhafter Briefwechsel. Zunächst war Beck noch schüchtern (der ›Auszug‹ war sein erstes Werk), er befolgte sorgsam die Ratschläge Kants und dankte überschwenglich. Aber nach dem Erscheinen des ersten Bands wurde er kühner und begann den Lehrer zu belehren. Beck konnte sich niemals mit dem Gedanken der Aktivität des Verstandes vertraut machen, eines Verstandes, der die Begriffe konstruiert: er beharrte andauernd auf deren »ursprünglicher Beilegung«. Kant erläuterte geduldig seinen Standpunkt, schließlich hielt es ihn nicht mehr und er erklärte: »Ich bemerke, indem ich dieses hinschreibe, daß ich mich nicht einmal selbst hinreichend verstehe.«[235] Beck hat die Ironie nicht bemerkt. Den dritten Band des ›Auszugs‹ veröffentlichte er unter dem Titel ›Einzig möglicher Standpunkt, aus welchem die kritische Philosophie beurteilt werden muß‹; und Kant erfuhr weiterhin den wahrhaften Sinn seiner eigenen Philosophie aus den Briefen Becks. Einmal redete er Kant sogar als einen Menschen an, »der (. . .) dem Ziel sich nähert, zu seinen Vätern zu gehen«; diese Formel war wohl für ihn der Inbegriff der Ehrerbietung.

Fichte bereitete Kant die größten Sorgen. Denn er war der begabteste seiner Schüler – und der besessenste. Er brauchte keine Ratschläge, stellte Kant keine Fragen, teilte seine Gedanken nicht mit und verlangte auch keine Billigung. Priester der Wahrheit – verkündete er sie im Namen aller, im Vollgefühl der Berufung, die Menschheit durch die Macht seines Wortes sittlich zu heben. »Es ist gefährlich, mit Fichte Händel zu bekommen«, urteilte sein Zeitgenosse Anselm Feuerbach. »Er ist ein unbändiges Thier, das keinen Widerstand verträgt und jeden Feind seines Unsinns für einen Feind seiner Person hält. Ich bin überzeugt, daß er fähig wäre, einen Mahomet zu spielen, wenn noch Mahomets Zeit wäre, und mit Schwert und Zuchthaus seine Wissenschaftslehre einzuführen, wenn sein Katheder ein Königsthron wäre.«[236] In Frankreich hätte er den Konvent anführen können: doch war er in Deutschland geboren, und so bestimmte ihn das Schicksal zum Universitätsprofessor.

Um Kontakt zum Auditorium brauchte er nicht zu besorgen; glänzende Erfolge wechselten mit traurigen Reinfällen. Es geschah, daß die Studenten unter seinem Fenster Serenaden sangen, doch haben sie auch die Fensterscheiben eingeworfen. Fichte ging seinen Weg. Er veröffentlichte ein Buch nach dem anderen. Kants Gedanken von der Aktivität des Bewußtseins führte er bis ans Extrem, ins Absurde. Grund alles Wahren ist nach Meinung Fichtes die Tätigkeit selbst, ein Absolutes, ein allgemeines »Ich«. Indessen sollte das nicht Individualismus meinen: »Ich« war für Fichte »wir«, die Persönlichkeit unterwarf er ganz den Interessen des Ganzen, der Gesellschaft, des Staates. Kants Vorstellungen von einer allgemeinen Rechtsordnung hat er so ausgelegt: der Staat verwaltet und regelt die ökonomischen Verhältnisse und damit auch das Rechtsgebaren der Individuen. Zunächst von der Französischen Revolution begeistert, will er sogar nach Frankreich übersiedeln und Franzose werden. Schließlich ist er von der Revolution enttäuscht, ruft die Nation zum Kampf gegen Napoleon, verkündet die Überlegenheit der Deutschen vor anderen Völkern.

Fichte schickte Kant regelmäßig seine Bücher zu, doch dieser las sie nicht. Über den Inhalt seiner ›Wissenschaftslehre‹ erfuhr Kant aus einer Zeitschriftenrezension. Der Eindruck war nicht günstig; Kant zog den Schluß, die Spekulationen Fichtes erinnerten an die Jagd auf ein Gespenst: man denkt, man habe es endlich erwischt, doch in den Händen ist nichts. Endlich las Kant Fichte selbst, da hat sich seine Meinung noch verstärkt.

Ähnlich wie der ehemalige Jakobiner Bonaparte die Spuren der Revolutionsdiktatur in Frankreich tilgte, verfuhr Fichte mit Kants »Ding an sich«. Denn als Bonaparte das Kaiserreich verkündete, hat er doch die republikanische Trikolore beibehalten. Fichte hat sich nicht etwa von Kant losgesagt, nein, im Gegenteil: er versicherte, daß sein System kein anderes als das System Kants sei – nur eben folgerichtiger. Es konnte der Eindruck entstehen, als vollendete der Schüler das vom Lehrer begonnene Werk. Reinhold, begeisterter Kantianer, wechselte zu Fichte. Kant nannte beide »hyperkritische Freunde«, war außer sich vor Entrüstung, doch trat er öffentlich damit nicht hervor. Sein Schweigen war mißverständlich, es galt als Kapitulation, als Eingeständnis, daß es nichts einzuwenden gebe.

Im Januar 1799 verlangte die ›Erlanger Literaturzeitung‹ Aufklärung. Es erging dort eine Aufforderung an Kant, hinsichtlich der Lehre Fichtes öffentlich Stellung zu nehmen. Kant antwortete kurz und unzweideutig, er erkläre hiermit, »daß ich Fichte's Wissenschaftslehre für ein gänzlich unhaltbares System halte. Denn reine Wissenschaftslehre ist nichts mehr oder weniger als bloße Logik, welche mit ihren Prinzipien sich nicht zum Materialen des Erkenntnisses versteigt sondern vom Inhalte derselben als reine Logik abstrahiert, aus welcher ein reales Objekt herauszuklauben vergebliche und daher auch nie versuchte Arbeit ist«. Weiter schrieb Kant, die Anmaßung, ihm die Absicht zu unterschieben, er habe nur eine Einführung in die Philosophie und nicht das philosophische System selbst erstellen wollen, sei ihm unbegreiflich; er habe immer die Vollendetheit seiner Lehre als ihr bestes Wahrheitsmerkmal angesehen. Alles, was er geschrieben habe, sei nicht in irgendeinem übertragenen Sinne, sondern wörtlich zu verstehen. Die Erklärung endet in folgendem kräftigen Wortlaut: »Ein italienisches Sprüchwort sagt: Gott bewahre uns nur vor unsern Freunden, vor unsern Feinden wollen wir uns wohl selbst in acht nehmen. Es gibt nämlich gutmütige, gegen uns wohlgesinnte aber dabei in der Wahl der Mittel, unsere Absichten zu begünstigen, sich verkehrt benehmende (tölpische), aber auch bisweilen betrügerische, hinterlistige, auf unser Verderben sinnende und dabei doch die Sprache des Wohlwollen führende (aliud lingua promptum, aliud pectore inclusum gerere) sogenannte Freunde, vor denen und ihren ausgelegten Schlingen man nicht genug auf seiner Hut sein kann. Aber demungeachtet muß die kritische Philosophie sich durch ihre unaufhaltbare Tendenz zu Befriedigung der Vernunft in theoretischer sowohl als moralisch praktischer Absicht überzeugt fühlen, daß ihr kein Wechsel der Meinungen, keine Nachbesserungen oder ein anders geformtes Lehrgebäude bevorstehe, sondern das System der Kritik auf einer völlig gesicherten Grundlage ruhend, auf immer befestigt, und auch für alle künftige Zeitalter zu den höchsten Zwecken der Menschheit unentbehrlich sei.«[237]

Die »Erklärung« Kants erschien in Jena: zur gleichen Zeit war dort ein akademischer Skandal entbrannt, der damit endete, daß Fichte des Atheismus beschuldigt wurde und den Katheder verlassen mußte.

Fichtes Freunde grollten, Kant gieße böswillig Öl ins Feuer, und verlangten Erwiderung. Fichte besaß hinreichendes Feingefühl, in der Öffentlichkeit zurückhaltend zu antworten. Dafür ließ er in den Briefen seinem Herzen freien Lauf. Kant nannte er dort einen »Dreiviertelkopf«, seine Lehre »totalen Unsinn«, sein Verhalten eine »Prostitution« (Brief an Karl Leonhard Reinhold vom 28. 9. 1799); schließlich versicherte er noch, daß der Königsberger Weise »seine eigene Philosophie, die er nie sonderlich geläufig gehabt, gegenwärtig weder mehr weiß, noch versteht« (Brief an Schelling vom 20. 9. 1799).

(Zum Glück für Kant war Fichte mit dessen ironischem Eingeständnis im Brief an Beck nicht vertraut, er verstehe sich selbst nicht »hinreichend«. Auch der Spötter Heine kannte es nicht, der in seiner Schrift über die deutsche Philosophie deren »Unverständlichkeit« ein ganzes Kapitel gewidmet hatte. Es heißt, Hegel habe auf dem Totenbett gesagt, daß nur einer ihn verstanden habe; doch sofort fügte er gereizt hinzu: »Ja und auch der hat mich nicht verstanden.« Das läßt sich schwer glauben. Kant jedenfalls war offensichtlich an richtigem Verständnis seines Werks gelegen, sonst hätte er nicht so oft bei der Ironie seine Zuflucht gesucht.)

Wenn man es recht bedenkt, bestand für Kant keine Notwendigkeit, sich mit einer öffentlichen Erklärung vom subjektiven Idealismus zu distanzieren. In der ›Kritik der reinen Vernunft‹ ist ein ganzer Abschnitt der Auseinandersetzung mit dem Berkeleanismus gewidmet. Die kritische Philosophie im ganzen ging von einer Existenz der objektiven Welt aus, die unabhängig von unserem Bewußtsein gegeben ist; der Mensch greift ins Geschehen der Welt ein, doch kann diese auch sehr gut ohne ihn auskommen. Philosophie ist, nach Kant, eigentlich Korrektur des gesunden Menschenverstandes.

Nachdem Kant mit der ›Metaphysik der Sitten‹ das Gebäude der kritischen Philosophie vollendet hatte, fühlte er das Bedürfnis, seine Lehre in ganz prägnanter Form darzubieten. Damit wollte er auch gleichzeitig die Frage beantworten, in der seit einiger Zeit für ihn alle Philosophie gipfelte: Was ist der Mensch?

Die ›Anthropologie‹ (1798) ist das letzte von Kant selbst edierte Werk. Darin wird gleichsam die Summe gezogen aller seiner Betrachtungen über den Menschen und die Philosophie überhaupt. Vergleichen wir nur ›Anthropologie‹ und ›Kritik der reinen Vernunft‹ miteinander, dann wird uns vieles an Kants letztem Werk unverständlich bleiben. Vergleichen wir sie mit der Kantischen Philosophie im ganzen, dann klärt sich der Inhalt (von der Form her ist die ›Anthropologie‹ eines der luzidesten Werke Kants). Der Weg ist vollendet. Und gleichzeitig ist es ein Neuanfang: es ist zweckmäßig, das Kantstudium gerade mit der Lektüre der ›Anthropologie‹ zu beginnen. Der Leser muß den Weg, den Kants Denken genommen hat, in umgekehrter Richtung machen: für ihn soll die ›Kritik der reinen Vernunft‹ am Ende stehen.

(Nach der ›Anthropologie‹ empfehle ich dem Neuleser die ›Metaphysik der Sitten‹, sie macht mit der Ethik und der Rechtstheorie bekannt, dem Alpha und Omega der Kantischen Lehre; dann die ›Kritik der Urteilskraft‹, wo das ganze System seiner Philosophie begründet und die Ästhetik behandelt ist. Die ›Prolegomena‹ und die ›Kritik der praktischen Vernunft‹ kann man zunächst weglassen.)

Schon ein erster Blick in die ›Anthropologie‹ überzeugt, daß die Struktur dieses Einzelwerks der Gesamtstruktur der kritischen Philosophie entspricht. Der Hauptteil des Werks gliedert sich in drei Teilabschnitte, die die drei Vermögen des Gemüts zum Thema haben: Erkenntnis, Gefühl der Lust und Begehrungsvermögen. Gerade diese drei Vermögen machten jeweils den Inhalt der drei ›Kritiken‹ aus.

In der ›Anthropologie‹ sind die Grundvorstellungen der kritischen Philosophie auf die unmittelbare Welt des Menschen bezogen: sein Erleben, Trachten und Verhalten.

Kant untersucht die Anthropologie von einem »pragmatischen« Gesichtspunkt her. Das bedeutet, daß zum Beispiel die Physiologie, das also, was die Natur aus dem Menschen gemacht hat, außerhalb des Gesichtskreises bleibt; interessant ist, was der Mensch selbst aus sich macht, was seine Mitmenschen aus ihm machen. Heute nennen wir das Kultur- oder Sozialanthropologie.

Der Mensch ist für Kant der wichtigste Gegenstand in der Welt. Über alle anderen Wesen ragt er durch den Besitz des Selbstbewußtseins. Gerade das macht ihn zum Individuum, zur Person. Bei allen Veränderungen, denen er unterworfen ist, bleibt er doch ein und dieselbe Person. Aus der Tatsache des Selbstbewußtseins entspringt der Egoismus als natürliche Eigenschaft des Menschen. Der logische Ernst hält es für überflüssig, sein Urteil auch am Verstand anderer zu messen, weil er diesen Probierstein der Wahrheit nicht braucht. (Kant meint indessen, wir dürften niemals auf dieses Mittel verzichten, das uns der Wahrheit unserer Urteile versichert.) Der ästhetische Egoist gibt sich mit dem eigenen Geschmack zufrieden und beraubt sich so der Möglichkeit, sich fortschreitend zu vervollkommnen; er klatscht sich selber Beifall, und die Kriterien des Schönen sucht er nur in sich selbst. Der moralische Egoist ist schließlich jener, der alle Zwecke auf sich selber einschränkt, der den Nutzen nur danach beurteilt, ob er auch selbst gut dabei wegkomme, und den obersten Bestimmungsgrund in seiner eigenen Glückseligkeit und nicht in der Pflichtvorstellung sieht. Die Philosophie der Aufklärung, deren Grundprinzip das abgesonderte Individuum war, hat demzufolge den vernünftigen Egoismus als Grundlage für jedes ethische Verhalten verkündet. Kant lehnt den Egoismus in allen Erscheinungsfragen ab, da er für ihn mit der Vernunft nicht vereinbar ist. Dem Egoismus stellt Kant den Pluralismus gegenüber – eine Denkungsart, bei der der Mensch sein Selbst und auch sein Verhalten nicht schon als ganze Welt betrachtet, sondern sich nur als Weltbürger versteht. Menschenkenntnis ist Weltkenntnis. Kant fordert eine Einengung des Egoismus und überhaupt eine völlige Kontrolle der Gemütstätigkeit durch die Vernunft. Dabei ist er doch von der Einbildungkraft begeistert. Eines ist jedenfalls, wenn wir unsere inneren Stimmen selbst hervorrufen und in Zaum halten; ein anderes, wenn sie ungerufen in uns erscheinen und uns regieren: das ist entweder schon die Geisteskrankheit selbst oder die Anlage dazu.

Doch das von der Vernunft nicht kontrollierte Bewußtsein hat die unveränderte Aufmerksamkeit Kants. Kann der Mensch Vorstellungen haben und sich ihrer nicht bewußt sein? Solche Vorstellungen hat Kant schon in seiner Jugend »dunkel« genannt. Jetzt handelt er detailliert und ausführlich davon. Im Dunkel des Bewußtseins kann ein so komplizierter Prozeß statthaben wie es zum Beispiel der künstlerische Schaffensvorgang ist. Man solle sich nur einen Musikanten vorstellen, schreibt Kant, der auf der Orgel improvisiert und dabei mit jemandem spricht, der neben ihm steht; eine falsch gegriffene Note, und die Harmonie ist zerstört. Wenn aber der frei phantasierende Musiker sich überhaupt nicht überlegt, was er beim Spiel einer Melodie im nächsten Augenblick tun wird, dann gelingt alles so, daß mancher sich wünschen möchte, er hätte das Stück in Noten aufzeichnen können.

Was ist das für eine Intensität der »dunklen Vorstellungen«? Welchen Ort nehmen sie im geistigen Haushalt des Menschen ein? Kant ist nicht geneigt, ihre Bedeutung unterzubewerten. Der Verstand ist zuweilen nicht in der Lage, sich von ihrem Einfluß freizumachen, nicht einmal in den Fällen, wo er sie als unsinnig ansieht und versucht, ihnen entgegenzuwirken. So verhält es sich mit der Geschlechtsliebe. Was nun die gesamte Sphäre unserer unbewußten Vorstellungen anbetrifft, so ist sie weit umfangreicher, als wir uns vorstellen können: sie ist praktisch unendlich; »daß gleichsam auf der großen Karte unseres Gemüths nur wenig Stellen illuminirt sind: kann uns Bewunderung über unser eigenes Wesen einflößen; denn eine höhere Macht dürfte nur rufen: es werde Licht! so würde auch ohne Zuthun des Mindesten (z. B. wenn wir einen Litterator mit allem dem nehmen, was er in seinem Gedächtniß hat) gleichsam eine halbe Welt ihm vor Augen liegen«.[238] Die Überlegungen zu den »dunklen Vorstellungen« und ihrer Rolle im schöpferischen Prozeß sind eine wichtige Ergänzung der Erkenntnistheorie und Ästhetik des Kritizismus.

Auch der Teil der ›Anthropologie‹, der sich ›Apologie der Sinnlichkeit‹ nennt, ist solch eine Ergänzung der drei ›Kritiken‹. In der ›Kritik der reinen Vernunft‹ ist von der Sinnlichkeit nur beiläufig, doch nicht abschätzig die Rede; jetzt wird – nur ausführlicher – dasselbe gesagt. Wieder wird der prinzipielle Unterschied zwischen Sinnlichkeit und Intellekt hervorgehoben (Leibniz und Wolff dagegen nahmen für alle Vorstellungen nur einen Unterschied im Grad der Deutlichkeit an); wieder wird die These aufgestellt, daß die Sinne uns nicht betrügen (ergänzt wird sie durch die Behauptungen, die Sinne verwirrten uns nicht und regierten uns auch nicht).

Die Lehre vom Schein fällt in der ›Anthropologie‹ in den Bereich der Sittlichkeit. Der moralische Schein ist eine Verhaltensregel. Unter der Maske der Höflichkeit kann sich natürlich ein Rauhbein verbergen. Die weise Natur hat dem Menschen den Hang eingepflanzt, sich täuschen zu lassen, selbst um zum Guten hinzuleiten. Je zivilisierter die Menschen sind, desto mehr sind sie Schauspieler; sie spielen gerne die vorgeschriebene

Rolle, identifizieren sich mit ihr, leben mit ihr. Schließlich triumphiert doch die Tugend, weil der Schein in die Gesinnung übergeht. Sittsamkeit (Selbstbezwingung, die Leidenschaft verbirgt) ist eine nützliche Illusion, die einen bestimmten Abstand zwischen den Geschlechtern schafft, der dafür nötig ist, daß nicht ein Geschlecht bloßes Genußmittel des anderen wird. Mit Gewalt erreicht man gegen die Sinnlichkeit gar nichts: sie muß überlistet werden. Der moralische Schein ist im Gemeinschaftsleben unumgänglich notwendig.

Kant unterteilt die Sinnesempfindungen in zwei Gruppen. Die obere (Tastsinn, Sehen, Gehör) beruhen auf mechanischen Wirkungen und führen zur »Erkenntnis des Gegenstands außer uns«. Die unteren, »bloß subjektiven« Sinne (Riechen und Geschmack) werden durch chemische Reizung hervorgerufen. Die Sinnesempfindung ist kein toter, unveränderlicher Abdruck einer äußeren Wirkung. Ihre Intensität hängt von einer Reihe von Bedingungen ab, denen das wahrnehmende Subjekt unterliegt. Kant zählt die Arten auf, die Sinnesempfindungen zu verstärken. (Man kann sagen, daß die Künstler aller Zeiten und Völker davon Gebrauch gemacht haben.) Da ist vor allem der Kontrast. Jeder Reiz verstärkt sich, wenn er auf dem Hintergrund seines Gegensatzes wahrgenommen wird; ein wohlangebautes Stück Landes macht in der Wüste den Eindruck eines paradiesischen Fleckchens. Weiter ist die Neuigkeit zu nennen: hierher rührt die Leidenschaft für das Seltene, Ungewöhnliche, Unzugängliche. Dann betreibt der Wechsel der Eindrücke ihre Verstärkung: Stadt- und Landleben, Arbeit und Ruhe, Unterhaltung und Spiel in Gesellschaft, die Beschäftigung, bald mit Gedichten, bald mit der Geschichte, bald mit der Philosophie oder der Mathematik schenken dem Gemüt neue Kräfte. Man muß nicht von starken Empfindungen anfangen und schnell ihren Höhepunkt erreichen wollen. Die Erwartung des Genusses verstärkt ihn – vor allem durch unsere Einbildungskraft.

Die Einbildungskraft ist der Baumeister der wichtigsten philosophischen Gebäude Kants. Der Philosoph gab die Frage auf: was ist der Mensch; er hätte antworten können: ein Wesen, das Kultur schafft mit der Hilfe eines erstaunlichen Vermögens – der Einbildungskraft. In der ›Anthropologie‹ ist die Einbildungskraft auf die Sinne bezogen. Und Kant präzisiert: die Einbildungskraft kann produktiv, schöpferisch sein, doch arbeitet sie nur mit Materialien und Formen der Anschauung; selbst schafft sie nichts Neues. Auch die Einbildungskraft hat ihre Grenzen, hinter denen nur leere Phantome liegen. Die Einbildungskraft stützt sich auf eine vorangehende Erfahrung. Kant entlehnt von Helvétius eine Geschichte, wie eine Dame durch ein Teleskop den Mond betrachtet und dort die Schatten zweier Verliebter sieht. Ein Priester schaute nach ihr hindurch und wandte doch ein: »Nicht doch, Madame, es sind zwei Glockentürme an einer Hauptkirche.«

In der ›Kritik der reinen Urteilskraft‹ wird das künstlerische Schaffen als besondere Gabe gesehen, die mit keiner anderen Tätigkeitsform vergleichbar sei. Derjenige, der eine solche Gabe besitzt, wird als »Genie« bestimmt. In der ›Anthropologie‹ wird der Bereich des Genies erweitert: er umfaßt jetzt auch die Wissenschaft. Kant grenzt »Entdeckung« gegen »Erfindung« ab. Entdeckt wird das, was schon vorher an sich existierte, aber bisher unbekannt blieb (Kolumbus entdeckte Amerika). Die Erfindung ist eine Schöpfung, die vorher nicht existierte (das Schießpulver wurde erfunden). »Nun heißt das Talent zum Erfinden das Genie.«[239] Zu ihnen rechnet Kant jetzt auch Newton. Und das ist eine charakteristische Einzelheit: wissenschaftliches und künstlerisches Schöpfertum, also theoretisches und ästhetisches Prinzip, werden einander angenähert. Beide aber beruhen auf der Einbildungskraft.

Doch bedeutet Annäherung nicht totales Zusammenfallen. In der ›Anthropologie‹ wird, wie zuvor, die Vorstellung von der Spezifizität des ästhetischen Prinzips vorgetragen, die ja gerade in seiner Vermittlungsrolle besteht. Denn das war das wesentliche Ergebnis der ›Kritik der Urteilskraft‹: es war gezeigt worden, daß das Ästhetische weder auf Erkenntnis noch auf Moral zurückzuführen sei: gleichzeitig erwies sich aber die unauflösliche Verbindung des Schönen, Wahren und Guten. Das Ästhetische ist etwas anderes als Erkenntnis und Sittlichkeit; es ist eine eigentümliche »Brücke« zwischen beiden. Nun, wir wissen ja, daß Affirmation nicht ohne ihre Negation, These nicht ohne Antithese, gesetzt sind. In der ›Anthropologie‹ liegt mehr Gewicht auf der Antithese. Insbesondere wird der Begriff »ästhetische Erkenntnis« eingeführt. Den gab's in der ›Kritik‹ nicht, dort war die Rede vom Schönen als vom »Spiel der Erkenntniskräfte«, die nur eine Vorbereitung zum Akt der Erkenntnis sind. Indessen eröffnete die nahe Berührung dieser beiden Sphären die Möglichkeit, eine Zwischensphäre anzunehmen, die sowohl dem ästhetischen wie dem theoretischen Prinzip zugehört; wo Erkenntnis ästhetische Färbung annimmt und das Ästhetische auch Erkenntnis ist. Die Annahme einer solchen Sphäre zerstört nicht nur nicht die ursprünglichen Konstruktionen der Kantischen Ästhetik, sondern geht sogar logisch zwingend aus ihnen hervor.

Es ist bemerkenswert, daß dies gerade in der ›Anthropologie‹ entwickelt wird: hier wo der Mensch in den Bereich der wissenschaftlichen Untersuchungen eingezogen ist und wo die Literatur eine hervorragende Erkenntnisquelle darstellt: ». . . so haben doch jene Charaktere, so wie sie etwa ein Richardson oder Molière entwarf, ihren Grundzügen nach aus der Beobachtung des wirklichen Thun und Lassens der Menschen genommen werden müssen: weil sie zwar im Grade übertrieben, der Qualität nach aber doch mit der menschlichen Natur übereinstimmend sein müssen.«[240]
Ästhetische Erkenntnis ist eine besondere Zwischensphäre zwischen Sinnlichkeit und Verstand. Die Logik wirft der Sinnlichkeit Oberflächlichkeit und Partikularität in der Erkenntnis vor. Der Gegenvorwurf an den Verstand lautet – Dürre und Abstraktheit. »Die ästhetische Behandlung, deren erste Forderung Popularität ist, schlägt aber einen Weg ein, auf dem beiden Fehlern ausgebeugt werden kann.«[241] Dieser Weg führt durchaus nicht von der Wissenschaft weg. Ganz im Gegenteil: »Schönheit ist eine Blüthe, Wissenschaft aber Frucht«; das Gefühl für das Schöne selbst nennt Kant »theils sinnliche theils intellectuelle Lust«.[242]
In der ›Anthropologie‹ wird eine der Hauptkategorien der Kantischen Ästhetik genau bestimmt: »das Lustgefühl«, das der Urteilskraft zugrunde liegt. Dem tierischen Instinkt des Menschen nach Lust sind jedenfalls sittliche und kulturelle Fesseln auferlegt. Der Genuß, der für den Menschen bereitet ist, ist synonym mit Kultur. »Eine Art sich zu vergnügen ist zugleich Cultur: nämlich Vergrößerung der Fähigkeit noch mehr Ver-

gnügen dieser Art zu genießen; dergleichen das mit Wissenschaften und schönen Künsten ist. Eine andere Art aber ist
Abnutzung: welche uns des ferneren Genusses immer weniger
fähig macht. Auf welchem Wege man aber auch immer Vergnügen suchen mag: so ist es, wie bereits oben gesagt, eine Haupt-
maxime, es sich so zuzumessen, daß man noch immer damit
steigen kann.«[243] Sich an einen jungen Menschen wendend, sagt
Kant: ». . . gewinne die Arbeit lieb; versage dir Vergnügen,
nicht um ihnen zu entsagen, sondern so viel als möglich immer
nur im Prospect zu behalten!«[244]

Gerade in der ›Anthropologie‹ wird der bekannte Satz gesagt:
Arbeit ist die beste Art, sein Leben zu genießen. Je mehr du
getan hast, desto mehr hast du gelebt. Die einzige Möglichkeit,
mit seinem Schicksal zufrieden zu sein, ist, es mit Tätigkeit zu
erfüllen. Übrigens ist volle Befriedigung unerreichbar, und auch
darin liegt ein tiefer Sinn: »Die Natur hat den Schmerz zum
Stachel der Thätigkeit in ihn gelegt, dem er nicht entgehen
kann, um immer zum Bessern fortzuschreiten, und auch im
letzten Augenblicke des Lebens ist die Zufriedenheit mit dem
letzten Abschnitte desselben nur comparativ (theils indem wir
uns mit dem Loose Anderer, theils auch mit uns selbst vergleichen) so zu nennen; nie aber ist sie rein und vollständig. – Im
Leben (absolut) zufrieden zu sein, wäre thatlose Ruhe und
Stillstand der Triebfedern, oder Abstumpfung der Empfindungen und der damit verknüpften Thätigkeit. Eine solche aber
kann eben so wenig mit dem intellectuellen Leben des Menschen
zusammen bestehen, als der Stillstand des Herzens in einem
thierischen Körper.«[245]

Kant schreibt diese Zeilen im fünfundsiebzigsten Lebensjahr.
Er denkt nur eines: die Vollendung seiner Lehre. So bringt er
auch neu gefundene Sachinhalte in der ›Anthropologie‹. Doch
vor allem ist sie Summe seines ganzen bisherigen Denkens.

Kant ist ein Philosoph des achtzehnten Jahrhunderts. Das Jahrhundert ging zur Neige. Das System der kritischen Philosophie
war geschaffen und vollendet. Kant war niemals vom Gefühl
der Selbstzufriedenheit bewegt, aber er wußte, daß das Wichtig-

ste getan war. Möglicherweise ließen die Kräfte deshalb nach, weil die Anstrengung der Suche vorbei war.

Er war auf dem Gipfel des Ruhms, Mitglied dreier Akademien (der Berliner, Petersburger und seit April 1798 auch der Sieneser Akademie). Eine Lebensbeschreibung war schon lange fertig. Pastor Borowski hatte ihm schon 1792 eine ›Skizze zu einer künftigen Biographie des preußischen Weisen Immanuel Kant‹ geschickt. Der Philosoph studierte den Text, besserte Ungenauigkeiten aus, strich manches durch, doch die Veröffentlichung zu seinen Lebzeiten wollte er nicht gestatten. Ein anderer künftiger Biograph – Jachmann – beschloß, sich die Aufgabe etwas zu erleichtern: er schickte Kant einen detaillierten Fragebogen mit sechsundfünfzig Fragen. Einige betrafen die geistige Entwicklungsgeschichte seiner Lehre: »44. Die Hauptmomente von der Veränderung in philosophischen Meinungen und die Veranlassungen dazu besonders zum Übergang in den Kritizism. 45. In welcher Reihordnung die philosophischen Systeme der alten und neueren Philosophen studiert worden? 46. Inwiefern sie auf die Philosophie des Hrn. Professor Einfluß hatten.« Andere Fragen waren indiskreter: »33. Hat nicht ein Frauenzimmer das Glück gehabt, ausschließliche Liebe und Achtung auf sich zu ziehen? 34. Welche Frauenzimmer sind überhaupt zur Bildung in geselligen Eigenschaften beförderlich gewesen?« Eine Frage endlich warf ein bezeichnendes Licht auf Kants Verhältnis zum öffentlichen Kirchenkult: »47. Wurden die kirchlichen Gebräuche der christlichen Kirche je mitgemacht und wann wurden sie aufgegeben?«[246] Hätte Kant die Fragen beantwortet, dann hätten wir eine exakte Biographie zur Verfügung gehabt.

Der Ruhm hat auch seine Kehrseite. Vielschreiber belästigten Kant, Schöpfer philosophischer Systeme, Hüter der Reinheit der Lehre und einfach auch Schelme. Die einen suchten seinen seelischen Trost, die anderen riefen ihn zum öffentlichen Disput, wieder andere wollten Geld erpressen. In Mecklenburg trat ein gewisser »Magister Kant« auf, der sich für den Sohn des bekannten Philosophen ausgab und sich's auf Kosten seiner gutgläubigen Anhänger wohlgehen ließ.

Auch Theodor Kant war durchaus kein Verwandter. Er bat nur aufgrund des identischen Familiennamens um Unterstützung:

sein Hof sei abgebrannt, die Verluste beliefen sich auf fünftausend Taler. Möge sich doch der große Mann, den ganz Europa verehrt, in seine Lage versetzen. Mit diesem Brief aus Posen vom Frühling 1797 kam gleichzeitig ein ähnlicher aus Schweden. Karl Friedrich Kant versicherte, daß der Bruder seines Vaters Lars Kant der Vater des Philosophen sein müsse. Karl Friedrich selbst trug sich mit der Absicht, dort Inspektor zu werden und brauchte Geld dafür. Ob nicht der hochzuverehrende Herr Cousin ihm die Freude machen könne, für einige Jahre acht- oder zehntausend Taler zu leihen. Im Sommer erinnerte der neuerworbene Cousin zweiten Grades wieder an sich und seine Bitte. Dann schaltete sich offensichtlich auf sein Betreiben der schwedische Bischof Lindblom in die Angelegenheit ein. Das enthusiasmierte, lateinische Schreiben des Erzbischofs brachte immerhin eine wichtige Neuigkeit: der Vater des Philosophen sei doch tatsächlich Unteroffizier der Armee Karls XII. gewesen.

Lindblom mußte geantwortet werden. Kant war höflich und ironisch: »Die Bemühung, die sich Ew: Hochwürd. gegeben haben, meinen Abstamm zu erkunden und mir das Resultat Ihrer Nachforschung gütigst mitzuteilen, verdient allen Dank; wenn gleich daraus weder für mich noch für andere, nach Lage der Sache, irgendein barer Nutzen zu ziehen sein möchte.« Kant schrieb, daß er eigentlich sehr gut wisse, wer sein Vater sei. Was nun den Großvater betreffe, so stamme dieser aus Schottland. (Hier irrte Kant, wie wir wissen: sein Großvater war Preuße, sein Urgroßvater kam aus Kurland.) Schwedische Verwandte schienen ihm recht problematisch. Kant versäumte nicht, den Brief seines »Cousins« mit der Bitte um die Riesensumme zu zitieren; dabei zählte er seine eigenen nächsten Verwandten auf: eine Schwester, sechs Geschwisterkinder von einer verstorbenen Schwester, ein Bruder mit seinen vier Kindern.

Seine Nächsten waren ihm geistig sehr fern, doch erhielten alle, die darbten, dauernde materielle Unterstützung (das machte mehr als tausend Taler im Jahr). Ihnen vermachte er seinen ganzen Besitz, jedem den gleichen Anteil. Sein ordnungsgemäß verfaßter »Letzter Wille« wurde seit Februar 1798 vom akademischen Senat verwahrt. Eintausendfünfhundert Gulden hinterließ er Professor Gensichen – dem Testamentsvollstrecker.

Vergessen war auch nicht Diener Lampe, dem zu seinen Lebzeiten eine Pension von vierhundert Gulden bestimmt wurde, seiner Witwe im Falle seines Todes zweihundert Gulden, und für hinterbliebene Kinder die einmalige Auszahlung der Summe von eintausend Gulden. Das Haus und ein Kapital von zweiundvierzigtausendneunhundertdreißig Gulden bildeten das nachgelassene Vermögen.

Der geistige Nachlaß bestand in handschriftlichen Aufzeichnungen, Manuskripten, Materialien für Vorlesungen. Nach der ›Anthropologie‹ war Kant nicht mehr imstande, etwas Bedeutendes für den Druck fertig zu machen. Er gab die Vorlesungskompendien seinen Schülern: Rink – physische Geographie und Pädagogik, Jäsche – Logik und Metaphysik.

Die physische Geographie interessierte allgemein. Schon 1797 hatte der Verleger Vollmer Kant vorgeschlagen, diese Vorlesungen herauszugeben, wobei er ihm die märchenhafte Summe von vierzig Talern für den Druckbogen versprach. Kant wunderte sich über das großzügige Angebot, lehnte jedoch ab. Nachdem Rink das Manuskript in seinen Händen hatte, bot er es Vollmer an unter der Bedingung, gleichzeitig sechs seiner eigenen Werke zu veröffentlichen. Das war eine Unverschämtheit. Vollmer weigerte sich und begann die physische Geographie Kants aufgrund von Nachschriften seiner Studenten herauszugeben. Das hieß Skandal. Am 24. Juni 1801 brachte die ›Allgemeine Literaturzeitung‹ Kants Protest, sein letztes publizistisches Auftreten. Kant beharrte darauf, die rechtmäßige Herausgabe seiner physischen Geographie habe er Rink übertragen. Vollmer erklärte dagegen, Kant könne für seine Handlungen nicht mehr einstehen, die Erklärung habe Rink veranlaßt; und er gab weiterhin die physische Geographie heraus.

Jäsche edierte die Logik. Die Crux dieser Ausgabe bestand darin, daß Jäsche nicht übersehen konnte, wie sehr sich doch die Ansichten Kants im Laufe der Zeit verändert hatten. Kant las Logik während seiner gesamten Vorlesungstätigkeit nach dem Handbuch von Meier. Jedesmal schrieb er neue Notizen ins Lehrbuch, die die Entwicklung seiner Konzeption widerspiegeln. Jäsche erschien alles als eine geschlossene Einheit. Und schließlich stehen im edierten Text Behauptungen nebeneinander, die eigentlich verschiedenen Schaffensperioden Kants angehören. So zum Beispiel die bekannte Stelle, wo das ganze Wirkungsfeld der Philosophie in der Antwort auf die Frage gipfeln solle: »Was ist der Mensch?« Das ist offensichtlich in den letzten Vorlesungsjahren geschrieben. Und dann aus einem ganz anderen Gebiet: Ästhetik wird als Wissenschaft von der Sinnlichkeit definiert, die Sphäre der Schönheit damit auf die unterste Stufe der Erkenntnis verwiesen. Kein Wort von der Eigentümlichkeit des Ästhetischen, kein Wort über seine Vermittlerrolle. Als ob die Kritik der Urteilskraft nicht geschrieben und Kant zu Baumgarten zurückgekehrt sei.

Vielleicht verhielt sich das aber so? Vielleicht war Kant wirklich zu den Theorien seiner Jugend zurückgekehrt? Nun, Kant hörte 1796 zu lesen auf, dann erschien die ›Anthropologie‹, die in wesentlichen Punkten die Konzeption der dritten ›Kritik‹ vertrat. Von einer Rückkehr zu einem »vorkritischen« Status kann nicht die Rede sein. Jäsche war einfach nicht auf der Höhe, und Kant war schon nicht mehr imstande, die Ausgabe zu redigieren.

1799 war das Jahr des Umbruchs. Der Theologe Abegg, der Kant ein Jahr zuvor besucht hatte, hinterließ eine genaue Schilderung der Begegnung. Er war zweimal bei Kant zum Mittagessen. Wie immer erschienen Gäste, und der Gastgeber führte eine lebhafte und geistreiche Unterhaltung. Man sprach über Politik, über alles und jedes. Der neue König Friedrich Wilhelm III. war in Königsberg gewesen. Kant hatte mißfallen, daß er in geschlossener Kutsche gefahren war und sich nicht vor dem Volk zu Pferde gezeigt hatte. An den Empfangsfeierlichkeiten hatte der Philosoph nicht teilgenommen. Die Königin wollte ihn zwar sehen und schickte eigens einen Bediensteten, aber Kant war der Einladung nicht gefolgt. Napoleon hatte sich aufs Meer begeben; Kant war fest davon überzeugt, er werde Portugal besetzen. (Sogar nachdem die Zeitungen von der Landung in Ägypten berichtet hatten, hielt der Philosoph dies nur für ein Ablenkungsmanöver – in der Meinung, das Hauptziel Bonapartes sei die Eroberung Portugals als ein weiterer Schlag gegen England.) Die Stadt schenkte der Königin Bernsteinschmuck. Kant erzählte über seltene Bernsteinstücke und davon, wie das »Gold der Ostsee« gewonnen werde.

Beim zweiten Mal ging das Gespräch über die Absonderlichkeiten des russischen Zaren Paul 1. und gleichzeitig über die Zukunft Englands. Kant wollte es gern republikanisch sehen, möge König Georg Kurfürst von Hannover sein und bleiben. Die Schotten sind fähiger als die Engländer. Kant erinnert an ein englisches Sprichwort: Wenn man den Schotten im Sack durch Europa trägt, so hat er doch, wenn er nach Hause kommt, die Sprachen gelernt. Alle glauben an das Aufblühen der französischen Republik; und sie glauben daran, weil sie es hoffen. Pulverisierte Kohle schützt vor Verwesung (da hat das Gespräch eine radikale Wende genommen); Kant erinnert sich, wie er einmal zusammen mit einem Rehbraten in der Postkutsche fuhr – der Rehbraten stank erheblich und Kant bestäubte ihn mit Kohle; da war alles in Ordnung. Eier in Kohlenstaub bleiben länger frisch. Kohle mit Honig hilft wunderbar gegen Zahnschmerzen, das muß man dem Hofprediger Schultz sagen, der hat seit langem Zahnweh . . .

Das war im Jahr zuvor. Die Zeichen von Altersschwäche nahmen nun immer mehr zu. Seine Spaziergänge wurden kürzer, er ging mit unsicherem Greisenschritt, zuweilen fiel er hin. Er ging früher schlafen. Manchmal schlummerte er tagsüber auf seinem Stuhl ein. Gesellschaft war ihm jetzt beschwerlich, zum Mittagsmahl lud er nicht mehr als zwei Gäste; es wurde immer schwieriger, den Gastgeber in ein Gespräch zu ziehen. »Meine Herren, ich bin alt und schwach. Sie müssen mich wie ein Kind betrachten.«[247]

Von seinen Freunden begann er den Diakon Wasianski heranzuziehen, der einst bei ihm studiert hatte. Wasianski war unaufdringlich, zuverlässig, fürsorglich. Mädchen für alles, brachte er jegliche häusliche Unordnung zurecht – auch den gereizten Kant, eine klemmende Tür, die stehengebliebene Uhr etc. (Wenn sich Lampe solcher Dinge annahm, dann konnte man das zu reparierende Stück mit Sicherheit wegwerfen: der ehemalige Soldat verstand nur, was er beim Militär gelernt hatte.) Wasianski wohnte nicht weit weg und konnte mehrere Male am Tag kommen. Kant vertraute ihm die Führung der Hauswirtschaft und der Geldangelegenheiten an.

Er stand unverändert früh auf. Um fünf Uhr saß der Philosoph schon hinter dem Schreibtisch. Er schreibt. Er sagt, daß er am Hauptwerk seines Lebens arbeite. Das Buch nennt er ›Vom

Übergange von den metaphysischen Anfangsgründen der Naturwissenschaft zur Physik‹. Das Manuskript wächst. Hunderte von Seiten sind beschrieben. Was steht da überhaupt?

Nun, das sind ganz unzusammenhängende Notizen. Zuweilen größeren Umfangs, wo ein Gedanke folgerichtig dargelegt wird, doch weit öfter sind es geringere, miteinander unverbundene Bruchstücke. Hier zum Beispiel einige Lesarten des Vorworts: »Weñ in einem System (nicht dem fragmentarischen Aggregat) dergleichen die philosophische Naturwissenschaft (philosophia naturalis) überhaupt ist, eine Obereintheilung wie die in die metaphysische und physische Anfangsgründe derselben sich der Vernunft von selbst darbietet gleichwohl aber diese Theile ungleichartig sind mithin ihre Hiñzukunft eigentlich nicht fortschreitend (progreßus) ist so wird die Vermehrung jener Wissenschaft mit dieser ein Übergang transitus) von den metaphysischen Anfangsgründen der Naturwissenschaft zur Physik und weder das eine noch das andere für sich allein sondern diese für jene überhaupt ergänzend seyn. – Es ist kein Sprung von einem Territorium aufs andere deñ das würde keine nothwendige Verbindung zum Behuf des Gantzen einer Naturwissenschaft abgeben sondern eine Stellung, welche die Vernunft annehmen muß um beyde Ufer mit einem Schritt zugleich zu berühren.«[248] So lautet eine Lesart.

»Naturwissenschaft (Philosophia naturalis) ist die Wissenschaft von den bewegenden Kräften der Materie im Weltraum. – So fern ein solches System blos auf Begriffen u. Lehrsätzen a priori beruht heißt es Metaphysik der Natur. So fern es aber zugleich auf Erfahrungsprincipien gegründet werden muß Physik. (. . .) Gleichwohl aber ist dieses Überschreiten von jener zur Physik und das jenseitige Ufer mit dem diesseitigen zu verknüpfen nothwendiger Anspruch an den Naturphilosophen weil Physik doch das Ziel ist wohin dieser als dem Zweck streben muß und zu welchem jene Begriffe nur die Vorarbeiten sind.«[249] So beginnt die zweite Lesart.

»Es ist ein Haupterfordernis der philosophischen Architectonik die Grenzen der Wissenschaften nicht in einander laufen zu lassen sondern jeder ihr Territorium pünctlich (weñ es auch peinlich gescholten werden sollte) zu bestiñen ohne welche Sorgfalt man keinen auf zweckmäßige Vollkoñenheit derselben gegründeten Anspruch machen kañ.«²⁵⁰ So beginnt die dritte Lesart; keine ist ausgeführt. Doch ist der Gedanke klar und widerspruchsfrei.

Kant schreibt über feste Körper und auch flüssige, über Bewegung, Reibung, den Wärmestoff und die Lebenskraft. Was ist das, ein organischer Körper? Keine neue Frage, doch enthält die Antwort etwas Neues. Ein solcher Körper, argumentiert Kant, kann seine Organisation nicht allein durch die bewegenden Kräfte der Materie erhalten. Man muß folglich eine immaterielle Kraft annehmen, eine Kraft, die Eigenschaft oder Teil der sinnlich wahrnehmbaren Welt oder auch grundsätzlich von ihr verschieden ist. Solche Argumente wiederholt er verschiedentlich. Schließlich entsteht etwas, was wert ist, bemerkt zu werden: »Maschine ist ein vester Körper dessen Zusam̄ensetzung nur durch den Begriff von einem Zwecke möglich ist nach der Analogie einer gewissen absichtlichen Bewegung geformt ist. Wen̄ diese Form nicht als wirkliche sondern blos denkbare Absicht vorgestellt wird so ist ein solcher Körper eine natürliche Maschine. Organische Körper sind sind also natürliche Maschinen.«²⁵¹ Hier entwickelt Kant Vorstellungen, die er schon im Brief an Sömmering über »das Organ der Seele« dargelegt hat: Leben ist ein besonderer Typus komplizierter, natürlicher Verbindungen. Dieser antivitalistische Gedanke liegt in der Atmosphäre der Zeit. Der junge Schelling wird ihn bald aufgreifen, wenn er sich mit spekulativer Naturphilosophie zu beschäftigen beginnt. Als exaktes Resultat eines Experiments formuliert Alexander Humboldt ihn. Kant versucht in seinem Alterswerk mit dem Gang der Wissenschaft Schritt zu halten. Da ist durchaus keine Senilität oder ein Rückschritt in einen »vorkritischen« Status.

Doch immer mehr Lebensjahre werden es, und der Gedanke verwirrt sich. Er springt von einem ins andere. Jetzt geht es nicht mehr um Physik, sondern um Metaphysik, nicht mehr um Natur, sondern das Sein überhaupt. Bevor man zur Physik übergeht, muß man ihre philosophische Begründung untersucht haben. Der Übergang von den metaphysischen Anfangsgründen der Naturwissenschaft zur transzendentalen Philosophie – ja, das ist es, womit zu beginnen ist. Und von da aus kann der Übergang zu einer allgemeinen Lehre von der Erfahrung gemacht werden, dann geht's von der Natur zur Freiheit und schließlich zum Menschen als einem Wesen, das beide Prinzipien in sich vereinigt.

Das letzte Konvolut von Reflexionen (ab 1800) ist schon einer ganz abstrakten Materie gewidmet. Vor allem der Frage nach Gott. Was ist Gott? Gibt es einen Gott? Gott ist eine Person, die alle Rechte besitzt und in bezug auf die niemand Rechte hat. Es ist eine Substanz höchsten Daseins, gereinigt von allen sinnlichen Vorstellungen. Dem Begriff Gottes steht der Begriff Welt entgegen. Die Aktivität des Subjekts führt sie zusammen. Das denkende Subjekt schafft sich Welt als Gegenstand einer möglichen Erfahrung. Das klingt schon nicht mehr nach kritischer Philosophie: offensichtlich eine Reminiszenz an Fichte. Oder: »Das Erkentnis seiner Selbst als einer Person die sich selbst zum Princip constituiert und ihres Selbst Urheberin ist.«[252] Und unversehens nennt Kant sein System »Wissenschaftslehre«. Doch in der Nähe steht wieder, daß, Ich (der Mensch), ein äußeres sinnliches Objekt, ein Teil der Welt, bin. Aber mitten unter den philosophischen Gedanken finden wir: »Mittwoch. Dicke Erbsen mit Schwein Doñerstag Trocken Obst mit Pudding. Auch Göttinger Wurst von Nicolov(ius).«[253] Dann wieder: Gott, Welt, Ich der Inhaber der Welt. Kann man die Welt von Gott trennen? Die transzendentale Philosophie gibt keinerlei Beweise für die Hypothese vom Dasein Gottes. Philosophie ist die Liebe des vernünftigen Wesens zum höchsten Zweck der menschlichen Vernunft. Jetzt wieder Alltag: »Lampe hat gestern nachmittag mein Kleid meinen Schlafrock in die Eßstube hinter den Ofen gehängt damit er nach dem Essen warm angezogen werden köñe damit er nicht kalt angezogen werde. Die Köchin hat wie rasend dem Lampe vorgeworfen daß er ihr den Willen lasse und ihn nicht als Herr des Hauses im Gehorsam erhalten wisse. Sie aber will selbst den Hn. spielen Homo homini lupus.«[254] Und an anderem Ort: »Lampe wird belehrt daß da er von früh bis späth etwas zu saufen nicht unterläßt ihm nicht allein sein Quartal sondern auch die Zulagen diese Woche werden zurükgehalten werden.«[255]

Kants Verhältnis zu Lampe war niemals sehr nahe oder gar idyllisch. Besonders die Stumpfheit verärgerte ihn: seit dreißig Jahren holte Lampe ein und dieselbe Zeitung von der Post; wie die Zeitung hieß, hatte er sich aber nie merken können. Einst kam Lampe seinem Herrn in einem gelben Rock (statt des üblichen weißen mit dem roten Kragen) unter die Augen. Kant wurde böse. Lampe erklärte, dies sei eine rein zufällig bei einem Trödler erstandene Neuerung aus Anlaß seiner neuen Vereehelichung. Nun, für Kant war wirklich alles neu und noch mehr: daß der Diener heiratet, daß er verwitwet und folglich überhaupt schon verheiratet war. Lampes Erwählte wurde im Testament aber nicht vergessen, wie wir wissen.

Gewohnheit ist eine zweite Natur. Kant war an seinen langjährigen Diener gewöhnt, duldete seine Extravaganzen und konnte sich aus Furcht vor jeder Veränderung nicht entschließen, ihn zu entlassen. Wasianski begriff, daß das so nicht mehr weitergehen konnte. Ermahnungen halfen da nicht. Lampe war altersschwach wie sein Herr und hielt sich ebenfalls nur noch schlecht auf den Beinen. Wasianski suchte Ersatz.

Aber es kam der Tag, wo der Herr sich gegen seinen Knecht auflehnte. Was eigentlich zwischen den beiden vorgegangen war, konnte auch Wasianski nicht erfahren, doch wurde Lampe unverzüglich ausgezahlt. (Er erhielt im voraus Jahresgehalt und Alterspension – vierzig Taler; im Testament wurde eine entsprechende Korrektur gemacht.)

Der neue Diener Johann Kaufmann, ein Mann in mittleren Jahren, war von gleichmäßigem Gemüt, schneller Auffassungsgabe und gutem Gedächtnis. Schon bald hatte er sich den Gewohnheiten Kants angepaßt, und sie kamen gut miteinander aus. Den ersten Diensttag Kaufmanns überwachte Wasianski; seit vier Uhr morgens war er schon im Haus in der Prinzessinstraße. Um fünf Uhr stand der Philosoph auf und war ein wenig bestürzt, als er statt des gewohnten Lampe zwei fremde Gesichter sah. Kaufmann brachte den Tee und auch Wasianski machte es sich am Tisch bequem, doch Kant war es nicht geheuer. Er rührte seine Tasse nicht an. »Ich saß gerade über ihm. Endlich kam er darauf und bat mich sehr höflich, ich möchte mich so setzen, daß er mich nicht sehen könne; denn seit mehr als einem halben Jahrhundert habe er keine lebendige Seele beim Tee um sich gehabt. Ich tat, was er verlangte, Johann ging in die Nebenstube, und kam nur dann, wenn Kant ihn rief. Nun war alles recht. Kant war gewohnt, wie ich schon oben erinnerte, seinen Tee allein zu trinken und bei demselben ganz ungestört seinen Ideen nachzuhängen. Ob er gleich jetzt nicht mehr las oder schrieb, so war die Schwungkraft vieljähriger Gewohnheit auch noch jetzt sehr stark bei ihm, und er konnte keinen um sich dulden, ohne in die größte Unruhe versetzt zu werden. Ebenso lief es ab, als ich an einem schönen Sommermorgen einen ähnlichen Versuch machte.«[256]

Im November 1801 verabschiedete Kant sich endgültig von der Universität. Er wurde in den Ruhestand versetzt bei vollem Gehalt. Nun ging er fast überhaupt nicht mehr aus und empfing auch keine Besucher. Nur wenigen gelang es, vorgelassen zu werden. Unter ihnen war ein junger russischer Arzt, »Verehrer Kants und Dichter«, der beim Anblick des Greises niederstürzte und ihm die Hand küßte. Kant war verwirrt und ungehalten über den Besuch. Den nächsten Tag erschien der Russe wiederum im Hause des Philosophen und bat den Diener inständig um etwas Schriftliches aus der Feder Kants. Kaufmann hob vom Boden des Arbeitszimmers ein beschriebenes Blatt auf (es war der Entwurf des Vorworts zur Anthropologie), brachte es ins Empfangszimmer und gab es (mit Erlaubnis Wasianskis) dem wartenden Arzt.

Der war außer sich vor Freude, küßte das Blatt viele Male, zog Gehrock und Weste aus, legte einen Taler darauf und gab alles Kaufmann.

Nachdem die Altersschwäche Kants allgemein bekannt war, erschienen auch ganz ungebetene Gäste im Haus. Eine vornehm gekleidete Dame wollte unbedingt mit Kant unter vier Augen sprechen. Zunächst mußte sie aber zu Wasianski, der in ihr eine stadtbekannte Abenteurerin erkannte. Die Dame erklärte, ihr Mann habe seinerzeit Kant ein Dutzend Silberlöffel und Goldsachen gegeben; wenn die Dinge nicht mehr vorhanden, so gebe sie sich auch mit einer Entschädigung in Bargeld zufrieden. Wasianski schickte nach der Polizei und ließ die Erpresserin erst laufen, nachdem sie versprochen hatte, nicht mehr in diesem Haus aufzutauchen.

Einer anderen Unbekannten gelang es, unbemerkt das Arbeitskabinett zu betreten. Kant sprang vom Schreibtisch auf, bereit, sein Eigentum zu verteidigen. Sie fragte nach der Uhrzeit. Kant langte nach der Uhr, behielt sie in der Faust und gab ihr Bescheid. Die Unbekannte dankte, verließ das Zimmer, kehrte dann aber zurück und sagte, daß sie eigentlich der Nachbar geschickt habe, und sie erwähnte seinen Namen; er müsse die Uhr ganz genau stellen, der Herr Professor möge ihr doch die seine für einige Minuten überlassen, sie werde sie gleich wiederbringen. Kant stieß einen Schrei aus, und die Dame zog sich schnell zurück. Wasianski bemerkte zu dem Ereignis: ein Handgemenge wäre wohl nicht zugunsten des Philosophen ausgegangen; zum ersten Mal in seinem Leben hätte eine Frau den Sieg über ihn behalten können.

Der Briefstrom versiegte. Die Freunde Kants wußten von seiner Verfassung. Länger als alle anderen schrieb Kiesewetter. Er schrieb weniger über philosophische Probleme als über Teltower Rüben, die Kant so gut schmeckten, daß Kiesewetter sie ihm regelmäßig zukommen ließ. Die Rüben sind das Hauptthema ihres letzten Briefwechsels. Als Kiesewetter im November 1801 das fällige Tönnchen Rüben schickt, schreibt er schon nicht mehr an Kant, sondern legt nur eine Begleitnotiz mit dem Namen des Adressaten bei. Vom August 1801 datiert der letzte eigenhändige Brief Kants – ein Dank an Villers (dem Bonaparte damals vier Stunden Zeit für die Interpretation des Kantianismus gab) für die Übersendung des zweibändigen Werks über die Transzendentalphilosophie. Das Gesuch um Versetzung in den Ruhestand ist schon von fremder Hand, Kant hat lediglich unterschrieben. Diktiert hat er auch: »Meine Kräfte nehmen mit jedem Tage ab, meine Muskeln schwinden, und ob ich gleich keine eigentliche Krankheit jemals gehabt habe, und auch jetzt keine befürchte; so bin ich doch bis jetzt seit zwei Jahren nicht aus meinem Hause gewesen.« Das ist vom April 1802. Ein Brief an den Mann seiner Nichte, der den berühmten Verwandten von seiner Existenz unterrichtet hatte.

Kant war es beinahe unmöglich, ohne fremde Hilfe zu gehen. Es mußte sich dauernd jemand bei ihm aufhalten. Jetzt lebte auch Kants Schwester Barbara im Haus (der Bruder war schon gestorben). Manchmal setzt er sich noch an den Schreibtisch. Mit zittriger Hand kritzelt er einzelne Sätze: »Transcendental// Philosophie ist der Inbegrif der Vernunftprincipien welche sich a priori in einem System vollendet (in Einem Schema als Formale der Erkentnis aufstellen indessen daß das Materiale der

Erkentnis blos die Formen den Principien nach vollständig darstellt.) . . . Eine stete Schlaflosigkeit . . . Nach subjectiven Principien der Blähungen im Magenmunde läßt sich keine Art sie anders denken als sie der diesen subjectiv. Der Erscheinungen des Stern//Himels zu unterwerfen − Ist ist diese selbst blos Erscheinung oder Wirklichkeit.«[257]

Kaufmann hilft seinem Herrn, eine Art Tagebuch zu führen. Er setzt in ein besonderes Heft das Datum, dann den Speisezettel für das Mittagessen, wer eingeladen ist (zum Mittagstisch wie immer zwei Gäste). Dazwischen sind auch zuweilen Vermerke Kants: »Freytag (Übermorgen) den 22 sten) trete ich mein 80 stes Jahr an wozu mich meine gütige Freunde gütigst aufnehen wollen. I K.«[258] Das ist vom 20. April 1803.

Am angegebenen Tag versammeln sich die Geladenen zum Festtagsessen. Doch wurde es Kant bei Tisch übel. Der Lärm des Gesprächs, auch wenn man es möglichst leise führte, betäubte ihn. »Er kam nur erst recht zu sich selbst, als er ausgekleidet in seiner Studierstube mit mir allein war und mit mir über die seinen Domestiquen zu gebenden Geschenke gesprochen hatte. Denn nie konnte Kant froh sein, wenn er nicht andere um sich her zufrieden sah. Daher bestand er bei jeder Spazierfahrt auf ein Geschenk für seinen Diener. Ich wollte ihn nun seine Ruhe genießen lassen und empfahl mich ihm auf die sonst gewöhnliche Art. Er war stets wider alles Feierliche und Ungewöhnliche, wider alle Glückwünsche bei solchen Gelegenheiten, besonders aber wider ein gewisses Pathos bei denselben, indem er immer etwas Fades und Lächerliches fand. Für meine geringe Bemühungen bei Anordnung dieses Festes dankte er mir dieses Mal auf eine ganz unproportionierte Art und durch Äußerungen, die nur sichere Beweise einer ihn übermannenden Schwachheit waren.«[259]

Im Oktober verschlechtert sich Kants Zustand immer mehr. Zum erstenmal im Leben verbrachte er einige Tage im Bett. Dann trat Besserung ein und es wurden wieder Gäste zum Essen geladen, das jetzt in völligem Schweigen eingenommen wurde. Kant aß hastig seinen Teller leer und legte sich sogleich wieder zu Bett. Zuweilen schlummerte er ein. Abends erfaßte ihn Unruhe. Nachts quälten ihn Alpträume. Kaufmann schlief mit ihm in einem Raum.

Die letzte Eintragung ins Tagebuch ist vom 15. Dezember. Seit dem Herbst kann Kant nicht mehr lesen. Nun ist er fast taub. Er erkennt die Schwester nicht mehr, allenfalls noch Kaufmann. Am 3. Februar nimmt er keine Nahrung mehr zu sich. Er sitzt am Tisch bei seinen Gästen und ist nicht imstande zu essen.

Platon ließ eine bewegende Schilderung des Todes seines Lehrers Sokrates auf uns kommen: Vollzug der Todesstrafe nach medizinischen Anweisungen. Das Gift trinken und so lange gehen, bis die Beine schwer werden. Dann hinlegen; wenn die Kälte das Herz erreicht, ist das Ende da. Sokrates, verleumdet und fälschlich des Atheismus und der Verführung der Jugend beschuldigt, nahm anscheinend die Todesstrafe bereitwillig auf sich und verweigerte die Flucht, zu der ihm seine Freunde verhelfen wollten. Er ging bewußt und selbstbeherrscht in den Tod. Wollte er damit seine Mitbürger aufrütteln, die seine Lehren mißachtet hatten? Oder vielleicht künftige Geschlechter mahnen, dem inneren Gewissensgesetz zu gehorchen? Die Menschheit sinnt schon zweieinhalbtausend Jahre über das Rätsel dieses Todes.

Kants Tod war klar wie sein Leben. Die schuldige Pflicht war erfüllt. Dann Hinwelken. Das Ende. Die Einzelheiten sind einfach. Am Samstag, dem 11. Februar, war Wasianski den ganzen Tag am Bett des Sterbenden: »Ich fragte ihn, ob er mich kenne? Er konnte nicht antworten, reichte mir aber den Mund zum Kusse. Tiefe Rührung durchschauderte mich, er reichte mir nochmals seine blassen Lippen. Fast darf ich die Vermutung wagen, er habe es auf einen Abschied von mir und Dank für vieljährige Freundschaft und Beihilfe angelegt. Mir ist nicht bekannt, daß er je einem seiner Freunde einen Kuß anbot.«[260] Wasianski blieb die ganze Zeit. Im Zimmer waren auch Kants Schwester und sein Neffe.

Die Agonie währte Tag und Nacht. Um ein Uhr nachts kam er zu sich, trank einige Tropfen von einem Gemisch aus Wein, Wasser und Zucker. Er sagte: »Es ist gut.« Dann versank er abermals in Bewußtlosigkeit. Sein Bewußtsein kam auch nicht wieder. Gegen Morgen lag Blässe auf seinen Wangen, Starre trat ein. Das Auge brach, gleichwohl blieb es geöffnet. Der Puls ließ sich nur noch in der linken Hüfte tasten. Wasianski lag auf den Knien, seine Hände berührten jene Stelle des Körpers, wo noch Leben glomm. Der Atem ging schwächer. Die Lippe zuckte, und der Atem hörte auf. Einige Sekunden noch war der Puls zu fühlen, immer schwächer, die Schläge seltener, dann Stillstand. Es war der 12. Februar 1804, elf Uhr. Kant ist tot.

Bereits 1799 hatte er Vorsorge für sein eigenes Begräbnis getragen. Er wünschte es auf den dritten Tag nach seinem Ableben – möglichst bescheiden: nur in Anwesenheit der Nächsten und Freunde sollte der Körper auf einem gewöhnlichen Friedhof der Erde übergeben werden.
Es geschah anders. Von Kant nahm die ganze Stadt Abschied. Sechzehn Tage lang war der Verstorbene aufgebahrt. Es herrschte starker Frost, und der Leichnam des ohnehin zum Skelett abgemagerten Philosophen konnte im ungeheizten Besuchszimmer der Verwesung widerstehen. Dem Sarg zur Seite waren vierundzwanzig Studenten, hinter dem Sarg in Reih und Glied das ganze Offizierskorps der Garnison, dann Tausende von Mitbürgern. Der akademische Senat wartete an der Domkirche auf den Trauerzug, wo dann die letzten Geleitworte gesprochen wurden. Ein Geistlicher war nicht dabei.
Man begrub Kant im an der Nordseite des Doms gelegenen »Professorengewölbe«. Das war ein altes Gemäuer, das mit den Jahren immer baufälliger wurde. 1809 hat man es ganz abgetragen und statt dessen eine offene Halle errichtet – die ›Stoa Kantiana‹. An ihrem Ende befand sich der Grabstein Kants mit seiner Büste.
Die ›Stoa Kantiana‹ überdauerte nur bis zum Ende des neunzehnten Jahrhunderts. In den achtziger Jahren wurde über dem Grab des Philosophen eine Kapelle in neugotischem Stil gebaut. Doch auch sie bestand nicht lange. Im Gedächtnisjahr 1924 ist das Grabmal Kants durch ein neues ersetzt worden – man kann es noch heute betrachten.
Die Grabstätte Kants war das einzige Bauwerk im Zentrum des heutigen Kaliningrad, das wie durch ein Wunder den Zweiten

Weltkrieg überlebt hat. Jetzt ist die vom Fluß umsäumte Insel ganz ohne Ruinen. Bis auf den Dom, an welchem das Grab Kants liegt. Am 22. April 1974 wurde der zweihundertfünfzig-jährige Geburtstag Kants begangen; Philosophen kamen von überall und brachten Blumen.

Der Mensch stirbt, der Gedanke bleibt. Unsterblichkeit gewinnt der Philosoph dann, wenn es ihm möglich war zu sagen, was gehört wird. Unsterbliches Nachleben ist nicht meldepflichtig, unsterbliches Nachleben darf überall zu Hause sein.

Statt eines Epilogs möchten wir dem Leser drei Studien über Kants Verbindungen zur russischen Kultur vorlegen. Die erste ist einer vergessenen Episode aus seinem Leben gewidmet, die beiden anderen beschäftigen sich mit dem Nachleben Kants in der russischen Geistesgeschichte. Alle zusammen helfen die Summe ziehen.

Bei meiner Beschäftigung mit Kants Briefwechsel traf ich plötzlich auf einen unbekannten Namen – Belosel'skij. Ich suchte in Lexika – in drei großen sowjetischen Enzyklopädien fand ich nichts. Dann im ›Russischen Biographischen Wörterbuch‹ (Sanktpeterburg 1908) folgende Angaben: Fürst Aleksandr Michajlovič Belosel'skij-Belozerskij (1752 bis 1808) war in seiner Zeit ein hochgebildeter Mann, Mitglied der Petersburger Akademie der Wissenschaften, der Akademie der Künste, der Akademie für Altertumswissenschaften in Kassel, der Akademie für Literatur in Nancy, des Bologneser Instituts. Belosel'skij war als Diplomat und Dichter bekannt. Er war Gesandter in Dresden und Turin. Er schrieb zumeist französisch. Er hat das russische Libretto der Oper ›Olinka oder die erste Liebe‹ verfaßt. Von den philosophischen Verdiensten Belosel'skijs kein Wort.

Aber gerade ihnen schenkt Kant seine Aufmerksamkeit. Im Briefentwurf an Belosel'skij heißt es: »Es war aber Ew. Erl. aufbehalten jene metaphysische Grenzbestimmung der menschlichen Erkenntnisvermögen, womit ich mich seit einigen Jahren beschäftigt habe, der menschlichen Vernunft in ihrer reinen Spekulation auch auf einen anderen nämlich anthropologischen Seite zu bewerkstelligen.«[261]

Wir wissen, Kant war kein Schmeichler und auch kein fleißiger Briefschreiber. Wir erinnern uns, wie er die Einladung der Königin Luise übersehen hat. Wie er dem Mathematiker Lambert nicht geantwortet hat, der ihm seine Überlegungen zur philosophischen Methode mit der Bitte um ein Urteil zugeschickt hatte. Als Kant Belosel'skij antwortete, fertigte er eigens einen Briefentwurf, wo er sorgfältig die Formulierungen wog. Was könnte das zu bedeuten haben?

Ich greife zu Band dreizehn der Akademieausgabe, der den Kommentar zum Briefwechsel bringt. Demzufolge hat Belosel'skij Kant seinen französisch geschriebenen und in Dresden erschienenen Traktat ›Dianyologie ou tableau philosophique de l'entendement‹[262] (dianoia, gr. ›Denkkraft‹, Vernunft) zugeschickt.

Nun mußte der Traktat selbst gefunden werden. Ein Anruf in der Staatsbibliothek und die Antwort nach einer Viertelstunde: das Buch ist da, zweite Auflage, London 1791, Signatur so und so. Ich bekomme das Buch sogar nach Hause geliehen. Natürlich haben sie damit einen Fehler gemacht, denn das Buch ist äußerst selten. Aber bevor man dahinterkommt, sind die Xerokopien angefertigt, und die Übersetzungsarbeit beginnt. Dann entdecke ich im ›Museum des Buchs‹ die erste, die Dresdener Publikation von 1790. Und noch eine deutsche Übersetzung aus dem Jahre 1791, gedruckt in Freiberg. (Die ›Dianyologie‹ soll auch damals ins Englische und Italienische übersetzt worden sein.)

Um der größeren Anschaulichkeit willen fügt Belosel'skij ein Schema hinzu. Der Text des Traktats ist im wesentlichen der Kommentar zu diesem Schema. Man muß sich fünf konzentrische Kreise vorstellen, von denen ein jeder ein Erkenntnisvermögen darstellen soll. In der Mitte befindet sich die »träge Unbestimmtheit«, die nur die Möglichkeit der Erkenntnis angibt. Die niedrigste Sphäre der Erkenntnis ist die tierische »Dumpfheit«, wo Sinne und Instinkt herrschen. Dann kommt die »Sphäre der Einfalt oder der Urteilskraft«, die vom gesunden Menschenverstand und der Intuition bestimmt wird. Weiter ist da die »Sphäre des Verstandes«, deren Merkmale Klarheit, Folgerichtigkeit, Systematik sind. Höher angesetzt ist die »Sphäre des Scharfsinns oder der Transzendenz«, ihre Besonderheit ist das Vermögen zur ganzheitlichen Erkenntnis des Objekts. Hier sind wir in der Sphäre der Philosophie. Da sind viele Anklänge zu finden. Belosel'skij spricht zum Beispiel vom Spiel als einer Schule, die die schöpferischen Kräfte übt. Und endlich die »Sphäre des Geistes« – das Gebiet der schöpferischen Einbildungskraft, des Genies. Der Geist ist der Gipfel der Erkenntnis, er zeigt mehr, als man zu sehen erwartet, er ist ein Feind des Stillstands und der Schranke, die einzige Schranke ist ihm das Leben selbst: die Einbildungskraft darf nur mit wirklichem Material arbeiten, also nicht mit Phantomen, sonst wird sie sich auf ihren Flügeln (die hübsch ins Schema eingezeichnet sind) leicht in den »Raum der Erdichtungen« bewegen. Zwischen die Erkenntnis»sphären« legt Belosel'skij die »Räume der Fehler«, gleichsam um auf die Grenzlinie zu verweisen, wohinter sich Erkenntnis in ihr Gegenteil verkehrt. Die »Sphären« sind enge, während die »Räume« weite konzentrische Kreise sind: der Verfasser ist offensichtlich überzeugt davon, daß in der Welt des Menschen Fehler, Unvernunft und Dummheit die Fähigkeiten zur Erkenntnisaneignung und -vermehrung bei weitem übertreffen.

Kant fand in Belosel'skijs Schema alle die Erkenntnisvermögen, die in der ›Kritik der reinen Vernunft‹ beschrieben sind. Kannte Belosel'skij das Werk? Inwieweit hat sich überhaupt Kants Einfluß bemerkbar gemacht? Das ist schwer zu sagen. Als ich das erstemal die ›Dianyologie‹ las, stellte ich mir den russischen Diplomaten unwillkürlich als Schüler des Königsberger Philosophen vor, der die Früchte seiner Auseinandersetzung mit den Werken des Lehrers diesem zur Beurteilung vorlegt. Doch wie sollte ich mich da getäuscht haben! Der Irrtum wird aber auch dadurch verständlich, daß ich in einem deutschen Buch (K. Stavenhagen, Kant und Königsberg)[263] die Feststellung gefunden habe, Belosel'skij sei ein russischer Student Kants gewesen. In den Veröffentlichungen der Matrikel der Königsberger Universität jener Zeit wird aber Belosel'skijs Name nicht erwähnt. Vielleicht war der russische Aristokrat Gasthörer? Es gibt aber keine glaubwürdigen Nachrichten, die für einen Aufenthalt in der Kantstadt zeugen. Es gibt auch keine Daten darüber, daß er die Werke Kants gelesen hat. Belosel'skijs philosophische Ansichten bildeten sich unter dem Einfluß der französischen Enzyklopädisten – D'Alembert, Voltaire, Rousseau, Montesquieu, Condillac – Namen, denen wir in der ›Dianyologie‹ begegnen. (Kant wird kein einziges Mal erwähnt.)

Neben der prinzipiellen Differenz in der gründlichen Ausarbeitung der behandelten Probleme unterscheiden sich Belosel'skij und Kant auch ganz wesentlich im Denkansatz. Für Kant sind die aufgeführten Vermögen der Erkenntnis überhaupt zugehörig: insgesamt, wenn auch mit graduellen Abstufungen, eignen sie jedem Menschen. Für Belosel'skij dagegen stellt jede »Sphäre« eine Art Klasse dar, in die die Natur den Menschen einreiht, innerhalb deren Grenzen er sich vervollkommnen, die er aber niemals überschreiten kann. Belosel'skij sieht die soziale Ungleichheit und billigt sie nicht, die Ungleichheit der Erkenntnisvermögen hält er für natürlich und unüberwindlich. Dem Menschen bleibt nur, seine Zugehörigkeit zu der einen oder anderen Sphäre richtig zu bestimmen und das von Geburt an verliehene Vermögen zu entwickeln.

Belosel'skij fügte seinem Traktat noch ein Schema hinzu, das eine ›dianyologische‹ Klassifizierung einiger Weltberühmtheiten bringt, indem sie diese auf die vier intellektuellen »Sphären« verteilt. Mit Beweisen hat er sich da nicht besonders belastet. Man kann nur raten, warum in der ›Sphäre der Urteilskraft‹ neben dem Philosophen Epiktet und dem Maler Dürer auch Madame Pompadour auftaucht. In der »Sphäre des Verstandes« sehen wir Louis xiv., Luther, Poussin, Epikur, Hume. In der »Sphäre des Scharfsinns‹ – Cromwell, Calvin, Locke, Pascal. In der »Sphäre des Geistes« – Peter den Großen, Friedrich ii., Leonardo, Raffael, Michelangelo, Shakespeare, Platon, Descartes, Rousseau. Hier sinkt der Traktat Belosel'skijs zu einem Gesellschaftsscherz herab – amüsant, aber unverbindlich.

Im Schaffen Belosel'skijs ist die ›Dianyologie‹ kein zufälliges Ereignis. Ich kann nicht behaupten, daß ich ihn gründlich studiert habe (obwohl er das zweifellos verdient hätte), aber mancherlei habe ich doch erfahren; zudem habe ich mich mit einigen unveröffentlichten Werken befaßt. Im handschriftlichen ›Dialog über Tod und Leben‹ spricht Belosel'skij über den Nutzen des Spiels, vergleicht das Talent des Spielers mit der Vernunft des Mathematikers und verweist dabei auf seine ›Dianyologie‹. Am Schluß des Dialogs findet sich eine Sentenz, die dem Pathos des Traktats entspricht: Auskosten soll man alles bis zum Ende, aber nicht zum Überdruß. Ein weiser und ausgeglichener Mensch war Aleksandr Michajlovič Belosel'skij! Der folgende Aphorismus zeigt seine Überzeugung von der Unveränderlichkeit der menschlichen Natur: Der Berg ist von der Stelle gerückt, glaub's meinetwegen; der Mensch hat seinen Charakter geändert, glaub's niemals! Das befindet sich alles im »Zentralen Staatsarchiv für Literatur und Kunst« (CGALI).

Wie ging nun die Suche weiter? Es gibt zwei Arbeiten über Belosel'skij. Eine russische von A. A. Vereščagin. ›Der Apoll von Moskau‹, Petrograd 1916 (Auflage: dreihundert!); und eine französische von A. Mazon. ›Zwei russisch-französische Schriftsteller‹, Paris 1964.[264] Vereščagin beschreibt das Album des Moskauer Apoll – so nannten ihn seine Zeitgenossen. Er war ein »Liebling der Musen«, Musik- und Malerei-Kenner, er machte Gedichte, französische und russische; wir finden sie im Album. Daneben sind Briefe Voltaires, Marmontels und anderer Berühmtheiten, die Autographen Katharinas III. und Pauls I. Gleichzeitig erzählt Vereščagin aus dem Leben Belosel'skijs. Er lobt sehr die diplomatischen Berichte des Fürsten, aus Turin die eine objektive Analyse der Revolutionsereignisse in Frankreich beinhalten, was im übrigen die Mißbilligung der Zarin hervorrief und ihr zum Anlaß diente, ihn in die Heimat zurückzubeordern. Vereščagin erteilt Belosel'skij einen Verweis wegen seiner frivolen ›Olinka‹: die Aufführung hatte einen Skandal erregt, der beinahe für den Librettisten böse ausgegangen wäre. Die ›Dianyologie‹ erwähnt Vereščagin nur beiläufig und dazu sehr geringschätzig. Seiner Meinung nach ist das »philosophisches Abakadabra«.

Mazon treibt ein umfangreicheres Quellenstudium. Er zog Archivmaterial heran und veröffentlichte als erster eine Reihe unbekannter französischer Werke Belosel'skijs.

Interessant sind die Mitteilungen über den Erzieher des jungen Fürsten. Es war ein Franzose, Jurist und Schriftsteller, Mitglied der Berliner Akademie der Wissenschaften, schließlich Jakobiner. Den Inhalt der ›Dianyologie‹ erzählt Mazon nach, sie mit Hinweis auf Vereščagin abschätzig beurteilend.

Wir verlassen uns aber doch auf Kant. Nach der schon zitierten, begeisterten Gesamtcharakteristik des Traktats folgt im Briefentwurf eine Analyse des von Belosel'skij aufgestellten Erkenntnisschemas. Zunächst wiederholt Kant buchstäblich das, was auch in der ›Dianyologie‹ steht. Dann kommen Präzisierungen und Abschweifungen. Schließlich bricht der Text ab. Zu welchem Schluß kam Kant da? Was hat ihn aufgehalten? Das Original ist in der Akademieausgabe nicht vorhanden. Vielleicht wurde der Brief gar nicht abgeschickt?

Wir wollen nicht voreilig schließen. Greifen wir wieder zu Mazons Buch. Im Anhang sind interessante Materialien über die Vorbereitung einer (nicht fertiggestellten) russischen Ausgabe der ›Dianyologie‹ zusammengetragen. Ein Teil der Übersetzung ist vorhanden, das Titelblatt mit dem Imprimatur der Zensur vom 3. 1. 1795, das Vorwort des Übersetzers. Mazon veröffentlicht, als Kuriosität, die russische Übersetzung eines Kantbriefs an Belosel'skij, der in das Vorwort zur geplanten russischen Ausgabe eingestreut ist. Er ging davon aus, daß dies ein fingierter Brief irgendeines Schmeichlers aus dem Umkreis des Fürsten sei. Mazon bezweifelte also die Echtheit des Briefs, denn im Archiv fand er das deutsche Original nicht, und auch in »Deutschland war keine Spur zu entdecken«.[265] Außerdem sei die Briefübersetzung von irgend jemandem durchgestrichen.

Skepsis ist eine nützliche Sache für den Historiker, aber nur wenn er eine Regel dabei beachtet: der Zweifel muß wieder bezweifelt werden, das heißt also siebenmal nachprüfen! Mazon war voreilig mit seinem negativen Werturteil der ›Dianyologie‹. Mazon suchte nicht gründlich nach den »Spuren« des Kantbriefs in Deutschland (er hätte nur in die Akademieausgabe zu schauen brauchen, um festzustellen, daß die Anfangssätze des Briefentwurfs mit der Endfassung übereinstimmen). Mazon hat schließlich die im Archiv bewahrte Übersetzung ungenau wiedergegeben; davon konnte ich mich überzeugen.

In seinen Anmerkungen verweist er auf das Archiv des »Literaturmuseums«. Dort erwartete mich eine Enttäuschung: nichts dergleichen war und ist vorhanden. Im Theatermuseum wurde ehemals der Nachlaß der Fürstin Zinaida Bolkonskaja (der Tochter A. M. Belosel'skijs) aufbewahrt, wo sich die mich interessierenden Materialien auch befanden. Heute ist alles im »Zentralen Staatsarchiv für Literatur und Kunst« (Fond 172, opis' 1, ed. chr. 153). Ich öffne den Deckel und finde auf dem

Namenverzeichnis der Archivbenutzer die Notiz: »Für Mazon«.
Das bedeutet, daß der französische Slavist am Text selbst nicht
gearbeitet hat: man hat also für ihn eine maschinenschriftliche
Kopie angefertigt, übrigens sehr oberflächlich – mit Auslassungen und Fehlern, die das Verständnis des Textes noch erschwe-
ren. Mazon hat Auslassungszeichen in seinem Text: im Original
ist an dieser Stelle ein großer Klecks. Ich nehme die Lupe und
lese: le bon sens. Der Franzose wäre da wohl nicht in Verlegenheit geraten. Die Übersetzung des Kantbriefs ist wirklich durchgestrichen. Anders konnte man wohl auch nicht mit ihr verfahren. Nur der deutsche Entwurf erlaubt, den Sinn zu verstehen.
Ich studiere den Entwurf, suche mich an andere Stellen aus Kant
zu erinnern und überarbeite die russische Übersetzung. So entsteht zunächst eine russische Rekonstruktion des Textes in
moderner philosophischer Terminologie. Hier nun die Rückübersetzung ins Deutsche, die vielleicht einen Eindruck vermittelt, wie der Originalbrief Kants gelautet haben mag[266]:

Kant an Alexander Fürst von Beloselsky
Das schätzbare Geschenk, welches Ew. Durchlaucht mir im
vergangenen Sommer mit Ihrer vortrefflichen Dianoiologie
usw. zu machen geruhten, ist mir richtig zu Händen gekommen,
von welchem ich zwei Exemplare an Männer, die den Wert
desselben zu schätzen imstande sind, ausgeteilt habe. Meinen
schuldigen Dank dafür abzustatten habe die darüber verflossene
Zeit hindurch keineswegs vergessen, wohl aber überhäufter
Hinderungen wegen immer aufschieben müssen, um dabei auch
zugleich etwas von der Belehrung zu sagen, die ich daraus
gezogen habe, wovon ich aber auch jetzt nur einige Hauptzüge
anführen kann.
Um Ihre tiefsinnige Zergliederung der Erkenntnisvermögen
nach Schulregeln darzustellen und mit Nutzen Ihre Begriffe
anzueignen, so schildere ich vor allem zwei voneinander getrennte Reiche oder Gebiete des uns angeborenen Vorstellungs-
vermögens (unsere Naturanlage zur Metaphysik). Das Reich des
Verstandes, in allgemeiner Bedeutung, ist das Vermögen zu
denken, das Reich der Anschauung ist das bloße Vermögen der
Sinnlichkeit.
Das erste dieser Reiche besteht aus drei Sphären. Die erste

Sphäre ist die Sphäre des Verstandes oder das Vermögen zu verstehen, Begriffe zu bilden, Wahrnehmungen und Anschauungen zu bearbeiten. Die zweite ist die Sphäre der Urteilskraft oder das Vermögen, diese Begriffe auf besondere Fälle (in concreto) anzuwenden, d. h. in Übereinstimmung mit Denkregeln zu bringen, was den gesunden Menschenverstand (le bon sens) eigentlich ausmacht. Die dritte Sphäre ist die der Vernunft, oder das Vermögen, das Besondere aus dem Allgemeinen abzuleiten, d. h. nach Grundsätzen zu urteilen.

Wenn diese drei Denkvermögen des ersten Reiches in Analogie mit der höchsten gesetzgebenden Vernunft gebraucht werden, welche der wahren Vollendung des Menschen dient, und wenn sie ein System bilden, dessen Zweck die Weisheit ist, so bilden sie die Sphäre der Philosophie.

Wenn sie aber in Übereinstimmung mit dem unteren Vermögen (bloße Anschauung) gebracht werden und zwar mit seinem wesentlichsten Teil, welcher die Originalität ist und der somit in der Einbildungskraft besteht (einer solchen Kraft, die sich durchaus nicht sklavisch Gesetzen unterwirft, sondern aus sich selbst zu schöpfen strebt, wie es in den schönen Künsten der Fall ist), so bilden sie die Sphäre des Genies, was gleichbedeutend mit dem Wort Naturgabe, Talent ist.

Auf diese Weise kann ich fünf Sphären entdecken. Wenn schließlich die Einbildungskraft sich selbst durch willkürliche Tätigkeit vernichtet, so wird sie in den gewöhnlichen Wahnsinn oder in Überspanntheit entarten; wenn die Einbildungskraft nicht mehr der Vernunft unterstellt ist und sogar umgekehrt diese zu versklaven sucht, so fällt der Mensch aus dem Stand (der Sphäre) der Menschheit heraus in die Sphäre der Hirngespenster und Phantasterei.

Ich bitte Ew. Durchlaucht zu diesen meinen unausgereiften Gedanken nachsichtig zu sein. Sie sind hier die Bestätigung dessen, daß ich über den Inhalt Ihrer tiefsinnigen Abhandlung nachgedacht habe.

Ich bin etc. . . .

Immanuel Kant

Wenn wir die Endfassung des Briefs mit dem Erstentwurf vergleichen, stellen wir fest, daß der Philosoph seine Lobeshym-

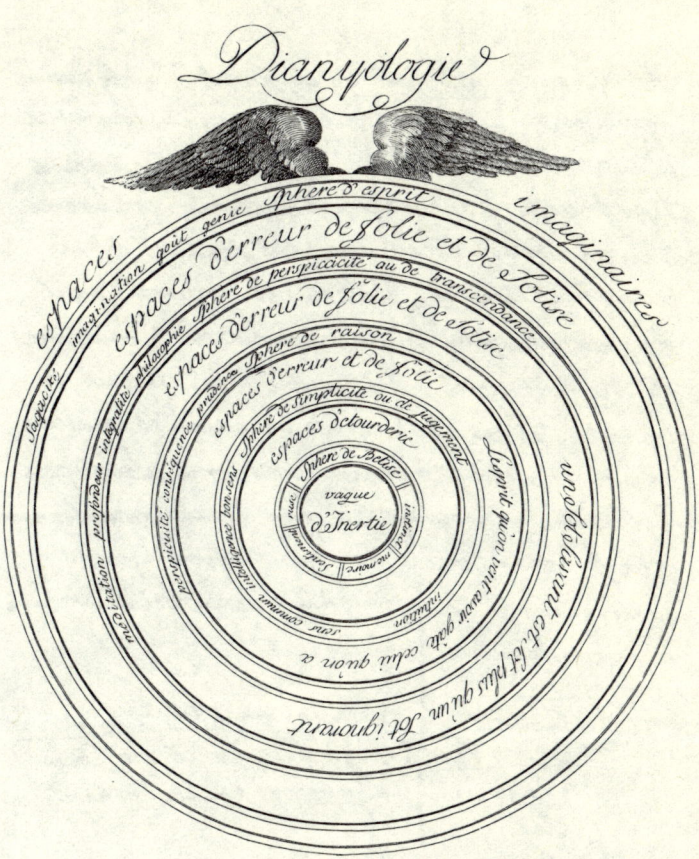

37 Belosel'skijs Schema der Erkenntnisvermögen

Я думаю, что оно послужитъ наилучшимъ одобренiемъ сего исполненнаго смыслу сочиненiя. Желательно только было, чтобъ Господинъ Профессоръ Кантъ зналъ секретъ изображать свои глубокiя мысли столько же ясно, какъ и нашъ .. Творецъ. Но етотъ секретъ данъ весьма малому числу писателей, а наипаче въ Метафизикѣ. Изъ множества писемъ, посыланныхъ на французскомъ языкѣ къ сочинителю, переведу я только одно отъ нѣкотораго Богослова, находящагося при церквѣ придворной Курфирста Саксонскаго. Оно дастъ знать, сколько-то Г. Князь Бѣлосельскiй былъ любимъ и почитаемъ въ семъ дѣлѣ.

Переводъ письма отъ Г. Кенигсбергскаго Профессора Канта къ его Сiятельству Бригадеру Князю Бѣлосельскому.

Аналогiя, сей драгоцѣнный даръ, которой угодно было Вашему Сiятельству прошлаго года препроводить ко мнѣ, въ-

38 Faksimile der russischen Übersetzung des Kantbriefs an Fürst Belosel'skij

nen etwas gemäßigt hat. In den Text gelangte nicht die von uns oben zitierte panegyrische Passage. Doch spricht Kant von gleich zu gleich. Aber eines muß man doch zugeben: ohne Kants Hilfe wäre es schwierig, vielleicht sogar unmöglich, den echten Wert der ›Dianyologie‹ richtig einzuschätzen. Ein Beispiel sind Vereščagin und Mazon.

Doch darin liegt nicht die ganze Bedeutung von Kants Brief. Wir haben mit ihm eine ganz gedrängte Zusammenfassung der Lehre Kants, noch dazu von seiner Hand. Eigentlich ist uns das Wesentliche vertraut. Der Verstand, die Urteilskraft, die Vernunft sind die drei Denkvermögen, die die Welt der Philosophie bedingen, wenn sie zum System ausgeführt wird. Der Verstand ist die Grundlage der Wissenschaft, er bildet die Begriffe. Die Urteilskraft wendet diese auf konkrete Fälle des Lebens an. Zunächst wies Kant der Urteilskraft einen sehr begrenzten Bereich zu, schließlich aber wandelte sie sich zum Mittelglied des Systems, indem sie Kunst und Kultur ermöglicht. Die Vernunft ist eine Kontrollinstanz, die den Verstand reguliert, indem sie ihn von Fehlern abhält; das ist die Sphäre der Sittlichkeit, der praktischen Verwirklichung der philosophischen Prinzipien.

Die dreigliedrige Struktur der Philosophie ist keine Erfindung Kants. Das Wahre, Gute und Schöne ist eine Triade, die schon auf Sokrates zurückgeht. Kant hat diese Begriffe durchgängig untersucht: gesondert voneinander und in ihrem widersprüchlichen Verhältnis zueinander. Den drei Kritiken entspricht der Gedanke Marx' von den drei Arten der Weltaneignung – der theoretischen, praktischen und praktisch-geistigen. Keine hebt die andere auf. Sie sind einander gleichgesetzt wie im System Kants. Der Primat gehört der Praxis.

Zwischen Kant und Marx sind Fichte, Schelling, Hegel. Meister der Dialektik, deren Fundament Kant gelegt hat. Es gibt aber auch einen Faden, der sich vom Stammvater der klassischen deutschen Philosophie unmittelbar zu uns spinnt. So gilt die Vorstellung von der Synthese der Sinnlichkeit und des Verstandes aufgrund der produktiven Einbildungskraft in der Erkenntnistheorie; die Betonung der hervorragenden Rolle der Pflicht in der Ethik; die Analyse der Schönheit in der Ästhetik; so das Projekt des ewigen Friedens in der Theorie internationaler Beziehungen.

Das Pathos der Kantischen Philosophie ist das Schöpfertum. In ihm versammelt sich das ganze intellektuelle Potential des Menschen. Man muß aber beachten, wie sehr Kant vom Gedanken beunruhigt war, die schöpferische Einbildungskraft könnte die Grenzen des Realen und Vernünftigen überschreiten. Der menschliche Geist, der gesunde Menschenverstand, muß auf der Hut sein. Nach Kant sind Versuche unternommen, den Begriff »gesunder Menschenverstand« in Mißkredit zu bringen. Für Kant ist der gesunde Menschenverstand Garant der Sicherheit, eine Richtschnur, dem Glauben ebenbürtig. Die ganze Philosophie ist eigentlich ein eigentümlicher wissenschaftlicher Prüfstein für den gesunden Menschenverstand; gleichzeitig selber aber der gesunde Menschenverstand, überprüft die Philosophie die wissenschaftlichen Errungenschaften.

Jetzt wollen wir aber zum vermeintlichen Zweikampf zwischen Dostoevskij und Kant zurückkehren. Golosovker versichert, »Dostoevskij sei gegen Kant«. Er irrt, er verwechselt Kant offensichtlich mit jemand anderem. Vielleicht mit Hegel, über den Dostoevskij immer streng geurteilt hat. »Hegel, dieser deutsche Knirps, wollte alles durch die Philosophie versöhnen«[267] – Dostoevskij war überzeugt, daß die Wahrheit in keinem abstrakten System der Erkenntnis zu finden sei. Dem Satz Hegels »alles Wirkliche ist vernünftig, und alles Vernünftige ist wirklich«, der Konzeption der sich in der Geschichte verwirklichenden Vernunft, stellt er eine nicht weniger entschiedene These entgegen: »Alles kann man über die Weltgeschichte sagen, alles, was nur die ausschweifendste Phantasie sich ausdenken kann: nur eines nicht, daß sie vernünftig sei.« Hegel räumte dem Weltgeist das Recht ein, manch eine unschuldige Blume zu zertreten. (Der Weltgeist quartiert sich übrigens nur bei großen Persönlichkeiten ein.) Im Roman ›Schuld und Sühne‹ ist gezeigt, was daraus werden kann.

Mit Kant verhält sich das anders. Wenn natürlich Dostoevskij die »vorkritischen« Räsonnements über den fatalen Optimismus unter die Augen gekommen wären, hätte das Kant übel bekommen können. Erinnern wir uns an die Auflehnung gegen Gott des Ivan Karamazov, der die Geschichte eines achtjährigen, von Hunden zu Tode gehetzten Jungen erzählt: »Manch ein Spaßvogel wird vielleicht bemerken, daß es schließlich auf dasselbe hinauskäme: das Kind werde groß und hätte dann selbst übergenug Zeit zum Sündigen. Aber dieser kleine Knabe wurde doch schon im achten Lebensjahr von Hunden zerrissen.«[268] Wenn wir uns erinnern, war der junge Kant auch einmal in der Rolle eines solchen »Spaßvogels«.

Aber Dostoevskij kannte das aller Wahrscheinlichkeit nach nicht. Er hat höchstens die ›Kritik der reinen Vernunft‹ gelesen. Und die Ideen des reifen Kant vermittelte ihm seine begeisterte Schillerlektüre; das hat man schon früh bemerkt.

In unserer Zeit hat N. Vil'mont darüber geschrieben: ›Dostoevskij und Schiller‹.[269] Dort ist auch mancherlei über Kant, vor allem zu Recht die Ablehnung der Angriffe Golosovkers. Wenn man von der Charakteristik der Kantischen Philosophie als einer »kleinbürgerlich-eklektischen« absieht und von der Meinung des Verfassers, daß Dostoevskijs Überzeugungen zutiefst antihumanistisch seien, dann ist die Arbeit Vil'monts im ganzen zu billigen, weil sie den russischen Dichter überzeugend in die Gedankenwelt des deutschen Humanismus einführt. Verwunderlich ist allerdings das Fazit, die entschiedene Negierung des (meiner Meinung nach unbestreitbaren) Faktums, daß »Kant und Dostoevskij Gleichgesinnte« gewesen seien.

Worin sehe ich die Übereinstimmung im Denken beider? Sie sind sich einig in der Hauptsache – in der Vorstellung von der freien Persönlichkeit. Die Ansichten Kants sind uns vertraut: Freiheit ist Befolgen der Pflicht, und die Pflichtformel lautet – Glückseligkeit der anderen. Hören wir zunächst Dostoevskij: ». . . liegt denn das Heil im Aufgeben der Persönlichkeit? Im Gegenteil, ganz im Gegenteil, antworte ich. Man muß nicht nur nicht unpersönlich sein, sondern man muß gerade erst eine Persönlichkeit werden und das sogar in einem weit höheren Grade, als man heute im Westen beobachten kann. Verstehen Sie mich recht: freiwillige absolut bewußte und durch nichts erzwungene Selbstaufgabe zugunsten aller ist meiner Meinung nach das Anzeichen der höchsten Entwicklung der Persönlichkeit, ihrer höchsten Macht, höchsten Selbstbeherrschung, der höchsten Freiheit des eigenen Willens. Freiwillig sein Leben für alle hingeben, für alle den Kreuzestod sterben oder den Scheiterhaufen besteigen, das kann man nur bei der stärksten Entwicklung der Persönlichkeit. Eine stark entwickelte Persönlichkeit, die von ihrem Recht, Persönlichkeit zu sein, vollkommen überzeugt ist, die für sich selbst nichts mehr zu fürchten hat, kann ja aus dieser ihrer Persönlichkeit auch nichts anderes mehr machen, das heißt sie zu nichts anderem bestimmen, als sie allen ganz hinzugeben, auf daß auch die anderen ebensolche selbstbestimmte und glückliche Persönlichkeiten werden.«[270]

N. Berdjaev bemerkte bei Dostoevskij ein »leidenschaftliches Empfinden für Persönlichkeit«.[271] Der Dichter hat die Paragraphen der Kantischen Kritiken nicht nur auf dem Wege der Vermittlung studiert, sondern auch direkt kamen die Grundgedanken Kants auf ihn: beide haben eine gemeinsame Quelle, aus der sie schöpfen – das Neue Testament. Sie waren eins in ihrem Verständnis der christlichen Ethik.

Das Christentum ist nicht aus einem Guß. Dostoevskij (wie auch Kant) verwarfen die katholische Spielart als falschen Gottesdienst. Kant wandte sich gegen die protestantische Orthodoxie, die offizielle russische Orthodoxie bewahrte Mißtrauen Dostoevskij gegenüber. Beide waren sich also in ihrer Unorthodoxie einig.

Die Lehre Christi ist für Kant wie für Dostoevskij höchste Verkörperung des Ideals der sittlichen Persönlichkeit. Das sagt die Ethik Kants. Doestoevskijs philosophisches Meisterwerk ist die ›Legende vom Großinquisitor‹[272]; sie behandelt das Problem Kants und ergänzt es in wichtigen Momenten.

Die Handlung geht ins Mittelalter. Erschiene Christus wieder auf Erden, sagen die Vatikangegner, würden die Katholiken ihn ausliefern und kreuzigen. Ivan Karamazov ergeht sich in Phantasien über dieses Thema: Sechzehntes Jahrhundert. Sevilla. Am Vorabend hat man in Gegenwart des Königs und seines Hofs, im Beisein einer großen Volksmenge, hundert Ketzer zugleich verbrannt. Er erscheint leise und unbemerkt, doch die Menge erkennt ihn sofort.

Es erkennt ihn auch der Großinquisitor, Kardinal, Henker und Theoretiker des Henkertums. Er befiehlt, ihn festzunehmen; dann, nach Einbruch der Dunkelheit, hält er ihm eine Rede, Anklage und Beichte zugleich. Er beschuldigt den Ankömm ling: mit der Verkündigung der Freiheit habe er die Menschen unglücklich gemacht, denn nichts sei jemals dem Menschen unerträglicher gewesen als die Freiheit.

Der Inquisitor erinnert Christus an die Versuchungen des Teufels in der Wüste: verwandle Steine in Brot. Hätte er das getan, so wäre ihm die Menschheit wie eine dankbare und gehorsame Herde gefolgt. »Du aber wolltest den Menschen nicht der Freiheit berauben, und Du verschmähtest den Vorschlag, denn was ist das für eine Freiheit, dachtest Du, wenn der Gehorsam mit Broten erkauft wird? ... Weißt Du auch, daß Jahrhunderte vergehen werden und die Menschheit durch den Mund ihrer Weisheit und Wissenschaft verkünden wird, daß es Verbrechen überhaupt nicht gäbe, und folglich auch keine Sünde, es gäbe nur Hungrige. ›Sättige sie zuerst, dann kannst Du von ihnen Tugenden verlangen!‹ werden sie auf ihre Fahne schreiben, die sie gegen Dich erheben und durch die Dein Tempel stürzen wird ... Du versprachst ihnen himmlisches Brot, ich aber frage Dich nochmals: Kann sich dieses Brot in den Augen des schwachen, ewig verderbten und ewig undankbaren Menschengeschlechts mit irdischem Brote messen?«

Das himmlische Brot suchen Tausende und Zehntausende. Wie ist es mit den vielen Millionen, die nicht die Kraft haben, das irdische Brot für das himmlische Brot zu verschmähen? Der Henker versichert (und vielleicht glaubt er es auch), daß ihm die Schwachen teuer seien. Seien sie auch lasterhaft oder Aufrührer, am Ende werden gerade sie gehorsam sein. »Sie werden sich über uns wundern und uns für Götter halten, weil wir, die wir uns an ihre Spitze stellen, bereit sind, die Freiheit zu ertragen, diese Freiheit, vor der sie zurückschrecken, und weil wir bereit sind, über sie zu herrschen, – so schrecklich wird es ihnen am Schluß werden, frei zu sein. Aber wir werden sagen, wir gehorchten Dir und herrschten nur in Deinem Namen. Wir werden sie wieder betrügen, denn dich werden wir nicht mehr zu uns einlassen. Und in diesem Betrug wird unsere Pein bestehen, denn wir werden lügen müssen.«

Für Dostoevskij und Kant ist die Lüge die schlimmste Sünde. Man darf nicht lügen, auch nicht aus »Menschenliebe«. In erster Linie darf man nicht sich selbst belügen. Die Lüge ist Mutter aller Laster. Lüge gebiert Furcht. Denkt ihr über die Frage »was tun« nach, so hört zunächst auf zu lügen! Der Großinquisitor wirft Christus vor, er habe die ewige Sehnsucht der Menschheit nach einem Gegenstand der Anbetung mißachtet: »Es gibt keine unaufhörlichere und quälendere Sorge für den freigebliebenen Menschen, als den zu finden, vor dem er sich beugen kann. Aber der Mensch sucht sich nur vor so etwas zu beugen, das bereits keinem Zweifel an seine Anbetungswürdigkeit unterworfen ist, auf daß alle Menschen sofort gleichfalls bereit seien, dasselbe gemeinsam anzubeten. Denn die Sorge dieser kläglichen Geschöpfe besteht nicht nur darin, etwas zu finden, was dieser oder jener anbeten kann, sondern unbedingt so etwas, das alle sofort gleichfalls anbeten wollen, unbedingt alle zusammen! Gerade dieses Bedürfnis nach Gemeinsamkeit in der Anbetung ist seit Beginn der Zeiten die größte Qual des Menschen gewesen, sei es als Einzelwesen, sei es als ganze Menschheit. Um der gemeinsamen Anbetung willen haben sich die Menschen mit dem Schwert gegenseitig ausgerottet. Sie erschufen Götter und riefen einander zu: ›Verlaßt eure Götter und kommt und betet die unsrigen an, oder Tod und Verderben euch und euren Göttern!‹ Und also wird es sein bis zum Ende der Welt, selbst dann, wenn auch der Welt die Götter verschwinden: gleichviel, dann wird man sich vor Götzen niederwerfen.«

Es quält den Menschen nichts mehr, sagt der Großinquisitor Christus, als der Wunsch, schnell jemanden zu finden, dem er seine Freiheit übergeben könnte: »Aber die Freiheit der Menschen beherrscht nur der, der ihr Gewissen beruhigt. Mit dem Brote wurde Dir eine unbestreitbare Macht angeboten: gibst Du Brot, so wird sich der Mensch vor Dir beugen, denn es gibt nichts Überzeugenderes als Brot; wenn aber zu gleicher Zeit irgendein anderer hinter Deinem Rücken sein Gewissen erobert – o, dann wird er selbst Dein Brot verlassen und jenem folgen, der sein Gewissen umstrickt ... Es gibt drei Mächte, es sind die einzigen drei Mächte auf Erden, die das Gewissen dieser kraftlosen Empörer zu ihrem Glück auf ewig besiegen und bannen können, – das sind: das Wunder, das Geheimnis und die Autorität.«

Christus lehnte alle drei Versuchungen des Teufels ab. Er weigerte sich, das Wunder zu begehen, Steine der Wüste in Brot zu verwandeln; er wollte nicht das Geheimnis besitzen und sich

vom Dach des Tempels stürzen, damit die Engel ihn fingen und trügen; er verzichtete auf die höchste Autorität, die alleinige Macht über die Reiche der Erde. Der Glauben bedarf keiner Beweise, so legt Dostoevskij dieses Gleichnis des Evangeliums aus. »Im Glauben helfen keinerlei Beweise« flüstert der »Teufel«, das schlechte Gewissen, dem Ivan Karamazov ein. »Beweisen kann man da gar nichts«, beharrt der Starec Zosima, »wohl aber kann man sich überzeugen. Wie? Wodurch? Durch die Erfahrung der werktätigen Liebe. Bemühen Sie sich, Ihre Nächsten tätig und unermüdlich zu lieben. In dem Maße, wie Sie in der Liebe fortschreiten, werden Sie sich auch vom Dasein Gottes und von der Unsterblichkeit Ihrer Seele überzeugen.«[273]
Der Argumentationsgang ist uns von der ›Kritik der reinen Vernunft‹ und von der ›Religion innerhalb der Grenzen der bloßen Vernunft‹ her vertraut. Kant verwarf die logischen Beweise vom Dasein Gottes und verwarf die traditionellen Glaubensstützen: Wunder, Geheimnis, Gnade, die von einer höchsten Autorität herrühren. Die Liebe als ein sittliches Bildungsprinzip anzuerkennen – dazu kam Kant erst im letzten Wegstück seiner Philosophie. Dostoevskij schon irgendwann am Anfang. Auf dem Semenov-Platz vielleicht in Erwartung des Todesschusses, wo »nicht länger als eine Minute zu leben blieb«? Kant lernte im Ausgang von seiner sittlichen Revolution, die Menschen zu ehren, Dostoevskij, sie zu lieben. Aber auch nicht alle zusammen, die ganze Menschheit, sondern den Einzelnen, den, der da neben dir steht. Und das ist seltsamerweise am schwersten.
»Ich liebe die Menschheit, aber ich wundere mich über mich selbst: je mehr ich die Menschheit im allgemeinen liebe, desto weniger liebe ich die Menschen im besonderen, das heißt, als einzelne Personen genommen. In Gedanken, sagte er, bin ich nicht selten zu ganz absonderlichen Absichten, der Menschheit zu dienen, gekommen, und vielleicht wäre ich wirklich fähig, mich für die Menschen kreuzigen zu lassen, wenn das, sagen wir, irgendwie unbedingt vonnöten wäre; indes könnte ich nicht einmal zwei Tage lang mit irgend jemandem in einem Zimmer leben, was ich aus mehrfacher Erfahrung weiß. Kaum ist jemand bei mir, so verletzt er schon meine Persönlichkeit, meine Eigenliebe und beeinträchtigt meine Freiheit. In vierund-

zwanzig Stunden kann ich den besten Menschen hassen: den einen, weil er langsam ißt bei Tisch, den anderen, weil er Schnupfen hat und sich immer schneuzen muß. Und so werde ich sofort zu einem Menschenfeind, sobald ich nur mit Menschen in Berührung komme. Dafür aber geschah es immer, daß, je mehr ich die Menschen im einzelnen haßte, meine Liebe zur Menschheit im allgemeinen um so heißer wurde.« Das ist nach Dostoevskij die Beichte des verkehrten humanistischen Bewußtseins.

Der Großinquisitor liebt die Menschen auf seine Weise. Auch er kennt ihre schwachen Seiten. Der Mensch sucht weniger Gott als Wunder, sagt er Christus: »Und da der Mensch nicht die Kraft hat, ohne Wunder auszukommen, so wird er sich neue Wunder schaffen, wird sie sich selbst ausdenken und wird die Wundertaten der Zauberer, die Hexerei alter Weiber anbeten, wenn er auch hundertmal Empörer, Ketzer und ein Gottloser ist ... Wir haben Deine Tat verbessert und sie auf dem Wunder, dem Geheimnis und der Autorität aufgebaut. Und die Menschen freuten sich, daß sie wieder wie eine Herde geführt wurden, und daß von ihren Herzen endlich das ihnen so furchtbare Geschenk, das ihnen soviel Qual gebracht hatte, genommen wurde ... Nein, sie werden sich selbst überzeugen, daß wir recht haben, denn sie werden sich erinnern, bis zu welchen Schrecken der Sklaverei und Verwirrung Deine Freiheit sie gebracht hat.«

Vor dem Blick des Großinquisitors dämmert die verlockende Aussicht einer »neuen Ordnung«, wo Menschenmassen, ihrer Freiheit beraubt, dankbar den Rücken krümmen werden zum Wohl der herrschenden Schicht: »Freilich werden sie arbeiten müssen, aber in den arbeitsfreien Stunden werden wir ihr Leben zu einem Kinderspiel gestalten, mit Gesängen, Chören und unschuldigen Tänzen. O, wir werden ihnen sogar die Sünde gestatten – sie sind doch schwach und kraftlos –, und sie werden uns wie Kinder dafür lieben, daß wir ihnen zu sündigen erlauben. Wir werden ihnen sagen, daß jede Sünde gesühnt werden kann, wenn sie nur mit unserer Erlaubnis begangen worden ist; die Erlaubnis aber zum Sündigen geben wir ihnen nur darum, weil wir sie lieben, und die Strafe für diese Sünden nehmen wir, mag es denn so sein, auf uns. Wir werden sie auch in der Tat auf uns nehmen, sie aber werden uns dafür vergöttern als ihre Wohltäter, die vor Gott ihre Sünden tragen. Und sie werden vor uns keinerlei Geheimnisse haben. Wir werden ihnen erlauben oder verbieten, mit ihren Frauen und Geliebten zu leben, Kinder zu haben oder nicht zu haben – immer je nach ihrem Gehorsam –, und sie werden sich uns freudig und mit Lust unterwerfen. Selbst die quälendsten Geheimnisse ihres Gewissens, – alles, alles werden sie zu uns tragen, und wir werden alles entscheiden, und sie werden mit Freuden unserer Entscheidung glauben, denn sie wird sie von der großen Sorge und den furchtbaren gegenwärtigen Qualen einer persönlichen und freien Entscheidung erlösen.«

Dostoevskij eröffneten sich sozialpsychologische Tiefen, von denen Kant noch nichts wissen konnte. Daran ist nichts Verwunderliches: zwischen der ›Kritik der reinen Vernunft‹ und den ›Brüdern Karamazov‹ liegen genau hundert Jahre; außerdem sah Dostoevskij schon gut fünfzig Jahre in die Zukunft. In erster Linie hat er zwar den Katholizismus im Blick, doch sah er auch die soziale Mythologie des zwanzigsten Jahrhunderts voraus, die den Menschen von der Gewissenschimäre so befreien wollte, indem sie die volle Verantwortung auf den Führer delegierte, wobei dann keinerlei Verfehlungen innerhalb der Grenzen des allgemeinen Kultes der asketischen Selbstaufopferung zugelassen waren. Kant ist noch überzeugt, daß das Christentum mit der alttestamentarischen Autoritätenhörigkeit ein Ende machen wird. Dostoevskij sieht: die Idee der freien Persönlichkeit ist bedroht.

Dem Katholizismus und den säkularisierten Predigten des Alten Testaments stellt Dostoevskij den christlichen Glauben des Volkes gegenüber: nicht den offiziellen Kult, sondern die Fleisch gewordene Menschenliebe. Das russische Volk hat »gelitten wie Christus«. Der Gekreuzigte ist das Symbol für Rußland; das Symbol für diejenigen, die elend gemacht, erniedrigt, zu Tode gehetzt sind. Mit ihnen sind Herz und Sinn Dostoevskijs.

Man muß den Unterschied machen zwischen der offiziellen Kirche und dem Glauben Dostoevskijs, um die Nähe Kants und Dostoevskijs richtig zu begreifen. »Es gab Schurken, die mich mit meinem angeblich ungebildeten und rückschrittlichen Glauben herausfordern wollten. Diese Tölpel haben nicht ein-

mal im Traum an eine Gottesleugnung von solcher Kraft den-
ken können, wie sie im ›Inquisitor‹ und im vorangehenden
Kapitel entwickelt wird: eine Gottesleugnung, auf die der ganze
Roman eine Erwiderung ist. Ich glaube doch nicht wie ein
Dummkopf (ein Fanatiker) an Gott.«

Die Religion ist Dostoevskij nur eine »Formel für Sittlichkeit«.
Im Unterschied zu Kant jedoch glaubt er, daß »die Sittlichkeit
aus der Religion hervorgehe«. Und der Sentenz Kants »Wie
schrecklich ist aber ein Gott ohne Moralität« begegnet er: »Ein
Gewissen ohne Gott ist entsetzlich.«

In den Werken L. N. Tolstojs erscheint der Name Kants nicht
selten. Der Dichter studierte den Philosophen im Original und
auch in Übersetzungen: je älter er wurde, desto gründlicher.
Zuweilen stritt er gegen ihn, öfters suchte er ihn zu stützen. Zu
Ende seines Lebens gelangte er zu dem Schluß, sie stimmten
ganz und gar überein; doch klagte er über Kants Unzugäng-
lichkeit.

Die erste ernsthafte Begegnung fand aus Anlaß von ›Krieg und
Frieden‹ statt. Tolstoj hatte sich entschieden, seiner Roman-
Epopöe eine klare Geschichtsphilosophie zugrunde zu legen.
Unvorstellbar war es, dabei an der ›Kritik der reinen Vernunft‹
vorbeizugehen. Im Bewußtsein Tolstojs verschmolz Kant jedoch mit Schopenhauer. »Ich las Kant«, erinnerte er sich, »und
verstand fast nichts und verstand ihn eigentlich erst dann, als ich
Schopenhauer wiederholt gelesen hatte, den ich eine Zeitlang
sehr schätzte.«[274]

Die geschichtsphilosophischen Kategorien sind Kausalität,
Freiheit, Notwendigkeit. Tolstoj kennt die Kantische Antinomie der Freiheit und löst sie wie Kant: der Mensch an sich ist
frei, da er aber in ein System von Dependenzen eingeschlossen
ist, verliert er die Freiheit auf diese oder jene Weise: »Betrachten
wir den Menschen für sich allein, – heißt es im Epilog zu ›Krieg
und Frieden‹, – abgelöst also von seiner Umgebung, dann
scheinen alle seine Handlungen frei zu sein. Wenn wir ihn aber
nur in irgendeiner Beziehung zu seiner Umgebung sehen, in
einer Verbindung also zu allem möglichen – einem Menschen,

der mit ihm spricht, einem Buch, das er liest, einer Arbeit, die ihn beschäftigt, sogar der Luft, die ihn umgibt, auch dem Licht, das auf die Gegenstände seiner Umgebung fällt: dann sehen wir, daß jede dieser Bedingungen auf ihn einwirkt und so in gewisser Hinsicht seine Tätigkeit lenkt. Und insoweit wir diese Einwirkungen sehen, insoweit wird unsere Vorstellung von seiner Freiheit schwächer, und es verstärkt sich die Vorstellung von der Notwendigkeit, der er unterliegt.«[275]

Die Menschen verfolgen ihre zufälligen, persönlichen, bisweilen nichtigen und eigensüchtigen Zwecke; das Gesamtergebnis ist aber etwas ganz anderes – Gesetzmäßigkeit, historische Notwendigkeit. Die historische Notwendigkeit ist eine Resultante von vielen Millionen mehr oder weniger freien Willen, mehr oder weniger zufälligen Handlungen. Das hat man schon im 18. Jahrhundert gesehen (u. a. Kant); Tolstoj sagt da nichts Neues. Sein Verdienst als Denker besteht darin, daß er eine bekannte philosophische Wahrheit auf die russische Geschichte angewandt hat, z. B. auf die Ereignisse von 1812.

Wir lesen in ›Krieg und Frieden‹: »Die Mehrzahl der Menschen jener Zeit kümmerte sich um den allgemeinen Gang der Dinge überhaupt nicht, sondern ließ sich von persönlichen Gegenwarts- und Augenblicksinteressen leiten. Und damit haben diese Menschen damals der Allgemeinheit den denkbar größten Nutzen gebracht.«[276] Am wenigsten grübelte über den Sinn ihrer Handlungen noch die Moskauer Bevölkerung, als sie sich auf der Flucht befand; jeder flüchtete für sich, suchte Leben und Besitz zu retten oder gab diesen auch hin. Und als Ergebnis vollzog sich ein »grandioses Ereignis« als etwas Unvermeidliches, Vorherbestimmtes, Gesetzmäßiges.

Tolstoj hat Kants Ethik im Oktober 1887 entdeckt. Wie das geschah, wissen wir aus einem Brief an N. N. Strachov: »Ich bin in großer Aufregung – ich war einige Tage erkältet, und da ich nicht schreiben konnte, habe ich zum ersten Mal die Kritik der praktischen Vernunft ganz durchgelesen. Bitte sagen Sie mir doch: haben Sie sie gelesen? Wann? Und waren Sie beeindruckt?

Ich habe vor 25 Jahren diesem talentierten Schmierer Schopenhauer vertraut (vor einigen Tagen habe ich seine Biographie auf russisch gelesen und auch die Kritik der spekulativen Vernunft, die eigentlich nichts anderes ist, als eine polemische Auseinandersetzung mit Hume und Einleitung zur Darstellung der Grundthesen der Kritik der praktischen Vernunft) und so glaubte ich, daß der Alte einfach Lügen auftischte und daß seine zentrale Absicht nur Negierung sei. Zwanzig Jahre habe ich in dieser Überzeugung gelebt, und ich bin niemals auf den Einfall gekommen, einen Blick in das Buch selbst zu werfen. So eine Beziehung zu Kant ist gerade so, als ob man das Baugerüst am Gebäude fürs Gebäude selbst nimmt. Ist das nun nur mein persönlicher Irrtum oder ist das allgemein so? Mir scheint's hier ein allgemeiner Fehler zu sein. Ich habe eigens die Philosophiegeschichte von Weber durchgesehen, die sich bei mir fand, und festgestellt, daß G. Weber jene Grundthese Kants nicht billigt, daß unsere Freiheit, die durch sittliche Gesetze bestimmt wird, auch ein Ding an sich (d. h. das Leben selbst) ist, und er findet darin nur Anlaß zu Elukubrationen Fichtes, Schellings und Hegels und das ganze Verdienst sieht er nur in der Kritik der reinen Vernunft, d. h. er sieht gar nicht den Tempel, der auf dem gereinigten Fundament errichtet ist, sondern sieht nur das gereinigte Fundament selbst, was eben mal geeignet ist für gymnasiastische Übungen. Grot, Doktor der Philosophie, schreibt einen Artikel über die Freiheit des Willens, zitiert irgendwelche Ribauts und andere, deren Definitionen Turnierübungen des Unsinns und der Widersprüche sind, und die Definition Kants ignoriert er, und wir lauschen und reden herum und entdecken ein bereits entdecktes Amerika.«[277]

Einige Tage zuvor hatte Tolstoj an Birjukov geschrieben: »Ich bin nicht ganz gesund, huste und sitze zu Hause – und lese. Viel Freude hat mir die erstmalige Lektüre von Kants Kritik der praktischen Vernunft bereitet. Was hat dieses bemerkenswerte Werk doch für ein schreckliches Schicksal. Es ist die Krönung all seiner tiefen geistigen Tätigkeit, und das ist niemandem bekannt. Wenn Sie es nicht im Original lesen, und ich bin noch am Leben, übersetze und interpretiere ich es für Sie nach Vermögen. Gibt es eine Kantbiographie in der Öffentlichen Bibliothek, bestellen Sie sie in meinem Namen und schicken Sie sie mir.«[278]

Von jetzt an wird Tolstoj ein glühender Verfechter der Kantischen Ethik. Zusammen mit Buddha, Konfuzius, Sokrates,

Christus, Mohammed, Rousseau, Skovoroda ist Kant ihm ein Lehrer der Humanität. Die Gedanken Kants bezieht er in den bekannten »Lesering« ein und gibt sie zweimal in einem gesonderten Band heraus. Die innere Verbindung von Sittlichkeit und Erkenntnistheorie in der Lehre Kants ist ihm nach wie vor nicht deutlich. Er rühmt den »genialen Kant, der seine Ethik unabhängig von seiner Metaphysik aufgestellt hat«.

Bei der Arbeit an dem Traktat ›Was ist Kunst?‹ greift Tolstoj auch zu Kants Ästhetik. Es scheint, als beschränke sich die Kenntnis der ›Kritik der Urteilskraft‹ leider auf die Lektüre eines der deutschen Handbücher zur Geschichte der Ästhetik, worauf Tolstoj auch im Text des Traktats verweist. Dadurch werden die Ansichten Kants unrichtig wiedergegeben: Schönheit ist nur eine von uns empfangene besondere Art interesselosen Wohlgefallens[279]; die für den deutschen Philosophen so bedeutsamen Verknüpfungen mit dem Wahren und Guten sind unberücksichtigt. Tolstoj kritisiert diese scheinbare Position Kants, besonders das »Wohlgefallen«, das in den Augen des russischen Dichters Synonym für den Müßiggang gewisser Gesellschaftsschichten ist. Die Kunst ist für Tolstoj ein Medium menschlicher Kommunikation, das allen zugänglich ist.

Wenn man von der Terminologie absieht und den Sachverhalt betrachtet, kann man in den ästhetischen Konzeptionen Tolstojs und Kants etwas Gemeinsames entdecken. Im handschriftlichen Entwurf ›Was heißt Kunst‹ vergleicht Tolstoj Kunst und Spiel; wir erkennen den vertrauten Gedankengang: »Das Spiel ist eine notwendige Bedingung für das Leben der Menschen, junger Menschen zum Beispiel oder solcher, die das Leben zum Feiertag machen, wenn also ein Überschuß von Kräften vorhanden ist, der durch keine materielle Tätigkeit gebunden ist; und Kunst ist eine notwendige Lebensbedingung erwachsener oder alter Menschen, wenn die physischen Kräfte ganz in der Arbeit aufgehen oder schon abnehmen, wie das bei Krankheiten oder im Alter gewöhnlich ist. Eines wie das andere ist dem Menschen notwendig zur Erholung von jenem Teufelskreis von Arbeiten, Schlafen, Essen, in dem er sich von Geburt bis zum Tode dreht so wie jedes Lebewesen; diese zwei Arten der Unterhaltung – Spiel und Kunst – hatte der Mensch immer und wird sie immer haben ... Die Kunst ist eine der Unterhaltungsweisen, mittels deren der Mensch verschiedene Empfindungen durchlebt und sich so von der Last des Lebens erholt, wobei er nicht selbst tätig ist, sondern sich nur den empfangenen Eindrücken überläßt.«[280] Wodurch unterscheidet sich nun Kants »interesseloses Wohlgefallen« von der »Unterhaltung« Tolstojs? Jeder möge selber urteilen.

Jeder, der nach Jasnaja Poljana kommt, eilt zunächst einmal zu Tolstojs Grab. Wie sehr unterscheidet es sich doch vom Grab Kants! Stein dort, graue Grabplatten gegen den Hintergrund der Ruinen: das Leben ist gewichen, geblieben ist die Ewigkeit des Granits. Das Grab Tolstojs liegt mitten im Grünen, im Wald – eingefaßt durch grünende Rasenstücke, Blumen darauf: kaum welken sie, als seien die sterblichen Überreste erst gestern der Erde übergeben. Weder Gedenktafel, noch Kreuz, noch Grabplatte. An die Ewigkeit erinnert nur das ewig-unerschöpfliche Leben der Natur . . .

Im Wohnhaus ließ ich mir dann die Werke Kants aus Tolstojs Besitz zeigen: da ist eine Ausgabe Gesammelter Werke in zwölf Bänden, schön gebunden, doch neu und unberührt. Die Bände kamen aber erst hierher, nachdem andere gründlich durchstudiert waren. In diesen Handexemplaren nun sind die Spuren angestrengter Arbeit: besonders wichtige Seiten sind an den Enden eingeknickt, Zeilen und ganze Absätze unterstrichen, Randnotizen überall. Tolstoj las Kant mit ganzer Aufmerksamkeit, ihn denkend und lebend.

In der ›Kritik der praktischen Vernunft‹ ist der bekannte Aphorismus vom bestirnten Himmel über uns und vom moralischen Gesetz in uns dick unterstrichen. Die ›Kritik der reinen Vernunft‹ las Tolstoj in französischer Übersetzung: besonders aktiv die letzten Abschnitte. Wir erinnern uns an Kants Unterscheidung vom Meinen, Wissen und Glauben. Diese Stelle ist auch unterstrichen, doch am Rand steht da: »Was für ein Blödsinn.« (Tolstoj mißfiel offensichtlich die Definition des Glaubens als einer bloß subjektiven Gewißheit.) Dagegen stimmt er völlig mit Kants Gedanken überein, daß ausschließlich sittliches Verhalten zu Gott führe. »Das Gute führt zum Wissen von Gott – immer«, so resümiert er die entsprechende Stelle; ein analoger Passus erhält die höchste Note – »5 +«. Dort, wo Kant eine Apologie des gesunden Menschenverstands vorträgt mit der

Behauptung, daß »die höchste Philosophie in Ansehung der wesentlichen Zwecke der menschlichen Natur es nicht weiter bringen könne, als die Leitung, welche sie auch dem gemeinsten Verstande hat angedeihen lassen« (B 859), steht Tolstojs Anmerkung: »Ausgezeichnet«.

In den letzten Lebensjahren wird die ›Religion innerhalb der Grenzen der bloßen Vernunft‹ Tolstoj eines der liebsten Bücher. Die Taschenausgabe des Leipziger Reclamverlags nahm er immer wieder zur Hand. In den Tagebüchern finden sich immer wieder Eintragungen wie: »Ich las Kant, war begeistert«, »sehr gut«, »sehr nahe« usw. Alles bezogen auf Kants Religionsphilosophie. Tolstoj behagt das sittliche Pathos. Nahe ist ihm das Kantische Verständnis von Gott als Liebe zu den Menschen.

»Liebe ist Leben. Alles, aber auch alles, was ich begreife, begreife ich nur deshalb, weil ich liebe. Alles ist, alles existiert nur deshalb, weil ich liebe. Alles ist durch sie allein verbunden. Liebe ist Gott, und sterben bedeutet, daß ich, Partikel der Liebe, zur allgemeinen und ewigen Liebe zurückkehre.« So denkt Tolstojs Hauptfigur, Fürst Andrej Bolkonskij, in der Schlacht von Borodino tödlich verwundet und bereit, sich vom Leben zu verabschieden. Das ist die Antwort des russischen Klassikers auf die uralte Frage von Philosophie und Kunst nach dem Wesen des Menschen. Die Antwort lautet im Sinne Kants.

Der Mensch stirbt, der Gedanke bleibt. Der Gedanke gewinnt selbständiges Leben. Er weckt das Denken anderer, wird Allgemeingut vieler. Der Gedanke dringt in die Tiefe, reißt dort neue Seinsschichten auf, unterwirft sie Willen und Vernunft derjenigen, die leben, wagen und Verantwortung tragen müssen. Unsterbliches Nachleben gewinnt der Philosoph dann, wenn er zu sagen vermochte, was zu hören, verstehen und zu verwirklichen war.

ANHANG

Herrn Eberhard Schröder danke ich für großzügige Hilfe beim Redigieren und Schreiben des Manuskripts.

Sigrun Bielfeldt

I.

Arsenij Gulygas Kantinterpretation gehört in die lebendige Tradition russischen Verständnisses deutscher idealistischer Philosophie. Wir fragen, wann und wie dieses Verständnis begann. Die Entwicklung russischer Kultur ging einen mühsamen, oft unterbrochenen Gang. 1723 wurde die Petersburger Akademie der Wissenschaften gegründet. Vornehmlich ausländische Gelehrte, unter ihnen Euler und Bernoulli, waren die Mitglieder: sie trugen in lateinischer Sprache vor und erreichten nur einen kleinen Kreis von Fachwissenschaftlern. Die 1755 gegründete Universität Moskau blieb lange die erste und einzige Universität Rußlands. Sie war wenig besucht, zumal ein Universitätsstudium keinerlei soziale Meriten einbrachte. Erst viel später mußten die Staatsbeamten ein abgeschlossenes Hochschulstudium vorweisen. In den Anfängen des 19. Jahrhunderts – es waren die frühen Reformjahre Alexanders 1. – wurde entschieden, die sechs pädagogischen Verwaltungsbezirke Rußlands mit Universitäten zu versehen. So wurden akademische Institutionen in Petersburg, Wilna und Dorpat zu Universitäten ausgebaut, Kazań und Chaŕkov waren voraussetzungslose Neugründungen. Bedeutend war zunächst nur die Moskauer Universität, mit Einschränkungen Petersburg, doch auch dort lasen ausländische Lehrer – wohl meistens ohne den rechten pädagogischen Enthusiuasmus – Philosophie nach eklektischen Kompendien vor einer mäßig interessierten Zuhörerschaft.

Der Adel hatte die Mittel, sich seine Bildung selbst zu verschaffen. Der französische Hauslehrer, ein oft verspottetes, doch unumgängliches Bildungssymbol des russischen Adels, verschaffte dem Denken der französischen Aufklärung eine gewisse Vorherrschaft. Gegen Ende des achtzehnten Jahrhunderts erfaßte einige junge Adelige ein neues, wenn auch zunächst dilettierendes Interesse an Literatur. Die Regelsysteme des französischen Klassizismus reichten da nicht mehr hin. Bei Auslandsstudien an deutschen Universitäten lernte man die neuesten ästhetischen Ideen kennen. Auch erlaubten ausgedehnte Reisen durch Westeuropa, wie zum Beispiel die des jungen Karamzin, die unmittelbare Bekanntschaft der berühmtesten Männer ihrer Zeit: Karamzin sah Kant, Herder, Lavater, Bonnet. Einmal in die russische Heimat zurückgekehrt, wurden die erworbenen Gedanken den Freunden mitgeteilt – im Brief oder auch im Salongespräch; man plante Zeitschriften, gründete sie und mußte sie wieder aufgeben. Es bildeten sich Gesinnungen, die die jungen Leute in Zirkeln (kružok) zusammenführten: schon immer eine Mischung aus Literatentum, Freimaurerei und politischem Freisinn.

Dynamisches Tempo und Glanz bringen der Entwicklung der russischen Kultur also die Dichter, und sie sind es auch, die die scholastische Schulphilosophie der Universitäten überwinden und den Weg frei machen für eine lebendige Aneignung deutscher Philosophie. Russische Romantik und russische Schellingrezeption sind eins. »Den Namen Schelling führt man bei uns unablässig im Munde«, urteilt ein konservativer Kritiker mißbilligend 1827. Den Anfang mit Schelling hatten russische Professoren in der ersten und zweiten Dekade des 19. Jahrhunderts gemacht. Ein fruchtbares Wechselverhältnis zwischen den Professoren und ihren Dichterschülern setzte ein: die Professoren veröffentlichten Beiträge in den literarischen Zeitschriften, und manch ein Gedanke wurde von den Schülern unmittelbar ins Gedicht verwandelt.

Lebhafter noch, fast besessen, die Hegelrezeption in den dreißiger Jahren. Stankevič – eine strahlende und reine Persönlichkeit – bildet einen Hegelkreis; man hört an der Moskauer Universität, doch mehr wird im Selbststudium und im Gespräch mit den Freunden gelernt. Michail Bakunin studiert – sozusagen mit religiöser Inbrunst – das idealistische System von Grund auf; er doziert Belinskij eine Zeitlang Tag und Nacht, da dieser das deutsche Original nicht lesen kann. Belinskij wird ›Hegelianer‹, schreibt seine wirkungsvollen literarischen Kritiken, ohne jemals ein systematisches Philosophiestudium getrieben zu haben. Auch der politische Zirkel Alexander Herzens nähert sich schließlich, nach anfänglichem Gegensatz, dem Zirkel Stankevičs. So sind der theoretische Gedanke, literarische und politische Praxis in der russischen Kultur niemals unverbunden aufgetreten. Neue Vorstellungen wurden in der idealistischen Philosophie gesucht und gefunden; waren sie gefunden, so nahmen sie unmittelbar russische Gestalten und Wirklichkeit an.

II.

Beginn und Weise dieser Rezeption standen also nie im Zeichen einer schulphilosophischen Reglementierung. Es sollte auch in der späteren Entwicklung so bleiben, daß das philosophische Interesse sich mit den geistig-vitalen Bedürfnissen einzelner, vielseitig begabter entzündete. Das ist ja auch das ursprüngliche Grundmotiv einer Hinwendung zur Philosophie: unvermittelt gerät der Mensch in Verwunderung und Bestürzung angesichts der Vertrautheit und Beständigkeit der ihn umgebenden Lebensverhältnisse. Auch die Russen haben dieses vitale Bedürfnis nach Philosophie sofort reflektiert. »Schwermut ist der Anfang der Klärung des Geistes«, schreibt der junge Michail Bakunin in einem Vorwort zu seiner Übersetzung der Hegelschen Gymnasialreden, die 1838 erscheinen. Dort ist weniger von einem systematischen Hegelverständnis als vom Lebensgang des russischen Dichters Puškin die Rede. Puškin ist, nach Bakunin, den Weg philosophischer Selbstfindung gegangen. Puškin lebt in der nichtigen »Scheinwelt« der russischen Adelskreise, er genießt die schalen Vergnügen der französisch überfeinerten Gesellschaft. Doch Puškin gerät ins Unvertraute mit den ihn umgebenden Lebensverhältnissen, er erkennt die Nichtigkeit dieser Welt und insofern er das tut, vernichtet er ihre Selbständigkeit. Einmal ist diese Scheinwelt nun schlechthin nichts mehr für ihn, andererseits ist sie doch anwesend und determinierend, indem sie ihre Gesetze aufzwingt; so wird Puškin zum solitären, zerrissenen Bewußtsein. Auf dem Grunde der Schwermut betritt er dann den neuen Weg einer geistig-künstlerischen Weltschöpfung und also Weltaneignung. So klärt sich der Geist aus der Schwermut, die Grund und Folge einer vorgängigen Nichtigkeitserklärung an die bestehende Welt ist. Vielleicht hat Bakunin diesen alten Gedanken bei Hegel gefunden, der in der ›Phänomenologie‹ sagt, daß der Zweifel an der sinnlichen Gewißheit der Realität auch eine Verzweiflung ist, der selbst die Tiere erliegen, insofern sie genötigt sind, die sinnlichen Dinge »in der völligen Gewißheit ihrer Nichtigkeit« zu verzehren, um sich ihrer zu entledigen.

Die Vermittlung des philosophischen Grundzweifels, der in neuer tätiger Weltaneignung überwunden wird, leistet idealistische Philosophie auch weiter im Verlauf der russischen Denk- und Schaffensgeschichte. Arsenij Gulyga bringt uns in seiner Kantmonographie zwei Gedichte der russischen Symbolisten Andrej Belyj und Aleksandr Blok. Belyj versucht, unter neukantianischem Einfluß dem Symbolismus die kunsttheoretische Begründung zu geben. 1908 schreibt er das Gedicht ›Am Fenster‹ und reiht es in den Zyklus ›Philosophische Schwermut‹. Belyj entwirft die konventionelle Vertrautheit eines Frühlingsbildes – dem Blick aus dem Fenster öffnet sich die lazurne Weite des Raums. Der Blick kehrt zurück, und der philosophische Grundzweifel tritt ein beim Anblick der ledergebundenen Kritiken Kants; das »Ich« besinnt sich – aufschauernd –, daß der Raum, nach Kant, »ein anderes Dasein« hat, an sich nichts ist, eine subjektive Anschauung des Menschen: die objektive Realität des Raums ist vermeintlich, illusorisch.

Anders stellt sich Blok dem philosophischen Grundzweifel, er trotzt ihm, trotzt der Wende zum transzendentalen Bewußtsein und läßt das Leben für sich schäumen. In Bloks Gedicht versinkt ein runzliges »Kantchen« in die Grundlosigkeit seiner abstrakten Konstruktionen: dunkel ist es dort, warm, nichts stört Kant in der selbstverliebten »Anschauung« seiner beringten Händchen. Hin und wieder zuckt äußeres Leben als Gefahr auf: der Diener trägt eine Kerze herbei, Lichtgespinste am Fenster . . .

Auch Arsenij Gulygas Kantbild kommt nicht aus der rationalen Dürftigkeit schulphilosophischer Beschäftigung. Sein Verständnis Kantischer Philosophie setzt sich gleichzeitig mit den Aporien unserer modernen Lebensverhältnisse auseinander, entspringt der Betroffenheit über ihre scheinbare, aufdringliche Unabänderlichkeit.

Eine Kantmonographie heute kann sich nicht auf neuentdeckte biographische Fakten stützen. Auch die Reihe der Kantbiographien fortsetzen zu wollen, ist angesichts der Vorgänger nicht sinnvoll. Gulyga plante und schrieb das Buch für eine populäre russische Serie ›Das Leben berühmter Menschen‹ (Žizń zamečatel'nych ljudej). Für ihn bestand die Notwendigkeit, Kants Leben und Lehre leicht faßlich darzustellen. Doch vielleicht geht es dem Leser im Verlauf der Lektüre, wie es dem Autor und dem Übersetzer bei der Arbeit ergangen sein mag. Die Schilderung von Kants Leben wird zunehmend ein Leben mit Kant. Die theoretischen und praktischen Aufgaben, die Kant gestellt hat, werden zusehends unsere eigenen Aufgaben. Wieder verlangt die naive und bedenkenlose Fortschrittsgläubigkeit der Naturwissenschaften eine Einschränkung und gleichzeitig Erweiterung durch ethisch-humane Sinngebung. Oder: das Individuum, das moralisch frei handeln will, sieht sich in die Ausweglosigkeit gedrängt angesichts der Antagonismen und Zwänge einer funktionalistischen Gesellschaft. Gulyga verweist ausgiebig auf den Weg Kants, der sich über den oft unaufhebbaren Dualismus von zwangsmäßiger Gesellschaft und »Freiheit der Persönlichkeit« mit sokratischer Ironie hinweghebt. Und ebenfalls in sokratischer Tradition, zusammen mit den russischen Klassikern Tolstoj und Dostoevskij, wird es gewagt, ein individuelles Leben, geführt aus der autonomen Freiheit der Moral, als exemplarisch zu fordern.

III.

Steht Gulyga als Philosoph und Mensch selber in dieser russischen Tradition der schöpferischen und ethischen Aneignung von Philosophie, so kann es nicht verwundern, wenn er uns Kants System der transzendentalen Vernunft so darstellt, wie es durch Kunst und Ethik, durch ästhetische Urteilskraft und praktische Vernunft »geöffnet« ist. Der reife Kant fragt: »Was ist der Mensch?« In der Antwort geht es darum, das logozentrische Menschenbild auf seine freien und unmittelbaren ästhetischen und ethischen Kräfte hin neu zu bestimmen und so zu bestimmen, daß sich der Logos nicht ohne Ethik und Ästhetik in seinem Bestand halten kann.
Wir wollen Gulygas Interpretation aufzeichnen. Um die »Öffnung« der theoretisch-logischen Vernunft auf ihr nicht unmittelbar zugehörige Sphären deutlich machen zu können, müssen

wir den historischen Weg beschreiben, den die ›Selbstkritik der Vernunft‹ (3. Kapitel) beschreitet, um sich zunächst von allem irrtümlichen Beiwerk zu reinigen, so daß sie schließlich Selbstbeschränkung und Selbstgenügsamkeit in dem *geschlossenen* System der Erfahrungswelt findet.

Kant will mit seiner ›Selbstkritik der Vernunft‹ verhindern, daß sie unstatthafte Übergriffe auf Gebiete macht, wo keine allgemein verbindlichen Aussagen möglich sind. Diesen ersten »kritischen« Angriff richtet er gegen die naive Rationalität der Dogmatiker, die meinten, mit Hilfe logischer Argumentationen die Existenz so übernatürlicher Dinge wie Gott, Freiheit, Unsterblichkeit der Seele beweisen zu können. Hatte Kant dann der theoretischen Vernunft die Erfahrungswelt als einzige Wirksphäre gesichert, so war es nötig, sie vor Angriffen der Skeptiker und Empiriker zu schützen, die lehrten, alle Verstandesurteile seien nur zufällig, da sie von der Erfahrung abgezogen und angelernt werden.

Die transzendentalphilosophische Aufgabe war nun ganz deutlich gestellt: für die Vernunft mußte eine Art Erkenntnisapparat aufgestellt und es mußte bewiesen werden, daß er für alle Menschen gültig sei. Und dieser Erkenntnisapparat der Vernunft mußte so angelegt sein, daß er die sinnliche Erfahrungswelt strukturieren und objektiv erkennbar machen konnte.

Besehen wir den Apparat näher, so stellen wir fest, daß er nach zwei, grundsätzlich voneinander verschiedenen Methoden arbeitet: zwei »Erkenntnisweisen«, die zwar zusammen auftreten müssen, in ihrer Herkunft und Funktion aber nicht aufeinander reduzierbar sind. Es ist die Erkenntnisweise des Verstandes, der mit einer feststehenden Anzahl von Begriffen arbeitet – den Kategorien –, die aus den logischen Formen des Urteils abgeleitet sind; und das Erkenntnisvermögen der »Sinnlichkeit«, unsere raumzeitliche Anschauung, kraft deren dem logischen Verstand empirische Daten gegeben werden, die er dann zur Einheit eines bekannten Objekts versammeln kann.

Damit liegt uns ein »geschlossenes« Erkenntnissystem vor, in dem eine beschränkte Anzahl logischer Begriffe eine »passiv« vorliegende Sinnlichkeit, die mittels der Anschauungen von Raum und Zeit dem Verstand präsentiert wird, durchgängig determinieren. Hier muß nun die Frage einsetzen nach der

»Öffnung« des logozentrischen Systems, die Frage, wo dem Menschen noch ursprüngliche Potenzen zur Freiheit und Hoffnung, zum Fortschritt belassen sind.

1. Gulyga entwirft in seiner Kantinterpretation zwei Weisen der »Öffnung« des transzendentalen Vernunftsystems. Das eine Moment ist die ursprünglich angelegte, schöpferische Begriffsbildung: das Schaffen, Erfinden von Kategorien, Symbolen, Bildern, die – gleich in welchem kulturellen Bereich – der Menschheit neue Erfahrungsweisen ermöglichen. Bisher haben wir ja nur die begrenzte Anzahl von, den logischen Urteilsformen abgewonnenen, Kategorien und die »Gegebenheit der Materie« durch die sinnliche Anschauung. In keiner der beiden Erkenntnisweisen, für sich allein genommen, liegt die Dynamik zum Fortschritt. Erst in der *Art der Beziehung* zwischen Verstand und Sinnlichkeit befindet sich das schöpferische Potential zum Neuen. Diese Beziehung zwischen Sinnlichkeit und Verstand stellt die Einbildungskraft her: Gulyga hebt leitmotivisch die kulturbildende und -öffnende Kraft der »Intuition« heraus, wie er die Kantische Einbildungskraft in moderner Terminologie bezeichnen möchte.

Wie stellt nun die Einbildungskraft die Verbindung zwischen Verstand und Sinnlichkeit her? Auffallend ist, daß die Einbildungskraft besonders eng mit dem sinnlichen Vermögen des Menschen zusammenwirkt. In der ersten Auflage der Kritik der reinen Vernunft wird das bei der Deduktion der Kategorien deutlicher als in der zweiten Auflage. In der ersten Auflage wird entfaltet, wie die reine produktive Einbildungskraft in den reinen Anschauungen von Raum und Zeit primäre Einheitsbildungen schafft. Diese Kraft prägt erste anschauliche Formen, sagen wir geometrische Formen wie Kreise, Dreiecke etc. in das raumzeitliche Kontinuum. Wird dann der reinen Anschauung empirischer Stoff gegeben, so sammelt er sich schon in ursprüngliche einheitliche Formen, bevor überhaupt die logische Tätigkeit des Bewußtseins ein Objekt erkennt und benennt. Im Schematismuskapitel der KrV ist dann noch deutlicher die Rede von Bildern, »sinnlichen Begriffen«, die sich erst auf kompliziertem Wege zum logischen Verstand in Beziehung setzen müssen.

In erkenntnistheoretischer Absicht ist die Einbildungskraft also immer noch dem Verstand unterworfen; frei ist sie in ästheti-

scher Absicht. Zu diesem Schluß kommt Kant dann in der
›Kritik der Urteilskraft‹: Gulyga arbeitet in dem Kapitel ›Das
Wahre, Gute und Schöne‹ heraus, wie im freien Spiel der Erkenntniskräfte, das die Einbildungskraft lenkt, »ästhetische
Ideen« geformt werden, die nicht den Begriffen des Verstandes
entsprechen, alle Erkenntniskräfte aber beleben und dann doch
»indirect« zu Erkenntnissen angewendet werden können
(S. 221). So sind Hinweise gegeben für eine ursprüngliche,
vorbewußte Fähigkeit im Menschen, neue Symbole und Formen zu produzieren, die, wenn sie sich in ein konventionelles
System von Denk- und Erfahrungsweisen umsetzen, dieses System im Sprung verändern.

Gulyga macht zwei Anwendungen, die es wert sind, hervorgehoben zu werden. Einmal weist er darauf hin, wie bedeutsam die
Rolle der Intuition auch für die kreative Fortentwicklung der
Mathematik ist (S. 132). Selbst in den exakten Wissenschaften
bildet sich die Erfahrung, das Neue, in den sinnlichen, vorbewußten Schichten der Psyche frei, im Tanz – ehe es ins Bewußtsein gelangt und dort systemverändernd wirkt.

Wichtiger noch ist die Anwendung auf die Kunsttheorien des
russischen Symbolismus. Belyj und Blok zeigten sich an der
»Transzendentalen Ästhetik«, dem Abschnitt also, wo Kant die
Lehre von den reinen sinnlichen Anschauungen von Raum und
Zeit entwickelt, außerordentlich interessiert (S. 125 f.). Warum
war diese Entdeckung für die russischen Symbolisten so wichtig? Sie galt ihnen als Beweis, daß es neben der phänomenalen
raumzeitlichen Welt, die durchgängig von Gesetzen determiniert ist, noch eine andere Welt gibt, die der reinen idealen
Anschauungen von Raum und Zeit, ein transzendentales Bezugssystem also, wo die Zwänge der natürlichen Welt aufgehoben sind und poetische Freiheit herrscht. In dieser freien Welt
sind Bezüge möglich, die denen der natürlichen Welt geradezu
widersprechen. So können im Gedicht Wortzeichen zusammentreten, die aus verschiedenen Erfahrungsbereichen kommen.
Erst ihr Zusammentreten, ihre Relation, macht das neue dichterische Symbol aus, ermöglicht durch das Bezugssystem der
Transzendentalen Ästhetik, in dem die freie Einbildungskraft
schafft. Es ist ein wechselseitiger Realisierungsprozeß: die Einbildungskraft, als Werkzeug der transzendentalen Ästhetik, rea

lisiert die poetische Relation der Symbolzeichen, gleichzeitig realisieren aber die Symbole die freie, ideale Welt und machen sie durch die Kunst für unsere phänomenale Lebenswelt gegenwärtig.

Man wird nicht zuviel sagen, wenn man behauptet, daß das spätsymbolistische Verständnis der Kantischen Transzendentalen Ästhetik, vermittelt durch die Rezeption des Neukantianismus, auch die russische Revolution zur gegenstandslosen Kunst vorbereitet hat – zum Beispiel die eines Kazimir Malevič: die künstlerische Einbildungskraft bildet Formen und Farben in einen idealen kosmischen Raum ein und bringt diesen dadurch zur Präsenz durch die Kunst.

Die Lehre von der Einbildungskraft, so wie sie mit den sinnlichen Vermögen des Menschen zusammenwirkt, scheint schon die frührussische Kantrezeption fasziniert zu haben. Gulyga stellt uns hier ein ergiebiges Stück eigener Archivarbeit vor (S. 323 ff.). Der russische Fürst Belosel'skij-Belozerskij, zeitweilig Gesandter in Dresden, später Turin, sendet Kant eine ›Dianyologie‹ (zuerst erschienen in Dresden, Ostern 1791): das Buch enthält ein Schema, das aus konzentrischen Kreisen besteht, die die geistig-sinnlichen Vermögen des Menschen in »sphères« und »espaces« einfassen. Der Kommentar erläutert, wie die Menschen, ihren Naturanlagen gemäß, den einzelnen Sphären zuzuordnen sind. Ein sehr zustimmendes Antwortschreiben Kants aus dem Sommer 1792 ist im Entwurf erhalten geblieben und wurde 1900 von August Warda aus dem Nachlaß J. G. Scheffners im Königlichen Staatsarchiv zu Königsberg veröffentlicht (vgl. Altpreußische Monatsschrift 37. Bd.). Warda nahm an, daß Kant eine endgültige Brieffassung abgeschickt hatte, aber bisher war unbekannt, ob der Brief seinen Adressaten erreicht hat. Das Werk Belosel'skijs, französisch geschrieben, wurde sogleich in mehrere Sprachen übersetzt. Eine russische Übersetzung sollte folgen, wurde aber nicht fertiggestellt. Die Materialien – ein Vorwort des Übersetzers und noch einige Fragmente – befinden sich im Nachlaß der Tochter Belosel'skijs Zinaida Bolkonskaja (Zentrales Staatsarchiv für Literatur und Kunst, CGALI). In dem Vorwort des Übersetzers zur geplanten russischen Ausgabe wurde von Mazon ein eingeschobener Brief Kants entdeckt; Mazon hielt diesen Brief für eine Fiktion. Erst Gulyga entdeckte, daß der Inhalt des Briefs weitgehend mit dem uns erhaltenen Entwurf übereinstimmt. Man wird so annehmen dürfen, daß dem Übersetzer Kants Originalantwort vorlag, die den russischen Lesern der ›Dianyologie‹ vorgestellt werden sollte. Die russische Übersetzung des Kantbriefs stellt einen frühen Versuch dar, eine russische philosophische Terminologie zu formen. Die Rückübersetzung Gulygas ins Deutsche mag Form und Inhalt des deutschen (verlorenen) Originals nahekommen.

Wenn wir davon ausgehen, den Entwurf eines Kantbriefs und die deutsche Rekonstruktion der Endfassung vor uns zu haben, so läßt sich fragen, welche Unterschiede beide aufweisen und was daran bemerkenswert ist. Kant bricht im Entwurf dann ab oder wird undeutlich, wenn es darum geht, die Sphäre des Genies zu bestimmen: er versucht dann eine Generalverbindung aller Erkenntnisvermögen (auch der Sinnlichkeit) »mit der Einbildungskraft«. Gegen Ende des Entwurfs ist die Definition der Sphäre des Genies wieder aufgenommen: sie besteht in der Verbindung der obersten Vernunftvermögen mit der Sinnlichkeit, um die »Erfindung dessen was zur Regel dient ohne Leitung der Regeln vermittelst der imagination« möglich zu machen. Die einzige Randbemerkung im Entwurf betrifft wieder die Definition der Sphäre des Genies: sie ist die Verbindung des Systems der Vernunftvermögen mit der »originalitaet der Sinlichkeit«. Die Vorstellung von einer passiven Sinnlichkeit, auf die Verstandesbegriffe appliziert werden, wird hier nirgends angesprochen, doch ringt Kant um Worte, wenn er eine neue Produktion von Regeln aus dem Zusammenwirken von Einbildungskraft und der »Originalität der Sinnlichkeit« vorstellig machen soll. Vergleichen wir nun diese Passage über das Genie in der (möglichen) Endfassung des Briefs (S. 330). »Wenn sie (die drei Denkvermögen) in Übereinstimmung mit dem unteren Vermögen (bloße Anschauung) gebracht werden und zwar mit seinem wesentlichsten Teil, welcher die Originalität ist und der somit in der Einbildungskraft besteht (einer solchen Kraft, die sich durchaus nicht sklavisch Gesetzen unterwirft, sondern aus sich selbst zu schöpfen strebt, wie es in den schönen Künsten der Fall ist), so bilden sie die Sphäre des Genies, was gleichbedeutend mit dem Wort Naturgabe, Talent ist.« Man muß zögern, die Auslassungen über die Einbildungskraft in Parenthese Kant zuzuschreiben; sie scheinen eher der Begeisterung des russischen Übersetzers zu entspringen, der gegen den noch in Rußland vorhandenen Regelklassizismus zu Felde ziehen will.

Wie es sich auch verhalten mag: eine frühe russische Rezeption des Kantischen »Vernunftsystems« hat jedenfalls so ausgesehen, daß gerade das Vermögen der Imagination, verbunden mit der freien Produktivität einer vorbewußten Sinnlichkeit, besonders hervorgehoben wurde. Gulyga hat nichts darüber gesagt, wann die Brief-Übersetzung entstanden sein könnte. Doch scheint es sich um eine frühe, fruchtbare Wahrnehmung des Begriffs »Einbildungskraft« zu handeln, der die russische Begeisterung für die romantische deutsche Ästhetik vielleicht vorbereitet hat.

2. Ermöglicht Kunst den Überstieg über die logisch durchgängig determinierte und damit geschlossene Erfahrungswelt durch das Erfinden neuer Formen *für* die Erfahrung, so krönt und stabilisiert die Ethik die logische Verstandeswelt in sich selbst, die Ethik leistet aber auch – und das ist wichtig zu sehen – die Konstituierung der logischen Welt. Mit dieser Aufhebung der Selbstbeschränkung der theoretischen Vernunft ist das andere Moment der »Öffnung« benannt. Hier hebt Gulyga eine russische Rezeptionslinie Kantischer Ethik hervor, die vielleicht wesentlich zu Dostoevskij führt.

›Glaube als Hoffnung. Und Liebe‹ nennt Gulyga das Ethikkapitel. Welches Verhältnis geht nun die theoretische Vernunft mit der praktischen ein, damit die Öffnung des logozentrischen Systems einsichtig wird? Wir wollen versuchen, das abzuleiten aus einer Interpretation der »Dinge an sich«, so wie sie Kant in »positiver« und in »negativer« Bedeutung versteht.

Gegen den Dogmatismus mußte Kant die Vernunftideen wie Gott, Freiheit, Unsterblichkeit aus dem Bereich der Verstandes- und Erkenntnistätigkeit ausschließen, weil ihnen in der Erfahrung keinerlei Anschauung beigegeben werden kann. Im positiven Sinne können sie aber durchaus mit Realität belegt werden, nämlich insofern sie Gegenstände der praktischen Vernunft werden. Wie arbeitet dieses Vermögen? Es arbeitet nicht diskursiv – also durch Vermittlung von Begriffen – und ist somit auch nicht abhängig von Daten der sinnlichen Erfahrung: sondern die praktische Vernunft handelt »autonom«, »aus Freiheit« – das heißt, wir verfügen über Wahrheit und Realität dieser Vernunftgegenstände aus unmittelbarer Gewißheit.

Insofern nun Kant den Vernunftgegenständen (den Dingen an sich) Realität und Positivität gegeben, die theoretische Vernunft also durch die praktische »erweitert« hat, drängt sich der Schluß auf: je nach seinem theoretischen oder praktischen Vermögen gehört der Mensch zwei Welten an – der phänomenalen, gesellschaftlichen, wo er durch Notwendigkeiten determiniert ist und der noumenalen, ethischen Welt, wo er »aus Freiheit« ist. Wie lassen sich diese beiden verbinden? Kant sagt, beide – die phänomenale und die noumenale Welt – machen den ganzen Menschen aus; und erst das *Wissen* darum, daß der Mensch ein doppelschichtiges Wesen ist, daß er aus Notwendigkeit und daß er aus Freiheit existiert – beides zugleich ist – errichtet das ganze Vernunftsystem. Der Verstand erkennt, sagt Kant, aber die Vernunft bringt Einheit in die auseinanderstrebenden Kräfte, indem sie Unterscheidungen und Zuordnungen trifft und die einzelnen Elemente zum System verbindet. So leistet die praktische Vernunft Erweiterung und Vollendung der theoretischen Vernunft zum System. Oder: in der praktischen Vernunft faßt der Mensch sich in der Vielfalt seiner Anlagen und damit in der Vielfalt seiner lebensweltlichen Verhältnisse; indem er sich so faßt, »reguliert« er die Vielfalt, gleicht die Gegensätze gegeneinander aus. So ist praktische Vernunft auch der bon sens, Prüfstein der Philosophie und die Philosophie selber, wie Gulyga schreibt.

Die praktische Vernunft reguliert nicht nur die logisch begriffene Welt, sondern konstituiert sie auch. Das können wir ableiten aus einer Interpretation der »Dinge an sich«, wie Kant sie in negativer Bedeutung versteht. In positiver Bedeutung sind sie Gegenstände des »Transzendenten«, dort wo eine andere Anschauung, eine nichtsinnliche, herrscht. Damit markieren die »Dinge an sich« die Grenzlinie, die die theoretische Vernunft nicht überschreiten darf, wenn sie nicht in Irrtümer verfallen will. Insofern aber die »Dinge an sich« die Grenze für die theoretische Vernunft markieren, sind sie nicht dennoch überall nichts für sie. Auf die »Dinge an sich«, als Gegenstände des Transzendentalen, kann die theoretische Vernunft sich negativ beziehen. Dabei wird das Problem der Anschauung ganz ausgeklammert, insofern es heißt, daß die »Dinge an sich« *nicht* Gegenstände unserer sinnlichen Anschauung sind. »Transzendentale Objekte« sind dann X, Anstoß, »Ursache« für die Erscheinungswelt, in der die theoretische Vernunft dann arbeitet. So kann man sagen, daß die logisch durchgängig geordnete phänomenale Welt »aus Freiheit« anhebt, aus der unmittelbaren Gewißheit und dem Glauben an den Sinn der Vernunft. Nicht anders hat es Sokrates gesagt: Philosophie ist Vergewisserung eines Glaubens. Damit ist auch eine Öffnung des Systems erreicht: der autonome Glaube an die Wahrheit ist die Kraft, die es ermöglicht, die Vernunftsysteme im Laufe der Menschheitsentwicklung ständig umzubesetzen. Die theoretische Vernunft, gesteuert durch den Glauben an die Lebendigkeit der Wahrheit, setzt Hypothesen, überprüft sie und verwirft sie wieder. Damit werden die Grenzmarken des Bereichs dauernd verändert, ins bisher Unbekannte verschoben, ohne daß die Vernunft dabei ins Bodenlose gerät. Gulyga entwickelt den Gedanken an der Dialektik des Horizonts: der Horizont veranlaßt uns, ihm immer weiter entgegenzugehen, damit wir ihn als Grenze erreichen und überwinden; das perennierende Mißlingen ist perennierende Aufforderung. Die bewegliche Grenzmarke also, gekennzeichnet durch die »Dinge an sich«, ist Freiheit und Kontrolle der menschlichen Vernunft: Glaube als Hoffnung.

Glaube als Hoffnung. »Und Liebe«, ergänzt Gulyga. Der junge Kant begann mit naturwissenschaftlichen Schriften. »Rousseau hat mich zurecht gebracht«, sagt er schließlich und wendet sich dem Menschen zu. In reifem Alter läßt er die drei Fragen – Was kann ich wissen?, Was soll ich tun?, Was darf ich hoffen? –, die das »Feld der Philosophie« ausmachen, sich in der vierten vollenden: was ist der Mensch? Gulyga weist darauf hin, daß Kant sich im Alter zunehmend mit dem Gedanken der Liebe auseinandersetzt. Hat er es deshalb getan, weil er auf die Frage ›was kann ich hoffen?‹ keine Antwort mehr hatte? Weil er daran zu zweifeln begann, daß der theoretischen Vernunft immer weiter fortschreitende Einsicht gelingt; daß allein die Logizität die »Übergänge« von einem Teilsystem ins andere und vom einzelnen ins ganze System leisten kann? In seinen letzten Fragmenten versucht er, die »Übergänge« zu definieren: da ist die Rede vom Übergang der metaphysischen Anfangsgründe der Naturwissenschaft in die Physik (S. 313). Die Bereiche hat die Vernunft für sich abgegrenzt, aber wie soll der Übergang von einem Bereich in den anderen gemacht werden? Kant hat nur noch Bilder: die Vernunft darf nicht »springen«, sie muß beide Ufer mit einem Schritt zugleich berühren, Brücken müssen gebaut werden und so fort. Da hatte sich die Vernunft als autonome gefaßt, als »Selbstgeschöpf«, wie es in einer Reflexion heißt, und das logisch-abstrakte »transcendo« in alle Lebensbereiche schien zu gelingen. Aber indem die theoretische Vernunft sich als Erkenntniszentrum erfaßte, war sie auch total gefährdet an das, was nicht sie selber ist: die »andere Erkenntnisart« der Sinnlichkeit zum Beispiel, die Materie, die Gesellschaft oder wie man es immer nennen mag. Die Vernunft sondert die Vielfalt des Lebens durch logische Bezüge und zehrt das Leben schließlich selber auf. An diesem Widerspruch der theoretischen Vernunft mit sich selbst läuft die moderne Kultur Gefahr, zugrunde zu gehen.

Gulyga glaubt mit Kant und den russischen Klassikern an eine sozial-ethische Lösung. »Fremde Glückseligkeit«, lautet Kants letzte Formel der Pflicht und der Freiheit. Dostoevskijs Antwort ist die »Idee der Persönlichkeit«: nur der frei und vernunftmäßig sich selbst ergriffen habende Mensch ist mächtig genug, diese Freiheit und Macht an das andere auszusetzen, sich an die Gesamtheit zu opfern in »werktätiger Liebe« (Dostoevskij). »Der Gekreuzigte ist das Symbol für Rußland; das Symbol für diejenigen, die elend gemacht, erniedrigt, zu Tode gehetzt sind. Mit ihnen sind Herz und Sinn Dostoevskijs«, schreibt Gulyga. Damit ist im Rußland Dostoevskijs die Versöhnung des Selbstwiderspruchs des frei sich setzenden Logos, der sich gewonnen hat und zugleich ganz verloren hat, zur Existenz gelangt: »Und Liebe«.

IV.

Vor zweihundert Jahren erschien die ›Kritik der reinen Vernunft‹ in einer Sprache, die dort nicht mehr gesprochen wird, wo heute Kants Grab liegt. Für eine russische Kantmonographie 1981: »Unsterbliches Nachleben gewinnt der Philosoph dann, wenn er zu sagen vermochte, was zu hören, verstehen und zu verwirklichen war« (Gulyga).

Anmerkungen

Zitierweise: Kant wird zitiert nach der Akademieausgabe: Kants gesammelte Schriften. Herausgegeben von der Preußischen Akademie der Wissenschaften, Berlin 1900 ff.
(römische Ziffer = Bandangabe, arabische Ziffer = Seitenangabe).
Die Seitenangaben zu den Briefen von und an Kant beziehen sich auf die Ausgabe: Immanuel Kant: Briefwechsel, Hamburg (Meiner) 1972.
KrV   = *Kritik der reinen Vernunft*; Stellen daraus werden, wie üblich, nach der ersten bzw. zweiten Auflage der Originalausgabe zitiert, z. B. A 803, B 831;
KpV   = *Kritik der praktischen Vernunft*;
KU   = *Kritik der Urteilskraft.*

Vorwort

1 N. Gusev: Dva goda s Tolstym, Moskva 1973, 190.

1. Kapitel

2 Johannes Scherr: Deutsche Kultur- und Sittengeschichte, Leipzig o.J., 444, 447.

3 Franz Mehring: Gesammelte Schriften, Die Lessinglegende, Berlin 1963, Bd. 9, vgl. 113.

4 ebd., 232.

5 Fritz Gause schreibt darüber: »Der älteste urkundlich nachweisbare Vorfahr des Philosophen ist dessen Urgroßvater Richard Kant. Er war Krugpächter in Ruß und heiratete die Tochter des Krugbesitzers von Heydekrug, Dorothea Lieder oder Liedert. Ein Schicht- und Teilungsvertrag mit den Erben und Blutsverwandten seiner verstorbenen Frau von 1665 liegt vor; aus der Anwesenheit eines Tolken (Dolmetschers) bei den Verhandlungen geht hervor, daß Richard Kant der deutschen Sprache nicht voll mächtig war. Gekommen war er aus Kantweinen im Gebiet Prökuls im nördlichen Memelland, das im 16. Jahrhundert von Kurland her neu besiedelt worden war«; Fritz Gause: Kant und Königsberg. Ein Buch der Erinnerung an Kants 250. Geburtstag am 22. April 1974, Leer/Ostfriesland 1974, 11 f. Als Vorlage für Gause diente ein Artikel von Hans und Gertrud Mortensen: Kants väterliche Ahnen und ihre Umwelt, in: Jahrbuch der Albertus-Universität Königsberg 3, 1953, 56.

6 Immanuel Kant. Sein Leben in Darstellungen von Zeitgenossen. Die Biographien von L. E. Borowski, R. B. Jachmann und A. Ch. Wasianski. Hrsg. F. Groß 1912, Reprogr. Nachdr. Darmstadt 1978, 163.

7 Karl Vorländer: Kants Leben, Hamburg 1974, 4.

8 ebd., 26.

9 *Gedanken von der wahren Schätzung* . . ., I, 24.

10 *ebd.,* I, 10.

11 *ebd.*

12 *Allgemeine Naturgeschichte und Theorie des Himmels.* . 1, 227.

13 *ebd.*, 1, 230.

14 *ebd.*, 1, 327 f.

15 *ebd.*, 1, 306.

16 *ebd.*, 1, 321

17 *ebd.*, 1, 366 f.

18 *An Johann Gotthelf Lindner vom 28. Oct. 1759* (17).

19 *Entwurf und Ankündigung eines Collegii der physischen Geographie*, II, 4.

20 *Physische Geographie*, IX, 427.

21 Johann Wolfgang von Goethe: Dichtung und Wahrheit, Hamburger Ausgabe, Bd. 9, 30 f.

22 *Geschichte und Naturbeschreibung . . . des Erdbebens . . .* 1, 434.

23 *ebd.*, 1, 460.

24 A. Bolotov: Žizn' i priključenija Andreja Bolotova, opisannye im samym dlja svoich potomkov. St. Petersburg 1870. T. I, 623.

25 Maslovskij: Russkaja armija v semiletnjuju vojnu, vyp. 2, Moskva 1888, priloženie 14.

26 A. Stenbock-Fermor: Der rote Graf, Berlin 1953.

27 Bolotov: a.a.O., 1, 631.

28 Bolotov: a.a.O., II, 63.

29 *Versuch einiger Betrachtungen über den Optimismus*, II, 34.

30 *ebd.*

31 *Gedanken bei dem frühzeitigen Ableben des Herrn Johann Funk*, II, 42 f.

2. Kapitel

32 *Bemerkungen zu den Beobachtungen über das Gefühl des Schönen und Erhabenen*, XX, 44.

33 Georg Friedrich Hamann: Sokratische Denkwürdigkeiten, in: Sämtliche Werke, Hrsg. Nadler, Wien 1950, Bd. 2, 57–82.

34 Johann Wolfgang von Goethe: Dichtung und Wahrheit, Hamburger Ausgabe, Bd. 9, 514.

35 *Bemerkungen zu den Beobachtungen . . .*, XX, 14.15.55.

36 *Preisschrift*, II, 290.

37 Immanuel Kant. Aus den Vorlesungen der Jahre 1762 bis 1764. Auf Grund der Nachschriften Johann Gottfried Herders, Köln 1964, Kantstudien 88, 71 ff.

38 Johann Gottfried Herder: Werke in 5 Bänden, Weimar 1957, Bd. 5, 267.

39 *Versuch über die Krankheiten des Kopfes*, II, 266.

40 *Beobachtungen über das Gefühl des Schönen und Erhabenen*, II, 221.

41 Karl Vorländer: Immanuel Kant. Der Mann und das Werk, 2. Aufl. Hamburg 1977, 1, 194.

42 *Bemerkungen zu den Beobachtungen . . .*, XX, 73.

43 *Anthropologie*, VII, 282.

44 *ebd.*, VII, 313 f.

45 *ebd. Anmerkungen*, VII, 311.

46 *Beobachtungen über das Gefühl des Schönen und Erhabenen*, II, 254.

47 *Bemerkungen zu den Beobachtungen . . .*, XX, 38 f.

48 *Reflexion 2018/2021*, XVI, 197.

49 *Reflexion 903*, XV.1, 395.

50 *Bemerkungen zu den Beobachtungen . . .*, XX, 45.

51 Rescript Friedrichs vom 16. Nov. 1764 (34).

52 Bolotov: a.a.O., I, 705.

53 Von Johann Heinrich Lambert vom 13. Nov. 1765 (39).

54 *Brief an Fräulein Charlotte von Knobloch vom 10. Aug.* (1763), (926).

55 I. Kant. Sein Leben in Darstellungen . . ., a.a.O., 96–103.

56 *Träume eines Geistersehers*, II, 356.

57 *ebd.*, II, 367.

58 *ebd.*, II, 317.

59 Reinhold Michael Lenz: Als Sr. Hochedelwohlgebohrnen der Herr Professor Kant, den 21sten August 1770, für die Professor-Würde disputierte, zit. in: Immanuel Kant zu ehren, Hrsgg. Kopper und Malter, STW 61, Frankfurt 1974, 39 f., Vers. 3, 4, 11, 12.

60 *Reflexion 680*, XV.1, 302.

61 Von Moses Mendelssohn vom Dzbr. 1770 (88).

62 *An Marcus Herz (gegen Ende 1773)*, (113 f.).

63 *An Marcus Herz vom 24. Nov. 1776* (150).

64 *An Marcus Herz von Anfang April 1778* (172).

65 *Vorlesungen über Pädagogik*, IX, 443.

66 *ebd.*, IX, 497 f.

67 Vorländer: Kants Leben, a.a.O., 123.

68 Immanuel Kant. Sein Leben in Darstellungen von Zeitgenossen, a.a.O., 131.

3. Kapitel

69 Von Johann Caspar Lavater vom 8. Febr. 1774 (117).

70 *Reflexion 1444*, XV.2, 630.

71 Vorländer: Immanuel Kant, a.a.O., I, 250.

72 Vorländer: Kants Leben, a.a.O., 89.

73 Von Karl Abraham Freiherrn von Zedlitz vom 28. März 1778 (168 f.).

74 *KrV*, B XXXV.

75 Ab und zu gebraucht Kant den Ausdruck »Ding an sich selbst«. Dazu schreibt Gerhard Prauss: »›Ding an sich‹ oder ›Ding an sich selbst‹ sind nämlich gar nichts anderes als Verkürzungen des Ausdrucks ›Ding an sich selbst betrachtet‹.« (G. Prauss: Kant und das Problem der Dinge an sich, Bonn 1974, 20).

76 *KrV*, B 334.

77 *KrV*, B 83.

78 *KrV*, B 190.

79 *KrV*, B 85.

80 *KrV*, B 294.

81 Andrej Belyj: Stichotvorenija i poėmy, Moskva-Leningrad 1966, 307 (Gedicht: ›Am Fenster‹ aus dem Zyklus ›Philosophische Schwermut‹).

82 Aleksandr Blok: Sobranie sočinenij, Moskva – Leningrad 1960, T.1, 294 (Gedicht: ›Immanuel Kant‹).

83 *KrV*, B 75.

84 *KrV*, B 80.

85 *KU*, v, 197 Anmerkung.

86 *KrV*, B 108.

87 *Prolegomena § 36*, IV, 320.

88 Jacques Salomon Hadamard: The psychology of invention in the mathematical field, 1945 (frz. 1959).

89 *Reflexion 177*, XV.1, 65.

90 *KrV*, B 152.

91 *KrV*, B 167.

92 *KrV*, B 172.

93 *KrV*, B 353.

94 Ja. F. Golosovker: Dostoevskij i Kant, Moskva 1963, 36.

95 *Prolegomena § 52*, IV, 339.

96 *KrV*, B 583.

97 *An Christian Garve vom 21. Sept. 1798* (780).

98 Aleksandr Blok: Sobr. soč., Moskva 1971, T.6, 460.

99 F. Dostoevskij: Poln. sobr. soč., Moskva 1973, T.7, 161.

100 Golosovker: a.a.O., 87.

101 Heinrich Heine: Zur Geschichte der Religion und Philosophie in Deutschland, in: Sämtliche Schriften, München 1971, Bd. 3, 594–596.

102 *KrV*, B 658.

103 *KrV*, B 664.

104 H. Heine: a.a.O., Bd. 3, 604 f.

105 *KrV*, B xxx.

106 Das ganze Wortspiel Kants geht bei einer Übersetzung in andere Sprachen verloren. Vgl.: I must therefore abolish knowledge to make room for belief, Critique of Pure Reason, London 1930, p. xxx. Oder: Je devais donc abolir la science pour faire place à la foi, Critique de la raison pure par Kant, Paris 1864, T.1, p. 22. Die russischen Übersetzer verwenden entweder das Verb ›uničtožit'‹ (vernichten) oder ›ograničit'‹ (begrenzen). Das ist keine Übersetzung, sondern eine Interpretation.

Wozu brauchte Kant Wortspiele? Kant war eben Ironiker. In demselben Absatz heißt es, man müsse sich des unschätzbaren Vorteils bedienen, allen Einwürfen »auf sokratische Art, nämlich durch den klarsten Beweis der Unwissenheit der Gegner, auf alle künftige Zeit ein Ende zu machen« (B xxxi). ›Sokratische Art‹ bedeutet den Gebrauch der Ironie. Interpretiert man Kants Satz nicht in seiner Vieldeutigkeit, so wird er falsch verstanden. Korff beruft sich auf den genannten Satz »Ich mußte also das Wissen aufheben, um zum Glauben Platz zu bekommen« und interpretiert dann die Kantische Philosophie als »rationalistische(n) Rechtfertigung des Irrationalismus« (H. A. Korff: Geist der Goethezeit, Leipzig 1955, Bd. 2, 89). Aber schon Vorländer hat auf den »in der Tat vieldeutigen Satz« verwiesen (K. Vorländer: Kants Leben, Hamburg ³1974, 159).

107 *KrV*, B 852.

108 *KrV*, B 857.

109 *KrV*, B 878.

110 *Prolegomena § 52 b*, IV, 340.

111 Alle Reaktionen auf das Erscheinen der ›Kritik der reinen Vernunft‹ findet

man in: Ein Jahrhundert deutscher Literaturkritik, Bd. III: Der Aufstieg
zur Klassik in der Kritik der Zeit, Berlin 1959, 310–356; Herder an Hamann, 315.
112 Von Johann Heinrich Kant mit Nachschrift seiner Frau vom 10. Sept. 1782.
113 *An Christian Garve vom 7. Aug. 1783* (232).
114 *ebd.,* (228).
115 *vgl. Prolegomena,* IV, 374 f.
116 VIII, 468.

4. Kapitel

117 *Anthropologie,* VII, 232.
118 *Idee zu einer allgemeinen Geschichte in weltbürgerlicher Absicht,* VIII, 24.
119 Rec. v. Herders ›Ideen‹, Th. 1, VIII, 55. Die ganze Polemik um Herders
›Ideen‹ befindet sich in: Ein Jahrhundert . . ., a.a.O., III, 356–397.
120 Herders Briefe, Weimar 1959, 248.
121 ebd., 245.
122 Ein Jahrhundert . . ., a.a.O., III, 367.
123 J. G. Herder: Werke, Weimar 1957, Bd. 4, 268.
124 ebd., 237.
125 Rec. v. Herders ›Ideen‹, Th. 2, VIII, 64.
126 vgl. Vorländer: Immanuel Kant, a.a.O., I, 416.
127 *Grundlegung,* IV, 393, 394.
128 *ebd.,* IV, 404.
129 *ebd.,* IV, 404 f.
130 *KpV,* V, 30.
131 *Grundlegung,* IV, 398.
132 *Metaphysik der Sitten,* VI, 385.
133 *Grundlegung,* IV, 429.
134 *KpV,* V, 131.
135 *KpV,* V, 86 f.
136 *KpV,* V, 98.
137 *KpV,* V, 132.
138 *KpV,* V, 161.
139 Vorländer: Immanuel Kant, a.a.O., II, 307.
140 ebd., 305.
141 *An Moses Mendelssohn vom 16. Aug. 1783* (233).
142 *Streit der Fakultäten,* VII, 101.

5. Kapitel

143 *Metaphysische Anfangsgründe . . .,* IV, 470.
144 *An Carl Daniel Reusch (Mai oder Juni 1774)* (133).
145 *An Carl Daniel Reusch vom 5. Juli 1783* (218).
146 *An David Friedländer vom 6. Nov. 1787* (330).
147 *Reflexion 2229,* XVI, 278 f.
148 *Über den Gebrauch teleologischer Principien . . .,* VIII, 161.
149 *KU,* V, 306.

150 *KU*, v, 298.

151 *Reflexion 1521*, xv.2, 885.

152 Genauso versteht Horst Althaus den Kantischen Terminus: »Lust ist eine Qualität per se. Sich Lustgewinn verschaffen zu wollen ohne die Nebengedanken der jeweiligen gesellschaftlichen Moral, der aufs Praktische gerichteten Zwecke oder der Erhaltung der Art, bleibt immer der erste und ästhetisch entscheidende Akt. Das hat nach Kant noch einmal Schopenhauer in seiner ›Welt als Wille und Vorstellung‹ so unvergeßlich ausgesprochen, daß es als ästhetische Grundmaxime nicht mehr hätte in Frage gestellt werden sollen. Dem Willen zur Erhaltung der Art geht die Lust voraus, und zwar eine Lust, die alle Einwände von vernünftig abwägender Seite gegenstandslos macht. Um die Erhaltung der Art zu sichern, müssen Lust und Lusterwartung die Vernunft übersteigen. Lust versteht sich dabei als das eine und einzigste Prinzip: es verlangt einfach Lust der Lust wegen und kann dabei Nebenerscheinungen abwerfen, die für gesellschaftliche Gruppen, Verbände, ja ganze Gattungen am Ende die Hauptsache sind.« Horst Althaus: Ästhetik, Ökonomie und Gesellschaft, Bern und München 1971, 309 Anm. 2.

153 *KU Einleitung*, v, 194.

154 *KU*, v, 217.

155 *KU*, v, 320, vgl. auch 314.

156 *KU*, v, 245.

157 *KU*, v, 261.

158 *KU*, v, 272.

159 *KU*, v, 274 f.

160 *KU*, v, 316 f.

161 *KU*, v, 304.

162 *KU*, v, 326 f.

163 *KU*, v, 326.

164 *KU*, v, 312.

165 Friedrich Schiller: Versuch über den Zusammenhang der thierischen Natur des Menschen mit seiner geistigen, in: Schillers Werke (Nationalausgabe), Hrsg. Benno v. Wiese, Weimar 1962, Philosophische Schriften 20. Bd., T. 1, 40.

166 *An Friedrich Bouterwek vom 7. Mai 1793* (637).

167 Friedrich Schiller: Über die ästhetische Erziehung des Menschen in einer Reihe von Briefen, a.a.O., 2. Brief, 312.

168 Friedrich Schiller: a.a.O., 6. Brief, 327 f.

169 F. Schiller: a.a.O., 9. Brief, 335.

170 F. Schiller: a.a.O., 15. Brief, 359.

171 F. Schiller: a.a.O., 21. Brief, 378.

172 F. Schiller: a.a.O., 23. Brief, 384.

173 xv.2, 703.

174 Johann Wolfgang von Goethe: Einwirkung der neueren Philosophie, in: Naturwiss. Schriften 1, Hamburger Ausgabe, Bd. 13, 27–28.

175 Vorländer: Immanuel Kant, a.a.O., 11, 99.

176 A. Losev, V. Šestakov: Istorija ėstetičeskich kategorij, Moskva 1965, 326.

177 Goethe: Anschauende Urteilskraft, in: Naturwiss. Schriften 1, Hamburger Ausgabe, Bd. 13, 30.

178 *Reflexion 2978,* XVI, 597.

179 *KU,* V, 332.

180 Karl Marx: Das Elend der Philosophie. Antwort auf Proudhons ›Philosophie des Elends‹, in: Karl Marx, Friedrich Engels, Werke, Berlin 1964, Bd. 4, 128 f.

181 *Muthmaßlicher Anfang . . .,* VIII, 118 f.

6. Kapitel

182 N. Karamzin: Briefe eines reisenden Russen, von Karamsin. Erstes Bändchen Leipzig 1799, 57–63 (Weitere Ausgabe: Nikolai Michailowitsch Karamsin: Briefe eines russischen Reisenden. Berlin 1959, 2. Aufl. 1964).

183 *Religion innerhalb . . .,* VI, 168 Anmerkung.

184 *ebd.,* VI, 97 f.

185 *ebd.,* VI, 128 Anmerkung.

186 *ebd.,* VI, 125.

187 *ebd.,* VI, 126 f.

188 Stärkste Wirkung erfährt die Furcht durch die Einbildungskraft. »Die Furcht vor der Furcht – schrieb A. Belyj über A. Blok – ist die allerrealste Furcht; er glaubte Kant von solcher Furcht befallen – immer wieder erscheint Kant bei ihm als der in alle Ewigkeit Erschrockene«. (A. Blok. Sobr. soč., Moskva 1960, 1, 623). Bloks Gedicht »Ich sitze hinter dem Wandschirm«, das Kant gewidmet ist, hieß ursprünglich »Der Erschrockene«; Blok beschäftigt darin die Antithese: »runzliges Kantchen (Kantik) oder gegen das Kantungeheuer (Kantišče)«, (a.a.O., 8, 70).

189 *Religion innerhalb . . .,* VI, 170.

190 *Das Ende aller Dinge,* VIII, 330.

191 *ebd.,* VIII, 338.

192 *ebd.,* VIII, 338.

193 Georg Friedrich Wilhelm Hegel: Werke, Frankfurt/M, 1969, Bd. 17, 304 = Philosophie der Religion.

194 *Muthmaßlicher Anfang . . .,* VIII, 112 f.

195 *Reflexion 2487,* XVI, 390.

196 *Opus postumum,* XXI, 145.

197 *An Johann Caspar Lavater vom 28. Apr. 1775* (135).

198 *Metaphysik der Sitten,* VI, 437.

199 Vorländer: Kants Leben, a.a.O., 131.

200 Von Johann Gottfried Carl Kiesewetter vom 3. März 1790 (440).

201 Von Kiesewetter vom 14. Juni 1791 (511).

202 *An Ludwig Ernst Borowski zwischen dem 6. u. 22. März 1790* (446).

203 Johann Gottlieb Fichte: Von den Pflichten der Gelehrten. Jenaer Vorlesungen 1794/95, Hamburg (Meiner) 1971, 42.

204 Von Johann Gottlieb Fichte (18. Aug. 1791), (515).

205 Von Fichte (2. Sept. 1791) (520).

206 *An Johann Erich Biester vom 18. Mai 1794* (667).

207 *Das Ende aller Dinge,* VIII, 337.

208 *ebd. Anmerkung,* VIII, 331.

209 Von Joachim Heinrich Campe vom 27. Juni 1794 (674).

210 vgl.: Die Sitzungsprotokolle der Kayserlichen Akademie der Wissenschaften, Bd. IV, St. Petersburg 1913, 386 (russ.).

211 Kabinettsordre König Friedrich Wilhelms II. vom 1. Oct. 1794.

212 XII, 406.

213 *An Carl Friedrich Stäudlin vom 4. Dec. 1794* (687 f.).

214 *Anthropologie*, VII, 30.

215 *ebd.*, VII, 35.

216 *ebd.*, VII, 42.

217 *ebd.*, VII, 41.

218 *Logik*, IX, 25.

7. Kapitel

219 *Zum ewigen Frieden*, VIII, 343.

220 *ebd.*, VIII, 369.

221 zit. bei: Thomas Bruns: Das politische Kantbild in Frankreich, in: Akten des 4. Internationalen Kant-Kongresses, II.2. Berlin 1974, 649.

222 Vorländer: Immanuel Kant, a.a.O., II, 256.

223 *Metaphysik der Sitten*, VI, 321 ff. und Anmerkung.

224 *Streit der Fakultäten*, VII, 85.

225 *Reflexion 1520*, XV.2, 879.

226 *Über den Gemeinspruch: Das mag in der Theorie richtig sein*, VIII, 304.

227 *Streit der Fakultäten*, VII, 93 f.

228 *Metaphysik der Sitten*, VI, 350.

229 Der Brief ist aufbewahrt unter der Signatur F.I, op.3, d.72 N 200. Die Erstveröffentlichung der russischen Übersetzung erfolgte in »Studien zur Geschichte der Astronomie«, Moskau 1956, 373 (russ.); die Veröffentlichung des deutschen Originals in: Kant-Studien 1975, Heft 1. Eine Stelle in diesem Brief verlangt Erläuterung. Kant schrieb, er habe vielleicht einen Fehler begangen, als er den Brief an die Akademie »nicht durch ihren Direktor, sondern an den damaligen Präsidenten, die Fürstin Daschkow, abgeschickt habe«. Akademiepräsident war (nominell) der damals im Ausland lebende K. G. Razumovskij; und die Fürstin Daschkowa war bis zum November 1796 Direktor. Ihre Amtswürde ist auch im Diplom verzeichnet, doch Kant hat das nicht beachtet. I. A. Euler als Direktor anzureden war auch wieder ein Fehler, er war nur Conferenz-Secretär.

230 *Verkündigung des nahen Abschlusses eines Tractats zum ewigen Frieden* . . ., VIII, 422.

231 Von Salomon Maimon vom 30. Nov. 1792 (606).

232 *An Carl Leonhard Reinhold vom 28. März 1794* (662 f.).

233 Von Friedrich August Hahnrieder vom 3. Dec. 1796.

234 Von Jacob Sigismund Beck vom 6. Oct. 1791 (532).

235 *An Jacob Sigismund Beck vom 1. Juli 1794* (677).

236 Kuno Fischer: Fichtes Leben, Werke und Lehre, Geschichte der neuern Philosophie, Bd. 6, Heidelberg 1900, 133.

237 XII, 397.

238 *Anthropologie*, VII, 135.

239 *ebd.*, VII, 224.

240 *ebd.*, VII, 121.

241 *ebd.*, VII, 146.

242 *ebd.*, VII, 239, 249.

243 *ebd.*, VII, 236 f.

244 *ebd.*, VII, 237.

245 *ebd.*, VII, 235.

246 *An Jacob Lindblom vom 13. Oct. 1797* (751).

247 Immanuel Kant: Sein Leben in Darstellungen . . ., a.a.O., 235.

248 *Opus postumum*, XXI, 174 f.

249 *Op. post.*, XXI, 176 f.

250 *Op. post.*, XXI, 179.

251 *Op. post.*, XXI, 211.

252 *Op. post.*, XXII, 54.

253 *Op. post.*, XXI, 71.

254 *Op. post.*, XXI, 121.

255 *Op. post.*, XXII, 119a.

256 Immanuel Kant: Sein Leben . . ., a.a.O., 263 f.

257 *Op.post.*, XXI, 3 f.

258 Kant-Studien 1970, Nr. 1, 96.

259 Immanuel Kant, Sein Leben . . ., a.a.O., 273.

260 ebd., 301.

Statt eines Epilogs

261 *An Alexander Fürst von Beloselsky (Entwurf) (Sommer 1792)*, (573).

262 Dianyologie ou tableau philosophique de l'entendement, par le prince Beloselsky, Londres 1791. Deutsche Ausgabe: Dianyologie oder philosophisches Gemälde des Verstandes von dem Fürsten Beloselsky. Aus dem Französischen, Freiberg und Annaberg 1791.

263 K. Stavenhagen: Kant und Königsberg, Göttingen 1949, 38.

264 A. Mazon: Deux Russes écrivains français, Paris 1964.

265 Mazon: a.a.O., 80.

266 Der folgende Text ist eine deutsche Erstveröffentlichung. Das Original befindet sich im Zentralen Staatsarchiv für Literatur und Kunst (CGALI) unter der Signatur: Fond 172, op. 1, ed. chr. 153, list 21-25. Ich bin tiefst zu Dank verpflichtet Sigrun Bielfeldt (Tübingen) und Steffen Dietzsch (Berlin), die mir bei der Rückübersetzung maßgebende Hilfe geleistet haben.

267 Neizdannyj Dostoevskij. Literaturnoe nasledstvo. Moskva 1971, T.83, 404.

268 F. M. Dostojewski: Die Brüder Karamasoff, München 1968, 398, übersetzt von E. K. Rahsin.

269 N. Vil'mont: Velikie sputniki, Moskva 1966, 141, 276.

270 F. M. Dostojevskij: Winterliche Aufzeichnungen über sommerliche Eindrücke, Rowohlt 1962, Russ. Lit. Bd. 8, 45, übers. v. Svetlana Geier.

271 N. Berdjaev: Mirosozercanie Dostoevskogo, Pariž 1968, 52.

272 Die ›Legende vom Großinquisitor‹ wird zitiert nach: F. M. D.: Die Brüder Karamasoff, a.a.O., 401-432, übers. v. Rahsin.
ebd., 91.

273 L. Tolstoj: Polnoe sobr. soč., T. 69, 24.

274 L. Tolstoj: a.a.O., Epilog 2. Teil.
275 Leo N. Tolstoi: Krieg und Frieden, München 1967, 1246, übersetzt von Werner Bergengruen.
276 Lev Tolstoj: Poln. sobr. soč., T. 64, 105 f.
277 L. Tolstoj: ebd., 102.
278 L. T.: a.a.O., T. 30, 57.
279 L. T.: a.a.O., T. 30, 253.

Personenregister

Sachregister
(von Sigrun Bielfeldt)

I. Kantausgaben
Kant's Gesammelte Schriften. Berlin

Bd. I: Vorkritische Schriften I. 1747-1756, Berlin 1902, Neudruck 1910.

Bd. II: Vorkritische Schriften II. 1757-1777. Berlin 1905/1912.

Bd. III: Kritik der reinen Vernunft (Zweite Auflage 1787). Berlin 1904/1911.

Bd. IV: Kritik der reinen Vernunft (Erste Auflage 1781). Prolegomena. Grundlegung zur Metaphysik der Sitten, Berlin 1903/1911

Bd. V: Kritik der praktischen Vernunft. Kritik der Urteilskraft, Berlin 1908/1913.

Bd. VI: Die Religion innerhalb der Grenzen der bloßen Vernunft. Die Metaphysik der Sitten, Berlin 1907/1914.

Bd. VII: Der Streit der Facultäten. Anthropologie in pragmatischer Hinsicht, Berlin 1907/1917.

Bd. VIII: Abhandlungen nach 1781, Berlin 1912 / Berlin und Leipzig 1923.

Bd. IX: Logik. Physische Geographie. Pädagogik, Berlin 1923.

Bd. X: *Kants Briefwechsel*, Bd. 1, 1747-1788, Berlin 1900 / Berlin und Leipzig 1922.

Bd. XI: idem Bd. 2, 1789-1794, Berlin 1900 / Berlin und Leipzig 1922.

Bd. XII: idem Bd. 3, 1795-1803, Berlin 1902 / Berlin und Leipzig 1922.

Bd. XIII: idem Bd. 4, Anmerkungen und Register, Berlin und Leipzig 1922.

Bd. XIV: *Kant's handschriftlicher Nachlaß,* Bd. 1, Mathematik, Physik und Chemie. Physische Geographie, Berlin 1911.

Bd. XV: idem Bd. 2, Anthropologie. Hälfte 1-2, Berlin und Leipzig 1923.

Bd. XVI: idem Bd. 3, Logik, Berlin und Leipzig 1924.

Bd. XVII: idem Bd. 4, Metaphysik, 1. Teil, Berlin und Leipzig 1926.

Bd. XVIII: idem Bd. 5, Metaphysik, 2. Teil, Berlin und Leipzig 1928.

Bd. XIX: idem Bd. 6, Moralphilosophie, Rechtsphilosophie und Religionsphilosophie, Berlin und Leipzig 1934.

Bd. XX: idem Bd. 7, Erste Einleitung in die Kritik der Urteilskraft. Preisschrift über die Fortschritte der Metaphysik. Bemerkungen zu den Beobachtungen . . . u. a., Berlin 1942.

Bd. XXI: idem Bd. 8, Opus postumum, 1. Hälfte, Berlin und Leipzig 1936.

Bd. XXII: idem Bd. 9, Opus postumum, 2. Hälfte, Berlin und Leipzig 1938.

Bd. XXIII: idem Bd. 10, Vorarbeiten und Nachträge, Berlin 1955.

Bd. XXIV: *Kant's Vorlesungen,* Bd. 1, Vorlesungen über Logik, 1. Hälfte, Berlin 1966, 2. Hälfte, Berlin 1966.

Bdd. XXV, XXVI: nicht erschienen.

Bd. XXVII: idem Bd. 4, Vorlesungen über Moralphilosophie, 1. Hälfte, Berlin 1974, 2. Hälfte, 1. Teil, Berlin 1975.

Bd. XXVIII: idem Bd. 5, Vorlesungen über Metaphysik und Rationaltheologie, 1. Hälfte, Berlin 1968, 2. Hälfte, 1. Teil, Berlin 1970, 2. Hälfte, 2. Teil, Berlin 1972.

Kants Werke: Akademie-Textausgabe, Unveränderter photomechanischer Abdruck des Textes der Ausgabe von Kants gesammelten Schriften (ohne Anmerkungen), Bd. 1-9, Berlin 1968.

I. Kant: Werke in sechs Bänden, Hg. von W. Weischedel, Frankfurt a. M. 1956-1964.

I. Kant: Briefwechsel, 3. Aufl., Hamburg 1972, (Nachtrag enthält 18 Briefe, die in den Gesammelten Schriften fehlen) (Philos. Bibl. 52 a/b).

I. Kant: Kritik der reinen Vernunft, (Paralleltext der 1. und 2. Ausgabe von 1781 und 1787), Hamburg 1976. Durchgesehener Nachdruck (Philos. Bibl. 37 a).

I. Kant: Der einzig mögliche Beweisgrund zu einer Demonstration des Daseins Gottes, Hamburg 1974, Nachdruck (Philos. Bibl. 47/II).

I. Kant: Träume eines Geistersehers. Der Unterschied der Gegenden im Raume, Hamburg 1975, (Philos. Bibl. 286).

I. Kant: De mundi sensibilis atque intelligibilis forma et principiis – Über die Form und die Prinzipien der Sinnen- und Geisteswelt, Hamburg 1966, Nachdruck (Philos. Bibl. 251).

I. Kant: Prolegomena, Hamburg 1976. Durchges. Nachdruck (Philos. Bibl. 40).

I. Kant: Grundlegung zur Metaphysik der Sitten, Hamburg 1971, Nachdruck (Philos. Bibl. 41).

I. Kant: Kritik der praktischen Vernunft, Hamburg 1974, Nachdruck (Philos. Bibl. 38).

I. Kant: Kritik der Urteilskraft, Hamburg 1974, Nachdruck (Philos. Bibl. 39 a).

I. Kant: Erste Einleitung in die Kritik der Urteilskraft, Hamburg 1977, 3. durchges. Auflage (Philos. Bibl. 39 b).

I. Kant: Die Religion innerhalb der Grenzen der bloßen Vernunft, Hamburg 1978, 8. durchges. Auflage (Philos. Bibl. 45).

I. Kant: Metaphysik der Sitten, Hamburg 1966, Nachdruck (Philos. Bibl. 42).

I. Kant: Der Streit der Fakultäten, Hamburg 1975, Nachdruck (Philos. Bibl. 252).

I. Kant: Kleinere Schriften zur Geschichtsphilosophie, Ethik und Politik, Hamburg 1973, Nachdruck (Philos. Bibl. 47/I).

I. Kant: Anthropologie in pragmatischer Hinsicht, Hamburg 1980, (Philos. Bibl. 44).

II. *Schriften über Kant*

E. Adickes: Kant und das Ding an sich, Berlin 1924.

E. Adickes: Kant als Naturforscher, Bde. 1-2, Berlin 1924-1925.

E. Adickes: Kants Lehre von der doppelten Affektion unseres Ich als Schlüssel seiner Erkenntnistheorie, Tübingen 1929.

Akten des 4. Internationalen Kant-Kongresses, Mainz 6.-10. April 1974 – Kant-Studien 1-2, 1974.

W. Bartuschat: Neuere Arbeiten zu Kants Kritik der Urteilskraft – Philosophische Rundschau, H. 3-4, 1972.

B. Bauch: Immanuel Kant, Leipzig 1911; 2. verbesserte Auflage 1916.

A. Bäumler: Kants Kritik der Urteilskraft, ihre Geschichte und ihre Systematik, Bd. 1, Halle 1923.

L. W. Beck: Studies in the Philosophy of Kant. Indianapolis, New York, Kansas City 1965.

M. Buhr: Immanuel Kant, Leipzig 1974.

E. Caird: The Critical Philosophy of I. Kant, vol. 1-2, Leipzig 1909.

R. Bittner, K. Cramer (Hg.): Materialien zu Kants »Kritik der praktischen Vernunft«, Frankfurt/Main 1975.

E. Cassirer: Kants Leben und Lehre, Berlin 1921; Nachdruck Darmstadt 1977.

K.-H. Clasen: Kant-Bildnisse, Königsberg 1924.

H. Cohen: Kommentar zu I. Kants Kritik der reinen Vernunft, Leipzig 1917.

H. Cohen: Kants Theorie der Erfahrung, Berlin ³1918.

H. Cohen: Kants Begründung der Ethik nebst ihren Anwendungen auf Recht, Religion und Geschichte, Berlin 1910.

H. Cohen: Kants Begründung der Ästhetik, Berlin 1889.

H. Cornelius: Kommentar zu Kants Kritik der reinen Vernunft, Erlangen 1926.

F. Delekat: I. Kant. Historisch-kritische Interpretation der Hauptschriften, Heidelberg ³1969.

K. Düsing: Die Teleologie in Kants Weltbegriffen, Bonn 1968.

J. Ebbinghaus: Kants Lehre vom ewigen Frieden und die Kriegsschuldfrage, Tübingen 1929.

R. Eisler: Kant-Lexikon, Hildesheim 1961.

B. Erdmann: Kants Kritizismus in der ersten und in der zweiten Auflage der Kritik der reinen Vernunft, Leipzig 1878.

J. Fang: Kant-Interpretationen, Münster 1967.

K. Fischer: Immanuel Kant, Bd. 1-2

I. Funke: Von der Aktualität Kants, Bonn 1979.

F. Gause: Kant und Königsberg, Leer 1974.

V. Gerhard, F. Kaulbach: Kant, Darmstadt 1979.

F. Grayeff: Deutung und Darstellung der theoretischen Philosophie Kants, Hamburg 1951.

M. Heidegger: Kant und das Problem der Metaphysik, Frankfurt/Main 1973.

M. Heidegger: Die Frage nach dem Ding. Zu Kants Lehre von den transzendentalen Grundsätzen, Tübingen 1962.

M. Heidegger: Kants These über das Sein, Frankfurt/Main 1963.

I. Heidemann: Spontaneität und Zeitlichkeit, Köln 1958.

H. Heimsoeth: Transzendentale Dialektik. Ein Kommentar zu Kants Kritik der reinen Vernunft 1-4, Berlin 1966-1971.

H. Heimsoeth: Studien zur Philosophie I. Kants, Bonn 1971.

P. Heintel: Die Bedeutung der Kritik der ästhetischen Urteilskraft für die transzendentale Systematik, Bonn 1970.

R. Heinz: Französische Kantinterpreten im 20. Jahrhundert, Bonn 1966.

D. Henrich: Der Begriff der sittlichen Einsicht und Kants Lehre vom Faktum der Vernunft, in: Die Gegenwart der Griechen im neueren Denken, Fs. f. H.-G. Gadamer, Tübingen 1960.

D. Henrich, G. Tonelli (Hg.): Studien zu Kants philosophischer Entwicklung, Hildesheim 1967.

D. Henrich: Die Deduktion des Sittengesetzes. Über die Gründe der Dunkelheit des letzten Abschnittes von Kants ›Grundlegung zur Metaphysik der Sitten‹, in: Denken im Schatten des Nihilismus, Fs. f. W. Weischedel, Darmstadt 1975.

D. Henrich: Identität und Objektivität. Eine Untersuchung über Kants transzendentale Deduktion, Heidelberg 1976.

H. Herring: Das Problem der Affektion bei Kant, Köln 1953.

N. Hinske: Kants Weg zur Transzendentalphilosophie, Stuttgart 1970.

M. Horkheimer: Kants Kritik der Urteilskraft als Bindeglied zwischen theoretischer und praktischer Philosophie, Stuttgart 1925.

Immanuel Kant. Sein Leben in Darstellungen von Zeitgenossen, Berlin 1912 – Nachdruck 1978.

K. Jaspers: Drei Gründer des Philosophierens. Plato, Augustin, Kant, München 1957.

Kant-Studien. Philosophische Zeitschrift der Kant-Gesellschaft. 1897 lfd. Beihefte und Sonderhefte.

F. Kaulbach: Immanuel Kant, Berlin 1969.

F. Kaulbach: Das Prinzip Handlung in der Philosophie Kants, Berlin 1978.

N. Kemp Smith: A Commentary to Kant's Critique of Pure Reason, New York 1962.

J. Kopper, R. Malter (Hg.): Immanuel Kants zu Ehren, Frankfurt/Main 1974.

J. Kopper, R. Malter (Hg.): Materialien zu Kants Kritik der reinen Vernunft, Frankfurt/Main 1975.

J. Kulenkampf (Hg.): Materialien zu Kants Kritik der Urteilskraft, Frankfurt/Main 1974.

E. Kühnemann: Kant. 1-2, München 1923-1924.

K. Kuypers: Kants Kunsttheorien und die Einheit der Kritik der Urteilskraft, Amsterdam, London 1972.

H.-O. Kvist: Zum Verhältnis von Wissen und Glauben in der kritischen Philosophie Immanuel Kants, Publications of the Research Institute of the ABO Foundation 1978.

G. Lehmann: Beiträge zur Geschichte und Interpretationen der Philosophie Kants, Berlin 1969.

O. Lielmann: Kants Epigonen, Berlin 1912.

K. Marc-Wogau: Vier Stadien zu Kants Kritik der Urteilskraft, Uppsala 1938.

G. Martin: Immanuel Kant. Ontologie und Wissenschaftstheorie, Köln 1951.

P. Menzer: Kants Ästhetik in ihrer Entwicklung, Berlin 1952.

C. Nink: Kommentar zu Kants Kritik der reinen Vernunft, Frankfurt/Main 1930.

H. I. Paton: Kant's Metaphysic of Experience, Bde. 1-2, London 1936.

van de Pitte: Kant as antropologist?, The Hague 1971.

G. Prauss: Erscheinung bei Kant. Ein Problem der ›Kritik der reinen Vernunft‹, Berlin 1971.

G. Prauss: Kant und das Problem der Dinge an sich, Berlin 1974.

H. Ratke: Systematisches Handlexikon zu Kants Kritik der reinen Vernunft, Hamburg 1965.

C. L. Reinhold: Briefe über Kantsche Philosophie. Nachdruck Leipzig o. J.

Revolution der Denkart oder Denkart der Revolution. Beiträge zur Philosophie Immanuel Kants, Berlin 1976.

C. B. Renouvier: Critique de la doctrine de Kant, Paris 1906.

H. Rickert: Kant als Philosoph der modernen Kultur, Tübingen 1924.

W. Ritzel: Immanuel Kant. Zur Person, Bonn 1975.

Sachindex zu Kants Kritik der reinen Vernunft. Hg. von G. Martin, Berlin 1967.

G. Shaw: Das Problem des Dinges an sich in der englischen Kantinterpretation, Köln 1969.

H. Schmalenbach: Kants Religion, Berlin 1929.

J. Schmucker: Die Ursprünge der Ethik Kants, Meisenheim am Glan 1961.

Uwe Schultz: Kant, Hamburg 1969[3].

G. Simmel: Kant. München 1921.

K. Sturmhagen: Kant und Königsberg, Göttingen 1947.

M. Thom: Immanuel Kant, Leipzig 1974.

E. Topitsch: Die Voraussetzungen der Transzendentalphilosophie, Hamburg 1975.

B. Tuschling: Metaphysische und transzendentale Dynamik in Kants Opus postumum, Berlin, New York 1971.

A. H. Trebels: Einbildungskraft und Spiel, Bonn 1967.

H. Vaihinger: Commentar zu Kants Kritik der reinen Vernunft, Bde. 1-11, Stuttgart, Berlin und Leipzig 1881-1892, 1922[2].

H. J. de Vleeschauwer: La Déduction transcendentale dans l'œuvre de Kant, T. 1-3, Antwerpen 1934-1937.

H. J. de Vleeschauwer: L'évolution de la pensée kantienne, Paris 1939.

K. Vorländer: Kants Leben, Leipzig 1911; Hamburg [3]1974.

K. Vorländer: Immanuel Kant. Der Mann und das Werk, 2 Bde., Leipzig 1924; Hamburg 1977[2].

K. Weyand: Kants Geschichtsphilosophie und ihr Verhältnis zur Aufklärung, Köln 1964.

M. Wund: Kant als Metaphysiker, Stuttgart 1924.

Zum Kantverständnis unserer Zeit, Berlin 1975.

1724 – 22. April. Immanuel Kant in Königsberg geboren.
1730 – Eintritt in die Grundschule.
1732 – Eintritt ins Gymnasium.
1737 – Tod seiner Mutter.
1740 – 24. September. Immatrikulation an der Königsberger Universität.
1746 – Tod seines Vaters. Druckbeginn der ersten Schrift ›Gedanken von der wahren Schätzung der lebendigen Kräfte‹. Endgültiges Erscheinen 1749.
1747 – Kant ist Hauslehrer in der Familie des Predigers Andersch (Judtschen bei Gumbinnen).
1750 – In der Familie des Majors von Hülsen (Arnsdorf bei Osterode).
1753 – In der Familie des Grafen von Keyserling (Rautenburg, Kreis Tilsit)
1754 – Rückkehr nach Königsberg.
Juni. ›Ob die Erde in ihrer Umdrehung usw. einige Veränderung erlitten habe‹.
August. ›Die Frage, ob die Erde veralte, physikalisch erwogen.‹
1755 – März. ›Allgemeine Naturgeschichte und Theorie des Himmels‹.
17. April. Einreichen der Magisterarbeit ›De igne‹.
13. Mai. Magisterexamen.
12. Juni. Feierliche Promotion.
27. September. Habilitation mit der Schrift ›Principiorum cognitionis metaphysicae nova dilucidatio‹.
1756 – Januar – April. Zwei Abhandlungen und ein Buch über das Erdbeben von Lissabon.
10. April. Kants Disputation über seine Schrift ›Monadologia physica‹.
1757 – Frühling. ›Entwurf und Ankündigung eines Collegii der physischen Geographie‹.
1758 – Januar. (bis Juli 1762). Kant ist Untertan der russischen Zarenkrone.
Frühling. ›Neuer Lehrbegriff der Bewegung und Ruhe‹.
Dezember. Erfolglose Bewerbung um die Professur Kypkes.
14. Dezember. Bittschrift an die Zarin Elisabeth.
1759 – Oktober. ›Versuch einiger Betrachtungen über den Optimismus‹.
1760 – Juni. ›Gedanken bei dem frühzeitigen Ableben des Herrn Johann Friedrich von Funk‹.
1762 – ›Die falsche Spitzfindigkeit der vier syllogistischen Figuren erwiesen‹.
Herder hört Kant (bis 1764).
Dezember. ›Der einzig mögliche Beweisgrund zu einer Demonstration des Daseins Gottes‹.
1763 – ›Versuch den Begriff der negativen Größen in die Weltweisheit einzuführen‹.
1764 – ›Beobachtungen über das Gefühl des Schönen und Erhabenen‹
›Versuch über die Krankheiten des Kopfes‹.
›Untersuchungen über die Deutlichkeit der Grundsätze der natürlichen Theologie und der Moral‹.
1765 – ›Nachricht von der Einrichtung seiner Vorlesung in dem Winterhalbjahre 1765/66‹.

1766 – ›Träume eines Geistersehers, erläutert durch Träume der Metaphysik‹
Februar. Kant wird Hilfsbibliothekar im königlichen Schloß.
1768 – ›Von dem ersten Grunde des Unterschiedes der Gegenden im Raume‹.
1769 – Ruf nach Erlangen.
1770 – Januar. Ruf nach Jena
31. März. Ernennung Kants zum ordentlichen Professor der Logik und
Metaphysik in Königsberg.
21. August. Verteidigung der Inauguraldissertation ›De mundi sensibilis
atque intelligibilis forma et principiis‹
1771 – Rezension der Schrift Moscatis.
1772 – 21. Februar. Brief an M. Herz mit einem ersten Hinweis auf den
Grundgedanken der ›Kritik der reinen Vernunft‹.
Mai. Kant gibt den Bibliothekarsposten auf.
1775 – ›Von den verschiedenen Rassen der Menschen‹.
1776/77 – Zwei Aufsätze, betreffend das ›Philantropin‹.
1778 – Minister Zedlitz will Kant zu Halle überreden.
Kant wird Mitglied des Senats der Königsberger Universität.
1781 – Mai. Erscheinen der ›Kritik der reinen Vernunft‹.
1783 – ›Prolegomena zu einer jeden künftigen Metaphysik, die als Wissenschaft
wird auftreten können‹.
Rezension von Schulz' ›Anleitung zur Sittenlehre‹.
Kant kauft sich ein eigenes Haus.
1784 – November. ›Idee zu einer allgemeinen Geschichte in weltbürgerlicher
Absicht‹
Dezember. ›Beantwortung der Frage: Was ist Aufklärung?‹.
1785 – Januar und November. Rezension von Herders ›Ideen‹.
März. ›Über die Vulkane im Monde‹.
April. ›Grundlegung zur Metaphysik der Sitten‹.
November. ›Über die Bestimmung des Begriffs einer Menschenrasse‹.
1786 – ›Mutmaßlicher Anfang der Menschengeschichte‹.
Frühling. ›Metaphysische Anfangsgründe der Naturwissenschaft‹.
Sommer. Kant wird zum Rektor gewählt.
Oktober. ›Was heißt: »Sich im Denken orientieren«?‹
7. Dezember. Kant wird zum auswärtigen Mitglied der Berliner Akademie
der Wissenschaften gewählt.
1787 – Zweite Auflage der ›Kritik der reinen Vernunft‹.
31. Dezember. Brief an Reinhold über den dreiteiligen Aufbau des philosophischen Systems.
1788 – Januar. ›Über den Gebrauch teleologischer Prinzipien in der Philosophie‹.
Frühling. ›Kritik der praktischen Vernunft‹.
Sommer. Kants zweites Rektorat.
1789 – Karamzin besucht Kant.
1790 – ›Kritik der Urteilskraft‹.
3. Auflage der ›Kritik der reinen Vernunft‹.
1791 – August. Fichte reist nach Königsberg, um Kant kennenzulernen.
September. ›Über das Mißlingen aller philosophischen Versuche in der
Theodicee‹.
1792 – April. ›Vom radikalen Bösen‹.

1793 – Frühling. ›Religion innerhalb der Grenzen der bloßen Vernunft‹.
September. ›Über den Gemeinspruch: Das mag in der Theorie richtig sein, stimmt aber nicht für die Praxis‹.

1794 – Mai. ›Etwas vom Einfluß des Mondes auf die Witterung‹.
Juni. ›Das Ende aller Dinge‹.
28. Juli. Wahl in die Petersburger Akademie der Wissenschaften.
12. Oktober. Kant wird durch die Kgl. Kabinettsorder gemaßregelt.

1795 – ›Zum Ewigen Frieden‹.

1796 – Anhang zu Sömmerings Schrift: ›Über das Organ der Seele‹.
23. Juni. Kants letzte Vorlesung.

1797 – ›Metaphysik der Sitten‹.
Juli. ›Verkündigung des nahen Abschlusses eines Traktats zum ewigen Frieden in der Philosophie‹.
September. ›Über ein vermeintes Recht, aus Menschenliebe zu lügen‹.

1798 – 4. April. Kant wird zum Mitglied der Sieneser Akademie der Wissenschaften gewählt.
Herbst. ›Der Streit der Fakultäten‹, ›Anthropologie in pragmatischer Hinsicht‹.

1799 – August. Erklärung gegen Fichte.

1800 – Letzte selbständig publizierte Arbeit Kants – Nachschrift zum litauisch-deutsch-litauischen Wörterbuch.
September. Jäsche gibt die ›Logik‹ Kants heraus.

1801 – 14. November. Kants Bitte um Entbindung von den Pflichten eines Senatsmitglieds.

1802 – Rink gibt Kants ›Physische Geographie‹ heraus.

1803 – ›Über Pädagogik‹, herausgegeben von Rink.
15. Dezember. Letzte Eintragung ins Tagebuch.

1804 – 12. Februar. Kants Tod.
28. Februar. Begräbnis.
Mai. Rink gibt Kants Preisschrift heraus: ›Über die Fortschritte der Metaphysik seit Leibniz und Wolf‹.

Umschlagbild und Frontispiz:
Kant-Scherenschnitt mit Schriftzug
Entnommen aus der 1977 in Moskau erschienenen Originalausgabe

1 Immanuel Kant (1724-1804)
Holzstich von Adolf Neumann nach einem Gemälde von Becker aus dem
Jahre 1768, das auf Veranlassung des Königsberger Buchhändlers Kanter
gemalt wurde.
Bildarchiv Preußischer Kulturbesitz

2 Königsberg. Ansicht der Stadt um 1766. Ausschnitt aus einem zeitgenössischen Kupferstich
Bildarchiv Preußischer Kulturbesitz

3 Königsberg. Das Schloß. Holzschnitt aus dem Jahre 1844
Bildarchiv Preußischer Kulturbesitz

4 Friedrich II. (der Große. 1712-1786). Gemälde von Otto Grashof (1811-
1876. Bild: 1852)
Bildarchiv Preußischer Kulturbesitz

5 Gottfried Wilhelm Leibniz (1646-1716). Zeitgenössischer Porträt-Kupfer-
stich
Bildarchiv Preußischer Kulturbesitz

6 Sir Isaac Newton (1643-1727). Porträt-Gemälde
Bildarchiv Preußischer Kulturbesitz

7 Christian Freiherr von Wolff (1679-1754). Kupferstich von Bernigeroth
Bildarchiv Preußischer Kulturbesitz

8 Titelblatt von Kants erstem Buch »Gedanken von der wahren Schätzung der
lebendigen Kräfte . . .«
Entnommen aus der 1977 in Moskau erschienenen Originalausgabe

9 Andrej Bolotov
Entnommen aus der 1977 in Moskau erschienenen Originalausgabe

10 Jean-Jacques Rousseau (1712-1778). Lithographie nach einem Gemälde von
Maurice Quentin de Latour (1704-1788)
Bildarchiv Preußischer Kulturbesitz

11 Johann Georg Hamann (1730-1788)
Bildarchiv Preußischer Kulturbesitz

12 Titelblatt von »Allgemeine Naturgeschichte und Theorie des Himmels . . .«
Entnommen aus der 1977 in Moskau erschienenen Originalausgabe

13 Kant. Stich von Johann Friedrich Bause (1738-1814)
Bildarchiv Preußischer Kulturbesitz

14 Gotthold Ephraim Lessing (1729-1781). Stich von A. H. Payne nach einer
Zeichnung von Storck, 1. Hälfte 19. Jh.
Bildarchiv Preußischer Kulturbesitz

15 »Der zum Doctorat gelangende Student« von Dendrono, d. i. J. G. Pusch-
ner: »Natürliche Abschilderung des akademischen Lebens« um 1725
Bildarchiv Preußischer Kulturbesitz

16 Kant und seine Tischgenossen. Litho nach dem Gemälde von Dörstling
Bildarchiv Preußischer Kulturbesitz

17 Titelblatt von »Kritik der reinen Vernunft«
Bildarchiv Preußischer Kulturbesitz
18 Buchdruckerwerkstatt im 17. Jh. Holzschnitt von Abraham von Werdt
Bildarchiv Preußischer Kulturbesitz
19 Kants Wohnhaus in Königsberg. Holzschnitt von 1844
Bildarchiv Preußischer Kulturbesitz
20 Königsberg. Die Börse. Stich um 1840
Bildarchiv Preußischer Kulturbesitz
21 Die Universität in Königsberg. Holzstich, Mitte 19. Jh.
Bildarchiv Preußischer Kulturbesitz
22 Johann Gottfried Herder (1744-1803). Stich des Bibliographischen Instituts,
Leipzig, Mitte des 19. Jh.
Bildarchiv Preußischer Kulturbesitz
23 Kant. Stich von J. L. Raab, ca. 1860 nach einem Gemälde von Döbler
(Ausschnitt) aus dem Jahre 1781
Bildarchiv Preußischer Kulturbesitz
24 Friedrich Heinrich Jacobi (1743-1819. Porträt-Radierung mit Unterschrift
Bildarchiv Preußischer Kulturbesitz
25 Kant im Alter von 65 Jahren. Zeichnung von Schnorr von Carolsfeld, 1804
Bildarchiv Preußischer Kulturbesitz
26 Nikolai Michailowitsch Karamsin (1766-1826)
Bildarchiv Preußischer Kulturbesitz
27 Johann Gottlieb Fichte (1762-1814). Zeichnung im Profil von Friedrich
Bury
Bildarchiv Preußischer Kulturbesitz
28 Maximilian de Robespierre (1758-1794). Anonyme Zeichnung aus dem
Musée de Versailles, ehemals im Besitz des Malers Joseph Boze (französi-
scher Zeichner um 1790)
Bildarchiv Preußischer Kulturbesitz
29 Johann Wolfgang von Goethe (1749-1832). Kupferstich nach einer Kreide-
zeichnung von Heinrich Lips (1758-1817), 1791
Bildarchiv Preußischer Kulturbesitz
30 Friedrich von Schiller (1759-1805). Brustbild nach einem Gemälde von
Gerhard von Kügelgen (1772-1820)
Bildarchiv Preußischer Kulturbesitz
31 Georg Wilhelm Friedrich Hegel (1770-1831). Porträt eines Unbekannten
(Kopfbild en face, mit Unterschrift)
Bildarchiv Preußischer Kulturbesitz
32 Kant. Riga 1773
Foto: Ed. Sakk
33 Kant. Marmorplastik von Emanuel Bardou (1744-1818), 1798
Bildarchiv Preußischer Kulturbesitz
34 Kants Totenmaske. Aufbewahrt an der Universität Tartu (Dorpat)
Foto: Ed. Sakk
35 Gedenktafel in Königsberg
Bildarchiv Preußischer Kulturbesitz
36 Das Denkmal in Königsberg, um 1857 von Christian Daniel Rauch (1777-
1857) geschaffen. Stahlstich nach Wagner nach einem Foto von B. Schwartz,
19. Jh.

Inhalt